中华当代学术著作辑要

汉语方言的
比较研究

（修订本）

李如龙　著

商务印书馆
The Commercial Press

图书在版编目(CIP)数据

汉语方言的比较研究/李如龙著. —修订本. —北京：
商务印书馆,2024
（中华当代学术著作辑要）
ISBN 978 - 7 - 100 - 23158 - 9

Ⅰ.①汉…　Ⅱ.①李…　Ⅲ.①汉语方言—方言
研究—对比研究　Ⅳ.①H17

中国国家版本馆 CIP 数据核字(2023)第 194048 号

中华当代学术著作辑要
汉语方言的比较研究
（修订本）
李如龙　著

商 务 印 书 馆 出 版
（北京王府井大街36号　邮政编码100710）
商 务 印 书 馆 发 行
北京捷迅佳彩印刷有限公司印刷
ISBN　978 - 7 - 100 - 23158 - 9

2024 年 2 月第 1 版　　　　开本 710×1000　1/16
2024 年 2 月北京第 1 次印刷　印张 27¼
定价:138.00 元

中华当代学术著作辑要

出 版 说 明

学术升降，代有沉浮。中华学术，继近现代大量吸纳西学、涤荡本土体系以来，至上世纪八十年代，因重开国门，迎来了学术发展的又一个高峰期。在中西文化的相互激荡之下，中华大地集中迸发出学术创新、思想创新、文化创新的强大力量，产生了一大批卓有影响的学术成果。这些出自新一代学人的著作，充分体现了当代学术精神，不仅与中国近现代学术成就先后辉映，也成为激荡未来社会发展的文化力量。

为展现改革开放以来中国学术所取得的标志性成就，我馆组织出版"中华当代学术著作辑要"，旨在系统整理当代学人的学术成果，展现当代中国学术的演进与突破，更立足于向世界展示中华学人立足本土、独立思考的思想结晶与学术智慧，使其不仅并立于世界学术之林，更成为滋养中国乃至人类文明的宝贵资源。

"中华当代学术著作辑要"主要收录改革开放以来中国大陆学者、兼及港澳台地区和海外华人学者的原创名著，涵盖语言、文学、历史、哲学、政治、经济、法律、社会学和文艺理论等众多学科。丛书选目遵循优中选精的原则，所收须为立意高远、见解独到，在相关学科领域具有重要影响的专著或论文集；须经历时间的积淀，具有定评，且侧重于首次出版十年以上的著作；须在当时具有广泛的学术影响，并至今仍富于生命力。

自 1897 年始创起，本馆以"昌明教育、开启民智"为己任，近年又确立了"服务教育，引领学术，担当文化，激动潮流"的出版宗旨，继上世纪八十年代以来系统出版"汉译世界学术名著丛书"后,近期又有"中华现代学术名著丛书"等大型学术经典丛书陆续推出,"中华当代学术著作辑要"为又一重要接续,冀彼此间相互辉映,促成域外经典、中华现代与当代经典的聚首,全景式展示世界学术发展的整体脉络。尤其寄望于这套丛书的出版,不仅仅服务于当下学术,更成为引领未来学术的基础,并让经典激发思想,激荡社会,推动文明滚滚向前。

商务印书馆编辑部

2016 年 1 月

目　　录

论汉语方言的比较研究
（代序）

一　汉语方言的比较研究大有可为

1.1　现代汉语方言学是从比较研究开始并由比较研究向前推进的

汉语方言学是 20 世纪上半叶建立起来的。应该说，一开始它就走着正确的道路——描写和比较相结合。描写的是实际调查得来的口语，比较的是纵横两面：方言、共同语和古汉语。20 年代高本汉发表的《中国音韵学研究》运用历史语言学的方法，用多种方言的字音来论证音韵发展过程。中国第一代现代语言学家则用音韵学的原理进行方言与历史音韵的比较，从而说明方言的特点。赵元任的《中山方言》、罗常培的《厦门音系》《临川音系》都为这种纵向比较做出了示范。30 年代之后开展的区域调查则是一批方言点的横向比较，《现代吴语的研究》《湖北方言调查报告》《关中方言调查报告》是这种比较研究的成功之作。50 年代的全国方言普查形成了更加明确的方言—普通话—中古音的三角比较研究方法，整理三者之间的语音对应规律，不论是单刊或区域报告都因此展现了明晰的方言特点，并且不断地为汉语语音史提供生动活泼的论据。后来,语法学界依照这种方法形成"大三角"的语法比较研究,获益不浅。

最近的 20 年来,汉语方言学在比较研究方面又有三个方面的重要进展。第一,从连读变调入手,关于变声、变韵,小称音变又发掘了大量生动多样的语言事实,这不但扩大了语音研究的视野——注意了音节以外的许多变化,而且开展了许多关于语音与语义、语音与语法的关系的研究,纠正以往把语音、词汇和语法割裂开来的研究方法,真正把语言作为一个完整的结构系统来研究。第二,开展了方言共时变异的研究,例如老中青三代人的差异,双方言或方言与共同语双语现象的研究,关于方言与地域文化、地方习俗的关系的研究,从而为建立和发展社会语言学、文化语言学提供了许多有益的启发。第三,汉语方言学者和研究汉藏系诸语言的学者开始联手进行比较研究,虽然时间不长,但关于运用汉语方言材料和民族语言材料来研究上古音并进而拟测汉藏语的早期语音形态,关于汉藏系诸语言的关系词(含同源词、借词)的研究,都获得了一些成果,引起了国外汉藏系语言研究家的注目。应该说这些比较研究已经积累了不少经验,使汉语方言学成为现代中国语言学最有成绩的部门之一,并且为汉语的其他领域的研究提供了有益的启发。

1.2 已有的比较研究也有某些不足

直到 80 年代,汉语方言的研究总是侧重于语音。固然,语音差异是方言差异中最直观、最系统的,因而,方言研究也应该首先以语音为切入点。然而忽略了词汇和语法的研究,也不能不说是一种缺陷。这种状况同中国传统语文学的倾向是直接相关的:音韵学是显学,词汇学、语法学则没有得到应有的发展,方言学一开始就是为音韵学做注脚的。近 20 年间出版了不少方言词典,但是方言词汇的比较研究还没有认真进行,以往的一些说法,什么"形同实异""形异实同""单双音构词法不同"等,连表面的比较也说不上。方言语法在 60 年代以来只有些与共同语相异的虚词和句法的零星报道,80 年代以来这方面的比较研究也刚刚开始。在语音的比较研究中,多半限于音类的静态比较,关于字音的异读、文白读、连音变读,虽然已经发掘了不少材料,比较研究却没有认真地进行。此外,方言和普通话比较较多,方言区内部同异比较也多,不同方言区之间的比较就很不够。由此可见,汉语方言的共时的比较研究还没有全面开展。

在历时的比较研究方面,也是详于语音而略于词汇和语法。关于古音和方音的比较,多半是找出单点的方言与广韵系统的对应关系,综合各方言的对应以说明古今语音的演变过程及规律还做得很少。在《方言》杂志的倡导下,为方言词考求本字获得不小的成绩,这对于认识方言与古音对应的常例和变例、对于了解方言词语同古汉语词汇的关系都是很有意义的。近 20 年间,随着近代汉语研究的大力开展,方言与近代汉语的语音、词汇、语法的关系的研究也有所进展,但总的看来,方言与上古汉语及近代汉语的比较研究还远远不如与《广韵》系统的比较研究。

汉语方言的比较研究不论是横向的或纵向的,都未能全面地开展,深入地进行,主要是缺乏理论上的总结。研究者本身不论是行内的、行外的也都还没有充分认识到比较研究的意义。

1.3　未来的方言比较研究将大放光彩

尽管有这样那样的不足,应该说,20 世纪的汉语方言学研究基础是很好的,不但方法先进,视野开阔,而且积累的材料也相当丰富。尤其是近 20 年间,从材料的积累和研究的深广度说,都远远超过前 80 年。经过绘制中国语言地图的普查,我们对汉语方言的分区有了进一步的认识。在编修地方志的基本建设中我们编了不下千种县市方言志。在各级社科规划和完成学校计划中我们得到上百种方言单刊和上百种方言词典、十几种方言语法研究专著,还有好几部大型的区域比较资料,其中包括云南、山西、山东、福建、江苏、上海、广西等省市的方言志,《汉语方音字汇》《汉语方言词汇》《汉语方言大词典》《普通话基础方言基本词汇集》等,至于为单点方言整理的音系材料应该已经有数千种之多了。

在现有的相当厚实的基础上,在这世纪之交,很有必要对汉语方言的比较研究做一番科学的总结。在具体方法上,肯定成功的经验,使之规范化、普遍化(例如历史比较音韵、考求方言词本字),向薄弱环节推进,探索新的领域里的比较研究方法(例如方言语法与历史语法的比较、方言的"底层"现象和民族语言的比较)。然而更为重要的是从理论上提高认识,让大家都能理解:开展汉语方言的全方位的比较研究不但是建立科学的汉语方言学的根本,也是建设汉语语言学理论的必由之路。

汉语使用人口众多,分布地域广阔,历史上人口迁徙频仍,因而形成了品种繁多、差异显著的方言。这些方言是在不同的时代从不同的共同语或方言中分化出来的。在形成的过程中许多都和原住民的语言发生过融合和渗透,在发展的过程中又吸收了不同时代书面语或周边强势方言的影响,在边界和域外还和外国语言发生过交流。所有的这些都无不在方言语音、词汇乃至语法上留下诸多印记。这么多歧异的方言便成了研究汉语的历史的最重要依据。诚然,中国特有的数千年间流传下来的汗牛充栋的文献也是研究汉语史的依据,但是文件有残佚、有伪托、有更易,还有文字的变迁。相对而言,方言材料更为真实,也更为细致、周全。活生生的形形色色的方言语料的价值是文献所无法取代的。什么时候我们把汉语方言的横向比较搞透了,对于现代汉语的结构系统就能获得真切的了解;把纵向的比较也搞透了,一部翔实的汉语史也就水到渠成了。从这一点说，汉语方言的比较研究不仅是研究汉语方言的需要，而且是整个汉语研究，建立汉语语言学，使我们的语言学真正中国化、科学化的需要。在新的世纪，沿着比较研究的路子走下去，汉语方言学必将释放出更大的能量，为整个汉语的研究，为汉藏语的研究，为中国语言学的建设做出重大的贡献。

二　汉语方言比较研究的三个层级及其目标

2.1　个体的比较研究：比较才能展现方言的特点

比较研究是一种基本方法，并不限于拿一群方言比较其异同。对某个单一的方言的研究也应该贯彻比较的方法。只有比较才能显示个体方言的特征。那么，研究单一的方言应该进行什么样的比较呢？

方言作为民族语言的分支，它和民族共同语之间必定是一种同中有异、异中有同，相互对立又相互补充的共存互动的关系。研究单一的方言，首先要拿它和共同语做比较，这是不言而喻的道理。方言的形成是历史上语言分化或流播的结果，在它的发展过程中又必然受到历代共同语（尤其是书面语）的影响。在汉语的历史上，以《广韵》为代表的中古音系有着纵贯千年的影响，现存的各种方言或从它分化而来或受它所制约，因而在音类上都同它存在着一定的对应关系。有人说闽方言是"超《广韵》"的，其实不然，闽方言中有早于《广韵》的上古音特点，但也与《广韵》系统形成对应。因此，《广韵》系统成了考察诸方言语音特点的共同的参照系。《广韵》系统、现代普通话语音和方言语音的三角比较，就成了考察和表述单点方言语音特点的有效方法。当然，从不同的方音实际出发，有时也可拿方音与近代音、上古音做比较，正如研究方言词汇、语法的特点拿它和不同时期的古汉语做比较一样。有人把这种比较称为"普通话—方言—古汉语"三角比较,大体上是合理的。

必须指出的是,单点方言的比较研究必须以全面发掘方言事实为基础。自从拿《方言调查字表》作为调查方言的凭借后,有的研究者悉以这个字表为依归,不注重从丰富多彩的词语材料中提取完整的音系,有些有音无字或本字未明的音节乃至相关的音位就被遗漏了。此外,凡是同其他民族语言或外国语言有过接触的方言,不论是语音、词汇或语法,进行比较时不妨增加一个思路:有没有因不同民族语言的借用而形成的方言特征。

2.2　群体的比较研究:弄清方言间的关系并为方言分类

对一群方言进行研究更是离不开比较。比较一群方言的异同,主要是为了认识诸方言之间的亲疏远近的关系。当然,也可从中寻求为方言分区的合理方案,但弄清关系是理清客观的语言事实,是根本的基础,为方言分区是从中引出来的结论。分区的原则和标准可以是主观设定的,因此,同样的事实可以引申出多种不同的方言分类。例如,对汉语方言的最粗的分类,可以分为官话与非官话;按照与官话较为接近或差异较大,非官话的东南方言又可分为近江方言(吴、徽、赣、湘)和远江方言(闽、客、粤)。往细里分,区下有片,片下还可以有小片,恐怕数十种也很难穷尽。

比较一群方言间的异同应该从罗列事实入手,但是必须进而为事实作出解释。一般的要求是,罗列异同的事实力求详尽,而后在量中求质,经过定量研究,由表及里,去粗存精,舍末存本,提炼出可供定性的要项,这样才能对复杂的事实做出性质明确的解释。

既是同一个民族的语言,不论差异大小,各方言之间就总有大量的共同点。重要的是必须区分这些共同特征是批量的还是偶见的,这就须要进行定量的研究。例如语音方面的"轻唇读重唇",一般都认为是闽方言的特征,古非敷奉母字在闽语大概有一半以上白读为[p、p']。在客家方言通常也有十几个字读[p、p']（肥、痱、放、坊、妇、吠、分、房等）,在粤语至少有几个字（番禺、浮泛、新妇）,甚至在北京附近的平谷区还把"仿佛"的声母读为[p],如果没有定量的分析,这个"轻唇读重唇"是哪种方言的特征就说不清了。方言词汇的比较也一样应该选取常用的多用的基本词,而且必须有一定的批量才能作为某一方言区的特征词。山东话小孩调皮说"贱"、抓紧说"上紧",和福州话相同,勤劳说"勤力",和广州话相同,好说"灵光",和上海话相同,但是我们不能用这些少量的雷同来论证山东话和吴、闽、粤语有亲近关系。

汉语方言之间的相同特征,有时是类型上的雷同。例如[n～l]分不分音位,大别只有两种可能,福州话和广州话[n～l]从分到混,都发生在最近的三五十年之间,这只能是类型上的趋同,而不是谁影响谁或者互相约定的齐步走。除此之外,值得我们注意的方言特征的趋同,一是来自源流关系的,一是来自渗透关系的,这就是我们为方言特征的异同所应做出的定性分析。

同一个方言区之中各方言点的相同特征,显然是有共同源流关系的趋同,因为同一方言区通常都有共同的历史来源和形成过程。不同方言区之间的某些共同特征也可能是出于源流关系,例如浙南吴语和闽语都有把古知组字读为[t、t']声母的,都有管房子叫"厝（处）",管筷子叫"箸"的,这些重要的共同特征证明了吴语曾是形成闽语的源流之一。客赣方言之间也有许多共同的语音特征和词汇特征。如全浊声母多读为送气清音,某些浊上字读归阴平。特征词如"岭山,禾水稻,劈刺,搋推,整修理,联缝衣,坼裂痕"等。本来,客家先民就是在赣北定居过数百年之久,客赣早先当是一家。

所谓渗透关系是方言之间的相互影响,当然主要是强势方言对弱势方言的影响。除了某些特殊情况（例如孤悬的小岛上只有一种方言,不与外人往来），任何方言的发展都是两种因素所推动的，一是纵向的流变，一是横向的渗透，不同的是在不同的方言，这种横向作用有大有小。一般说来，交通闭塞、商品生产不发达的地区或是方言区的中心地区受渗透的少；而方言交界处，双方言区或是交通要道上的方言受渗透就多。有时，某些方言特征可以跨过几个方言区连片分布，这便是区域特征。例如长江中上游的西南官话区、江淮官话区、湘语赣语区都是［n～l］不分，［iŋ］混入［in］、［əŋ］混入［ən］这种区域特征大概是长江大动脉的紧密联系所使然。又如广东省内不论是客方言或闽方言区都吸收了一批粤方言词，如"火水煤油、遮雨伞、恤衫衬衣、樽瓶子、大褛大衣"等，这显然是粤语的强势作用所发生的渗透。

2.3　整体的比较研究：现代汉语的比较、古今汉语的比较和汉藏语的比较

现代汉语的比较研究是把共同语和各种方言作为一个整体进行综合比较，主要是通过横向的比较总结各个共时系统所共有的结构规律。应该说，共同语的结构规律和现代汉语的结构规律并不是一回事。例如韵母的结构，普通话只有［i、u、y］可做韵头，只有［i、u］可做韵尾，［m、n、ŋ］单独成韵只能拼零声母用作叹词；连方言说在一起，便是所有的高元音［i、u、y、ɯ］都可当韵头、韵尾，一切浊类的鼻、边音和擦音［m、n、ŋ、l、v、z］都可以充当韵母并与其他声母相拼。又如"表小指爱"的语法意义，在普通话中用的是"儿化"的形式，对整个现代汉语来说，还可以是儿尾、子尾、团尾，变韵（"子变韵"或"鼻化变韵"）以及变调等形式。概括地说，可以带后缀，后缀弱化之后也可以转化为韵母或声调特征与前音节合音。此外，关于基本词汇的确认、语法范畴的划分，从共同语的研究到整个现代汉语的研究也势必要有一番不小的调整。

整个汉语的比较研究是包括现代汉语和古代汉语在内的整体的研

究。其中应该有南北方言的比较，也有古今汉语的比较，有横向的结构规律的概括，也有纵向演变规律的总结。古今汉语的演变过程中，不论是上古、中古、近代、现代，都有共同语和方言的互动，各个历史时代之间，共同语和诸方言也并非直接的承变，而必定有许多交叉。例如闽方言的基本词汇中，不仅有古代共同语（鼎铁锅行走汤热水目眼睛），也有古代方言（鲑吴人呼鱼菜总称侬吴人呼人侬裌江东呼衣襟囝闽人呼儿曰囝），当然也有不少近现代的共同语的用词。现代汉语普通话里也势必不同比例地继承着不同时代的通语并吸收了古代或现代的某些方言成分。由此可见，仅仅就古今通语的比较去研究汉语史难免片面；仅仅就古今方言去整理方言史也一定不周密。只有把古今南北打通，全面地进行综合比较，对于汉语结构系统的特点和演变规律才能得到真切的认识。例如关于汉语的人称代词常常听说"们"是"复数式词尾"，闽南话里加在单数式后面的［-n］则是一种"屈折"。其实，古代汉语的"吾辈、吾侪"，吴闽方言的"我侬"，客赣方言的"我伙人、大家人"都是一些合成词和词组，后面的部分是一种很实在的"群体"的概念，直到"我辈"变成"我每、我们"才开始虚化（以声母的弱化为标志）为后缀，但还没有变为"复数范畴"的标记，只有像某些西北官话的"名词＋们"，某些西南官话的"名词＋些"，才能说得上是"复数式"的标记。

　　关于汉藏系语言的分类，目前学术界还没有完全取得一致意见。究竟汉语与壮侗语、苗瑶语、藏缅语之间有没有对应关系，是否发生学的关系、亲属关系，与南岛语又是什么关系？最后解决这些问题也只能是依靠古今汉语、南北方言与中国南部乃至东南亚各国诸民族语言做比较。拿来比较的材料越广泛，方法越精密，结论就越可信。近20年来，关于汉藏诸语言如何从无声调演变为有声调的语言，已经有了几种颇具说服力的解释。关于汉藏语的同源词的研究也逐渐有了进展，到了下一个世纪，这些问题当是有望得到解决的。

三　汉语方言比较研究的纵横两个方面
及其若干值得注意的重要内容

3.1　横向比较的重要课题

就现代普通话和汉语方言作横向比较,也就是做结构系统的比较,自然包含着语音、词汇和语法的比较。这些比较,就其同的方面可以概括出现代汉语的特征,就其异的方面可以区别开各方言的特征。由于以往对汉语的语音、词汇、语法的结构系统理解尚欠清晰,因而所做的比较研究就往往抓不到要点,未能很好地展现现代汉语的共性及各方言的个性。以下试谈谈若干值得注意的比较研究课题。

3.1.1　语音的横向比较应该扩大眼界

在语音方面,以往的比较多限于音值的异同和音类的分混,这是受到传统音韵学的局限。从现代音系学的观点来看,音类如何组合成音节便是结构系统的重要课题,什么音充当介音和韵尾,什么音可以自成音节,声韵调之间组合的可能度有何不同? 比如闽北[p、p']可以拼四呼,有的客家话[k]组不拼合口,宜丰赣语只有一种[-i-]介音,徽语的[su:ə],余干赣语的[fuk²¹ ŋ⁵](福),究竟是什么样的音节结构,都应该通过比较放在一个共时平面系统上做出解释。还有,声类、韵类、调类和音节总数是否在现代汉语有个大体的增减幅度和相互调节补充的机制,很值得做一番考察。从汉语的特点来看,字音的变读和异读是语音系统异同的重要表现。各个方言都有一批字音的特殊变调或别义异读为外区所无,例如北京音"堤 ti¹、t'i²| 秘 pi⁴、mi⁴| 弄 nuŋ⁴、nəŋ⁴| 都 tu¹、tou¹",福州话"张 tuoŋ¹、thuoŋ¹| 鼻 p'εi⁵、pεi⁶| 才 tsai²、ts'ai²| 恶 ɔuʔ⁷、ɔʔ⁷"。这也是很有特色的语音现象。自从双音词大量扩充之

后，多音连读在许多方言里发生了声韵调的各种变化，如变声、变韵、变调、轻声、儿化，但是都有哪几项连读音变，各方言的表现就很不一样，同样有的变化具体规律也有很大差异。单是连音变读的差异就大体可以把各大方言区分开来了，如官话多有轻声、儿化和少量变调，吴语有复杂的变调并有“小称”，赣语有大面积的轻声，粤语有语素的变调。闽语中闽东的变声、变韵、变调都很复杂，但无轻声，闽南有轻声、变调，无变声、变韵，闽北和多数客家话只是偶尔有个别变调，概无其他连音变读等。连音变读不是单纯的语音现象而是和词汇、语法规律相关的。这方面的差异是现代汉语方言中最重要的区别特征之一，这是毋庸置疑的。最后，还应该强调研究语调的重要性。不论是共同语或方言，现代汉语的语调历来研究得很不够，事实上，语调也是表现语音和语法特点的重要手段，现代汉语的语调有共同特点，各方言之间也有很大区别，今后也是应该加强比较研究的。

3.1.2 词汇的横向比较宜以特征词研究为中心

较之语音学和语法学，词汇学是现代汉语研究中最薄弱的。如何建立现代汉语词汇学更是有赖于共同语和方言词汇的比较研究。对于词汇系统来说，最重要的是核心词—基本词——一般词的同心圆系统。研究现代汉语的核心词、基本词不能单考察共同语，而必须包括方言。基本词当中有些是古今南北没有区别的，各方言共有的如“头、手、风、水、牛、羊、来、去、红、白”等。但是也有一些基本词是有方言差异的，如“看（望、觑、睇、睐）、桌（台、盘、床）、房（屋、厝、处）、吃（食、喫）、穿（着、颂）、站（立、徛）、玩（耍、嬉、嫽、白相、客聊）、儿（子、崽、囝）、拿（拈、驮、捞）、找（寻、讨、揾、擗）、不（勿、弗、唔）”等。应该努力找出各方言特有的特征词：那些常用的而又具有构词能力的、区内一致、区外特殊的方言词。一定批量的方言特征词是划分方言区、考察方言间亲疏关系的重要根据，也是研究现代汉语基本词汇的基础材料。现代汉语的基本词汇中，方言有别和各区一致的各有多大比例，二者之间是什么关系，这是很值得考察和研究的课题。在词义方面，有原生义—基本义—引申义的同心圆系统。各方言的义项分立和引申可能有不同的方向和步骤，经过比较综合起来，对于最重要的义类（词族）的词义分化和整化便可以得到明晰的认识。此外，词汇系统的比较研究还应该有造词法的比较研究。造词法是词汇学的分析，和语法学的分析——构词法是不同的，究竟如何进行分类，至今还未有一致的看法，如果把各种方言在造词法上的异同做一番综合分析也许就能得出明确的结论。

不论是词汇系统的研究、词义系统的研究或是造词法系统的研究都应该以方言特征词的研究为中心。把共同语和方言在基本词汇上的异同弄清楚了，现代汉语的词汇系统也就弄清楚了。

3.1.3　语法的横向比较应该加速步伐

语法研究的取材原先局限于现代书面语，后来也从口语找例句了，但总是就普通话研究普通话。方言语法常常是作为冲击、干扰共同语的语法规范的匡正对象来对待的。书面语的语法规则不能没有一定的规范，方言语法对某些写作的干扰是应该研究、应该限制的，但也不要视为洪水猛兽。在一定的语用场合和语体风格中，有时还是允许出现的，因为它有特殊的表现力。作为科学语法来研究，方言的语法现象不仅不应受排斥，反而是应该得到充分的重视的。因为方言书面语难寻，若非本地人，对于方言语法的研究往往很难做到十分贴切。近十数年来，方言语法的研究受到重视了，也陆续出了一些研究成果，这是可喜的现象。关于方言语法的比较研究课题，现在还很难开出一张高质量的清单，只能提供一些思路。从近年来发掘出来的材料看，重叠在不同的方言里大有文章可做，有的方言大多数词类都可重叠（如山西娄烦），有的方言甚至有词组和句子的重叠（闽语潮汕话），看来除了全重叠式，还应该有半重叠式，所谓的"分音词""切脚词""定声叠韵""定韵双声"都可视为种种半重叠式。重叠式、半重叠式的广泛应用显然是汉藏语的特点之一，它所表现的语法意义很值得深入探究。关于词缀也有许多现象需要研究："子、儿、团"等名词后缀是如何扩大使用为谓词后缀（好好儿、慢慢子、轻轻团）的，晋语的"圪"头表示的是什么语法意义？像客家话的"石头牯""虱嫲"之类不表示"性别"意义时是否也算是后缀？词缀用久了是否有"泛化"的趋势？虚词肯定是语法研究的重点，不少虚词是从实词虚化而来的，从实到虚有没有断然的界线？是否有"中介""兼类"现象？有的方言某些句式以不用介词为常，有的则叠用了几个介词，例如闽南话"垫带佇门口一直吼"（在门口一直哭；前三个都是相当于"在"的介词）如何解释这种现象？还有语序，有的是规定性的，有的是非规定性的，两可的当中有的是方言固有的，有的是外来的，如何加以区别？"说不过他/说他不过/说不他过/觖说得伊过"是同义异构吗？连同方言现象一起考虑，现代汉语语法的理论体系是否要伤筋动骨地调整，现在还很难预料。

关于横向比较，还必须着重指出，不能把语音、词汇、语法割裂开来进行比较，而应该特别留心三者之间相互制约、相互表现的关系。例如有些变声、变韵或连读变调规则就与成词不成词有关，与词或词组的结构关系有关。不少方言的文白读音在不同的语词中文读白读是不能任意变换的，有时所表示的意思可以相去甚远，例如厦门话"伤重"文读 $[\text{siog}^1 \text{tiog}^6]$ 耗费大，白读 $[\text{siŭ}^1 \text{taŋ}^6]$ 太重。有些兼类词用作实词和用作虚词读音有异。虚词往往引起语音的弱化，因而造成本字难明，如果不追寻音变的轨迹，正本清源，考出本字，就很难把不同的方言放在同一平面上做比较。语音词汇语法本来就是纠合在一起的复杂系统，分科的研究只是暂时的剥离，应该随时注意其间的关联，切不可把它割裂开来在分科之间筑墙挖沟。

3.2　纵向比较的重要课题

3.2.1　汉语方言语音的纵向比较对于方言的研究和语音史的研究都有非常重要的意义

任何方言的语音系统用历史的观点去透视都不是单纯的系统,而是叠置的系统,都有不同历史时代的语音成分的沉积。其中不但有历代共同语语音的成分,也有古方言的成分和不同历史时期的方言自身的创新。因此,方言语音与广韵系统的对应关系总是不整齐的,有的音类一分为几,有的音类合几为一。把这些对应汇总起来,拿古今语音演变史作为参照,方言语音的历史层次就清楚地显示出来了。例如歌韵字北京音有读[a](大他)的,这是汉唐音的残留,有读[o、uo]的,与宋代音相仿,还有开口字读[uo],开合口都有读[ə]的,则是后来的变异。中古的歌韵和北京话音类的对应,[o、uo]是常例,开口的[uo]和[ə]是变例(条件变体),[a]是特例,也即例外现象。这是不同历史时代的语音特点和语音成分叠置整合的一种方式。叠置整合还有另一种方式——字音的异读。常见的字音异读有文白异读、别义异读、新旧异读。厦门话的"养",文读[ioŋ³]~育之恩近于中古音,白读[tsiũ⁶]头~:头胎、[iũ³]~饲:赡养、饲养,声母[ts]是上古音余存(以母与邪母通谐),韵母[iũ]是中古之后的变异,白读二音则是别义异读。顺着这两种整合方式,整理出古音或方音的各类对应和种种异读,对于方言语音系统就有了历史的透视,我们便可以把该方言放在整个汉语语音发展史上做历史的定位。所谓历史定位就是确认该方言语音系统的历史层次中何者为主、何者为次,有几种源流,从而说明该方言主要定型于什么历史时期,后来又与哪些通语或方言有过交往和渗透。任何方言的形成都是多源流的,演变过程有通语的作用,有周边方言的影响,正是这众多的因素造成了方言语音的复杂性。为方言历史定位,应该采用这样的观点。那种直线型、单线型的分析方法,为方言论"辈分",确定"叔侄、父子"的关系,是不可取的。

现实的方言语音是历代语音的叠置,从历史语音发展的角度看,也是历时音变的杂乱的投影。把诸多方言的不同层次的语音特点放在一个平面上考察,往往可以看到语音演变的历史过程。例如中古的入声字,从塞音韵尾说,先合并后消失,一般过程是[-p、-t、-k]→[-t、-k]→[-k]→[-ʔ、-∅];从声调说,有首先消失促调保留阴阳入调类,而后再合并为一个入声调,再并入别调的;也有先阴阳合并保留促调而后再归入别调的。所有的这些过程都可以在现实的方言中找到一个个的"停靠站"。罗常培先生一再强调,"审音"应重于"考古",就是基于这个道理。全国各主要方言的历史比较音韵做好了,一部汉语语音史就有了大体的眉目了。

3.2.2　汉语方言词汇的纵向比较也有个体、群体和整体之分

个体的研究就是为方言词考求本字,即为方言词追溯古代汉语的源头,寻找用例,考察其语音形式和语义、语用的变异。"考本字"只是一种通俗的说法,其目的并不在于为方言词确认固有的书写形式,而在于拿方言词和古代汉语做比较,考察方言与不同历史时期古籍上所记录的用语的关系。汉代扬雄的《方言》所记录的词语不论是关内、齐鲁或是江东、南楚,至今还可以在这些地方找到一脉相承的用例。如"睇",南楚用语,见于现代粤语和闽语潮汕话。隋唐时代的韵书所记录的见于现代方言的就更多了。"囝",《集韵》九件切,"闽人呼儿曰囝",至今犹然。可见,为方言词考本字是很重要的工作。至于群体的研究,则是方言词汇与某一断代词汇的比较。这方面的工作现在还没有很好地展开。如果从宋元典籍中提取一个常用词表,然后到几个主要方言区进行调查比较,一定可以发现各方言与宋元白话的不同关系。

就方言词汇的整体进行纵向比较,从方言方面说,可以考察方言词

汇的另一种组成系统——历时系统。从历时的角度分类,任何方言都有承传词、变异词、创新词和借用词的类别。承传词是从古代汉语的某个时代传承下来,用法并无重大变化的语词。例如闽粤方言的"行走食吃利锋利惊怕肥胖面脸无没有"。变异词是承传之中意义上有明显变异的词,例如粤语"夜"兼用作形容词"晚",如"好夜太晚了","烂"又指"破",如"衫烂咗衣服破了","生"也指"鲜活",如"生果、生鱼","雪"也指"冰",如"雪条、雪糕、雪柜",这是词义扩大、义项增多的变异。创新词是一定的地区为适应社会生活的需要创造出来的方言词。例如吴语的"溇、浜、泾、浃",闽语的"垵、垅、坜、崎",粤语的"涌音冲、塱、沥、漖",晋语区有"塬、梁、峁、峪"等,都是为当地特有的地形地貌所造的地理通名。"下饭菜"福州叫"配",广州说"送";"茄子"苏州说"落苏",福州说"紫菜",广州说"矮瓜",也都属于方言的创新。所谓借用词包括好几个小类,数量最大的是向共同语借用的,有人称为"对音词",少量的有早期从原住民语言中借用的,有人称为"底层词",还有向外国语借用的"外来词"。各方言的方言词汇之中,这几种类别的词的数量及其在总词汇中所占的比例一定会有很大差别,这也是方言特征的重要表现。例如闽粤方言传承词多;借用词中粤语有不少英语借词,闽南话则有马来语借词,这是一般人所知道的特点。从汉语史的角度说,把各个时期的常用基本词和各方言的基本词进行综合比较,便可以了解古今汉语的基本词汇的演变过程及其规律。以往汉语词汇史的研究多着重于疑难词语的考释,而忽略常用语的研究。事实上,汉语词汇史的最主要事实便是基本词汇的变动。弄清楚不同时期的基本词汇及其与各方言的基本词、特征词的关系,汉语词汇史的基本面貌也就清楚地显现出来了。

3.2.3　汉语方言语法的纵向比较

汉语方言语法的研究刚刚起步,历来研究语法史的学者又往往局限于文献资料,因而方言语法与历史语法的比较虽然已经引起一些学者的注意,实际上并未真正展开。初步考虑可有以下一些重点课题:

首先必须引起注意的是语词的生成方式和历史过程。上古汉语除了大量单音词之外,有许多"联绵字",单音词的滋生则往往采取同音、近音派生近义词的方式。中古汉语双音合成词成为新词产生的主流,并且经久不衰。近代以来发展了许多语缀和虚成分,也有不少实词逐渐转化为虚词。在南北方言中,联绵词、同源词也好,合成词也好,虚化成分也好,都有大量表现。通过综合比较,一定可以更加具体地考察新词的生成过程和构造规律。

关于各种虚成分的产生和发展,在各方言中是很不平衡的,名词的前缀后缀,形容词的中缀后缀,动词的体态标记,介词、助词、连词等的产生和发展,经历的过程,起作用的规律等,都可以从古今汉语和方言的综合比较中得到真切的了解。

汉语的书面语和口头语的分道扬镳已经有很长的历史了,然而彼此之间并非没有关连。尤其是近百余年来,由于文化教育的普及,报纸、刊物的巨大影响,书面语对口语的反作用,在语法方面表现得很突出。与此同步的是,共同语语法对方言语法的影响也越来越大。此外,现代书面语形成的初期,保存了不少早期语法手段,方言口语也是如此。因此,文言语法、现代书面语语法和普通话及方言语法的相互关系,不但是研究现代汉语语法所不可回避的问题,也是研究语法史所应着重解决的问题。

四　汉语方言比较研究的新领域

20世纪中叶以来,关于语言与历史文化以及社会生活的关系引起了语言学家的热心关注,人类语言学、社会语言学、文化语言学相继兴起。应该说,这是语言学的一大进步。语言是个多面体,它是思维表达和信息交流的符号系统,又是沟通思想,维持和发展社会联络的交换系统,还是民族文化和地域文化的表现形式系统。"就语言而研究语言"的"内部语言学"是应当存在的,联系其他社会现象来研究的"外部语言学"也不应被排斥。方言是历史上形成的,其语义系统表现出鲜明的地域文化特征,其演变途径和发展方向深受地方历史文化的制约。联系历史文化研究方言同样是十分必要的。汉语方言都有漫长的历史,各个方言区都有鲜明的地域文化特征,这方面的研究尤其有丰富的内容。以下试谈几个重要的研究课题。

4.1　联系历史背景研究方言的形成及其不同特点

方言的形成大多是由于社会的分裂,人民的迁徙,山川的阻隔或民族的融合。但是,不同的方言则常常有不同的动因和独特的道路。只有经过对比研究,才能把一般的规律和特殊的途径都揭示出来。例如,西南官话地处横断山脉,历来交通阻绝,内外交流不便,周围又有数十种少数民族杂居,但方言却并没有太大差别,向少数民族借用的成分也并不太多,这是因为它是三百年内外从华中华南移民才形成的,这时汉语的发展已经呈整化趋势,现代汉民族共同语正是在官话基础上形成的。闽粤方言虽然地处平原和丘陵,交通便易,少数民族不多见,却是内部分歧甚大,保留了不少"底层"词,这是因为它们都有千年以上历史,是北方汉人多次移民南下与本地古百越诸民族融合之后而形成的方言。由于与共同语的基础方言相差甚远,所以共同语的普及和影响也较为有限。论历史,吴方言(北片)、湘方言、赣方言并不比闽粤方言形成得晚,何以又较之闽粤方言显得内部一致,而和共同语较为接近?这显然是因为它们地处长江中下游地区,与官话区的经济文化交往和人口交混十分频繁。又如同是基础方言,何以与北京近在咫尺的华北各地的话（济南、郑州、青岛）与北京话都有明显差异，而东北三省的方言反倒和北京话相去不远？这也是方言形成的历史所决定的。华北诸方言是几千年前传下来的，而东北原是满族居住地，满人入关后，华北各地的人"下关东"充填之，这时北京音已经地位日高，正好可作为多方言区来人的共通语。至于许多方言岛的形成、方言过渡地带形成的双方言区或混合型方言，往往有更加具体的历史原因。可见，联系历史背景来考察方言的形成及其特征有着多方面的内容，只要过细地比较，还是不难做出合理的解释的。

4.2　透过方言文化词研究地域文化

语言是文化的载体，方言是地域文化的表现形式，这主要是从两方面说的。在宏观方面，方言是许多地域文化现象的表达形式，例如谣谚、民间故事、传说、地方戏曲、说唱等；在微观方面，从许多文化词语可以考察出凝固其中的许多与地方文化相关的内容。所谓文化词语，又可分出若干具体的小类。

①　景观词：主要体现于地理通名和许多反映人文历史的地名。地理通名中有些是人们对客观环境的地形地貌的认识和称谓，山区关于各种山体的名称多，用各种林木名称命名的地名多，如客方言地区有"山、岭、嶂、嵊、岽、岽、坪、凹、垄"等通名；沿海关于海域的各种通名多，如"湾、港、澳、岛、礁、沙、角、屿、鼻"等。还有一些是人工建筑设施的通名或地名，例如长江三角洲的"溇、漊、浜、泾、汇、渚、堰、圩、荡"，珠江三角洲的"涌、滘、氹、沚、沥"多与河网地区的开发有关。关于人文景观的地名也是因地而异的，北京、西安等古都有不少古朝代传下来的与帝王京都有关的地名，如"皇城根、八王坟、石驸马大街"。平原地区有许多姓氏地名，如"张家庄、赵家、李集"。既然没有更多不同地貌，只好按照当年的"日中为市"和"聚姓而居"来为村落命名。广

州的"越秀山、黄花岗、流花湖、芳村、花地、荔湾湖",记录了羊城人爱花种花的习俗,泉州的"聚宝街、舶司库巷、车桥头、厂口、大隘门",是宋元时代东方第一大港的昔日繁华所留下的印记。

②　风物词:各地都有一系列不同的与生产设施和生活方式有关的风物词,例如北方有名目繁多的面食品及制作过程、饮食习惯的名称,"抻面、拉面、刀削面、烙饼、蒸馍、花卷儿、肉夹馍、打尖",南方则多与米制品有关的名称,"米粉、米线、河粉、煲粥、炊饭、捞饭、米酒、米糕、米粿"。茶乡、酒乡、玉石之乡、火腿之乡也各有自己的常见专用词。黄土高坡住窑洞,沿海建石头房子,南方潮湿地造干栏式"吊脚楼",城市里建楼中楼以充分利用空间,客家人建方形、圆形的围楼,于是关于居处、房舍便有各自的一整套名称和用语。此外,还有各地不同的农具、农时、农事、农作物,乃至农田的规格和计量方式、水利设施,辅助农业的养殖业、手工业、加工业、采集业、捕捞业等,也有极其丰富多样的风物词。

③　习俗词:反映各种风俗习惯的语词虽然也有各方言大体一致的用语,在具体的细节上则有更多歧异的成分。例如人名(包括排行、字辈、外号)的命名习惯,亲属称谓和社会称谓反映地域文化和时代色彩最为敏感,各地差异很大。四时习俗,从年节名称到过节的仪礼制度以及伴随的文化体育活动、祭祖供神活动等用语和用品的名称也是十分繁多而又特殊的。婚丧喜庆也有许多繁文缛节,包括有关的委婉语、忌讳语、秘密语、行话,可谓层出不穷。此外,不同地方由于经济生活情况不同,谋职择业的取向和标准乃至对各种职业者的好恶褒贬也各有差异,例如和尚和道士和西教徒在有的地方是带着几分神圣的,有的方言却给了嘲弄式的称谓。教书先生和中医师在不同地方的方言中也往往有不同称谓或好恶色彩。

④　观念词:这是最深沉也是最重要的文化词。关于体现道德标

准的称谓和评价的词语各地都有很具体的而且很具特色的含义。例如
"好汉、好后生（官话）、叻仔、衰仔（粤语）、好囝、妥当侬、王道（福州
话）、古意、古道、无人情狗（厦门话）"就是这类例子。有些传统观念
会产生一系列相关的用语。在孔夫子的故乡，关于邻居就有以下各种说
法："邻舍家、邻墙儿、挨门儿、南屋家、西屋家、四邻八舍、老街四邻"，
对友好者则称"仁哥、仁弟、仁兄弟"，这都充分表现了儒家"德邻仁里"
的道统，和城市居民隔墙不相识的状况形成了鲜明的对照。与此相适
应的有关待客可说"厚客、让客、伺接、敬奉、大敬意"，红白大事称为
"办公事、红白公事、红公事"，则记录了乡邻协办红白大事的传统，说
话"在理"则说"子曰儿"。在古越国的金华一带，称说空话不办实事的
人为"伯嚭"。这都是很具典型意义的观念词。此外，各方言里还有大
量俗谚更是直接体现了各方言的价值观念、道德原则、行为取向和是非
标准。例如客家人恪守儒家的耕读文化，重农抑商，没有商品经济的思
想，这类俗谚就很多，如"养子不读书，不如养头猪"，"亲戚莫共财，共
财莫往来"，"欠字压人头，债字受人责"，"街上买唔当田里扒"。

4.3　方言文化类型的比较研究

方言的文化类型就是对方言文化特征的归类。方言的文化特征就
是地域文化所决定的方言的外部特征。这种方言外部的文化特征大体
可以从三个方面考察。

4.3.1　从区内众多方言点的关系看，有向心型和离心型之别

向心型方言内部差异较小，其经济文化中心城市的方言成为权威
性的方言，并对各地小方言施加影响，成为全区通行的代表方言。离心
型方言区内小方言之间差异大，由于没有明显的经济文化中心，并未形
成具有权威性的代表点方言。向心型方言往往是商品经济比较发达的
地区，方言的代表点则常常是历史文化名城。因为区内经济文化交流

多，方言间势必比较接近。整个粤方言是向心的，广州音成为粤语标准音，各地方言越来越受到它的巨大影响。闽语中闽东、闽南是向心的，福州、厦门（早期是泉州）是其代表方言。吴语中苏沪杭一带是向心的，早期代表点是苏州话，现在的上海话有更大的影响。这些历史文化名城往往都形成过地方戏曲、说唱等文艺形式，如苏州的评弹、广州的粤剧、福州的闽剧、伬唱、评话，泉州的梨园戏、高甲戏，有的还有方言小说，如苏州《海上花》《九尾龟》，粤语的"木鱼书"。代表点方言靠这些文艺形式的流传而扩大影响，也靠这些文艺加工更富于表现力，从而使全区的人更为喜闻乐见。离心型方言往往见于经济落后的农村，例如湘南土话、粤北土话、桂北平话始终没有权威性的代表方言，徽州方言、闽北方言原来的府城（歙县和建瓯）衰落之后也各自为正，没有中心了。

4.3.2 从古今演变的状况看，有稳固型和变异型之别

稳固型方言形成之后，较少发生重大变化，传承古代词汇较多，语音系统较为稳定，各音类与中古音的对应比较整齐。变异型方言在形成之后往往多次受到外界的影响，包括不同时代的共同语和周边方言的影响，因而音类与古音的对应不太整齐，词汇的变异也较大。东南诸方言中，闽、粤、客是比较稳固的，保留古语词较多，例如"行走食吃徛站立鼎铁锅镬锅衫衣着穿光亮利快转回索绳拭擦寒冷走逃"。阳声韵、入声韵三分的情况在不少地方还完整保留着。《广韵》系统的某些一、二等对立，三、四等对立在这些方言还多有反映。唐诗中"团、郎罢"（顾况）的说法至今福州话还原封未动，陆游所云"歌豪不分"在大多闽语也还依然如故。从现存的福州话韵书《戚林八音》看，近三四百年间福州音系并无明显变动。相对而言，湘、赣、吴（北片）诸方言的变异就较大。不但语音系统与古音变异大，词汇上也受官话的巨大影响。当然，应该说各方言都在发生变化，只是变化的速度有快慢，变化的内容有多寡，

变化的方向各有不同。广州话一面保留了"卒之，终须，姑勿论，于是乎"之类的古汉语词汇，一面又借用了许多英语词，这肯定是近百年间的急剧变化。福州话四百年间音类变化不大，但近百年间却生成了声变、韵变和调变的一整套新规则。湘、吴方言韵尾变得快，湘语普遍只有5个调类，上海话近百年间也调类骤减，但是这两种方言还保留着整套的全浊声母。

　　方言的演变是趋向保守或是趋向多变，不是取决于方言自身的结构特点，而是取决于社会的历史文化背景。闽粤方言稳固是因为距离官话地区遥远，历来又不习学官音，经济生活上走向海洋，到东南亚谋生已有好几百年的历史，近二百年来愈演愈烈。客家方言是东南方言中形成最迟的（大概形成于宋元）但是因为在进入闽粤赣地区时，平原地带已有早来人，只能散居山间并且靠团结一致，艰苦奋斗才能得到生存和发展，因而方言意识强烈，多有"宁卖祖宗田，不忘祖宗言"的家族之训。从方言语音到方言词汇都较为保守。现代客家话普遍未形成轻声、变调、儿化等规律。湘赣方言所以变异较大，除了地理上与官话连片、经济交往频繁的因素之外，还有人口掺杂的因素。明代"湖广填四川"之后，大量江西人充填到湖南，而江西北半省一千年间显然经过了多次人口的大规模变迁，大量地迁入和迁出。

4.3.3　从方言与共同语及外部方言接触的状况看，有强势方言和弱势方言之别

　　强势方言在社会生活中十分活跃，运用广泛，共同语的推广和普及有阻力；和弱势方言相处时形成扩展的态势，在边界上往往会使外方言区的人兼通本方言。弱势方言在社会生活中则表现了一定程度的萎缩。共同语的普及和强势方言的扩展都会使它缩小通行范围，减少使用人口。决定方言的强弱势的因素也不是方言本身而在于方言的外部：首先是方言区的地域大小和人口的多少。地盘大、人口多是强势

的基础。其次是方言的文化类型,一般情况下总是向心型、稳固型方言才可能发展为强势方言。第三,取决于方言区的经济文化的发达程度。强势方言往往是经济发达地区,文化上影响大。全国的方言中,看来最为强势的是粤方言了。本来它就是全方位使用的方言,不但通行于日常生活的口语,也可用来唱歌演戏拍电影,还可以用于上课、做报告。在香港,连大学讲台也在使用粤语,书刊上可以专用粤语写作。粤语区向来不甚热心推广普通话。在广东省内,广州话不但是粤语区的标准语,也是客家方言区和闽语区的共通语,至少在城镇和商业服务行业是如此。在香港虽然也有百万以上的人口以闽语或客家话为母语,但不论是老居民或新移民,一概都改口说粤语,最多只在家里使用母语。和粤语相比,在那里的客、闽方言都成了弱势方言。在广东省内,闽语区、客语区的人兼通粤语是常见的,粤语区的人极少学习客话和闽语。在弱势方言地区则是另外一种情况。在湘南土语区,一般人都兼通西南官话,而且许多读音和词汇有时已经分不清何者是土语,何者是官话。在闽北地区,抗战期间不少福州人内迁到城镇落户,不少本地人因而兼通福州话。新中国成立以来,随着外地干部教员入住和本地人外出,已经逐渐普及了普通话。青少年一代有的已经不能流利地使用本地话。这都是很典型的萎缩中的弱势方言。

五　汉语方言比较研究必须注意的几种观点和方法

5.1　传统的汉语研究方法必须综合运用

汉语方言的比较研究不是抛开已有的汉语研究方法另搞一套。传统的研究汉语方言的方法依然是比较研究的基础。例如方言语音系统的描写方法,方言语音与广韵系统的"历史比较音韵",方言与普通话之间词汇、语义与语法形式、语法意义的对比,为方言词考求本字的音韵论证和词义分析,这些方法都是行之有效,必须沿用的,而且应该综合应用以求对方言有个整体的系统的认识。所谓综合应用就是全面考察,做到平面描写与共时(普通话)比较、历时(古汉语)比较相结合。这三者之间不但不是相互矛盾的,而且是可以相互论证的。

5.2　加强系统观念,着重考察各系统之间的相互关系

任何方言和语言一样都是一个完整、自足的系统。历来的研究把语言分为语音、词汇和语法三个方面来研究,其实这三个系统之间并非并列的子系统,而是三个互为表里,相互牵连的有着相同外延的系统。语音系统应该是从所有的语词的语音形式中归纳出来的,应该包含多音连读时的所有的音变规律乃至组词成句时的语调规则;语法结构规律应该管住所有的语词的构造规则和组合规则。有些现象本身既包含着一定的语音规律,也是一种词汇现象和语法现象。例如"小称"有时伴随着变调或变韵、变声,有时依存于某个后缀;小称一般是可列举的,属于词汇现象;"小称"的标记和规律则总是体现着一定的语法意义,在不同范围内可以类推。

在语音、词汇、语法系统的下位,又都包含着多层或多面的子系统。例如语音有音位—音节—连音组—语调群等层次,音位又有声、韵、调的子系统。词汇系统有词类系统、词义系统(义类系统、同义系统、反义系统)、核心词和派生词构成的词族系统。语法系统则有语素—词—词组—句子的层级系统和实词—虚词、体词—谓词、单句—复句等分类系统。以往的研究中,语音、语法方面的系统观念是比较明确的,词汇方面则常常缺乏鲜明的系统观。在比较研究中尤其应该防止就局部的语言现象进行孤立、静止的比较,而应该把该语言现象放到一定的系统中进行考察和比较。这样的比较不但可以准确地展示方言的

异同,也可以更加深刻地了解个体方言的特征。

5.3　各种比较都应该从归纳类型开始

对于方言间的各种异同,首先必须归纳出不同的类型。尤其是群体的比较和整体的比较,区分异同的类型更为重要。不论是共时结构的比较或历时演变的比较,都有不同的类型。古全清、次清、全浊是三分还是两分,古入声调的有无,有一个或两个调类,古塞音韵尾是三分、合一或消失,塞擦音声母是一套或两套或三套,是强化韵头引起声母腭化或是强化韵尾而弱化韵头,有无连读音变,有无轻重音……诸如此类语音特征既可从共时系统区分类型,也可从历时角度区分层次。有些类型的差异是"排中"的,非此即彼,有的则是非此非彼的"中介"现象,语言的不同类型中此类现象特别多。例如实词和虚词之分,常常有不能截然分开的模糊界线。有的方言全浊声母逢塞擦音都清化了,而浊擦音尚未清化。变调和轻声现象有时是带有规定性的,非变、非轻不可;有时则是可此可彼的。区分类型时对这种边界现象都应该十分重视,做出具体细致的描述。在区分类型的基础上,应该尽可能对于不同类型的现象做出解释,这才是比较研究的最终目的。

5.4　有些比较必须注意量化统计

共时的分类有时是应该以一定的数量为界线的,量是区分不同质的依据;历时的演变则往往是量变的积累引起质变的飞跃。这便是现代系统论十分重视计量研究的原因。研究语言时重视计量研究这是现代的汉语研究工作的一大进步,但是这种方法还没有得到应有的推广。看来像不同方言有不同的声类、韵类,不同的音节总量都是很值得做比较的。方言特征词的比较就更需要计量分析了。"厝、饺、鼎、侬"是闽语的特征词,但不能因为某个方言也有这些词就非得把它认定为闽语不可,也不能因为其中有一两处有变异就非得把它排除在闽语之外。如果有 200 条闽语特征词,经过 10 点 20 点方言的验证,然后定出一条线,比如说,凡是具有 70% 条目的特征词,便可定性为闽语,这种定量便可以直接为定性提供科学的根据。

5.5　方言的外部比较应该适当采用史学、社会学的方法

关于方言间的文化特征的比较,难免要运用大量有关地方历史和地域文化的资料,这就需要参照史料学的方法,鉴别史料的真伪,选择适当的文献版本,正确理解文献语言的含义。例如关于移民史的资料,不论是正史的记载,笔记的记录,谱牒的记传或口头的传说都有必要进行校订、考证和审核。未经鉴别的史料有时比没有史料更为有害。关于双方言的调查,方言区人民掌握和使用普通话的情况的调查,关于老中青几代人口音和用语的差异的调查,都是社会语言学的课题,必须参照社会学的方法进行不同社会成员语言情况的调查统计,进行定量分析,才能得出定性的结论。

汉语方言的比较研究是在汉语方言调查的基础上进行的研究,是汉语方言学的深入发展,也是汉语方言学为汉语语言学做出贡献的重要工作。从研究课题到研究方法都很值得我们做进一步的探索。

（本文刊登于《语文研究》2000 年 2—3 两期连载）

论汉语方音异读

一 汉语方言字音异读的种类

汉语方言的字音异读是普遍存在的,就常见的类别说,有以下3类8种。

1.1 文白异读

这是最常见的异读。一般说来,文读音用于书面语的朗读与书面词语,白读音用于口语交际或口语词。例如北京话"薄弱"读[po˥],"薄纸"读[pau˥];上海话"孝顺"读[ɕiɔ˩],"带孝"读[hɔ˩];广州话"厅长"读[t'iŋ˥],"大厅"读[t'ɛŋ˥]。

文白异读首先是语音现象。字音的不同读音有不同的来历,形成于不同的历史时代,它反映了语音的不同历史层次。上述"薄"的北京音[po˥]是早期传下来的本地音,[pau˥]是后来从外地传入的音。以厦门话为例,"富、沸"读[hu˩—pu˩、hui˩—pui˩],显然后面的白读早于前面的文读,[p]是方言原生的、固有的,[h]是受共同语[f]的影响变来的;"天、青"读[t'ian˥—t'ĩ˥、ts'iŋ˥—ts'ĩ˥],[ian、iŋ]是与共同语一致而固化下来的音,[ĩ]则是口语中后来演变而混同的。

文白异读又是词汇现象。书面语词读为与共同语相近的音,口语词读方言固有的音,这种文白异读也是不同词汇类别的标志。例如,厦

门话 "数目"，读文读音 [so˥ bɔk˦]，是从共同语对音的语词，同样的意思用方言词表达要说 "额数" [giaʔ˥ siau˩]；读白读音 [siau˥ bak˦] 是方言固有词，意思是 "账目"。我们把读文读音的词称为 "文读词"，读白读音的词称为 "白读词"。对各地方言来说，文读词是不同时代套用共同语的语词，白读词是方言固有词。

1.2　别义异读

同一个字，用不同的读音来表示不同的意义，这便是别义异读。多数别义异读在音义两方面都有一定的联系，两种读音之间是某种 "音转"，两种意义之间有一定的 "引申"。这种现象是古来就有的。有些现代方言和古代的别义异读还是一脉相承的。例如《广韵》"长" 的三种音义在现今的厦门话里依然保存着区别：

长，平声阳韵直良切，久也，远也，常也，永也。

厦门音文读　［tioŋ˦］　长存、长安、长乐、长治久安

　　　　白读　［tŋ˦］　长短、长衫旗袍、长头占便宜

长，上声养韵知丈切，大也。

厦门音文读　［tioŋ˦］　成长、长成、长子、专长

　　　　白读　［tiũ˦］　长官、长房、科长

　　　　　　　［tŋ˦］　长大侬发育成大人

长，去声漾韵直亮切，多也。

厦门音只有一读 [tioŋ˩]，意为剩余：～淡薄剩下少许。

以上三种读音都是同声韵的，只有声调的区别。意义上也有明显的引申关系，从空间距离远（长短）到时间距离久（长期），出现频度高（长乐）到动态的延伸（成长）、排序的居首（长子）、计量的多余（长淡薄），都是从 "距离大" 这个基本意义衍生出来的。

也有一些别义异读的不同读音和意义未必有关系。例如：

　　　　《广韵》：索,苏各切,绳索;所戟切,求。

　　　　　　　　曾,作滕切,人姓;昨稜切,尝。

　　　　　　　　错,仓故切,金涂;七各切,镳。

　　　　　　　　欧,乌侯切,～阳,姓;乌口切,吐。

　　　　　　　　副,敷救切,贰;芳逼切,析。

　　其中乌口切的"欧"后来写成了"呕",是为古今字。"副"的两种音义也见于现代厦门话,前者读[hu˩]是"正副"的"副",后音读[pʻiʔ˨]是"用刀薄切"的意思。

　　音义有联系的别义异读是一种词汇现象——由词义引申发展为新词的衍生。如果两种音义都没有明显的联系,那便是文字的借用了。

1.3　其他异读

　　除了文白异读和别义异读之外,还有一些为数不多的异读。

　　①　新旧异读　任何方言的语音不论音值还是音类,在发展中都会逐渐地产生变化。方音渐变的方式大致有两种,一是词汇扩散,在某些词里先发生变化;一是异读并行,经过一个时期的异读并存,而后旧读消失,新读确立。例如北京话"说服"原读[ʂuiˊ],今读[ʂouˊ];"百色"原读[puoˊ],今读[paiˋ],这是异读并行后的精简规范。厦门话新派[o]韵母有变读[ə]的趋势,如:"好hoˊ～həˊ|桃tʻoˊ～tʻəˊ",这是新旧音值蜕变过程中的并存现象。

　　②　借用异读　原来方言有自己的读音,后来受共同语或其他方言的影响而借用了另一个音并行,这就是借用异读。例如泉州话"书"原读[ɯɯ˧](文)[tsɯˊ](白),后来受厦门话影响,也有人读成[su˧]。

　　③　正误异读　误读在方言字音里是不可避免的,当正误两读并行之后可能就此成为异读,也可能保留正读淘汰误读,也可能以讹传

讹，习非成是。厦门话"放假"两读［paŋ˩ ke˩］～［paŋ˩ ka˥］，但"请假"只有［ts'iŋ˥ ka˥］一读，"假期、寒假、暑假、农忙假、春假"也只读［ka˥］，［ka˥］显然是误读，但已经占着优势。广州话"纠"读［tau˥］已经定型了，但香港粤语仍读［kɐu˧］。

④　同义异读　也称训读，即借用同义字来表示方言词而读成训读音。例如福州话"人"说"侬"，"脚"说"骹"，"人"既读［iŋ˥］又读［nøyŋ˥］，"脚"既读［kyɔʔ˥］，又读［k'a˧］，前者是正读，后者是训读。训读音对于训读字来说也是一种误读，但因为意义相合，在民间通常也把它理解为一种文白异读。

⑤　小称异读　许多方言存在的小称变音或小称变调往往同时存在本音本调，也成了一种异读。例如广州话"杯"［pui˥—pui˥］小杯子，"眼"［ŋan˧—ŋan˧］一眼井；金华汤溪，"舅"［dziɯ˩］娘～——［dziəŋ˩］～娘，"鼓"［ku˥］铜～——［kuŋ˥］锣～。这是因为加上表小指爱等词汇语法意义之后引起的韵变或调变而造成的异读。

⑥　词内变读　一个字的读音在某个特定多音词里由于连读音变，读成另一个音，离开这个词，该读音便不再使用，这就是"词内变读"。这类词往往是口语中的常用词。例如称"儿媳妇"为"新妇"，厦门话读［sim˩ pu˩］，"新"音读同"心"。粤语区音同"心抱"［sɐm˥ p'ou˩］，客话区音同"心舅"［sim˧ k'iu˧］，其实也都是"新妇"的词内变读。这种情况在泉州话还可以举出一些。例如：

亲家	原应读 ts'in˧ ke˧	变读为 ts'iŋ˧ ke˧
亲母	原应读 ts'in˧ m˥	变读为 ts'ĩ˧ m˥
酷好	原应读 k'ɔk˥ hau˩	变读为 k'ɔk˥ gau˩
烦恼	原应读 huan˧ lo˥	变读为 huan˧ ho˥
三合土	原应读 sam˧ hap˩ t'ɔ˥	变读为 sam˧ bak˩ t'ɔ˥

肥肉爷　原应读 pui⊣ hiak⊣ ia⊣　　变读为 pui⊣ lak⊣ ia⊣

无奈何　原应读 bo⊣ nai⊣ ua⊣　　变读为 bo⊣ ta⊣ ua⊣

心肝头　原应读 sim⊣ kuã⊣ t'au⊣　变读为 sim⊣ ma⊣ t'au⊣

词内音变实际是一种连读音变，但它不是按规律类推的音类的变化，而是限定于个别语词里字音的特殊变化。它既是语音现象，也是词汇现象。

二　汉语方音异读的性质

2.1　方音异读有两种不同的性质

汉字对于汉语来说是一身二任的。它是语音的记录，用来表示一个音节；又是意义的单位，作为构词造句的语素。由于汉字是既表音又不表音的形意文字，其字形体系与语言又有相对独立的一面，古今字形经历过复杂的变迁，有些异读就与文字异写有关。

属于"古今字""通假字""训读字"的异读只是文字的借用，本文不加讨论。

就是否区别意义来说，方音异读可分为别义异读和非别义异读，这两种异读是属于两种不同性质的现象。

上述的新旧异读、借用异读、正误异读都是不别义的，这是字音的变异，是语音发展过程中的现象。

别义异读是拿异读作为手段来区别不同的意义，分立不同的义位或派生相关的新词。这种异读从性质上说不是语音现象而是词汇现象。

如上所述，文白异读有别义的，也有非别义的。不别义的文白异读是语音发展过程中由于共同语的影响而产生的，也是字音的变异，属于语音现象。别义的文白异读属于词汇现象，但是和"别义异读"相比还有区别：别义异读是以别义为自觉的目的，为出发点，以异读为手段；而文白别义，异读是变化的过程，别义是客观变化的结果。

词内音变造成的异读一方面是多音连读的联合音变的语音现象，另一方面它以特殊的语词为存在的条件，从这一角度说也是词汇的现象。

区别两种不同性质的方音异读是十分重要的，因为研究语音现象和词汇现象有不同的方法。作为语音现象，或者是古今音的流变或方音和共同语语音的共变，用的是音韵学的方法；或者是联合音变，用的是语音学的方法。作为词汇现象，主要是考察词汇衍生的过程和途径，用的是训诂学和语义学的方法。

2.2　方音异读是方音系统的整合方式

不论是哪一类方音异读，我们都不能看成杂乱无章的堆砌，经过归纳，可以看出各类异读都贯穿着一定的规律。

文白异读是存在严整的对应的，许多方言的文白对应都被揭示出来了。各种异读有的异在声，有的异在韵，有的异在调；也有声韵调中两项有异或三项皆异的。同一个字在方言口语词里读白读音，在书面语词或向普通话借用的语词里读文读音，这就是方言字音两个系统的整合方式——在不同语词的分工则是一种整合。闽南话里有十分典型的材料可以说明这种分工，同样的字，文白读音不同，构成意思完全不同的词或词组。例如（例词标厦门音）：

	文读	白读
中央	tioŋ˦˩ ioŋ˦˩ŋ˨ 中央，地方	tioŋ˦˩ ŋ˨ 中间
空间	kʻoŋ˦˩ kan˦ 空间、时间	kʻaŋ˦˩ kiŋ˦ 空房间
数目	so˧˩ bok˨ 数额	siau˨ bak˨ 账目
糊涂	ho˧˩ tɔ˧˦ 不精明	kɔ˨ tʻɔ˧˦ 糊上泥巴

诚实	siŋ˧˩ sit̚˧ 忠诚老实	tsiã˧˩ tsat̚˧ 很紧密,很拥挤
千万	ts'ian˧˩ ban˩ 千万小心	ts'iŋ˧˩ ban˩ 上千万
唐山	toŋ˧˩ san˩ 唐山市	tŋ˧˩ suã˩ 华侨称祖居地
作息	tsɔk̚˧ sik̚˩ 工作与休息（时间）	tsoʔ˧ sit̚˩ 干活

　　别义异读虽不像文白异读那样有明显的对应规律，但不少条目还是可以归纳出字义引申的类型和途径的。以普通话为例，有的异读是用来表示不同词性的：

好	好人——好色	难	困难——患难
差	差额——差不多	强	强大——勉强
笼	鸟笼——笼络	扫	扫地——扫帚
空	空的——空一行	省	省市——自省
处	处所——处理	假	真假——放假
行	两行——不行、行为	冠	皇冠——冠军

　　有的异读是用来区别特指的事物或专名的，例如姓氏中的"单 ʂan˩ | 繁 p'o˧ | 任 zɵ˩ | 盖 kɤ˩ | 过 kuo˥ | 纪 tɕi˩ | 华 huа˩ | 区 ou˥ | 员 yn˩"，地名用字中的"台天台 t'ai˥ | 番番禺 p'an˥ | 铅铅山 ian˩ | 六六安 lu˩"。有的是用来区别两个相关相近的具体意义和抽象意义的。例如：

挑	挑水——挑战	往	往来——往北走
为	作为——为了	少	多少——少年
宁	安宁——宁可	蒙	蒙蔽——蒙人
落	落色——落下（遗落）	奇	奇怪——奇数
划	划船——划分	横	横直——蛮横

和　　和好——和了打牌～　　　　更　　更改——更大

三　汉语方音异读是方音差异的重要内容

3.1　各方言在异读上有明显的差异

在文白异读方面,北京话的文读是固有的,白读是受外地音影响的结果;在其他方言,情况恰好相反,白读音是本地固有的,文读音是普通话影响的结果。

在外地方言中,有的方言有文白异读的字很多,有的则很少。东南诸方言中,闽、吴方言有文白读的字较多,客赣粤诸方言较少。在闽方言中,闽南话文白异读的字在常用字中约占一半,在闽东、闽北依序递减。在什么方面构成文白差异各方言也是不同的。吴方言文白读多与声母有关,如见系声母及微、日母;闽方言则声韵调三方面都有大量文白读的对应。长江中下游的湘方言、江淮方言文白读多见于见系二等字(如家、街、甲、敲);湘语长沙话文白异读还见于去声调(阴去为文,阳去为白)。客赣粤诸方言梗摄字常有文白异读,在粤语还有浊上字常有送气不送气的文白读对应。

在别义异读方面,北京话的多音多义字占的比例是相对大的。据许多学者统计,北京话多音多义字在常用字约占十分之一。其他方言没有统计资料,不便比较,不过可以列举出一批北京话的别义异读在其他方言中也有异读的显然比较少:

绷　pəŋ˥～带　pəŋ˩˩～着脸　　　扎　tsa˥～线　tʂa˥驻～　tʂa˩

扁　piɛn˩～形　piɛn˥～舟　　　　挣～

簸　po˩～一～　po˩˩～箕　　　作　tsuo˥～料　tsuo˩˩～文

伺　tsʰɿˇ~候　sɿˇ~机　　　　打　taˉ一~　taˊ~人

奔　pənˉ~走　pənˇ~着来　　　提　ti~防　tʰiˊ~倡

秘　piˇ~鲁　miˇ~密　　　　　坊　faŋˉ街~　faŋˊ作~

场　tʂaŋˊ一~　tʂaŋˇ市~　　　服　fuˊ~装　fuˇ一~药

创　tʂʰuanˉ~伤　tʂʰuanˇ~造　勾　kəuˉ~结　kəuˊ~当

答　taˉ~应　taˊ~报　　　　　糊　xuˉ~上　xuˊ浆~　xuˇ

都　tuˉ~市　touˉ~是　　　　　　　辣椒~

妨　faŋˉ不~　faŋˊ~害　　　　强　tɕʰiaŋˊ~大　tɕʰiaŋˊ勉~

菲　feiˉ芳~　feiˊ~薄　　　　　　　tɕiaŋˇ倔~

葛　kəˊ~藤　kəˊ~姓　　　　　弄　luŋˇ~堂　nuŋˇ玩~

骨　kuˉ~突　kuˊ~碌　kuˇ　　埋　maiˊ~没　manˊ~怨

　　~头　　　　　　　　　　闷　mənˉ~热　mənˇ~苦

号　xauˉ~叫　xauˇ~数　　　片　pʰianˇ~面　pʰianˉ~影~

溃　kʰuiˇ崩~　xuiˇ~脓　　　翘　tɕʰiauˉ银~　tɕʰiauˇ~起

淋　linˊ~雨　linˇ~病　　　　曲　tɕʰyˉ弯~　tɕʰyˊ歌~

芒　maŋˊ光~　uaŋˊ麦~　　　省　ʂəŋˇ~会　ɕiŋˊ自~

蒙　məŋˉ~人　məŋˊ~昧　　　踏　tʰaˉ~实　tʰaˇ~步

　　məŋˊ~古　　　　　　　通　tʰuŋˉ~行　tʰuŋˇ~红

排　pʰaiˊ~行　pʰaiˇ~子车　沿　ianˊ~江　ianˇ河~

劈　pʰiˉ~开　pʰiˇ~柴　　　撒　pʰieˉ~开　pʰieˊ一~

切　tsʰieˉ~开　tsʰieˊ一~　饮　inˊ~水　inˇ~马

遂　suiˇ未~　suiˊ半身不~　挣　tʂəŋˉ~扎　tʂəŋˇ~钱

挑　tʰiauˉ~水　tʰiauˊ~战　转　tʂuanˊ~达　tʂuanˇ~动

往　uaŋˊ~来　uaŋˇ~回走　　钻　tsuanˉ~研　tsuanˇ~石

咽　ianˉ~喉　ianˇ~下　ieˇ

　　鸣~

以上 50 个字北京话中共有别义的不同读音 107 个，而在厦门话中除文白异读外只有 3 个字有别义的异读："糊kɔ˦~纸、米~，k'ɔˊ~着|强kiɔŋ˧~大，kiɔŋˋ推辞|切ts'iat˥~要，ts'e˩~一~，ts'ueʔˋ苦~~"。在上海话只有 6 个字有别义异读："秘pi˥、mi˩|强tɕiã˥、dziã˩|弄noŋ˥、noŋ˩、loŋ˥、loŋˋ|蒙moŋ˥、moŋ˩|曲tɕ'ioʔ˥、tɕ'yɪˊ|咽i˥、i˦"（据《上海市区方言志》）。在香港粤语只有 15 字有别义异读："绷paŋˉ、maŋˊ|扁pinˋ、p'inˊ|创ts'ŋɐˋ、ts'ɔŋˊ|打taˊ、taˉ|菲feiˉ、feiˊ|号houˋ、houˊ|强k'œŋˋ、kœŋˊ|芒mɐŋˋ、mɔŋˊ|切ts'itˊ、ts'ɐiˊ|省saŋˊ、siŋˊ|挑t'iuˉ、t'ouˊ|咽inˉ、inˉ、itˋ|饮iemˊ、iemˉ|挣tsɐtˊ、tsaŋˉ|转tsynˉ、tsynˉ"（据香港教育署语文教育学院中文系编《常用字广州话读音表》1992 年修订）。

其余的异读也一样，在不同的方言有不同的表现。那些人口变动大的大城市，方言变化快，新旧异读就多。例如，上海话的新老派口音的差别就相当大，在相当多人的口语中常常就是新旧读并用的。在方言区的交界地带，或是被其他方言包围的方言岛，由于实行双语制，往往就有本地音和外来音的异读，尤其是弱势方言的一方。据说，在湘南土语区，说土话时夹用官话，说官话时夹用土话，有些读音连本地人也难以辨别是土话的音或官话的音了。

3.2　方音异读是汉语方言语音系统特有的重要内容

异读是使用汉字的汉语所特有的现象。如果使用拼音汉字，就无所谓"异读字"；如果汉字不统一，各方言区都随时为方言词造字，也不会有异读；如果方言间没有语音差异，当然也无所谓异读。

汉语方音异读属于"字音系统"。所谓字音系统指的是汉字读音在音节系统中的分布。只有一种读音的字是单位分布，存在异读的字是多位分布。字音在音节系统中的分布从共时方面说决定了各音节在方言中的使用频度，从历时方面说则体现了方言语音的演变规律。不论是古音类的一分为几或是今音类的合几为一,不论是一字演化为多音或异读音的精简、失落,都莫不体现其中。可见"字音系统"是表现方言语音特点的重要方面。

从这一点出发,我们可以进一步想想,"字音系统"在汉字方言的语音系统中占着什么样的地位,整个汉语方言的语音系统应该包含哪些内容?

把汉语方言的语音系统看成三个层面、五个子系统,应该是比较能反映汉语特色的语音学。这三个层面、五个子系统如下:

音素层面——音位分析系统(包括元音音位、辅音音位、声调音位)

音节层面——{音位结构系统(声韵调组合规律)
字音分布系统(包括各音节所含的字和字的各种异读)

音组层面——{连音变读系统(多音组声变、韵变、调变规律)
语调系统(包括短语重音、句调、语调)

由此可见,由于用汉字来表音,汉语的语音系统复杂了许多,汉语语言学不能没有反映"字音"的内容,应该从理论上重新进行系统的建构。

四 研究汉语方音异读的意义

4.1 了解各方言区的语音特点

如上文所说,在异读现象中,不同的方言之间存在着许多差异,弄清各方言的异读是了解方音特点的不可缺少的工作内容。

70年前,年轻的罗常培先生应聘到厦门大学任教。这位地道的北京人在厦门只住了半年多,一调查厦门话就以他的慧眼发现了以下的事实:"各系方言的读书音跟说话音往往都有些不同,但是很少像厦门音系相差那么远的。厦门的字音跟话音几乎各成一个系统,所以本地人发音时特别要声明'孔子白'怎么读,'解说'怎么读。这一点要算是厦门语（至少也可以说是福佬语系）的特质之一。"（罗常培《厦门音系》，科学出版社，1956 年，41 页；"厦门大学百年学术论著选刊"《厦门音系》，厦门大学出版社，2001 年，60 页）确实，闽方言有文白异读的字最多，要了解闽方言的语音特点、语音演变过程乃至研究闽方言的分区都非研究文白异读不可。

别义异读，一向较少引起学者们的注意，这里再罗列一些材料，说明从别义异读可以看到闽方言的共同特点，也可以看到它们彼此间的差别。

有些从《切韵》传下来的别义异读至今还是多种闽方言的共有特征，应该说，这也是闽方言的重要特征。例如：

	广韵	厦门话	福州话
盐	余廉切，咸也	iam˦	sieŋ˧
	以赡切，以盐渍物	sĩ˨	sieŋ˧
长	直良切，久也，远也，常也，永也	tŋ˦	touŋ˧
	直亮切，多也	tioŋ˨	tuoŋ˧
乞	欺讫切，取也	kʻit˨	kʻøyʔ˨
	去既切，与人物也	kʻi˨	kʻei˨
过	古禾切，经（蔬菜老了）	kua˦	kuai˦
	古卧切，误也	ke˨	kuɔ˨
副	敷救切，贰	hu˨	hou˧
	芳逼切，析	pʻiʔ˨	pʻieʔ˨
刺	七赐切，针刺	tsʻi˨	tsʻie˧
	七迹切，穿刺	tsʻiaʔ˨	tsʻieʔ˨
颏	古亥切，颊	hai˦	hai˧
	胡来切，领	hai˨	hai˧
治	直之切，理	tʻai˦	tʻai˧

	直利切，理	ti˩	tei˥
画	胡卦切，图	ue˩	ua˥
	胡麦切，分	ue狆˧	ua狆˧
事	锄吏切，使也，立也，由也	tai˩	tai˥
	侧吏切，事由	tsi˩	tsie˥
解	佳买切，说议	kai˥, kue˥ kai˩	
	胡买切，晓	e˥, ue˩	a˥, hai˥
断	都乱切，决狱	tuan˩	tuan˥
	徒管切，绝也	tŋ˩	touŋ˥

而另一些别义异读则是各种闽方言之间多所不同的。例如，福州话的一些异读在闽南话里就不存在异读：

张　tuoŋ˦姓　t'uoŋ˦量词：一张纸　　　　鼻　pɛi˥嗅　p'i˧˥鼻子，鼻涕

断　touŋ˩对～：折断　tuɒŋ˥～去：断了　　涂　t'u˥泥土　tu˥涂抹

撮　ts'ou狆˦一小～　tsuo狆˧动词　　　　恶　ou狆˧凶～　ɔ狆˥可爱

才　tsai˥天～　ts'ai˥奴～　tsøy˥秀～　　残　tsaŋ˥～废　ts'aŋ˥心～

操　ts'au˦～练　　　　　　　　　　　　　taŋ˦长～：残余

　　ts'ɔ˥～行　ts'ɔ˦～纵　　　　　　　把　pa˥～握　pɑ˥～～：把柄

闽北建瓯话的一些别义异读也未见于闽东闽南。例如：

衫　saŋ˦上衣　saŋ˦棉袄～：棉袄罩衫　　篮　laŋ˦～球　saŋ˦～子

盘　puiŋ˩～货，～缠　puiŋ˦茶～、算～　　片　p'iŋ˦黄～：一种粗茶叶

　　　　　　　　　　　　　　　　　　　　　p'iŋ˦鼎～：锅盖

服　xu˦一～药＜量＞　xu˦～气＜动＞　　情　tseiŋ˩人～　tsiaŋ˦亲～：亲戚

白　paˉ~米、~菜　paˇ~椀:无味　　指　iˇ金戒~　kiˉ手~子:指头

骑　kuɛˉ肩扛　kuɛˇ背负　　　　日　miˇ~头　niˇ~冥:日夜

破　p'ɔˉ~烂　p'uɛˉ~樵:劈柴　　灵　leiŋˇ~验,~芝　liaiˇ~牌

赖　laiˉ姓　luɛˉ诬~　　　　　　洋　ioŋˇ~轿,~烟　iɔiˇ~羊

折　tsiɛˉ本　tsiɛˇ~断　　　　　闲　ainˇ~事　xaiŋˉ歇~

其他各类异读也分别成为许多方言的重要语音特征。例如研究上海话、南昌话,非注意新老派异读不可;研究吴语,一定要考察小称异读;研究粤语要逐一调查语素变调;而训读——同义异读则大量发生于海南闽语;借用异读往往见于双语区或双方言区。据已经了解的情况来看,不同的方言在异读上往往有不同"热点",即使有相同的异读项目,也未必有相同的具体规律(例如吴语和粤语的小称变音就有不同的规律)。可见,研究异读确是了解不同方言的语音特征的重要课题。应该引起方言工作者的充分重视。

4.2　考察方言语音及词汇的历史层次

除了古来就有的多音字和假借字,方音的异读,并不是"与字俱来"的,而是先后生成的。因此,异读现象也就反映了方言语音和词汇的演变过程。据此,我们可以透过方音异读去分析方言的历史层次。

最能反映方言的历史层次的是文白异读。文白读的并存,就是不同历史层次的语音在共时系统中的叠置。事实上白读和文读都可以不止一种,都可以多次生成,形成多层的叠置。例如泉州话的"下"共有8种读音,和《广韵》的两个反切及释义都有一定对应和引申关系。《广韵》上声卷:下,胡雅切,贱也,去也,后也,底也,降也。泉州音读阳上调的音有:文读[haˉ]地~、上~、白读[keˉ]低、[eˉ]下面、[heˉ]向菩萨许愿。又去声卷:下,行下。泉州话读阳去调的有文读[haˉ]~决心,白读

［e˩］动量词、［kʻe˩～he˩］放置。从声母说，［k、kʻ］反映了上古匣母与群母不分的发音，［ø］是［ɦ］的早期清化形式，［h］是后来清化形式；从韵母说，［a］是汉唐的发音，［e］是方言中元音高化的变异。如果把姊妹方言的文白读音排在一起作比较，不但可看出不同方言反映的不同层次，还可以看到语音演变的过程。例如各地闽语"檐、拖"两个字的读音：

	福州	建瓯	泉州	文昌
檐	ieŋ˩/sieŋ˩	ieŋ˦	iam˦/tsĩ˩	dziam˦
拖	tʻɔ˦/tʻai˦ tʻua˦	tʻɐu˦	tʻɔ˦/tʻua˦	hua˦

"檐"的声母为以母，上古来自邪母，其发展过程应是 dz→ts→s→j→ø，韵母为上古谈部、中古盐韵，其发展过程应是 iam→iaŋ→ieŋ→im→ĩ。

"拖"是透母歌韵，声母的变化是 tʻ→h（海南的 h 是 tʻ 变的），韵母的变化过程是 $ai \rightarrow \begin{cases} \mathtt{ɒ} \rightarrow ua \rightarrow u\varepsilon \\ \mathtt{ɔ} \end{cases}$

从词汇方面说，用文读音说的文读词是从共同语来的，用白读音说的白读词是方言固有的，界限十分明朗。以泉州话为例：

	文读音	白读音
书家	sɯ˦ ka˦书法家	tsɯ˦ ka˦讲究卫生
私家	sɯ˦ ka˦私家车	sai˦ kʻa˦体己钱
事先	sɯ˩ sian˦事先通知	tʻi˩ suĩ˦预先
开方	kʻai˦ kɔŋ˦开方乘方	kʻui˦ hŋ˦开药方
先生	sian˦ sɔŋ˦老师	suĩ˦ sĩ˦先分娩
转动	tsuan˦ tɔŋ˩转动机器	tŋ˩ taŋ˩动弹

大气	taiˋ kʻiˋ 大气层	tuaˋ kʻui 吐大气
生气	səŋ˧ kʻi˥ 生气蓬勃	tsʻĩˋ kʻuiˋ 傻里傻气
童子	tɔŋ˧ tsɯ˥ 童子军	taŋ˧ tsi˥ 神棍
青面	tsʻiŋ˧ bian˩ 青面獠牙	tsʻĩ˧ binˋ 翻脸

　　有时文白异读两种读法都是方言词语，表示的是两种含义，两个方言词也属于不同层次。下面举的也是泉州话的例子：

	文读音	白读音
伤重	siɔŋ˧ tiɔŋ˩ 耗费大	siũ˧ taŋ˩ 太重
八字	patˋ liˋ 识字	pueʔˋ liˋ 生辰八字
无过	bu˥ kɔˋ 不过，仅仅	bo˥ kəˋ 没通过
罪过	tsue˧ kɔˋ 有罪过	tsə˧ kuaˋ 作孽
定着	tiŋ˥ tiɔk˧ 确定	tiã˥ tioʔ˧ 一定
搅吵	kiau˥ tsʻaˋ 搅扰	ka˥ tsʻa˥ 吵闹
好体	ho˥ tʻe˥ 势头好	ho˥ tʻue˥ 举止正派

　　至于别义异读，本义读音一般在前，引申的读音应是后起的，不同的音义也明确地表现了不同的历史层次。例如普通话：

	本义	引申义
埋	mai˧ ～葬	man˧ ～怨
看	kʻanˋ ～见	kʻan˥ ～守
挑	tʻiau˥ ～水	tʻiau˧ ～战
饮	in˧ ～水（主动义）	inˋ ～马（使动义）
往	uaŋ˧ ～还（动词）	uaŋˋ ～回走（介词）

为	ueiˊ作～（动词）	ueiˇ～了（介词）
驮	t'uoˊ～运（动词）	tuoˇ～子（名词）
钉	tiŋˊ～子（名词）	tiŋˇ～住（动词）
当	taŋˊ～时（过去）	taŋˇ～天（同一天）
传	tʂʻuanˊ相～	tʂuanˇ～记

至于新旧异读、借用异读、小称异读、词内变读也很容易区别某种读音先有，另一种读音是后起的，不必再举例了。

4.3　研究汉语的结构规律和演变规律

字音的异读是汉语特有的现象，深入地分析方音异读的种种现象便可以使我们更好地认识汉语的结构规律和演变规律。

绝大多数汉字都是一个个的语素，汉字是汉语的最小的音义结合体，最小的成词造句的结构单位。对任何语言来说，语音总是有限的（音素及其所组合的音节都是有限量的），语义的需求则是无限的。当字义引申、扩大、缩小、派生之后，原有单一的字音和多项的意义便发生了矛盾。解决这个矛盾的办法不外是两种，一是增加异读，因音别义；一是扩大词形，由单音词发展成双音合成词。从汉语的历史上看，前一种办法是先有的，后一种办法是后起的。两汉之后双音合成词大量出现，在两汉之前更多的则是走的因音别义的路，包括四声别义、同源词的衍生（用声韵的"旁转""对转"的方式派生近义词）、叠音词或双声叠韵（半叠音）等。从主流汉语来说，这两种方式的更替可能正划出了上古汉语和中古汉语的界限。关于这一点当然还有待于系统分析的材料来加以论证。

而在各个方言，音义结构的规律及演变却未必是同类型的，即使同类，也未必是同步的。正因为如此，现今的方言，有的异读多，有的异读少，有的文白异读多、别义异读少，有的更喜欢采用别义异读。对不同方言在异读上的不同表现，我们应该如实地把它看成是方言结构类型、演变类型上的差异。

如果说别义异读是一种自我调整的"连续式"音变的话，文白异读则是另一种相互渗透而造成的"叠置式"（纵向地说）或"混合式"（横向地说）音变。别义异读和文白异读都是语言的音义发生矛盾之后又相反相成地产生的整合的方式。只有这样理解，我们才能如实地认识种种异读的本质，也才能探寻出汉语特有的结构规律和演变规律。

采取不同的结构类型和演变类型，采取不同的整合方式，这是决定方言语音演变的内部原因。除了内部原因之外，方音的演变还有一定的外部原因——社会文化方面的原因。例如，不同历史层次的白读音多，往往是因为方言区有复杂的移民史，在方言形成的历史上叠置着不同历史时代的文化层。文读音有完整的系统且与古音对应比较整齐，往往与读书识字的人多，并且比较重视"正音"传统有关；训读音多，则反映了当地文化传统中讲究反切、平仄的正规化的识字教育不可能太发达。喜欢为方言特有读音或方言词另造新的俗字的方言地区，文白读的观念必定不强；讲究本音本字的方言地区则读书音、说话音在人们心目中界限清楚。此外，边界方言、方言岛以及比起所接触的周边方言来说属于弱势的方言，向外方言借用的读音多；文化不发达的地区误读音多；人口来源复杂的大城市新旧异读多，在普通话十分普及的小地方，方言大量接受普通话读音，也会造成大量的新旧异读。凡此种种影响语音演变的社会文化原因，也是很值得我们注意并加以研究的。

（本文于 1998 年 12 月在上海举办的汉语语言学研讨会上宣读过，后刊登于《语言教学与研究》，1999 年第 1 期）

论汉语方音的区域特征

一　界说

本文所讨论的区域特征指的是在一定区域之内多种方言所共有的语言特征。区域特征可以是语音的，也可以是词汇的、语法的，本文先讨论方音的区域特征。

所谓"一定区域"，可大可小，几个大方言区之间也可以有共同特征，一个方言区之中必定有一批共同特征，小的方言片或数个方言点之间也可以有共同特征。为方言分区、分片可因标准不同而有不同分法，区域特征是就多种方言做比较提取出来的语言事实，在方言分区未经周密研究之时，很难将区域特征定性为方言区特征、方言片特征或诸方言区之间的共同特征。

方言的区域特征的分布总是地片相连的。方言区的语言特征通常也分布于相连的地片，如果该方言由于移民而在区外分布，其共有特征就未必是连片的，这是方言区域特征和方言的语言特征又同又不同的地方。

不同的方言之间的共同特征有时是类型上相同的特征。例如[n]和[l]发音部位相同，发音方法则有同（都是响音）、有异（气流通道不同），在语音演变过程中可分可合，若是合流则又有三种可能：混为[l]，混为[n]或自由变读。类型特征可能与地域特征叠合，例如"泥"

和"来",成都、武汉都混为[n],长沙、南昌则混为[l];但也可能没有关系,例如福州话和广州话都是数十年来趋于相混,自由变读,这是类型特征,而不是区域特征。

桥本万太郎教授在他的《语言地理类型学》一书中提到"区域特征"(area features)。他界定的"区域特征"是"某区域之中超越语言差别的所谓语言特征的'扩散'(diffusion),它是与所谓演变(evolution)相对立的概念"。这和他所提倡研究的"地理类型特征"实际上是一回事,不过后来他觉得"区域特征"的提法不利于引导人们去阐明语言特征的地域扩散的内在机制,因而提议废止"区域特征"的提法,后来,他也便改称为地理类型学①。

事实上,语言的类型特征、地理特征和源流特征虽然可以是相关的,但却是不同质的。类型特征是超乎时空,着眼于结构或功能的类型分析;地理特征是在地域上横向扩散而造成的共同特征;源流特征则是由于同源关系而形成的发生学上的共同特征(往往表现为对应关系)。桥本万太郎是企图把前二者结合起来研究,所以称为地理类型学,而本文则主张把后两者都包括在内进行研究,还是称为区域特征。

把区域特征扩大到最大范围当然也包括存在于一定地域的不同语言之间的共同特征(像上文所引桥本先生所界定的那样),但它和同一语言的方言间的共同特征应该有许多不同,必须另外研究,本文讨论的不包括这部分内容。

二　方音区域特征有两种类型

应该说,纵向的同源关系和横向的渗透关系都会造成方言间共同的区域特征。桥本万太郎说:"语言历史上的演变,大部分都不是由该语言内在的因素引起的。那么,比亲属关系更重要的是跟周围语言的互相影响和作为其结果的整个结构的区域性推移和历史发展。"② 其实,语言内在的对立矛盾(音素间的对立、音义间的矛盾)才是语言演变的内在依据,也是语言发展的主要动因,受了别种语言的影响而发生变异,这种外因也要经过内因才能起作用。如果说推动语言发展的"内在的因素"作用极小,那么穷乡僻壤、交通阻塞处的单一方言以及孤悬海岛、不与别种方言交往的方言就会是经久不变的了。事实并非如此。在福建境内,方言最为复杂的地方算是连城县及其周边乡镇,那里是闭塞的山区,福建三江水系(闽江、九龙江、汀江)的分水岭,位于闽南方言、闽中方言和闽西客话的交界处,十几种不能通话的小方言各自独立发展,并没有形成很多区域特征。

几个方言之间既然有纵向的同源关系(亲属关系),它们在历史上就总是在同样的地域共处过,体现过同样历史时期的语言特征。后来它们各自流播在不同的地域,这些共同的语言特征不可能荡然无存。换言之,同源的姊妹方言之间必定会有共同的语言特征。这种纵向成因的方音区域特征有两个典型的例子。

一是客家方言和赣方言,在历史上它们曾经是同支。经过许多史家的研究,客家的迁徙在隋唐之际主要是散居在江西中北部,到了唐末进入赣南、闽西,两宋期间又大量迁入广东。正由于有这一段历史的渊源,客赣两种方言确实存在着不少共同的语音特征,《客赣方言调查报告》就列举了 14 条,较为重要的有:全浊多混入次清,庄、精逢今洪音无别,晓母合口字混入非组,同摄一二等韵都有不同韵腹的对立,梗摄字白读韵腹为[a],宕江韵母混为[ɔŋ iɔŋ],次浊声母字阴阳入两边走,等等。③ 无怪乎历来不少学者认为客、赣可归为一个方言大区。

另一个典型的例子是浙南的吴语和闽东闽北的闽语。浙闽交界处,东有雁荡山、西有仙霞岭,经济落后,交通阻塞,人烟稀少,人们历来交往并不多,方音上的一些富有特色的共同点很难用横向的渗透去解释。例如丽衢片"舌上读舌头"（猪、长、帐、竹四个字，丽水/衢州音：ti¹、dəŋ²/diẽ²、tiaŋ⁵、tiuʔ⁷/tɵʔ⁷），这是闽语通例，温州片效摄一二等不同韵（宝/饱：乐清pɔ³/pa³，温州p³/puɔ³）与闽东雷同，④船、禅母读[j-]（温州：船jy²、上ji⁴、唇jyoŋ²、赎jyo⁸）与闽北音相近，匣母字白读[g-、j-]（温州：厚gau⁴、衔ga²、含gaŋ²、寒jy²、汗jy⁶）则闽东、闽北皆然。⑤丁邦新先生曾有过一种推论："我们发现有一些吴语方言中具有'端、知'不分的现象，这种现象大致局限在白话音里，因此推断现在吴语的底层具有闽语的成分，可能南北朝时的吴语就是现在闽语的前身，而当时的北语则是现在吴语的祖先。"⑥说浙南吴语有闽语的成分自无争议，说闽语有古吴语的继承也是站得住脚的（至于闽语里，应该还有古吴语以外的源流，此处不加论证）。

　　方音区域特征的另一种类型是横向的渗透形成的，这种区域特征往往分布在大小方言区（片）的交界地带，大范围的可以包括几个大方言区的一批连片方言点，中小范围的可以包括几个方言小区（片），小范围的则见于某个方言小区。从渗透源说，大多是不同的方言，有时也有民族语言影响的结果。这里也举几个比较典型的例子。

　　长江流域有不少城市，从成都、武汉、长沙、合肥、南昌到扬州、苏州，都有后鼻音韵尾[-ŋ]受[i、ə]韵腹同化而前移混入前鼻音[-n]的现象，把古深、臻、曾、梗的相当大部分字（开口一二三四等的字都有，还包括部分合口字）都读为[ən、in]（扬州无in韵，读为iŋ），例如"针、真、恨、顿、轮、等、层、升、胜"读为[ən]，"林、心、民、斤、兵、丁、情、灵"读为[in]。论方言区，其中有官话，也有湘、赣、吴等方言；论地域，横贯六个省，这显然是相互影响而趋同的结果。其渗透源可能是来自江淮官话和西南官话，因为在远离长江的湘、赣、吴等区的方言点并没有跟着表现这个特征。对于南方方言来说，官话应该算是强势方言。

　　在赣方言和客方言的交界地带，包括赣语的吉安片（井岗山地区）

和客家话的赣南片和闽西片,古阳声韵字除通摄之外,各摄都有读为鼻化韵的,尤其是靠西的赣县、大余、茶陵、永新一带,读鼻化韵的字更多。陈昌仪在谈到赣语吉安片特点时,把"有丰富的鼻化韵母"作为最重要的韵母特点。"横江、万安县、高陂、永新县、莲花县、坊楼、宁冈县、井冈山等 8 个代表点除通摄阳声韵有[ɔ̃ŋ、iɔ̃ŋ、uɔ̃ŋ]以外,其余的阳声韵都读为单纯的鼻化韵母。"⑦看来这个特征是自赣南闽西的客家话向吉安一带扩展的,因为赣语的其他片鼻化韵并不多见。

在闽方言的几个小区之间,也有几个区域有明显的共同语音特征。

① 闽江流域(含沙溪、建溪、富屯溪)的一些县和下游不少县,古阳声韵字有一种"复韵尾"的读法(即同时有元音韵尾和鼻音韵尾)。永安有[ɛiŋ、iɛiŋ、yɛiŋ、uɔ̃ŋ],沙县有[ɛiŋ、iɛiŋ、yɛiŋ、œyŋ、ouŋ],建瓯有[aiŋ、uaiŋ、eiŋ、ieiŋ、œyŋ、uiŋ、yiŋ],建阳有[aiŋ、ɔiŋ、eiŋ、ieiŋ、ueiŋ、yeiŋ],福州有[ɛiŋ、ouŋ、øyŋ、aiŋ、ɔyŋ、ɑuŋ],古田有[ouŋ、eiŋ、øyŋ]等。⑧这个特点在闽北各县表现最充分,可能是沿江而下向闽东扩散的,而在闽东北片(福安、宁德一带)未受影响。闽北是福建开发最早的地区,唐以前闽北是全省人口最密集的地区,是强势方言。所以说这种"复韵尾"的韵母结构特征是从闽北向闽东顺着闽江向下游扩散的,应该是有历史根据的。

② 闽南方言各点阳声韵字白读音都有各种鼻化韵读法,如厦门话就有[ã、iã、uã、ɔ̃、ẽ、ĩ、ãi、uãi、ãu、iãu]等,这种情况向西影响了闽中方言,永安话有[ã、iã、uã、õ、iõ、ĩ、uĩ];向北则影响了仙游话,如[ɔ̃、ã、iã、uã、yã、ĩ、uĩ、yĩ、iũ]。闽南话对永安话、仙游话来说也是强势方言。

③ 同是闽南方言区,粤东闽南话包括潮州、潮安、汕头、澄海、饶平、揭阳、潮阳等点古阳声韵字只有[-m、-ŋ]和鼻化韵的读法,没有[-n]韵尾。在海陆丰一带,[-n]尾韵也只有[in、un],⑨这一现象数

十年间已经向北扩散,影响到与粤东连片的闽南漳州地区,从诏安、漳浦、东山到漳州、龙海一带,60岁以下的人也大多把[-n]尾韵发成[-ŋ]尾韵了。这显然是因为潮汕地区数十年来经济发达,方言也成了强势的,回头对漳州方言施加影响的结果。

④　海南岛的闽语是说闽南方言的人宋元之后从福建东南部经粤东、雷州陆续由移民带上岛的。开始时岛上原住民黎族和壮族(所谓临高人)人口占着优势,加上与闽人通婚往来,在许多地方杂居成村,海南闽语于是用紧喉浊音[-ʔb、-ʔd]取代原来的[p-、t-],把[tsʻ-]发成[s-],[s-]发成[t-],加上鼻化韵一律丢失了鼻音说成元音韵,[⑩]这就使海南闽语在语音上自成一格,有人已经认为它应是与闽南、粤东的闽南话分立的另一个次方言区了。有[ʔb、ʔd]声母,无[tsʻ-]有[s-],无鼻化韵等全是临高话和黎语的特征,海南闽语的这些特点显然是受它们影响的结果。

三　方音区域特征有待研究的课题

汉语方音的区域特征是汉语方言比较研究的内容,也是比较研究的结果。鉴于这方面研究还不够深入,这里试就已经了解的情况提出若干需要着力研究的课题。

第一,方音区域特征有哪些方面的项目? 当然,你可以说:不就声、韵、调三方面项目吗? 这只是语音分析的一种考察点,事实上还有另一种语音变异的考察点,这就是音值变异、音类变异、字音变读和连读音变。

音类相同、音值有异,这也可以构成方音的区域特征。例如闽语的莆仙方言把其他闽语的[s-]声母读为[ɬ-],罗源话则读为[θ-],这是音值差异。粤语的台山、开平、阳江、高州、信宜一带的[ɬ-]和[s-]有对立,是古心母和审母的区别,这是音类的差异。[11]

　　历来考察方音差异往往局限于以广韵系统为参照罗列音类的差异,其实音类差异之下有音值的差异,之外还有字音变读和连读音变。

　　最常见的字音变读是文白异读。文白异读是方言语音受共同语语音或外地方音影响而增加的字音,它往往反映了不同历史时代的读音。有文白读对立的字多或少,不同方言相差很大。例如闽语区普遍有文白异读,闽南方言可能有一半以上的常用字有文白读,而粤语区文白异读就少。湘语和北片吴语的见系二等字不少有文白读[tɕ、tɕʻ、ɕ]和[k、kʻ、x]的对立,如果不是徽语和赣语隔开,也是连片的区域特征。客赣方言口语常用的梗摄字普遍有[ɛn、in]和[aŋ、iaŋ]的文白异读,这也是跨方言区的区域特征。官话区大多数没有入声韵和入声调,但古入声韵今读常有文白对立。

　　另一种很常见的异读是辨义异读。辨义异读古来就有,有区别词性的“破音字”,也有“音随义转”的异读。后来不同的方言有沿用这些异读的,也有缩减了的或扩充了的。辨义异读的增减也是方音差异的重要方面。例如“肚”,《广韵》有当古切和徒古切两读。今官话地区大体延续这两种读音,前者指动物的胃,后者指腹部;浙闽沿海(温州、福州、厦门)与此相反,读上声指腹部(腹肚),读去声指胃(猪肚);广州、梅县和潮汕地区都读上声不加区别。又如“离”《广韵》有两个音义:吕支切,近曰离,远曰别;又力智切,去也。官话大多旧读分,新读只有阳平。吴语、湘语、客家、粤语大多不分,读为阳平,南昌和建瓯同读去声,福州话至今分读阳平和阳去。

　　至于连读音变,包括轻声、变调、儿化、小称音变、声母类化、变韵等。自从多音词占优势之后,这些音变越来越成为方言语音的区别特征了。各地的官话儿化、轻声多,湘赣方言轻声特别发达,吴语是连读变调特别复杂,客家和粤语则各种连音变化都不多见。小称音变见于吴语、粤语和某些赣方言。在闽方言区，闽东有变声、变韵、变调，闽南有轻声、变调，闽北则基本上都没有反映。在一些较小的地域也有强势方言向邻近地区扩散而形成区域特征的，例如闽东的变声（后字声母受前字韵母影响而类化）向莆仙方言扩散⑫，变韵（单个高元音韵在一些调类变读为复合韵）则向闽中沙县话扩散⑬，闽西客话的少量连读变调⑭，也可能是闽南话向西扩散的结果。

第二，方音区域特征的分布有什么规律，也很值得考察。

① 因同源关系或因横向扩散而形成的区域性特征在分布上就有不同的表现。就初步接触到的材料说，因同源关系而形成的区域特征往往分布比较全面而均衡，上文所述客赣方言全浊声母清化后读为送气清音，在各地方言点例外不多；而因横向扩散而造成的区域特征则往往只是分布在方言区的边缘地带，例如长江流域的［iŋ］→［in］、［əŋ］→［ən］到了下游地区就只有部分反映，吴方言的许多点还是［iŋ、əŋ］照旧。潮汕地区的［-n］→［-ŋ］向北扩散只到漳州市，对厦门及泉州地区则不起作用。

② 在一个区域之内，有的只有一两条相同的方音特征，有的则有多条"特征丛"。不同的区域所分布的特征的多少有什么规律？应该说，不论是同源的方言区域或相互渗透的方言区域，凡是经历时间长，发育成熟的方言地区，其区域特征就可能是多种项目的"特征丛"，像客赣方言之间共同的区域特征就多；而扩散时间不长，地域不广的区域特征的分项就少。上文所述闽东方言的特征向周边方言的扩散就属于这种情形。

③ 在横向扩散中，什么方言向什么方言扩散和渗透，也应有一定的规律可循。一般说来，人多地广势力强的方言向小方言的扩散自会更多。上文所述"离"只读阳平，显然是梅县和潮州受广州话的影响，因为粤语在广东是强势方言。在考察这一点的时候，当然得注意分清

扩散、渗透的时间。海南闽语如今已是全岛通行的不分地区不分民族的共通语了，它受"临高话"、黎语影响的时代应是闽人上岛不久的时候，当时的原住民应该占有相当大的比例。如果说词汇的借用是由于概念的缺乏、交际的需要，不同方言区的人有意相互借用的话，语音特征上的趋同则是无意识的潜移默化的结果。没有长时间的密切交往，没有明显的强弱势，方音区域特征是难以形成的。

④　方音区域特征的分布究竟是积木拼图式的还是网络交叉式的？这一点对于研究方言分区的理论和标准有着特别重要的意义。事实上，人们在研究方言分区时早已发现，用不同的条目作标准，就会划出不同的分区线来，因为方言特征的分布地域很少是完全叠合的。这就是说，方言区域特征是分层次的，有的区域大，有的区域小，不同的区域各有各的特征。到了方言区的边缘，有些特征是向内靠的，有些特征则与外区相同。例如下江官话尽管有不少特征是与其他官话相同的，但也有不少特征是与江南的吴语和湘语雷同的。例如扬州话就没有翘舌音，没有元音韵尾，有入声韵尾（同吴语）和入声调类（同湘语）[15]。可见从方音特征的交叉式分布就可以得出结论：要把所有方言点都归入某些方言区而又要求所有的分区特征条目都能"对内统一、对外排他"，这是不可能的。

第三，方音区域特征还应该从纵向的角度考察其形成的历史规律和发展趋势。

关于方音区域特征的形成过程，我们也许可以从个别方言语音演变过程得到一些启发。例如音值的演变和音类的演变，通常见到的现象是音值的趋同在前，音类的合并在后，前者是量的积累，后者是质的飞跃。例如[-n、-ŋ]韵尾的合并常常经历过[-ɲ]的阶段，或者经过[-n ～ -ŋ]自由变读的过程。现在的漳州人之中，只有少数"字正腔圆"的老年人能区别[-n、-ŋ]，而中年人里就五花八门了，有的[-ŋ]并入

［-n］，有的自由变读，年轻人则一概读为［-ŋ］，可见潮汕话对漳州话的渗透至今还没有完全停止。

至于音类的分合、字音的变读和连读音变也有个先后的过程。关于音类分合的方音区域特征，人们很快就能举出实例，并且不少特征还是分布区域较广的，这是因为音类分合上的同源或渗透都已经有久远的历史，而各种连读音变的趋同和扩展则比较少见，即使有，分布的区域也较小。这当然与汉语中连读音变的兴起较迟有直接的关系。唐诗、宋词直到元曲，"儿"还用来作韵脚，唐宋属支韵，元曲是"支思"辙，到了明代杂剧，儿开始读为［ə］或［ər］，入韵的是"儿"前的字。这说明儿化现象是明朝发生的事，只有 300 多年的历史。

如果我们集中力量进行某一区域的方音共同特征的研究，大概还可以考察出在诸多的"特征丛"里，哪一项是先实现的，哪一条是后发生的，因为先实现的总是比较整齐划一，后产生的可能还有参差。一般说来，如果我们设想方音区域特征的形成总是从少到多逐步增加的，在理论上和实际观察中大概都可得到推论和证实。那么，方音区域特征的扩展有没有局限呢，其发展前途又怎样呢？有没有诸多区域特征使得该区域的方言发展成为新的方言区的可能呢？

在这方面，值得我们注意的有两种地区，一是方言的交界处，一是双语区。

20 世纪 60 年代在总结福建方言普查材料时，莆仙方言的定性是一个讨论的热点。最后多数学者都同意在闽方言中应该把莆仙方言立为一个二级区，虽然这个区只有两个县，300 万人口。主要根据就是它兼有闽南和闽东两种方言的特征，从文白读系统、基本词汇说，它接近闽南语，但是辅音韵尾的归并及声母的连音变化却又同于闽东。历史上它原是泉州府属地，宋代建"军"，明代置"府"，后来又因地近省城，接受了大量福州话的影响，诸多双向的类同形成了一个崭新的区域特征的系统。看来,这是一个方言区交界处由于长期的横向渗透,重新整合而成的新区方言的典型。当然,多元的区域特征要形成新区方言是需要特定的条件的。一般来说,渗透的时间要长,地域要稍大,还有其他许多历史文化的原因。在闽中腹地,尤溪县的方言也有类似的情形,但只能算是边界方言的特殊点,而不能立为新的方言区。⑯

在双语双方言地区,由于长期并用两种方言,彼此间相互渗透是不可避免的,久而久之也可能形成区域"特征丛",从而引起部分质变。广东中山市内的闽方言就是这样的事例。那里的闽方言呈群岛状,总人口占全市的三分之一,有的点闽南话面貌较清晰,有的杂有闽东话的特点,同时又普遍通行粤方言,甚至年轻人都是说"白话"更为流利。粤方言的许多语音特征包括音类、音值、字音异读、小称变调都悄悄进入中山闽语的方音体系,词汇语法上的混同就更加明显了。由于这些混杂,中山闽语确实发生了部分质变。⑰在湘南,有些地方兼用湘南土话和西南官话,有些人已经很难分清哪个音是土话的音,哪个是官话的说法。在粤北,粤北土话至今面貌不清,难以定性,数十年来又普遍通行粤语,不同方音的各种渗透也十分严重。进一步调查这些地区的方言,一定可以发现许多区域特征,发现许多崭新而有趣的语言现象。

四　研究方音区域特征的意义

研究方言的区域特征最直接的意义就在于为方言分区提供最重要的依据。应该说,大大小小的方言区域特征摸清了,方言分区也就水到渠成了。以往为方言所作的分区常常与新发现的材料不相符合,这是因为在分区之前对于各种不同地域的共同特征缺乏足够的比较研究,要么参加比较的点太稀疏,要么条目太贫乏。直到目前为止,关于汉语方言的分区也还有些不同的意见,其中有材料不够充分(还有不少方言点我们知之甚少，或者一无所知）的原因，也有对分区的标准理解和掌握不一的问题。看来，对于方音区域特征的研究，不但需要继续努力发掘材料进行比较，而且需要进行理论上的归纳和探索。

方音区域特征的研究就是方言语音的比较研究。方言的比较研究对于方言史的追寻和方言学理论的探索来说，都是一条根本的出路。

由于同源关系而造成的区域特征的研究，对于我们了解方言之间的亲疏关系，探寻姊妹方言结伴同行和分手上路的历史时期及过程，都能提供重要的佐证。客赣方言的关系，浙南吴语和闽东北闽语的关系，粤语和“平话”的关系等悬案，都有待于这些地区的方言特征的比较研究，这是不待言的。

由于横向渗透而造成的区域特征的研究，对方言学的理论建设有特别重要的意义。上文曾经批评过桥本万太郎不重视语言演变的“内因”，但对于他的充分重视语言的横向作用（相互影响）并把它认定为语言演变发展的根本原因之一，倡导语言类型地理学的研究，我们还是应该给予充分的评价的。朱德熙先生说他“高瞻远瞩，一空依傍。因为站得高，看得远，所以能够摆脱种种障碍和约束，看到在低处近处看不到的东西”。[18] 这是十分中肯的评价。由于理论上的欠缺，我们过去对方言间的相互作用如何推动方言的发展注意得不够，所做的考察也很少。在研究福建境内的双方言现象时，我们曾经对双方言地区的相互渗透作了一番宏观和微观的分析，提出了方言间渗透的不平衡性——“向”和“度”的观点，对方言间相互渗透的过程和结果也作了一些分析。认为近代社会以来，语言间的渗透越来越成为语言演变的主因，两种方言间的渗透，依强弱势而表现出一定的“向”和“度”。渗透的积累不但造成了方言间的许多“过渡区”，使方言间的界线模糊化，而且还可能形成混合型方言。[19] 这些初步的研究心得还有待于其他地域的方言比较研究的验证，有待于进一步的理论概括。此外，有些问题至今还很少有人触及。例如古代不可能没有方言间的渗透，其状态如何，和近现代的渗透有何区别？方言间的渗透同方言与民族语言间的渗透有没有不同的途径、不同的力度和不同的结果？普通话对方言的影响和方言间的渗透又有什么不同，等等。

　　方音区域特征的研究还可以为其他人文学科所用。例如关于民族共同语的基础方言——官话地区的语言特征的形成和发展的研究，对于研究民族文化的形成和发展就有重要的参考价值。其他较小地域的语言共同特征的研究则可帮助人们理解地域文化的形成和发展。在语言教育中，方言区域特征的研究对于提高语言训练的针对性，为编写地方性语言训练教材提供准确的素材，从而提高语文教学的效率，也有重要的价值。

　　方音的区域特征只是方言区域特征的一部分，词汇的渗透和语法成分、语法规则的借用可能和语音的渗透还有不同的规律。本文所述，如果能引起人们对于方言区域特征的注意，进一步重视方言间的比较研究，作者将会感到极大的欣慰。

附　注

　　①　桥本万太郎　1985　《语言地理类型学》(余志鸿译)，北京：北京大学出版社，29—30 页。

　　②　同上，204 页。

　　③　李如龙、张双庆主编　1992　《客赣方言调查报告》，厦门：厦门大学出版社，193 页。

　　④　傅国通等　1985　《浙江吴语分区》，《杭州大学学报》增刊，19、24 页。

　　⑤　北大中文系　1989　《汉语方音字汇》，北京：文字改革出版社，本文所用材料凡未加注明的大多根据此书。

　　⑥　丁邦新　《吴语中的闽语成分》，《史语所集刊》59 本第 1 分第 19 页。

　　⑦　陈昌仪　1991　《赣方言概要》，江西教育出版社，44 页。

　　⑧　关于福建闽方言的材料可参阅陈章太、李如龙　1991　《闽语研究》

有关篇目,北京:语文出版社。

⑨　林伦伦、陈小枫　1996　《广东闽方言语音研究》,汕头:汕头大学出版社。

⑩　可参阅陈鸿迈　1996　《海口方言词典》,南京:江苏教育出版社。

⑪　詹伯慧　1990　《第二届国际粤方言研讨会论文集》,广州:暨南大学出版社。

⑫　李如龙、陈章太　1985　《论闽方言内部的主要差异》,《中国语言学报》第二期,北京:商务印书馆。

⑬　李如龙　1991　《闽中方言》,《闽语研究》,北京:语文出版社。

⑭　李如龙　1965　《长汀话两音节、三音节的连读变调》,《厦门大学学报》(社会科学版)第二期。

⑮　王世华、黄继林　1996　《扬州方言词典》,南京:江苏教育出版社。

⑯　李如龙　1991　《尤溪县内的方言》,《闽语研究》,北京:语文出版社。

⑰　陈小枫　1996　《中山闽方言岛》,《广东闽方言语音研究》,汕头:汕头大学出版社。

⑱　同注①,第1页。

⑲　李如龙等　1995　《福建双方言研究》,香港:汉学出版社。

(本文1997年8月在南昌的第9届中国语言学会年会上宣读过,后刊登于《中国语言学报》第9期,商务印书馆,1999年)

论汉语方言语音的演变

一 变异论

1.1 方音变异的类型

在方言形成和发展的各个历史阶段,方言语音总在不断发生变异。各种变异不外四种类型:音值变异、音类变异、字音变读、连音变读。

1.1.1 音值变异

同样的音类,从某种读音变为另一种读音。例如吴语松江话,赵元任先生 1928 年调查时古非组字读[ɸ、β],古深、臻、曾、梗摄字韵尾读[ŋ]。1984 年钱乃荣调查时前者变为[f、v],后者变为[ȵ][1]。1929 年罗常培先生所记厦门话的[o]韵现在老派仍读为[o],新派已变读为[ə],像这种新老派读音并存的不同音值各地当有不少。

1.1.2 音类变异

不同的音类合而为一或某一音类分而为二,都是音类的变异。官话方言从分尖团到不分尖团;上海话阴上调和阴去调合并,泉州话阳上调和阴平调合并;福州话和广州话近五十年来[n~l]趋于不分,这都是音类合并的例子。早期闽东方言没有变韵,现在大多数方言点都有去声和阴入读为复合元音的"变韵"[2],这是音类分化的例子。

1.1.3　字音变读

所谓字音变读指的是没有引起音类增减的变读。有时,字音变读会造成新的音节组合,例如北京音"不用"合音为[pɤŋ˥],"剖"变读为[pʻou˥]都是新产生的音节;有的字音变读只是音类间的转移,只是音类频度的量的差异的变化,例如:"糙"原为七到切,应读去声,今北京音为了避脏字眼"操",变读为[tsʻau˥],有时同一个字由一读变为两读或由两读变为一读。例如:"松"《切韵》《广韵》祥容切,至《集韵》兼收思恭切,注曰:"关内语",今北京音只读"思恭切"的[soŋ˥]。

同一个字古时只有一读,有的方言变为两读,例如"枝",《广韵》只有章移切,今福州话"枝节"的"枝"读[tsie¹],"荔枝"的"枝"读[tsʻie¹]。钝,《广韵》徒困切,今厦门话"迟钝"读[tun⁶],刀不利说[tun¹]。也有古时两读今方言仅留一读的,例如"期",《广韵》有渠之、居之两切,今北京音有[tɕʻi²、tɕi¹]两音,福州音只有[ki¹]一读,厦门音只有[ki²]一读。

1.1.4　连音变读

连音变读不是上述单字在不同多音语词里的变读,而是在一定连音条件下的成系统的读音变化,也就是通常所说的"连读音变""语流音变"。包括许多方言都存在的轻声、儿化、连读变调、小称音变、声母类化等。连音变读可以变出新的音类,例如北京话的轻声调、儿化韵,福州话声母类化后出现的[β](枇杷)[ʒ](芥菜)等辅音,但连音变读所出现的新的音类往往只是一种音位变体,和独立的音类还有质的差异。

1.2　方音变异的趋向

方言语音的演变总是体现着一定的趋向的,不同方言可以有不同的演变趋向。

1.2.1　繁化与简化

就方言自身的音素、音类和音系说,演变的趋向不是简化就是繁化。音类的一分为二、连音音变生成一定规律,都属于繁化;音类的合二为一,字音异读的消失则是简化。

音类和音系的演变是不平衡的,有的方言声母的演变趋于繁化,韵母则趋于简化,如北京话;有的韵母与声调繁化而声母则简化,如厦门话;有的音系简化而连读音变繁化,如福州话。正是这些简化和繁化的不同表现,构成了不同方言的区别特征。拿几个大方言说,官话的声调趋于简化,多数只有 4 个,而粤方言则趋于繁化,多达 7～10 个;声母繁化的是吴方言,通常近于 30 个,简化的则是闽方言,一般是 15 个左右。连读变调是吴方言最复杂,而客赣方言只有个别的表现。在大类方言中,不同小区也是因这些不同的繁化或简化构成区别特征的,例如闽方言,闽南因为韵尾繁多,以及鼻韵尾、鼻化韵的并存,韵母系统趋于繁化,一般有 70～80 个韵母,有轻声、变调,无变声、变韵;闽东则韵尾合并,无鼻化韵,韵母趋于简化,一般只有 30 多个,有变调、无轻声,变声、变韵特别复杂;闽北方言不但音类简化(声、韵、调皆然),多音连读后也并没有发生各种变化。

1.2.2　分化与整化

繁化和简化是方言演变方向的个体的考察,分化与整化则是群体的考察。造成方言与共同语之间、方言与方言之间的语音差异扩大化,这是分化的趋势;反之,语音差异逐渐缩小,则是整化的趋势。现有的方言大多是在早期社会里形成的,当时共同语的约束力不强,不同方言之间的相互影响也不大,方言自身的演变多呈现分化趋势,方言的形成也就是语言分化的结果。中国东南部诸方言定型较早,彼此之间差异较大,这就是分化的结果;而官话是近代从中古汉语演变而成的,定型较迟,内部差异小,是整化的结果。

就共同语及其基础方言(官话)对东南诸方言的影响而论,长江中下游南岸的湘、赣、吴、徽诸方言(可称为近江方言)所受影响大,晚近以来呈现整化的趋势;而闽、粤、客诸方言(可称为远江方言)由于与官话区直接交往少,所受影响也小,虽有整化的表现却不强烈,甚至有的还在继续分化,扩大方言差异。福州话和广州话的[n~1]相混,就是发生于近百年间,至今还没有最后完成(有人还能分);福州话声母的类化在100年前的教会罗马字的方言读物中还没有反映,最早的报告见于30年代的陶燠民的《闽音研究》;广州话100年前应该还有[ts、ts'、s]和[tʃ、tʃ、ʃ]的对立,W. Lobscheid所编的词典(香港1871年版)还有"说shüt—雪süt","中chung—宗tsung"的不同读音,③如今已经完全混同了。

1.3 方音变异的过程

任何方音的变异都由量变的积累发展为质变的飞跃。一个新演变的音值或新合并的音类总是先出现在年轻人的口音中,开始时难免受到老一辈人的责难,然后说的人多起来了,得到社会上多数人的认同,这个新旧音的交替就完成了。上文所述广州话[n~1]的混同,[ts、tʃ]两套塞擦音的合流都是已经完成的音变。而近数年来广州、香港都有[ŋ]声母脱落的新潮,不少人"我"说成[o⁴],"牛"说成[au²],目前新旧读还处于竞争之中,新音尚未被大多数人接受。这种竞争相持,有时可以维持很长的时间。例如北京的"女国音",从赵元任到胡明扬的两次调查,都有广泛的存在,相隔半个世纪了,至今女国音还没有被社会承认。

音类的分合或连音变读的规律也经历过渐变的过程,"词汇扩散论"说的就是这个渐变的过程。有时几个字读成别的音类,后来没有继续发展,这几个字就成了例外变读。例如闽南话深摄字禀、品读

［pin³、p'in³］，蛰读［tik⁸］，山摄字阉读［siam²］都属于这种情形。反之，也有整个音类发生了基本的变化，但是一部分或个别字尚未触及，这时，音变中止了，这些字也成了变例或特例。例如北京音古见系声母逢三等韵都腭化变为［tɕ、tɕ'、ɕ］，例外只有一个"给"（文读［tɕi³］，白读［kei³］），声母未变，韵母则变读为一等（如北、贼、黑）以相适应；二等韵就有较多口语中的常用字不腭化（梗摄字多不腭化），例如：楷、挨、捱、虾~蟆、港、巷~道、夯、壳白读、更、坑、埂、哽、梗、格、客、亨、赫、耕、耿、革、隔、核、扼、轭。数十年前涯、崖还读为未腭化的［ai²］，地名中的张家庄等，家读轻声的［kə］，字面上写成各、戈、哥，这说明二等见系字的腭化尚未彻底，但是大势已被认可。

闽北的松溪、政和两县方言中，有一些双音词前后音节声调同化了，似乎正在形成连读变调的条例。例如：今年［kiŋ¹ᐟ² niŋ²］，膏油［ko¹ᐟ² iu²］，菠萝［po¹ᐟ²lo²］，屠头［tsʻaŋ¹ᐟ² t'ɛ²］，昼前［tu⁵ᐟ² tsʻiŋ²］，去年［k'o⁵ᐟ² niŋ²］，半冥半夜［puɛiŋ⁵ᐟ² maŋ²］，咬人皮肤发痒的感觉［kau⁵ᐟ² nɛiŋ²］，但是不能任意类推，也不能不变调，这可能是连读变调的量变积累阶段。[④]在闽北只有个别县市的方言有个别调类有可变可不变的变调。

二　整合论

2.1　整合和变异

变异只是语音演变的一面。变异是无时不在、无处不有的，有些变异由局部扩展到整体，新式代替旧制；有些变异一闪而过，没能被全社会承认；有些变异会长期处于新旧并存的状态；有些变异很快就被社会承认。可见，变异是否成功，必须受制于另一种力量，这就是整合。变异总是产生于个别的、局部的言语行为之中，经过整合才能稳定地进入整体,进入语言的系统。变异是局部变化,是量的积累;整合是整体蜕变,是质的飞跃。变异是长期存在的试行,整合是阶段性的总结认可。通常,变异是个人或一部分人的创造,整合是社会的认同。复杂多样而又无序的变异出于丰富多彩的社会生活的需求,源于社会各式人等的创造或失误;有序的成系统的整合则是来自语言的两个基本性质——结构系统和语言的社会性功能。因为要全社会通行就必须有共同理解和普遍遵行的规则;因为要口耳相传、世代教习,就必须形成一定的系统。总之,整合是变异的对立面,也是变异的审核和调节。

2.2　共时的整合

共时平面的整合是横向的结构系统的整合。因为变异是连续不断的,作为阶段性总结的整合只能把各种不同进程的变异组织在一个共时的平面的系统之中。这就决定了各种方言的语音系统和前代语音的对应都是不整齐的。

方言和古音类的对应中往往有常例(基本对应或无例外的对应)、变例(条件对应)和特例(个别例外现象)。常例是被认可进入新系统的主流,变例是变与不变的某种妥协,特例则是未参与变异或新发生的超前变异的个别现象。这是方言语音整合的三种常见模式。例如北京音里广韵系统的麻韵字,二等读[a](爬、茶)、三等读[ie](姐、夜)是常例,二等逢见、晓组读[ia](家、下)、三等逢章组读[ɤ](车、社)是变例,二等见晓组读[a](虾、蝦)是特例;戈韵字读[uo](妥、坐)是常例,帮组读为[o](婆)、见晓组读为[ɤ]是变例,歌韵逢端、精组读[uo](多、左)、逢见晓组读[ɤ](科、货)是变例,"他、大"读为[a]则是特例。

经过共时的整合,每一种方言都会形成自己的语音结构规律。例如上述北京音歌戈韵字的变异和整合就形成了这样的音节拼合规律:有

[po]无[puo]、有[tuo、tsuo]无[to、tso],有[kɤ、kuo]无[ko]。一旦形成了共时的语音结构规律,它对于变异就会产生明显的约束力,大规模的变异就会受到抑制。语音的演变因此便显示了不同的历史阶段。

2.3 历时的整合

历时的整合是纵向的叠置系统的整合。任何方言的语音系统都有前代语音材料和语音规律的传承,也有语音变异所形成的创新。不同历史时代的语音特点共存于一个断代的语音系统之中,这就是叠置。用历时的观点透视共时的方音系统,都是叠置的系统。叠置就是历时的整合。

汉字是纵贯古今、横通南北的汉语语音的记录。用方言语音读出汉字书写的方言词,同样的字常常有各种各样的异读,这些异读便向人们提供大量不同时期语音叠置的现象。试想,如果不用汉字记录,就无所谓"异读"。叠置现象也无从查考了。可见,方言的异读既是不同历史层次语音的叠置的结果,也是整合叠置系统的手段。

最常见的异读是文白异读。对于东南诸方言来说,文读系统或者是中古官音(《广韵》系统)影响的结果,或者是现代标准音影响的结果;白读音则是方言固有的,有早于中古音的,也有近代以来演变的结果。总之都是不同历史层次语音的叠置。例如梅县客家话复、腹,文读[fuk⁷],白读[puk⁷],文读同中古音,白读近上古音;厦门话平,文读[piŋ²],白读[pĩ²、p'ĩ²],文读近中古音,白读是晚近的变异。

另一种异读是别义异读。别义异读古已有之,有的方言后来不加区别了,这是一种变异的整合,例如:扫,古有苏老切、苏到切,今北京音也有上去二读,多数闽语及粤语、客家话却只有去声一读。也有一些字古时候只有一读,后来的方言有了别义异读,这是另一种变异的整合。例如:

汉字	反切	北京音义	
葛	古达	$kɤ^2$ ～布、～藤	$kɤ^3$ 姓
恶	乌各	$ɤ^5$ 善～	$ɤ^3$ ～心
多	得何	tuo^1 数～	tuo^2 ～大
宿	息逐	su^5 ～舍	$ɕiu^3$ 住一～

"节" 在《广韵》只有子结切一读, 在各地闽语, 都用几种读音来表示几种不同的意义:

	福州	建瓯	厦门	潮阳
节省、节约	$tsiɛʔ^7$	$tsiɛ^7$	$tsiat^7$	$tsiak^7$
过节、春节	$tsaiʔ^7$	$tsai^7$	$tsueʔ^7$	$tsoiʔ^7$
一节甘蔗	$tsaiʔ^7$	$tsɛ^7$	$tsat^7$	$tsak^7$

还有一种新老派异读是表现了同一时代的新旧两种读音。这类异读大多是近现代方言受普通话影响后产生的现象。例如: 苏州话 "杂纳", 老派 $[zɤʔ^7$、$nɤʔ^7]$, 新派 $[zaʔ^7$、$naʔ^7]$; 武汉话 "恶、饿", 老派 $[ŋo^2$、$ŋo^5]$, 新派 $[o^2$、$o^5]$; "秘", 成都、温州、建瓯音老派声母为 $[p-]$, 新派为 $[m-]$。这种新老派异读反映了最新变异的语音层次和原有语音的并存。

三　动因论

3.1　语音演变的动因在语言之中

关于语音演变的动力和原因, 历来已经有很多语言学家讨论过。

在索绪尔的时代,就有过许多说法,这位语言学大师列举了七种说法之后说:"没有一种是能够完全说明问题的。"⑤布龙菲尔德也宣称:"还没有一个学者能在音变和某种先行的现象之间成功地建立一种相互关系:音变的原因是不知道的","一个音变的原因要是依靠普遍的考虑或者观察其他的时间和地点的说话的人群,是找不到的"。⑥确实,要为某一个语音发生的变化找出十分具体的原因,尤其是到社会生活中去进行考察、寻求原因,是不可能有答案的;然而"依靠普遍的考虑",观察发生语音变异的动因,应该说是必要的,也是可能的。因为语音不可能无缘无故地发生变化。

辩证唯物论认为,事物发展的根本原因在于事物内部的对立和矛盾。运用这个原理来考察语音演变的动因,道理是一目了然的。

3.2　内因和外因

3.2.1　音变的内因——音素的矛盾

方言语音演变的内因是因素之间的矛盾——对立和统一,也就是通常所说的同化现象和异化现象。异化就是对立,同化就是统一。官话方言普遍发生的见系细音和精组细音的合流[kj→tɕ、tsj→tɕ]是两套声母的辅音受韵头摩擦化的半元音[j]同化的结果。客、赣、粤诸方言晓匣合口与非组声母相混[hu→f]也是韵头同化声母的例子。50年前的泉州话阴平调读33调,阳上调读22调(类似现今粤方言阴阳去之别),后来二者混同(同化)了,两个调类合为一类,这种调值的接近和混同造成调类的缩减也是经常可以发现的。

大多数客赣方言和部分粤方言(如广州)、闽方言(如建瓯)的三个人称代词(我、你、渠)读为同调,粤方言"有—无"也读为同调(阳上),这是发生在小规模的词汇系统中的语音形式上的同化。

多数现代方言浊声母清化可以说是浊声母与韵母的异化,而官话的轻声音节中发生的声母浊化则是声母受前音节韵尾同化的结果。

许多方言里塞音韵尾的脱落可以看成韵腹对韵尾的同化,有些赣语清塞尾变为浊尾[-t→-l, -p→-m]显然是半同化,完全脱落则是全同化;不少方言阳声韵变读为鼻化韵则是元音韵腹与鼻音韵尾双向同化的结果,先是[ian→iãn],韵尾同化韵腹,而后[iãn→iã],是韵腹同化韵尾。

连读变调大多是异化,例如北京话上上相连、去去相连,前字变调。有时也有同化的,例如北京话"工农兵"的"农"字也读阴平。闽西长汀客家话有不少二三音节连调属于同化:"是非、帮助、相思树、旧社会、大学生"等组合都是后字声调对前置音节实行逆同化。[⑦]

有时一处同化会造成另一处的异化,这是一种类推变化,或称为补偿变化。例如浊声母清化之后与清声母相混了,平上去入的四声则发生阴阳调类的分化,原清浊声母的对立转化为阴阳调类的对立。

3.2.2　音变的外因——音义的矛盾

语言是语音和语义的结合物,语义内容发生变化是引起语音形式的变化的另一个基本原因。语义对于语音来说是外在的因素,因此,语义演变造成语音的演变是语音演变的外因。

汉语语法史告诉我们,着、了、过等时态助词是宋、元以来从动词虚化而来的,许多方言都是用作动词时重读,用作助词则读轻声。[⑧]这类虚词及其他表示语法意义的词缀(子、儿、头、的、地、得,们等)以及代词用作宾语等的变读为轻声,显然是语法意义的需要所引起的语音变化。儿化及其他小称变韵变调则是为了表示"表小指爱"的语法意义的需要而发生的语音的变化。有些方言"炒菜"用作名词和用作动宾结构,连读音变有不同规律,也是语义决定音变的例子。福州话的双音词之中,有种种声韵调的变化,如果是不成词的短语,则规律不同。下例是声母类化与否受语法制约的例子:[⑨]

有味   u（<ou）$^{6/2}$ʔɛi^2 有了异味（词组）

       u（<ou）$^{6/2}$ɛi^2 味道好（形容词）

透底   t'au$^{5/2}$tɛ^3 穿了底（鞋、桶之类）

       t'au$^{5/2}$lɛ^3 向来

附会   hu$^{5/2}$huoi^6 穿凿附会（书面语）

       hu$^{5/2}$uoi^6 糊涂（方言口语）

上文所述的别义异读，其实也是语义决定语音变化的例子。不过它决定的是字音的变读，而不是音类的分混或连音的变读。再举几个建瓯话的例子：[10]

螺   so^5 田~   lo^3 ~丝

李   sɛ^6 ~子   li^3 姓

露   su^6 ~水   lu^6 白~

力   sɛ^6 勤~~勤劳   li^8 气~

跳   tiau^3 ~舞、~高   t'iau^5 ~板   t'iau^6 弹~

盘   puiŋ^3 ~货、~缠   puiŋ^5 算~、茶~   p'uiŋ^5 ~腿

骑   ki^3 ~马   kuɛ^6 肩扛   kuɛ^8 背负

成   seiŋ^3 年~   ts'eiŋ^3 ~功   iaŋ^3 七~

指   tsi^3 ~导   i^3 金戒~   ki^7 手~仔手指头

3.3 自变与他变

3.3.1 他变是外来影响发生的音变

以上所说的内因和外因都是方言在新的地域、新的历史时期所发生的自身的变化，可以称为"自变"。

方音发生变化的另一种常见的原因，是受共同语或其他方言甚至

其他民族语言的影响,这就是语言间的相互渗透,这种变化的成因可以称为"他变"。

自变与他变可用下图表示其区别:

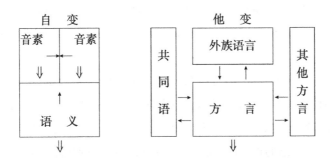

从另一个角度说,自变和他变也是一种内因和外因的关系。

3.3.2　外来影响音变种种

最常见的他变是方言受共同语的影响。大多数方言都有文白异读。对此李荣先生有个精辟的说法:"北京的文白异读,文言音往往是本地的,白话音往往是外地借来的。其他方言区的文白异读,白话音是本地的,文言音往往是外来的,并且比较接近北京音。"[11]湖南境内铁路沿线的"新湘语"如长沙、衡阳、株洲、岳阳等地,浊音声母清化了,一般都认为这是普通话影响的结果,普通话逢塞音塞擦音是平声送气、仄声不送气,新湘语一概变为不送气清音,可见这是影响,并非趋同。有些方言的"文言音"则与普通话十分接近。例如山西临猗话:[12]

下 ɕia⁵/xa⁵　　　　鞋 ɕiai²/xai²　　　　杏 ɕiŋ⁵/xa⁵

遮 tʂʅ¹/tʂa¹　　　　爹 tie¹/tia¹　　　　夜 ie⁵/ia⁵

嘴 tsuei³/tɕy³　　　飞 fei¹/ɕi¹　　　　荸 uei³/y³

湖南衡阳话[13]：

嘴 tsui³/tɕy³　　　熟 su²/ɕy²　　　竹 tsu²/tɕiu²
教 tɕiau⁵/kau⁵　　间 tɕien¹/kan¹　　下 ɕia⁶/xa⁶
牙 ia²/ŋa²　　　　眼 ian³/ŋan³　　　鸭 ia²/ŋa²

有时影响来自周边方言，大体上也和普通话读音较为接近。例如南昌话梗摄三四等字白读［iaŋ］应是客赣方言固有的，文读［in］则是周边方言影响的结果。长江流域多种方言（属于官话的成都、武汉、合肥话，属于湘语的长沙话，属于吴语的苏州话）也读此音。例如：[14]

平 p'in²/p'iaŋ²　　病 p'in⁶/p'iaŋ⁶　　命 min⁶/miaŋ⁶
钉 tin¹/tiaŋ¹　　　定 t'in⁶/t'iaŋ⁶　　灵 lin⁵/liaŋ⁵
经 tɕin¹/tɕiaŋ¹　　青 tɕ'in¹/tɕ'iaŋ¹　醒 ɕin³/ɕiaŋ³

浙江建德县梅城话用于与外地人交谈的文读系统"是在浙江权威方言杭州话和汉语共同语等影响下形成的"，白读系统是本方言固有的。例如：[15]

量 liaŋ⁶/nie⁶　　　坐 tsu⁶/su³　　　床 tɕ'yaŋ²/so²
烟 iã¹/ȵie¹　　　　白 pəʔ⁸/pa³　　　学 ɕiaʔ⁸/hu³
敢 kã³/kɛ³　　　　肠 ts'aŋ²/tsɛ²　　儿 ər²/n̩²

汉语方言的语音演变受到其他民族语言影响最典型的是海南闽语。海口话里有双唇和舌尖的紧喉浊塞音［ʔb、ʔd］，大体相当于其他闽语的［p、t］，没有［ts'］声母，把其他闽语的［ts'］读为［s］，把其他闽语读［s］声母的读为［t］。例如：[16]

布 ?bou⁵	爬 ?be²	杯 ?bui¹
茶 ?de²	猪 ?du¹	胆 ?da³
三 ta¹	山 tua¹	书 tu¹

一般都认为这是受海南黎语和临高壮语影响的结果。临高话和通什话声母中都有[?ᵇ、?ᵈ]，黎语也确实没有[s]声母。研究越南语和侗台语的法国语言学家 A.G. 奥德里古尔在比较了越南话和海南闽话的这些情况之后，写道："海南岛在地理上的孤立跟越南独立后在政治上的孤立所产生的后果是一样的：跟北方缺乏紧密的联系，使土著的语言对来自北方的语言（福佬话）或从前曾受北方语言影响的语言（越南语、倍语）在语音上发生影响。"⑰

四　规律论

综合地考察汉语方言的语音演变状况，可以看到以下几条规律。

4.1　由分化而整化

早期形成的方言语音差异大，其音变明显地体现着语言分化的趋势。晚近形成的方言则语音差异小，体现着语言整化的趋势。

4.1.1　东南方言的音变分化多

东南各省诸方言大多是唐宋之前形成并定了型的，1000年前，北方汉人先后陆续入住这些地区，由于山川阻绝，定居之后，不同地方、不同时期来的人各自保留了原住地的不同口音；南来移民和少数民族原住民不可避免地发生民族融合之后，也势必吸收了某些古代南方民族的语言成分；方言形成之后，各方言区与官话地区的直接往来有多有少，各方言与外族语言之间相互接触的深度和广度也各不相同。这就造成了东南各省方言保留古代语言成分多，吸收其他民族语言成分多，和共同语及官话方言的差异以及各方言内部差异都比较大等等共同特点。总之，显得古老而纷繁歧异。

　　东南方言保留古代语音特点比官话多，这是人所共知的。唐代以前汉语普遍存在的全浊声母，如今主要保存于吴方言和湘方言，此外，偶见于赣西北方言和闽北方言。元代以前普遍存在的入声调类，如今在官话地区少见了，而在东南方言则普遍存在。至宋代还普遍有别的一二等韵的语音对立在东南诸方言还多所反映。例如：[⑭]

	财	柴	灾	斋	保	饱	官	关	菜	债
苏州	ze^2	$zɒ^2$	tsE^1	$tsɒ^1$			$kuø^1$	$kuɛ^1$	$ts'E^5$	tsa^5
温州	ze^2	za^2	tse^1	tsa^1	$pɜ^3$	$puɔ^3$	ky^1	ka^1	$ts'e^5$	tsa^5
双峰	dze^2	dza^2	$tsue^1$	tsa^1					$ts'e^5$	tsa^5
南昌							$kuɔn^1$	$kuan^1$		
梅县	$ts'ɔi^2$	$ts'ai^2$					$kuɔn^1$	$kuan^1$	$ts'ɔi^5$	$tsai^5$
广州	$tʃɔi^2$	$tʃ'ai^2$	$tʃɔi^1$	$tʃai^1$	pou^3	pau^3	kun^1	$kuan^1$	$tʃɔi^5$	$tʃai^5$
阳江	$tʃɔi^2$	$ʃai^2$	$tʃɔi^1$	$tʃai^1$	pou^3	pau^3	kun^1	$kuan^1$	$tʃɔi^5$	$tʃai^5$
厦门	$tsai^2$	$ts'a^2$	tse^1	$tsai^1$	po^3	pa^3	$kuã^1$	$kuãi^1$	$ts'ai^5$	tse^5
福州	$tsai^2$	$ts'a^2$	$tsai^1$	$tsɛ^1$	po^3	pa^3	$kuaŋ^1$	$kuoŋ^1$		

4.1.2　官话方言整化多

　　现代的官话方言一般认为是元代以后定型的，在汉语方言中它的分布地域最广，使用人口最多，并成为现代汉民族共同语的基础方言。其中心地带黄河流域和长江流域一直是中华民族活动的中心，从西北高原到华北平原，历来交往密切，东北、西北和西南各地的大量人口是明清之后由黄河、长江流域移居充填的。最近的数百年间，随着资本主义萌芽，近代城市形成，汉民族共同语也逐渐定型了，汉语的发展逐渐以整化代替了分化。在这种背景下形成的官话方言，语音上的差异就比较少,一致性特征比较多,这是人所共知的,具体情况不必细列。正是这个原因,官话方言虽然使用人口占汉族人口百分之七八十,多达近十亿,分布地域则纵横都达两三千公里,但是彼此间通话并没有困难,不像东南方言不少地方一个县内都有几种不能通话的小方言。

从这一点看来,把汉语方言先分为官话和非官话两大类是合理的。从现在的面貌说,官话代表着一致的一面,东南诸方言反映了复杂的一面;从历史渊源说,官话是晚近时代汉语整化时期形成的,非官话是早期汉语分化时代形成的。不论从哪一方面看,这种分类法都是符合事实的。

4.2　由自变而他变

4.2.1　早期方音演变多自变

早期形成的东南诸方言大体上是中国北部几次大动荡或者出现南北分裂的局面后,黄河流域的汉人南迁定居而形成的。当时的共同语只有书面形式,口语共同语尚未形成,东南各省大多丘陵起伏、江河交错,各方言区之间的交往也不多,因而共同语对方言的影响及方言之间的相互影响并不太大。由于原来南方的原住民的经济文化较不发达,在民族融合过程中,汉语方言吸收土著民族的语言成分也不会太多。因此可以说,早期形成的东南方言的语音系统主要是"自变"的结果。

正因为如此,东南方言之间所存在的一些语音系统上的共同特点,不少属于"先天"的同源现象。例如吴方言与湘方言都存在的保留全浊声母、复合元音单音化(元音韵尾脱落),该是反映了上古时期吴、楚方言的关系。又如客赣方言共同的全浊声母不论平仄今读大多为送气清音,也应该是历史上曾经共有过的特点,赣方言分布地区显然是客家先民经过住过的地方。这是许多史学家论证过的。

4.2.2　晚近方音演变多他变

诚然,在东南诸方言之间,也不乏"后天"的渗透现象,即共同语对方言的影响或方言之间相互影响。例如东南方言中的"近江"方言:湘语、赣语、吴语(也可包括徽语),见系声母逢三四等韵大多已经腭化为[tɕ、tɕ'、ɕ]。中古入声韵尾大多已经合并或脱落:湘语和徽语多无入声韵类,只有入声调类,赣语的入声韵类[-p、-t、-k]尾大多不全,吴语只留下[-ʔ]。这显然是北边和西边官话影响的结果,影响最大的湘语和徽语脱落得最彻底。在"远江"的闽、粤、客诸方言也有见系读[tɕ、tɕ'、ɕ]和塞尾脱落的现象,但都局限于较小的地域。至于方言之间的相互影响,较为明显的多见于交界地区,特别是双语地区。例如龙岩、漳平的闽南话,古全浊字今读送气的较多,这是闽西客方言影响的结果,粤北的粤方言(如连山、连县及仁化、乐昌等地)无[-m、-p]韵尾,显然是粤北的土话和客家话影响的结果[18]。客家话大多没有撮口呼,有撮口呼韵母的少数点大多受周边方言带撮口呼的影响。如广东的连南、河源,广西的陆川其周围都有粤方言的分布[19]。

可见,在东南方言中,可以再分为远江方言和近江方言两大类,它们之间的主要区别就在于前者受官话影响小,后者受影响大。这种从大处把汉语方言分为两层三类的区分法比起并列分为几个大区或分为官话方言、中部方言和南部方言三大类都显得比较合理。

4.3　由字音变读而连音变读

4.3.1　连音变读是后起的音变

综合各方言的情况而论,汉语方音的演变早期都是字音的变读,包括音值的递变、音类的分合和字音异读的增减。至于各种连音变读则是后起的发散型演变。得出这个结论,是从以下事实得到启发的。

第一、普通话的轻声、儿化都是后起的现象。说到轻声时,赵元任说:"多数文言词语,反映现代生活的新名词、科学术语,这些都不含轻声,剩下的,也就是老资格的口语词语——有的有轻声,有的没有。"⑳可见普通话轻声是晚近的口语中产生的。至于儿化,唐诗中的"儿"肯定是单独的音节[ȵzi],押[i]韵。到元代,"儿"读为[zๅ],到明代才读成[ər],明杂曲、杂剧儿尾不入韵,押韵的是儿尾前的音节(《芳茹园乐府》:只怕房先儿,全轻府产判儿,免强相留没个笑脸儿,陪着咱坐似针尖儿)㉑,由此可见,儿化只有300年历史。

第二、拿连音变读最复杂的福州话说,1870年教会所编《福州话词典》有变韵和变调的描写(前者较为清楚,后者含糊),尚未有变声的记录,可见变调和变声(声母类化)是近百年间才发生的变化。从1906年所编的《美全八音》和陶燠民的《闽音研究》到现在,声韵调的连音变读都有些变动,可见最近数十年,福州话的连音变读还处于调整之中。

第三、就全国范围说,各方言的连音变读各有不同的"热点",甚至同一个大方言区内的小方言也有不同的取向。官话轻声、儿化多,连读变调少;湘赣方言轻声多,变调也少;吴语连读变调最为复杂,浙南吴语还有小称音变,没有轻声和儿化。闽方言中闽东有变声、变韵、变调,闽南有轻声、变调,闽北则各种连音变读都没有;客方言只有正在生成之中的少量轻声现象。这也充分说明了各种连音变读是最近两三百年之间生成的,是大区小区方言"各显神通"的结果,而不是源远流长的语音演变。

4.3.2　产生连音变读的原因

应该说,各种连读音变是汉语多音词占了优势之后所引发的现象。因为多音词把几个语素意义重组成一个完整的意义单位,于是要求语音上也把几个音节融为一个整体,连读音变就是把几个音节合成一个新的语音单位的组织方式。

在汉语词汇史上，复音词的大量增加是中古以后的事。向熹指出：
"复音词大量产生是中古汉语词汇发展的重要特点。中古产生的新词
绝大多数是双音词。上古词汇以单音为主，到了中古，就口语而论，复
音词变得逐渐占有优势了。"他还说："近代产生的新词中，双音词占有
绝对优势。与此同时，还产生了不少三音节和多音节词，这是近代汉语
词汇发展的特点，在近代后期表现得尤为明显。"㉒连音变读既然发生
于复音词大量增加之后，说它是近数百年间的事是合乎逻辑的。

4.4　方言语音演变规律的歧异及其原因

4.4.1　方音演变各有规律

就各种方言语音演变的情形进行比较就可以看出，各自表现的演
变规律是十分纷繁歧异的。具体表现在如下几个方面。

①　发展异向。就音类的演变说，声、韵、调趋于繁或趋于简，不
同方言有不同取向，同样是闽方言，建瓯话韵母只有 34 个，潮州话多达
85 个。闽方言声母一般是 14—15 个，吴方言是 28—29 个，就字音变
读说，文白异读、辨义异读、新旧异读等在不同方言也有不同取向。例
如闽南话有文白异读的字，估计在常用字中应超过半数。㉓而北京话、
客家话、广州话中有文白异读的字就少得多；普通话的多音多义字（辨
义异读）大约占常用字的十分之一，㉔在其他方言就少得多；上海话的
新老派异读多，而福州话就很少。至于连音变读如上节所述在各地方
言中也是表现得大不相同的。

②　演变异速。不同的方言在继承前代语音特征或调整创新上有
极大的差异。中古音的平、上、去、入在一些方言里各分阴阳成为 8 调，
粤语甚至还再分为 10 调，大多数官话又重新整合成 4 调（西北有的点
甚至已经合为 3 调）。闽方言大体上还保留了上古声母的"无轻唇"
"无舌上"的特点，这是语音变化缓慢的典型；而北京话韵母原来只有

38 个，儿化兴起之后，一举增加了儿化韵 25 个，如果加上 4 个［-m］尾合音韵［am、im、əm、uom］，韵母数增加了近八成，这是语音变化迅速的典型。

③　变动异途。不论是音类演变、连音变读，不同方言的具体变化途径常有不同。例如全浊声母清化后有按古四声分送气不送气的，北京平声送气，仄声不送气；粤语平上送气，去入不送气；也有全送气（客赣方言）或全不送气（部分湘方言）或少送气多不送气（闽、徽语）的。塞音韵尾的消变是近代以来汉语方言音变的主要流向，但具体途径又多有区别。吴语走合并简化的路［-p、-t、-k→-ʔ］，部分赣方言走浊音化的路：［-t→-tⁿ、-k→-kᵖ］（余干），［-t→-l］（都昌），［-p→-m］（光泽），［-p→-i］（阳新），［-t→-ɛ］（新余），［-k→-u］（秀篆）。㉕小称音变在北京表现为儿化，在浙南吴语是［-n］尾化加上变调，在粤语是高升变调。

④　深广异度。方言里音类的变读未必都是穷尽的变化。不同音类的变读往往所管的字有多有少。例如客赣方言古全浊塞音塞擦音声母今读送气清音，但也有少数字读为不送气清音，邵武话咸、深两摄入声字有变读为鼻音的变化，如："搭 tan⁷ 合 xoŋ⁶，十 ɕin⁶ 急 kan⁷"，但也有一些字不参加这种变化，如："鸽［ko⁷］踏［tʻaᵃ⁸］，狭［xie⁶］腊［la⁶］，笠、粒文读［li⁶］"。㉖北京话连读变调只发生在上声字作双音词前字，在吴方言不论什么调类，也不论是前字后字都可能发生变化，而且还有广用式和窄用式（固定结构里的变调）之别。同样的小称变调，粤方言里词例不算太多，在浙南吴方言则相当可观。再如轻声现象，在客家话刚刚冒头，只见于若干词缀，在闽南话往往与语法意义、词汇意义相关，范围也有限，在北京话及湘赣方言中双音词及多音词组的轻声现象就十分普遍了。这种音变的不同深度与广度，大概与发生音变的时间长短以及在该方言的语音演变中是否属于主流特征有关。

4.4.2 方言音变歧异的原因

为什么方言语音演变会出现如此纷繁的歧异呢？这是因为任何一种方言的语音演变都是在独特的社会条件下开展的，都有特定的内外动因，都是历时演变的规律（变异）和共时结构规律（整合）相互制约、相互竞争、相互作用的结果。共同语的普及情况，周边方言的强弱势乃至该地区的行政属辖变更、人口迁移的过程，文化教育的普及状况，地方戏曲等的流行情况等都会直接、间接地影响着方言语音演变的方向和速度。至于历时演变规律和共时结构规律的相互作用也是长期、反复的过程。不同的方言处在这两种规律较量的不同阶段，其结果就可以有很大不同。整合力强的方言例如福州话，不同历史层次的语音特点融合在一个共时的系统之中（经过文白异读、辨义异读等方式）新产生的连音变读也形成了严密的规律（变声、变韵、变调），其古今音对应和共时结构规律都比较整齐明确。有的整合力弱的方言例如闽北的建瓯话，由于人口多次变动，周边强势方言影响较大，普通话普及较早，因而其音变的结果，古今音的对应很不整齐，共时结构规律也缺乏鲜明的特点，仅从其声调的分混和字调的分派就可以见其一斑了。[②]

附　注

①　钱乃荣　1992　《当代吴语研究》，上海教育出版社，434、437 页。

②　陈泽平　1984　《福州话的韵母结构及其演变模式》，《语言学论丛》（第十三辑），商务印书馆。

③　W.Lobscheid: *A Chinese and English Dictionary*　1871　《汉英词典》，香港。

④　李如龙　1996　《方言与音韵论集·松溪政和方言的谐音变读》，香港中文大学中国文化研究所。

⑤　F.D. 索绪尔　1980　《普通语言学教程》，商务印书馆，205 页。

⑥　布龙菲尔德　1980　《语言论》，商务印书馆，477、480 页。

⑦　李如龙　1965　《长汀话两音节三音节的连读变调》，《厦门大学学报》

（社会科学版），第二期。

⑧　李如龙　1996　《动词的体·前言》，"中国东南方言比较研究丛书"（第二辑），香港中文大学中国文化研究所。

⑨　李竹青、陈文祥　1996　《第四届国际方言研讨会论文集·福州方言的类化别义》，汕头大学出版社。

⑩　李如龙　1991　《闽语研究·闽北方言》，语文出版社。

⑪　李　荣　1982　《音韵存稿》，商务印书馆，115页。

⑫　田希诚、吕枕甲　1989　《山西方言研究·临猗方言的文白异读》，山西人民出版社，95—97页。

⑬　李永明　1986　《衡阳方言》，湖南人民出版社。

⑭　北京大学中文系　1989　《汉语方音字汇》，文字改革出版社。

⑮　曹志耘　1996　《严州方言研究》，日本好文出版，61页。

⑯　陈鸿迈　1996　《海口方言词典》，江苏教育出版社。

⑰　奥德里古尔　1992　《历史和地理可以解释某些语音上的发展》（岑麒祥译），《国外语言学论文选译》，语文出版社，92页。

⑱　詹伯慧、张日升等　1994　《粤北十县市粤方言调查报告》，暨南大学出版社。

⑲　李如龙、张双庆等　1992　《客赣方言调查报告》，厦门大学出版社。

⑳　赵元任　1979　《汉语口语语法》，商务印书馆，27页。

㉑　向　熹　1993　《简明汉语史》（上），高等教育出版社，353—354页。

㉒　同上，494、662页。

㉓　李如龙　1963　《厦门话的文白异读》，《厦门大学学报》（社会科学版）第二期。

㉔　李如龙　1982　《关于多音字的精简问题》，《文字改革》第二期。

㉕　同注⑲198页。

㉖　李如龙、陈章太　1991　《闽语研究·闽西北七县市的方言》，语文出版社。

㉗　李如龙　1990　《建瓯话的声调》，《中国语文》第二期。

（本文1997年在北京举行的第30届国际汉藏语言学会议上

宣读过，后刊登于《语言研究》1999年第1期）

论汉语方言的语流音变

汉语方言的变调、变声、变韵以及轻声、儿化、小称音变等现象，本文统称为"语流音变"。近二三十年来，关于汉语方言的语流音变已有很多调查报告，各种复杂的情形令人目不暇接。"语流音变是方言在一定的语境中所发生的共时变异。"（游汝杰，1992：117）更具体地说，语流音变是单字音在多音连读时所发生的变化。现代汉语方言中，语流音变的种类有多有少，音变的规律也各不相同。有的方言同时存在着多种语流音变，其中的规律还十分复杂，有的几乎没有语流音变，或者虽然有一两项，规律却很简单。总的说来，汉语方言的各种语流音变都很有特色，它既不是单纯的连音变读（sandhi），也不全是表示语法关系的手段。所谓形态音位（morphoneme），既是一种联合音变，也体现了某些历史音变。这些现象体现了现代汉语方言的语音结构系统的重要特征，很值得深入研究。本文试就已经知道的汉语方言的语流音变讨论其类型、成因、性质、途径和历史发展过程。

一　语流音变的类型

轻声、儿化、变调、变声、变韵、小称音变等音变现象是现代汉语特有的，这些名称是中国学者按照汉语的习惯所定的。中国学者不太重视规范术语，因而有些名称至今还不是十分统一。例如"变调"一般指多音连读时的字调变化，有的学者把粤语的"语素变调"也称为变调，那并非多音连读时发生的，如果这种语素变调也算变调，"四声别义"不也是变调吗？轻声其实也是一种变调，可是通常并没有作为变调来分析。本文所讨论的"语流音变"就不包括"语素变调"在内。儿化是最早发现的"小称"，但是"小称"用开之后，儿化也没有同其他的小称合起来分析。名称、术语是否妥当，其实反映了对现象的分类和性质是否有了科学的认识，要对种种音变作综合的研究，首先要从分类开始。

　　关于音变的分类，40年前，我在研究厦门话的变调与轻声的时候，曾经提出："传统的音变的分类，只有联合音变和历史音变。这是从共时语言学和历时语言学两个角度来分的。如果我们从音变——语音现象和其他语言结构要素（词汇、语法）的关系来看，有的音变只是语音范围内的变化，与词汇、语法无关……而另一些音变则是和词汇、语法密切相关的。比如普通话里用轻声区别词义（'东西'的'西'读轻声与非轻声意义不同）、从中古汉语到现代汉语由于'儿'的意义的虚化而引起的语音上的'儿化'，就都是这类音变。厦门话的变调和轻声正如上面所介绍的，也是词汇—语法的需要所决定的。根据这些情况，我们认为有必要把语音变化的类型，从它和语言结构各要素的关系着眼作另一种划分，即把它分为'语音音变'（或称单纯音变）、'词汇音变'和'语法音变'。"（李如龙，1962：114）许多新发现的变调与轻声的事实证明了这个提法是合理的、必要的。

　　李荣先生在《温岭方言的连读变调》一文中指出："温岭话有两种变调：一种变调受音的环境制约，另一种变调不受音的环境制约，前者是连读变调，像北京话的变调似的。后者逢入声还要改变韵母，和广州话的'变音'、北京话的儿化作用相似；为了和前者区别，可以管这种变调叫作'变音'。"（李荣，1985：65）他在《温岭方言的变音》一文中又说："本调和变调之间是语音变化的关系，本音和变音之间是语法变化的关系。"（李荣，1985：55）李先生说的"变调"和"变音"就是"语音变调"和"语法变调"的区别。如果仅限于多音连读而发生的变调来说，有语法意义的称为"变音"，无语法意义的叫作"变调"，这种区分是十分明确而妥帖的，因为，"变音"不但可以是变调，还可以是变声或变韵，有时还可以兼有其中的两项。

然而，如果就已经知道的方言事实来说，变调和变音的区分法却很难涵盖所有的复杂情况。例如，闽语的连读变调既不是单纯的联合音变，也不全像吴语那样的有语法意义的变音，有时还区别词义的手段：厦门话"日头"前字变调读[lit⁵⁻² tʰau²⁴]指的是"太阳"，后字轻声读[lit⁵tʰau²⁴⁻¹]意思是"白天的时间"；福州话的变声不变声也可以起区别意义的作用。"大头"读为[tuai²⁴²⁻³² tʰau⁵²]意思是"大脑瓜子"，读为[tuai²⁴²⁻³² lau⁵²]意思是"（动物的）体积大"。又如北京话的轻声，有的是词汇现象（作为区别词义的手段），有的是语法地位所使然。可见北京话的轻声含有"词汇变调"和"语法变调"，但是，伴随轻声而来的变声和变韵（"三个"的"个"声母浊化，"进来"的"来"韵母变为单元音），却又是与词汇语法意义无关的联合音变。看来，对于各种语流音变应该进行两种分类：从音变的方式看，可以分为变声、变韵、变调以及合音等；从音变所反映的内容说，可以分为纯语音音变、词汇音变和语法音变。对于具体的音变项来说，这些分类不一定都是排斥项，有时几个内容是可以兼容的。各种方言里的不同的音变，完全可以在这样的分类的框架里作出具体而明确的定位。按照上述的分类法，就一些发表过的报告材料，可以列表比较如下（见表一）：

表一　若干方言的音变方式和音变原因比较

方言音变	音　变　方　式				音　变　原　因			
	变声	变韵	变调	合音	多音连读	区别词义	区别词性
北京变调			+	+	+		
北京轻声	+	+	+		+（习惯轻声）	+（东·西）	

（续表一）

方言音变	音　变　方　式				音　变　原　因		
	变声	变韵	变调	合音	多音连读	区别词义	区别词性
北京儿化		+	+	+	+（花·儿）		+（盖·儿）
获嘉变韵		+	+	+（帽）		+（地名）	
获嘉儿化		+	+		+（篓儿）	+（说话·儿）	+（光光儿）
获嘉变调		+	+				
温岭变调		+		+			
温岭变音	+	+		+	+（表小等）		+（名词化）
建德儿尾		+	+	+	+	+	
遂昌变调			+	+			
遂昌儿尾					+（表小）		
绩溪儿尾					+（数量结构）		
黎川变音			+		+（表小）		+（动词）
萍乡变调			+	+（轻重读）			
长沙变调			+	+			+（结构有关）
娄底轻声			+				+（词缀叠音）
福州变声	+			+	+		
福州变韵		+	+	+	+		
厦门变调			+		+		+（结构有关）
厦门轻声			+		+	+	+

（以上各点材料依据：获嘉：贺巍，1979、1982；温岭：李荣，1985；建德：曹志耘，1996；遂昌：曹志耘等，2000；绩溪：平田昌司等，1998；黎川、萍乡、长沙、娄底：《现代汉语方言大辞典》各分卷。）

二　语流音变的成因和性质

汉语方言的语流音变的形成，首先是由于多音连读。唐宋以来，汉语的多音词大量产生，这个结论已经有很多数据可以论证。据董志翘统计，晚唐日本和尚圆仁用口语写成的8万多字的日记《入唐求法

巡礼行记》一书,就有双音词 3882 个,占该书所出现的新词语的 90%
以上。(董志翘,2000:177)另据程湘清统计,《敦煌变文集》的复音词
共计 4 347 个,用一定的语法格式构成的约占 90%。可见,到了中晚唐,
多音词就已经在口语中占了很大的比例。(程湘清,1990:1)向熹说:
"复音词大量产生是中古汉语词汇发展的重要特点。中古产生的新词
绝大多数是双音词。上古词汇以单音为主,到了中古,就口语而论,复
音词变得逐渐占有优势了。"(向熹,1993:494)口语是一个词一个词
说出来的,词与词之间常有不同的停顿,一个词之中也停顿,就成了口
吃,听不懂了,这是一种常识。"各种连读音变是汉语多音词占了优势
之后所引发的现象。因为多音词把几个语素的意义重组成一个完整的
意义单位,于是要求语音上也把几个音节也结合成为一个整体,连读音
变就是把几个音节结合成一个新的语音单位的组织方式。"(李如龙,
2001:92)

多音词的快读是产生语流音变的第一动因,如果不掺杂其他原因,
这种联合音变便是纯语音的变化。北京话的连读变调是最典型的联合
音变。只要说得快,没有逻辑重音,一句话可以是一个连音组,非末音
节一概读变调,例如:上声字组成的句子"请你给我买两把小雨伞",除
末字外一概可以读变调。换言之,这种变调与不变调同词义及语法关
系无关。温岭方言的变调也是只"受音的环境制约",与多音词的意义
和结构没有关系的音变。

产生语流音变的第二种原因是词汇方面的原因。汉语的"字"绝
大多数是语素,语素的意义不断在变化,"字"则是相当稳定的。于是,
一个字,尤其是常用字,便可能作为几个语素,以不同的构词方法构成
一连串的词。有些多音词就成了用字相同而意义不同的同形词,有些
方言便利用连读音变的办法来区别这些同形词。例如北京话的"兄弟、
地道",读不读轻声,意思是不同的:不读轻声的"兄弟"是兄与弟,读

轻声的是兄之弟。"地道"不读轻声是名词，读轻声是形容词。福州话的"变声"有时也用来作为区别连音组是否成词、表示不同意义的手段。"旧底"的"底"不变声读[t]是词组，意思是"旧的底"；变声读为[l]是时间词"以前"。厦门话的轻声和不轻声，有时是泛指和特指的区别，"三日"的"三"读变调，"日"读本调，是数量结构"三天"；"三"读本调，"日"读轻声，是偏正结构的词，特指"三日那一天"。

发生语流音变还有语法方面的原因。从共时的角度看，许多方言在连音组内要不要变调、怎么变法，是受语素之间的语法关系制约的。例如长沙方言，二音组的后音节除阳去外一概不变调，后音节若是入声字，前音节是否变调就是构词方式决定的：凡偏正结构变（阴平、阳平、入声变为44调，阴去、阳去变为22调），主谓、动宾结构不变。又如苏州方言，"热菜"，两个字都不变调，是动宾式词组，意思是"把菜热热"；菜字变调，是偏正式的词，指"热的菜"。构词方式所以会成为制约音变的因素，是因为在不同的结构方式里，语素之间的关系紧密度不同，结合得紧的音变就多，结合不紧的就可能不变。这是构词法制约音变的例子。

北京话的轻声除了常用词的后音节习惯上读为轻声之外，其他的轻声都是词在句子当中的语法地位所决定的。例如，人称代词做宾语、动补结构中的趋向动词补语、大多数用于动词之后的助词（如着、了、过、得、地、的）等，这是人所共知的。闽南话的轻声大体上与此相仿，此外还有一些规律也与语法有关。例如厦门话的并列复句用来做对比的成分常常用一个读轻声、一个不读轻声来区别。例如，"早起读即本，下昼读许本"（上午读这本，下午读那本），后一个"本"读轻声。这是语词在句中的语法地位（句法）决定连音变化的例子。

从历时的角度看，有不少语流音变是历史上的"语法化"所带来的结果。如"着、了、过"原来都是动词，虚化为表示时态的助词之后，不少方言读为轻声,这就是典型的例子。重读变为轻声正是实义变为虚义的需要,语音形式随着语法意义的变化而变化,达到了新的统一。

"儿"尾、"子"尾发展为合音、变韵、变调等"小称"形式,也是形成了新的语法意义之后而产生的语流音变的例子。

由此可见,汉语的语流音变大多不是单纯的多音节的连音变读,而是和词的构成方式、词的意义(词汇意义和语法意义)以及词在句中的语法地位紧密相关的。这和西方语言的sandhi是有不同的性质的。

为什么汉语的语流音变会和词汇语法现象紧密相关呢?这是汉语的根本特征所决定的:汉语的音节只是语音的单位,只有"字"才是意义的单位。一个音节可以包含着许多字,作为单音词,每一个字都是有意义的,在多音词里,绝大多数的字也是有意义的,多音词的意义往往是一个个的语素按照一定的语法关系组合而成的。汉语的语流音变正是多音词语中语音和语义相结合的黏合剂,是语音、词汇和语法相联系的纽带,它集中体现了汉语语词的结构规律。因此,关于语流音变的规律,应该是发掘汉语特点的重要研究课题。

三　语流音变的内在关系

那么,各种语流音变之间是什么样的关系呢?从总体上看,各种不同类型的音变的形成是否有先有后呢?哪一种音变是首先产生的呢?这是很值得探索的。

拿几种常见的语流音变在许多方言中的分布做一番调查,就不难看到,变调、轻声和小称(包括儿化、变韵和小称变调)是一种梯级构成的关系。

根据《汉语方言词汇》(1995)所提供的20种重要方言的语流音变情况,我们可以看到这样几个事实:

1. 长沙、双峰、广州、阳江、建瓯5个点没有连读变调,也基本上没有轻声和小称音变。只有长沙话有少量的轻声,读为固定的轻而短的调值,这是语义决定的变读,而不是严格意义上的连音变读;另外,还有广州话的小称变调,大多数学者认为是语素变调而不是连读变调。

2. 成都和梅县两点有简单的变调,没有轻声,也基本上没有小称音变。成都话有"儿"尾和"子"尾,通常读本调(阳平和上声),"儿"尾和前音节合音,读为儿化音,但是并没有形成一套"儿化韵"。

3. 合肥、扬州、厦门、潮州、福州5点有变调和轻声,没有小称音变。

4. 北京、济南、西安、太原、温州5点都有变调、轻声和小称音变,但是仍有两种不同的情况:温州话是轻声词尾,严格地说,还是语义音变;其他4种官话方言还由轻声变为合音,并引起前音节的变韵(儿化韵),只有这4种官话方言是典型的小称音变。

可见,变调、轻声和小称音变三者大体上是顺序递进的音变,而小称音变则是由轻声而合音,合音后又引起声韵调的变化,是走得最远(或者说是发展得最成熟)的音变形式。

再根据《普通话基础方言基本词汇集》(陈章太、李行健,1996)一书的材料做一番检查,也可以得出相同的结论。该书所收的官话方言共92点,除去3个点材料不全,共有89点。各种语流音变的分布情况如下:

1. 柳州、桂林两点都没有各种语流音变(包括变调、轻声、小称音变等)。

2. 毕节、贵阳、黎平3点只有简单的变调,没有轻声和儿化。

3. 除了以上5点之外的其他12种西南官话都只有少量的变调、轻声和儿化,但常限于叠音词。

4. 西北官话中的白河、汉中、宝鸡、敦煌、西宁和江淮官话中的天门、武汉、安庆、芜湖、合肥、扬州和中原官话的连云港、涟水等13点有变调和轻声而没有儿化（其中宝鸡有少量的儿化，但不稳定；敦煌、西宁有儿尾，没儿化）。

5. 天水有小称变调，红安有小称变韵，他们同时都存在变调和轻声。

6. 其余各个官话方言区的 57 个点都有变调、轻声和儿化，在大同、忻州、离石、太原等晋语，轻声读为短促的入声调。

以上情况说明了，官话方言中大体上有三分之一的点各种语流音变不齐全，而其中也同样是凡有轻声的一定有变调，有儿化的一定有变调和轻声。

在语流音变特别复杂的地区，情况略有一些差别。例如《吴语处衢方言研究》（曹志耘等，2000）提供的 7 个方言点的材料，那些方言连读变调都很复杂，而轻声和小称音变则有些区别。衢州片（前 4 种的开化、常山、玉山、龙游）和处州片（遂昌、云和、庆元后 3 种）属于两种类型：前者变调、轻声多，有儿尾、无儿化；后者变调、轻声较为简单，儿化后变韵和变调却更复杂。相对而言，处州片的小称发育得更充分。

声调是汉语的特色。它不但能区别字音、字义，而且能够用来区别字与字之间的不同关系。轻声是一种声调的变化：把原来的字调读成又短又轻的调。轻声音节总是跟在重读音节之后，于是，二音组就显出一轻一重来了。其实，二音组的变调也可以看成一轻一重的变读：原调为重，变调为轻。这一点可以用湘赣语的事实来论证。《萍乡方言词典》引论说："萍乡方言的连读变调跟重音有关：重读音节一律读本调；轻读音节一律读变调，调值较短。重音位置主要以由语法结构决定。以两字组为例，一般说来，单纯词和偏正、并列结构的词语前字重读，动宾结构的词语后字重读，附加式的词根重读。"（魏钢强，1998）萍乡方言的"子、仔、牯"等词尾也是读得轻并变成短调的。《娄底方言词典》（颜清徽、刘丽华，1994）反映的情况与此相似，偏正式前重后轻，动宾式前轻后重。变调后如果读成高短调（5）或低短调（1）的，清音声母 ts、tsʰ 要变读为浊音声母 dz，浊音声母正是比清音声母更弱的音。

可见，轻声是强调了的强弱式的变调，儿尾、子尾是轻声的一种；小称音变则是比轻声更进一步的弱化——合音。北京的儿化是合音后又变韵，获嘉的"子变韵"也是合音加变韵；南部吴语的小称则是合音后变韵、变调都有。可以说，连读变调是语流音变的起点和基础。现代方言中，凡是没有连读变调的，大体上也就没有其他的语流音变。闽北的闽方言、多数客家话和粤方言就是这样的情形。

缺乏语流音变的方言（如建瓯话、梅州话、广州话等）的多音词在整个词汇中所占的比例也许比较小，但是想必也不会有太大的差别，因为大家都已经是现代方言，都要反映现代生活，也都在不断地受着现代共同语的影响。那么，为什么有些方言会缺乏语流音变呢？看来，语流音变在汉语中的生成和发展历史还并不很长。从地域上说则是北方变得多，南方变得少，呈自北向南扩展之势，这就是某些南部方言还缺乏语流音变的原因。

四　语流音变的历史发展

现代汉语方言的语流音变究竟产生于什么时代，至今还缺少研究，难以定论。传统的音韵学虽然已有千年的历史，但是由于以往只研究"字音"，不研究"词音"，前人没有为我们留下语流音变的直接记录，近些年来学者们做了一些探索，但是由于古籍里汉字不标音，也很难拿出确证。以下介绍一些与此有关的研究成果，也做一些补充的论证和推测。

唐宋以来，汉语口语里的多音词逐渐占了优势，但是，语流音变肯定不可能和双音词同步产生。因为多音词的语义"凝固"和语音的"胶合"都需要时间的积累，在语音结构上也需要必要的"润滑剂"。现代方言中,凡是完整地保留塞音韵尾的方言,变调、轻声都很少(如粤语和多数客赣语)。如果说,入声韵尾的消失是促成连读音变的有利条件,应该是有理论和事实的根据的。从外部因素来说,现代官话方言中,北边、东边的"中心区"普遍连读音变(变调、轻声、儿化)较多,南部的西南官话变调和轻声则相对较少,变调往往只见于叠音词,有些点有儿尾,只有少数点有儿化现象。江淮官话变调和儿化也少。这可能和语言接触的不同环境有关。北方官话长期与单音词很少又有轻重音的阿尔泰语系诸语言接触;而南部的官话和方言则与单音词多、音变少的壮侗语、苗瑶语接触,南边的非官话的音变也显然是后起的现象。说汉语方言的语流音变是从近代到现代、从北到南逐渐扩展和推进的,应该是有事实依据,也是可以用语言演变的内外规律来论证的。

关于北方方言的语流音变的历史,前人研究得较多的是轻声和儿化。轻声音节引起声韵母的弱化大概很早就发生了,从一些口语文献中的异体字可以看到一些端倪。例如:人称代词的表多数的后缀在《世说新语》里常用"辈"字,宋元以后读音有了变化,用字也跟着不同。根据吕叔湘的考察,"白话中附于我、你、他及表人物之名词之后,表达复数之意义,与文言辈字相当者,北宋时通用'懑',亦用门,南宋始有们。其后南方通语沿用不变。金人始用每,元人因之。明以后们字复申其势力于北方,取每而代之。"(吕叔湘,1999:26)从"辈"到"每",声母由b变为m,应该就是轻读引起的弱化。现今的闽语莆田话"你们"说"汝辈",实际读音 ty^{24}βue^{41} 就是塞音声母弱化为浊音,可以作为十分贴切的实证。

"着"虚化为表示时态的助词后,语音上也有许多变读,所以宋元之后又写成"地"(保留澄母古读,但韵母弱化)和"只"(韵母弱化),如:"小窗坐地,侧听檐声。恨夜来风,夜来月,夜来云。"到了明代的《金瓶梅》,这类因轻声引起的变读而改写的异体字就更多了。据张鸿

魁研究,助词"着"有时写为"子"(尼姑生来头皮光,拖子和尚日夜
忙);有时又写成"自"(紧自他麻犯人,你又自作耍)。还有一些非去
声的轻声字写为去声字,例如:早时(早是)、常时(常是、长是)、便宜
(便益)、梳拢(梳弄)、抽梯(抽屉)。他说:"《金瓶梅》的轻音字倾向
于选用去声字表示。就是说当时的轻音在听感上跟四种声调里的去声
最接近。有些词本字并不繁杂(如便宜),改用其他形式,只能是语音
变化的原因。"(张鸿魁,1996:211)《红楼梦》也把"便宜、编排、名字"
写作"便意、编派、名子",也是轻声词发生韵母变化的明证。(李思敬,
1998)

儿尾在历史上曾经是自成音节的,唐诗"打起黄莺儿,莫叫枝上
啼","儿"和"啼"押韵,当时的"儿"还不是[ər]的音,而是[i]的音。
宋元以后成了儿尾,《西厢记》四本三折《叨叨令》一支曲子就有"车
儿、马儿、花儿、被儿、枕儿、衫儿、袖儿、信儿、书儿"等 10 个儿尾词。
到了明代,如赵南星的《芳茹园乐府》一支俗曲 7 个儿尾词:"只怕房先
儿,全轻府判儿,勉强相留没个笑脸儿,陪着咱坐似针尖儿。"《简明汉
语史》据此说:这里主要的韵脚不是"儿"而是"儿"前面的"先、判、
脸、尖"。"因为儿不是主要的韵脚,发音可能逐渐变轻变短,并跟它前
面的音节相融合,于是儿化韵就产生了。这一转化过程至迟在 17 世纪
已经完成。"(向熹 1993:353)李思敬说,清初赵绍箕《拙庵韵悟》"84
偶韵"中"乌儿、依儿、姑儿、基儿"等 14 个韵明显地肯定了儿化韵已
经存在的事实。(李思敬,1986:46)

至于连读变调发生在什么年代,就更加难以查考了。本文仅以闽
方言为例,对连读变调的流变做一番简单的分析。1870 年出版的《福
州方言词典》(R.S.MACLAY, 1870)不但对当时福州话的调类和调值
有详细的描写,而且关于连读变调(the tones in combination)也有粗
略的说明,其中所描写的变调和现代福州话的变调规律相比较有一些

不同之处：当时，阴平、阴去和收尾为 -ʔ 的阴入字领头时都读为"明显的强重音"；现在这类字在高调（阴平、阳平、阳入）前读阴平（44），在低调（上声、阴阳去、阴入）前读阳平（52）。当时，上声和收尾为 -k 的阴入字领头时有"特别的曲调"和"高重音"（在上声和阳去前）两种读法；现在这类字有三种不同的读法：在高调前读半阴去 21 调，在上声前读半阳去 24 调，在阴阳去和阴入前读阴平 44 调。当时，阳平和阳入调领头时读为低降调，现在分读为上声（32）调（高调和上声前）和半阴去（21）调。可见，100 多年来的福州话的变调，前字变、后字不变，按高低调分类变调是一以贯之的规律，而具体的变法则有一些不同。

　　厦门话，从序于 1894 年、出版于 1909 年的《八音定诀》（觉梦氏，1909）里出现的误标声调的字，我们可以看到一百多年前的厦门话已经有了连读变调。厦门话阴平（44）和阳平（24）处于双音词前字时同样变为阳去（22），《八音定诀》因而把一些阳平字误列为阴平字。例如：提（提防）、堤（堤岸），他母西韵；齐（齐明），曾母西韵；崎（崎岖）气母诗韵。有时把一些阳平字误为阳去字或阳上字：疗（疗病），柳母朝韵；零（零星），柳母灯韵；澜（波澜），柳母丹韵；迎（迎亲），语母灯韵。也有误把阳去字列为阳平字的：雁（飞雁），语母丹韵；漫（水漫），文母丹韵；豸（虫豸），他母花韵。厦门话阴去字（21 调）处于双音词的前音节时变读为上声调（53 调），《八音定诀》因而就把一些阴去字误列于上声：畚（畚箕），边母春韵；瓒（瓒玉），曾母丹韵；渭（渭水），英母辉韵；翅（翼翅）出母诗韵。

　　至于形形色色的小称音变，应该是在"儿、子、团"等词尾读为轻声，又经过声韵母的弱化，然后和前面的音节合音，合音之后又经历了变韵，最后发展成小称变调。这一过程吴语表现得最充分。曹志耘在比较了南部吴语的小称音变之后认为："儿缀是小称的源头……儿缀演变为小称形式以后,意义大为虚化,因而直接危及到了其语音地位的稳定性。""在南部吴语里,韵母系统中的鼻音尾正处于向鼻化方向发展的过程当中。鼻尾韵小称中的鼻音韵尾也不能例外……鼻化韵的进一步发展就是丢失鼻化成分,变为纯粹的元音韵母……当小称形式在韵母上的最后一点痕迹——鼻化成分也消失了的时候,小称的功能完全转由小称调来承担。"(曹志耘,2001：38)

如上所说,不同的方言在语流音变上的表现差异很大,有的已经发展到很复杂的程度,有的还没有生成。但是总的看来,汉语的语流音变应该是酝酿于宋元,形成于明清,到了现代进一步发展得复杂化了。这样说可能比较合适。

参考文献

游汝杰　1992　《汉语方言学导论》,上海：上海教育出版社。

李如龙　1962　《厦门话的变调和轻声》,《厦门大学学报》(社会科学版)第二期。

李　荣　1985a　《温岭方言的连读变调》,《语文论衡》,北京：商务印书馆。

李　荣　1985b　《温岭方言的变音》,《语文论衡》,北京：商务印书馆。

董志翘　2000　《入唐求法巡礼行记词汇研究》,北京：中国社会科学出版社。

程湘清　1990　《隋唐五代汉语研究》,济南：山东教育出版社。

向　熹　1993　《简明汉语史》,北京：高等教育出版社。

李如龙　2001　《汉语方言学》,北京：高等教育出版社。

北京大学中文系语言学教研室　1995　《汉语方言词汇》,北京：语文出版社。

陈章太、李行健　1996　《普通话基础方言基本词汇集》,北京：语文出版社。

曹志耘等　2000　《吴语处衢方言研究》,东京：好文出版。

魏钢强　1998　《萍乡方言词典》,南京：江苏教育出版社。

颜清徽、刘丽华　1994　《娄底方言词典》,南京：江苏教育出版社。

吕叔湘　1999　《汉语语法论文集》,北京：商务印书馆。

张鸿魁　1996　《金瓶梅语音研究》,济南：齐鲁书社。

李思敬　1998　《〈红楼梦〉所见十八世纪汉语的轻音》,中国音韵学会论文。

李思敬　1986　《汉语"儿"［ər］音史》, 北京：商务印书馆。

R.S.MACLAY 1870 *Alphabetic Dictionary of the Foochow Dialect.*

觉梦氏　1909　《八音定诀》, 厦门：倍文斋活版。

曹志耘　2001　《南部吴语的小称》,《语言研究》第 3 期。

（原载《厦门大学学报》［社会科学版］2002 年第 6 期）

关于汉语方言语音历史层次的研究

关于汉语方言语音的历史层次，已经引起了越来越多的学者的关注。汉语方言大多有千年以上的历史，各种方言的形成和发展都有自己独特的过程。造成这些不同的过程、形成不同的特点的因素是多方面的。从社会外部因素说，形成的时代不同、移民的来源地不同、经过的地区不同、融合的民族不同，以及人口多少、分布地域大小、经济文化发展程度的高低、历史演变过程的复杂性等，都会影响方言语音的层次构成。从语言的内部因素说，方言受不同时代通语的制约度有不同，方言自身演变速度不同，相处的周边方言和语言不同，和它们接触中所受的影响度也不同。作为现代的共时结构系统，不同的方言还有不同的整合力，语音演变与词汇、语法的演变之间的相互作用力也不同（例如词义引申是否引起字音的异读，词的多音化与语法化是否造成音值的变异和音类的分合）。这些则是影响方言语音历史层次的不同表现更为直接的因素。

由于内外因素的差异，不同的方言语音历史层次形成往往有各种不同类型，有的单纯、层次少，有的复杂、层次多；不同层次的构成也有不同的方式，有的相互取代或覆盖，有的相互叠置而共存。可见，研究方言语音历史层次不能从单一视角出发。例如只与上古音、中古音做比较，只参照通语不参照方言和外族语言；也不能用单一的模式做分析，例如就语音论语音，只考虑历时演变不考虑共时整合。本文试就这些问题以闽方言的事实提出若干看法，求教于方家。

一　纵向发展与横向变化

应该说,任何语言的演变都有两种动因,一是同一种语言的自身的演变,一是不同语言的接触造成的外来影响。前者是必有的动因,经常是起主要作用的,后者的作用有大有小,但却是不容忽视、不可漠视的。就汉语方言说,民族迁徙中往往有不同民族的融合,移民形成新方言时常常有经停地,形成方言之后也不可避免要接受通语、不同民族语或周边方言的影响。任何纯之又纯的单一方言的"祖语"的流变的构拟都是不符合历史事实的。南片吴语所以和北片有异主要是与闽语纠缠多;客方言曾被描写为纯正的"中原古音",后来被证明了与唐五代西北方音、宋代通泰方音有关,在赣时与赣语同行共变,入粤后又与粤语相互影响,早就不纯正了。有人构拟过"原始闽语",用来解释现代闽语的种种差异,多数学者也正是认为该理论无视语言接触的影响而不能接受。例如闽北方言中有一些清塞音(主要是帮端二母)变读为浊音声母,据近年来研究显然与吴、赣、粤等方言里时隐时现的从紧喉音(前喉塞音)ʔb、ʔd蜕变而来的浊声母是相关联的。在海南闽语,帮端二母字大多都还读为ʔb、ʔd,这是闽方言中残留的古越语底层现象的确证。又如闽东方言部分常用的从母字白读音为s-声母;闽北方言部分常用禅母字白读音则为ø声母:

福州:	贱 siaŋ⁶	坐 sɔy⁶	赘 si²	脐 sai²
	前 sɛiŋ²	静 saŋ⁶ (止哭)	稠 sɛu² (经常)	在 sai⁶ (放置)
建瓯:	城 iaŋ³	薯 y³	匙 i³	常 iɔŋ³
	社 ia⁸	属 y⁸	实 i⁸	上 iɔŋ⁸
	邵 iau⁸ (邵武)			

　　这两项少数常用字的特殊读音显然都是受北边邻界的吴方言影响的结果。前者的变化过程是 dz→z→s，后者则是 z→j→ø，而在距吴语较远的闽中、闽南则没有这类对应。在闽北方言的西片（建阳、武夷山）还有把古清从初昌等母字读为 t^h（如建阳：青草＝生炒 $t^h aŋ^1 t^h au^3$），把透定彻澄等母字读为 h（如建阳：兔腿 ho⁵hui³，柱头 hiu⁵həu²），则和武夷山西侧的赣东方言（南城、抚州一带）类似，这显然是受赣语影响的结果。

　　不论是古民族语的"底层"或周边方言的影响，横向作用的语音变异，都可能造成不同的语音历史层次的并存。上文所述帮端母字在闽北方言的浊音化，禅母字在建瓯话读为零声母，从母字在闽东方言读为 s- 声母，都只出现于部分常用字，作为白读音与其他未发生这种音变的字并存叠置。

　　由此可见，探讨方言语音的历史层次不能把思路局限于单一古今语言的纵向演变上，也要注意考察因语言接触造成的横向变化如何构成不同的语音历史层次。

二　继承和创新

　　在研究方言语音的历史层次的时候，还有一种思维定式，就是只注重发掘前代语言的继承和留存，而忽略考察方言语音的变异和创新；只注重音类分混的比较分析，而忽略音值的具体演变过程的考察。事实上，语言的演变过程中，继承和创新本来就是相依存、相对立、相消长的。没有继承，语言就难以世代相传；没有创新，也无法适应社会生活的需求，无法前进。继承的习惯对创新是排斥、抵制的；而创新的需要对继承也是冲击、反抗的。语言的发展是渐变的，又继承，又创新，二者并存是常态，其结果便是新旧历史层次的成分的叠置。继承的习惯势力强大，有时也会排除创新，然而更多的情况是创新的积累形成了优势,使继承的成分成为残存的少数,于是造成了方言的分化或使语言演变划出新的时期。可见,研究方言语音的历史层次,必须采取动态的考察方法,既注意考察前代语言的继承和留存,也分析后代语言的变异和创新,把二者结合起来,才能得出语音史的真切结论。

中古音止摄四个重韵中,闽方言支韵字的读音引起了许多研究者的兴趣,而最引人注目的是少数字在闽语中白读音为低元音a,反映了上古音歌支同部的史实。事实上,如果拿各地闽方言的不同表现做一番比较分析,人们还可以看到支韵字在古今演变中的完整的过程,对体现其中的历史层次有更多的理解。且看若干例字在五种闽语中的各种读音(凡有文白异读的只取白读音):

	皮	被~子	糜粥	避	紫	刺	徙
福州	pʰui²	pʰuoi⁶	mui²	piɛ⁶	tsie³	tsʰie⁵	sy³
建瓯	pʰœ⁵	pʰœ⁶	mi³	pʰi⁶	tsu³	tsʰu⁵	su³
永安	pʰue²	pʰue⁸	mue²	pe⁵	tsɿ³	tsʰɿ⁵	si³
泉州	pʰə²	pʰə⁴	bə²	pi⁶	tsi³	tsʰi⁵	sua³
厦门	pʰe²	pʰe⁶	be²	pi⁶	tsi³	tsʰi⁵	sua³

	池	纸	施洒落	寄	徛立	蚁	倚
福州	tie²	tsai³	sie¹	kiɛ⁵	kʰiɛ⁵	ŋiɛ⁵	ai³
建瓯	ti³	tsyɛ³	si¹	kuɛ⁵	kuɛ⁸	ŋyɛ⁸	uɛ³
永安	te²	tsya³	sɿ¹	kya⁵	kʰya⁸	ŋya³	i³
泉州	ti²	tsua³	sua¹	ka⁵	kʰa⁴	hia⁴	ua³
厦门	ti²	tsua³	sua¹	kia⁵	kʰia⁶	hia⁶	ua³

从以上各种读音可以看到支韵字的韵腹音值有三种类型:① 低元音的a:a、ia、ua、ya,这些字从谐声关系说与果假摄有关(声符"也、

可、我"），上古音是歌、支合部的。这显然是保留上古低元音的残迹，牵涉的字也较少。② 中高元音 e、ε、œ、ə，这些字的声旁与上类相似，只是元音高化了，反映的是上古韵腹到中古普遍表现为高化的趋向，属于后起的中古层次。③ 高元音 i、u、y，这些字大体与上古歌支合韵无关，反映的是中古以后的语音变异。从地域表现看，a、ia、ua、ya 的读法主要见于闽中和闽南；闽东、闽北的语音变化则有不同的进程。由此可见，就某个音类系统地考察多种方言的语音历史层次，只要能兼顾继承和创新的全面分析，就能得到多方面的信息。

在声母方言，匣母字在闽语的不同历史层次的读音也很是引人注目。其中也包含着继承和创新。

中古音匣母和群母互补，上古音匣、群母通谐，关系密切。闽方言的匣母字中有些常用字普遍读为 k、kʰ 声母，和群母相同。另一些常用字则读为零声母，应该是从中古音的 ɦ- 清化而来的；许多不大常用的书面语用字则读为 h 声母，是 ɦ- 清化后与晓母混同。这就明显地分为三个不同的历史层次。例如：

	猴	厚	鹹	寒	行走
福州	kau²	kau⁶	kɛiŋ²	kaŋ²	kiaŋ²
建瓯	ke³	ke⁸	keiŋ³	kueŋ³	kiaŋ³
永安	kø²	kø⁸	kɯm²	kuĩ²	kiõ²
厦门	kau²	kau⁶	kiam²	kuã²	kiã²

	鞋	解晓也	下	话	旱	黄	画	丸
福州	ε²	a⁶	a⁶	ua⁶	aŋ⁶	uoŋ²	ua⁶	uoŋ²
建瓯	ai³	o⁸	a⁸	ua⁸	ueŋ⁸	uaŋ³	ua⁸	yeŋ³
永安	e²	e⁸	ɒ⁸	uɒ⁸	um⁵	m²	uɒ⁵	yεiŋ²
厦门	ue²	ue⁸	e⁶	ue⁶	uã⁶	ŋ²	ue⁶	ĩ²

在沿海闽语,读为 k 声母和零声母的字还多,和闽中相比,闽北也略多。例如:

	悬高	下低	汗	含	糊	滑
福州	kɛiŋ²	kia⁶	kaŋ⁶	kaŋ²	ku²	kouʔ⁸
建瓯	au³	a⁸	kueŋ⁶	kaŋ³	ku³	ko⁸
厦门	kuãi²	ke⁶	kuã⁶	kam²	kɔ²	kut⁸
永安	kyɛiŋ²	ʋ⁴	xm⁵	kim²	ku²	kui⁴
	鞋	闲	活	学	红	话
福州	ɛ²	ɛiŋ²	uaʔ⁸	ɔʔ⁸	øyŋ²	uɑ⁶
建瓯	ai³	aiŋ³	uɛ⁸	ɔ⁸	ɔŋ³	ua⁶
厦门	ue²	iŋ²	ua⁸	oʔ⁸	aŋ²	ue⁶
永安	e²	ĩ²	xũi⁵	kɔ̃²	xaŋ²	uo⁴

在闽中、闽北,水稻说“禾”,建瓯音 o⁵、永安音 ue⁵。可见,常用字留存早期层次的音多,沿海比山区留存旧音多,这是可以成立的。很显然,读 k 的字是匣、群尚未分工时留下的旧层,读为零声母是中古匣母的 ɦ 刚脱落浊音时的音,而更多的读为 h 声母的不常用于口语的字则是中古匣母清化与晓母合流后的近代音,是最晚的层次。例字如:侯、咸、函、洽、嫌、协、韩、苋、辖、贤、玄、穴、痕、很、恨、桓、还、患、魂、混、换、杭、航、鹤、皇、巷、项、杏、幸、形、宏、鸿、获。

三　主流和支流

方言语音的演变有主流,也有支流。对于纵向发展和横向变化来说,古今语言的纵向流变通常是方言语音演变的主流;通语、民族语和周边方言的横向作用则往往只能是支流。如果支流的流量大、影响广，有时也会"伤筋动骨"，使整个方言语音的面貌变得模糊不清。例如海南岛上的多种语言，不论是临高话、海南闽语，或是儋州话、迈话，都有类似的情形。前两者的壮语和闽南语的性质已经引起了一些人的怀疑，后两者如何确定其方言属性则有更多争议。这是支流冲击主流的例子。类似的情况还常见于一些远离本土的方言岛，由于包围方言的影响大，支流淹没了主流，造成方言性质的模糊。在统一语言的古今演变上，对于继承和创新来说，更常见的则是，继承是主流，创新则往往只是支流。在特定的情况下，例如移民的大规模变动，也会造成创新压过继承的结果。粤语的四邑片和广府片原本应该是相当接近的同类方言，后来可能是由于宋代珠玑巷移民带来的方言在珠江三角洲的覆盖力度太大，造成两片之间的不小差异。广府片继承早期粤语的特点显然是少了。这是支流冲击主流的另一种情况。

　　所谓主流就是古今语言演变中的基本对应，就音类的演变说往往是管字多的大音类的主要对应。所谓支流则是外来影响或自身变异创新的次要对应。主流和支流的并存也就是方言语音存在着不同的历史层次的基本原因。由于主流、支流的不同，方言语音的历史层次也有主要层次和次要层次之别。

　　研究方言语音的历史层次必须区分主要层次（主流）和次要层次（支流）。前代语言的特征被后来的语言事实取代、淹没了，留下的残迹有时并不容易被发现、被理解，一旦被发现了，就受到很大的关注，这是容易理解的。关于汉语方言语音的历史层次的研究往往就是从这类发现开始的，这种研究对于了解古今语音的变化过程和观察方言的语音特点都是十分重要的。但是，我们还是必须保持清醒的头脑，分清主流和支流，分清主要层次和次要层次，不能片面夸大那些次要的特征，漠视主流变化和主要层次，甚至模糊了我们对方言基本性质的视线。下文仍举两个闽方言的例子说明。

山摄开口四等先韵字在闽方言有几种存在着对应的不同历史层次的读音（凡有文白异读的只取白读音）：

	肩	茧	牵	笕	先	填	莲
福州	kɛiŋ^1	kɛiŋ^3	kʰɛiŋ^1	tsʰɛiŋ^3	sɛiŋ^1	tɛŋ^2	lɛiŋ^2
建瓯	kaiŋ^1	kaiŋ^3	kʰaiŋ^1	tʰiŋ^3	saiŋ^1	taiŋ^5	laiŋ^2
永安	kĩ^1	kĩ^3	kʰĩ^1	tsʰĩ^3	sɛiŋ^1	tĩ^2	nɛiŋ^2
泉州	kuĩ^1	kuĩ^3	kʰan^1	tsʰuĩ^3	suĩ^1	tuĩ^2	nuĩ^2
同安	kãi^1	kãi^3	kʰan^1	tsʰãi^3	sãi^1	tãi^2	nãi^2

	砚	天	边	年	见	眠	怜
福州	ŋiɛŋ^6	tʰiɛŋ^1	pieŋ^1	nieŋ^2	kiɛŋ^5	miŋ^2	lɛiŋ^2
建瓯	ŋiɛŋ^6	tʰiɛŋ^1	pieŋ^1	nieŋ^3	kieŋ^5	meiŋ^5	leiŋ^3
永安	ŋĩ^5	tʰɛiŋ^1	pɛiŋ^1	nɛiŋ^2	kɛiŋ^5	mã^2	nã^2
泉州	hĩ^5	tʰĩ^1	pĩ^1	nĩ^2	kĩ^5	bin^2	lin^2
同安	hĩ^6	tʰĩ^1	pĩ^1	nĩ^2	kĩ^5	bin^2	lin^2

从上面这些白读音看，除了个别字，都有洪音的读法，但是其中"眠、怜"二字多与前面各字不同韵而与臻摄的"民、邻"同韵，应是保留了谐声时代的读音（属上古的真部而非寒部），其余各字如果联系文读音来考察，则出现了三种不同情况。在闽东（福州）闽南（泉州、同安）大多数字都有 ieŋ 或 ian 的文读音；在闽北（建瓯）只有个别字有文白两读（如先 sieŋ^1—saiŋ^1），其余字都分别归入洪细两种读音（如片 pʰieŋ^5、电 tieŋ^6、千 tsʰaiŋ^1、前 tsʰieŋ^5、坚 kieŋ^1、研 ŋaiŋ^3、现 hieŋ^6）；在闽中（永安）则是唇、舌、齿字除个别字外都读洪音，牙喉音反之多读细音（如片 pʰɛiŋ^5、电 tɛiŋ^6、千 tsʰɛiŋ^1、前 tsʰɛiŋ^2、练 lɛiŋ^5、见 kɛiŋ^5、坚

kɛiŋ¹、研ŋɛiŋ²、贤ʃiɛiŋ²、现ʃiɛiŋ⁵、烟iɛiŋ¹、燕iɛiŋ⁵）。从上述材料可以看到：① 闽方言的先韵字确实普遍存在着少数口语常用字读为洪音的白读音，这应该是反映了唐代以前四等韵读为洪音的特点，是最古老的历史层次。永安话读为洪音的字较多是因为唇、舌、齿的声母的类推同化的结果。② 先韵的韵母原是an、ian，从现代闽语的读音看来，其韵母的变化沿着韵腹的高化、复化和韵尾的鼻化而转化两个方向：an→aiŋ→ɛiŋ→iŋ；an→ãi→ũi→ĩ。ɛiŋ、iŋ、ũi、ĩ显然是后起的变化，是属于较晚的历史层次。③ 从整体来说，读为细音ian（闽南）、ieŋ（闽东、闽北）的字还是占大多数。（福州、泉州音大体上都可以读出文读音）这应该是宋元以来通语语音强大影响的结果。④ 不同的历史层次中，最主要的层次还是文读音ian、ieŋ，正是它反映了后起的创新取代了早期的传承的历史事实。

　　还可以再举一个声母的例子。以母字中有一些口语常用字的白读音在各地闽方言中有读为s或ts、tsʰ声母的，显然反映了上古谐声时代以母字和邪母字通谐的现象：余—徐，以—似，由—袖，延—涎，羊—祥，甬—诵。然而这类字覆盖比较广的只有8个字：

	蝇	翼翅	痒	檐	盐醯	赢引诱	耀炫耀,照耀	叶姓
福州	siŋ²	siʔ⁸	suɔŋ⁶	sieŋ²	sieŋ⁶	siaŋ²	sieu⁶	
建瓯	saiŋ⁵	sie⁶	tsiɔŋ⁸	saŋ⁵	iŋ⁶			tsia⁸
永安	sã²	ʃiŋ⁸	tsiam⁸	iɛiŋ²	tsam⁵			tsia⁸
厦门	sin²	sit⁸	tsiũ⁶	tsĩ²	sĩ⁶	siã²	tsʰio⁶ ~路	

在厦门话还有另外7个字：液sioʔ⁸ 手~：手汗，恩siŋ⁶ 宠爱，延tsʰian² 延宕，跃tsʰiɔk⁸，扬tsʰiũ² ~粟：扬谷，疡siũ² 起~：溃疡，养tsiũ² 头~：头胎。

从以上材料看来，这类字表现最充分的只有三个字，各地表现参差的总共也只有十来个字，各点大多对不齐，完全是一种残余状态。用它来说明闽语与上古音的某些联系是极好的材料，但是要用它来说明当代闽语的特征，就显得乏力了。因为以母字就在收字不多的《方言调查字表》中也有 115 个字，这十几个字只是大桶中的一勺。

可见，分清不同历史层次的主流和支流，主要层次和次要层次还是十分必要的。

四　演化和整合

语言的发展从纵向的观点看是一种变化。有的音类一分为二，有的合二为一，有的是不同历史层次的音类或音值的共存叠置；不少音值则有或多或少的变异、迁移和转换。不论是音类的分合、叠置或音值的迁移、转换，都不是杂乱无章的堆积，而是不同力度的共时整合。整合是从横向的观点看的另一种演化：把不同历史时期传承下来的成分和发生的变异整合成一个新的系统。历时的演化与共时的整合是语言存在和发展的两种基本形式。这两种形式交替进行，相互作用，使语言既能承传不断，也能结构不散，表现了语言系统生生不息的生命力。

研究方言语音的历史层次的时候，学者们更多地关注不同的音类分合和音值表现是如何演化的，孰先孰后，先后之间经历过什么样的变化过程。诚然，这是研究方言语音历史层次的基础工作，是十分重要的，在这样的基础上，我们也应该研究，这些不同历史层次的语音现象是如何整合成一个共时的结构系统的。

从共时的结构系统看，历时的叠置表现为结构的重合。在共时的系统中，占主流地位的层次是常用的内层，处支流地位的层次是不常用的外层。任何语言的共时结构系统都是用常用的内层和若干等级不同的外层有机组成的。在语音上，有大小音类和主次语音结构规律构成的不同内外层；在词汇上，有核心词、基本词、一般词构成的内外层。上文所分析的主流、主要层次在共时系统中当属于重要的内层，支流、次要层次则是次要的外层。

如果进一步考察不同历史层次的语音在共时整合的过程中有哪些方式和手段，我们也不难发现，闽方言的事实也为我们提供了许多有益的启发。下文也试举数例说明之。

现代通语的影响和音类的条件制约可以区分不同的历史层次的语音。方言的共时系统把这些不同历史层次的读音组成了常用与不常用、基本对应和条件对应的"内"与"外"的共时层次。例如蟹摄一等字，在开口咍韵闽语各点有如下读音（有文白异读的只取白读音）：

	胎	台	戴姓	袋	戴~帽	来
福州	tʰai¹	tøy²	tai⁵	tɔy⁶	tai⁵	li²
建瓯	tʰo¹	to³	tuɛ⁵	to⁶	tuɛ³	le⁵
永安	tʰa¹	tʰa²	ta⁵	ta⁵	tui⁵	la²
泉州	tʰə¹	tai²	tə⁵	tə⁶	ti⁵	lai²
厦门	tʰe¹	tai²	te⁵	te⁵	ti⁵	lai²

	灾	才	菜	开	改	爱
福州	tsai¹	tsøy²	tsʰai⁵	kʰui¹	kui³	ɔy⁵
建瓯	tsuɛ¹	tso³	tsʰɛ⁵	kʰyɛ¹	kai³	o⁵/uɛ⁵
永安	tsa¹	tsa²	tsʰa⁵	kʰa¹	ka³	a⁵
泉州	tsə¹	tsai²	tsʰai⁵	kʰui¹	kue³	ai⁵
厦门	tse¹	tsai²	tsʰai⁵	kʰui¹	kue³	ai⁵

在合口灰韵有如下读音：

	杯	胚	配	妹	推	罪
福州	pui^1	p^hui^1	p^huei^5	$muei^5$	$t^høy^1$	$tsɔy^6$
建瓯	po^1	p^ho^1	p^ho^5	mo^5	t^ho^1	tso^8
永安	pui^1	p^hui^1	p^hui^5	mui^5	t^hui^1	$tsui^8$
泉州	pue^1	$p^hə^1$	$p^hə^5$	$bə^6$	$t^hə^1$	$tsə^4$
厦门	pue^1	p^he^1	p^he^5	be^6	t^he^1	tse^6

	碎	回	灰	腿	对	块
福州	$ts^hɔy^5$	hui^2	hui^1	$t^høy^3$	$tɔy^5$	k^huai^5
建瓯	ts^ho^5	o^3	xo^1	t^ho^3	to^5	$k^huɛ^5$
永安	$suɒ^5$	xui^2	xue^1	t^hui^3	tui^5	k^hui^5
泉州	ts^hui^5	$hə^2$	$hə^2$	t^hui^3	tui^5	k^huai^5
厦门	ts^hui^5	he^2	he^1	t^hui^3	tui^5	k^huai^5

在哈韵,福州、厦门都有文读音ai,是通语影响的主流层次;在白读音,福州的øy/ɔy,建瓯的o、uɛ,永安的a,泉州的ə,厦门的e是方言特有的次要层次;开、改和来的ui、i、ɛ的音则是更为少见的出现在个别语音条件下的外层读音。在灰韵,福州、永安、泉州、厦门的ui、ue和建瓯的o都是主流的内层,福州的øy、泉州的ə、厦门的a,则是白读的中层,而“块”的读音因为方言另有用字和读音(福州$tɔy^5$、建瓯$t^hiɛ^6$、泉州$tə^5$、厦门te^5),这里的音显然是通语读音的借用,是外层的特殊读音。这些不同的内外层读音都可以从字数的多少和方音的演变过程以及条件制约得到解释。限于篇幅,这里不再做具体分析了。

在闽语,文白异读的分配更是区别不同语音历史层次的主要方式。例如闽南话把一些次浊声母字读为h声母,这可能是上古音 ʍ ɠ̊ ŋ̊ 的残留或百越语的底层,这种读音都只见于白读并大多与文读音对立,各自分布在不同的词里。例如（泉州话）：

	迎	燃	额	肉	耳	诺	默		棉
文	$giŋ^2$	$lian^2$	$giaʔ^8$	$liɔk^8$	$nĩ^3$	$liɔk^8$	bik^8		$bian^2$
	~接	~烧	~数	~体	木~	~言	~~无闻		木~
白	$hiã^2$	$hiã^2$	$hiaʔ^8$	$hiak^8$	hi^4	$hiauʔ^8$	$hmʔ^8$		$hĩ^2$
	~佛	~火	头~	牛~	~空	应答辞	~~（无言状）		~综（织具）

　　有时同样两个字，用文白两种读音构成了书面通语词和方言口语词，表达的是不同的意思。例如（泉州话，不标变调）：

行动 $hiŋ^2tɔŋ^4/kiã^2taŋ^4$（走动）　　数目 $sɔ^5bɔk^8/siau^5bak^8$（账目）

诚实 $siŋ^2sit^8/tsiã^2tsat^8$（很紧密）　　世界 se^5kai^5/si^5kue^5（到处）

糊涂 $hɔ^2tɔ^2/kʰɔ^2tʰɔ^2$（沾上泥）　　空间 $kʰɔŋ^1kan^1/kʰaŋ^1kuĩ^1$（空房）

前方 $tsian^2hɔŋ^1/tsuĩ^2paŋ^1$（上回）　　大寒 $tai^6han^2/tua^6kuã^2$（严寒）

　　有时，不同历史层次的读音还可用来区别其他不同含义的方言词。例如闽南话的匣母字，以泉州话为例：

　　　糊：$kɔ^2$ 米~，粘上（主动）；　$kʰɔ^2$ 沾上（被动）；　$hɔ^2$ ~涂

　　　下：ke^4 低；　$kʰe^4$ 放置；　he^4 ~决心；　e^4 ~底；　ha^4 ~消；

下贱

　　　解（胡买切，晓也）：ue^4 会做人；e^4 可以，会；　hai^4 ~数

　　　含：am^2 ~咧算（合起来算）；　kam^2 ~糖仔粒；　ham^2 ~伊

煞来（连他也来）

闽北的来母 s- 声字也一样分配在文白不同的词里,以建瓯话为例:

螺 lo⁵ ～丝 /so⁵ 田～　　露 lu⁶ ～骨 /su⁶ ～水

雷 lo⁵ ～电 /so⁵ 起～　　郎 lɔŋ⁵ 新～ /sɔŋ⁵ 女婿

李 li⁵ 姓 /sɛ⁶ ～子　　老 lau³ ～师 /se⁶ ～了

篮 laŋ⁵ ～球 /saŋ⁵ ～子　　卵 luen³ ～生 /sɔŋ⁶ 生～

在不同的方言,即使是同一种大方言中的小方言之间,整合的方式可以不同,整合的力度也有差异。众所周知,闽中、闽北文白读的对立少,闽南则比闽东多,而在闽南方言,越往南对立越少。可见,研究方言语音的历史层次不能只注意历时的变化,也要注意共时的整合。

参考文献

王福堂　2004　《原始闽语中的清弱化声母和相关的"第九调"》,《中国语文》第 2 期。

李如龙　1996　《方言与音韵论集》,香港中文大学中国文化研究所吴多泰中国语文研究中心。

李如龙　2001　《汉语方言学》,高等教育出版社。

李如龙　2001　《汉语方言的比较研究》,商务印书馆。

陈忠敏　1995　《作为南越语底层形式的喉塞音在今汉语南方方言里的表现和分布》,《民族语文》第 3 期。

陈章太、李如龙　1991　《闽语研究》,语文出版社。

（本文原载于 *Bulletin of Chinese Linguistics*,2006 年）

论汉语方言的词汇差异

有一种说法至今还流行着，即"汉语方言的差异主要表现在语音"，"词汇语法差异往往是细微的，而不是十分显著的"。随着调查工作的不断深入，我们越来越感到这个结论下得太早，未能反映汉语方言差异的真实情况，对方言调查和语言规范化的实践也不无影响，很有商榷的必要。本文试就汉语方言词汇差异的类型、程度和性质做一番探讨。

一

每一个词都有它的源流（词源）、意义（词义）、构词方式（词形）、使用频率（词值），许多词往往还有一定的音变形式（词音）。从这五个方面进行考察，我们把汉语方言之间的词汇差异分为五种类型：源流差异、意义差异、构词差异、价值差异、音变差异。分别举例说明如下：

（一）源流差异

在归纳方言词汇的特点时，人们首先注意到的往往是古词语的沿用、方言词的创新、外族语词的借用，这都是方言词汇的源流差异。沿用不同年代的古汉语词汇或运用不同的汉语语素和构词方式创造的方言词，都是同属汉语语源的流的差异；借用别族语言的语素或构词方式构成的方言词，是源的差异。

古词语有不同的年代，沿用有不同的地域，这就造成了许多方言词汇差异。例如：

"岁寒然后知松柏之后凋也。""三人行必有吾师焉。"（《论语》）"食而不知其味。"（《礼记》）"兔走触株。"（《韩非子》）"寒（冷）、行（走）、食（吃）、走（逃）"这些先秦的说法，如今仍见于闽、粤、客诸方言。

"新妇初来时，小姑始扶床。"（《焦仲卿妻》）"女婿昨来，必是渠所窃。"（《三国志》）中古时期的"新妇"（儿媳妇）、"渠"（他）这些说法至今仍见于赣、客、粤等方言，"新妇"又见于闽方言，"渠"又见于吴方言。

扬雄《方言》："刈钩……自关而西……或谓之锲。"（卷五）"衣褾江东呼裓。"（卷四）"南楚病愈者谓之差。"（卷三）"江流之间谓戏为……嬉。"（卷十）今闽方言镰刀还说"锲"，袖子说"手裓"，"差"的说法见于闽东，"嬉"的说法见于闽北。

方言的创新有时把旧有的词用来表示相关的新义，造成不同方言间字形相同而词义各异。例如，"郎"原是鲁国地名和姓，后来用来称男子，今北方话仍说"儿郎"，而湘、赣及闽北方言则用来指女婿。"禾"和"粟"原指小米的株和实，在现今的赣、客、湘等方言，"禾"指稻苗，"粟"在闽方言指稻谷。"遮"原义拦截、掩盖，今北方话多用于遮挡，闽北方言则把盖被子说成遮被；粤客方言用来指伞。

有的方言创新是利用共同语的语素和构词方式按不同的命名方法去构词，大量的同实异名的方言词都属于这种类型。各地命名方法的不同反映了人们对客观事物的不同理解，或就其状态进行描述、比喻，或就其构造、用途做出说明，有的还追加褒贬或用以避讳。例如，冰棍儿，广州叫雪条，上海叫棒冰，厦门叫霜条，福州叫冰箸。桌子，上海、苏州、广州叫枱，潮州叫床，邵武叫盘。鸡蛋，北京叫鸡子儿，福州叫鸡卵，广州叫鸡春（避讳）。下雨，上海、广州、南昌叫落雨，福州叫潲雨，梅县叫落水。

古语沿用和方言创新都是同源的，但二者之间又是互有差异的。就像一条大河，后者是不同的支派，可称同源异流，前者则是不同的流程，可称同流异程。

汉语方言向外族语言借用的词为数不多，却很有方言特色，也很能说明方言在形成和发展过程中的另一种历史特点——民族的融合或社会生活的交流。

闽粤地区古代曾是百越杂居之地，据史学界和民族学家研究，百越和现在的壮、傣是有渊源关系的。在广东、广西、福建，有些地名和壮、傣族地区的地名意义相通，例如 na，表示水田，写为"那、厓"或"拿"，应该就是古越语留给闽、粤方言的成分。在闽南方言，有些来母字读为 s 声母和阴调类，在汉语无源可查，恰恰同壮、傣语的词语音、义相同，例如"螺、卵、雷"，很可能就是早期百越语留下的"底层"。例如厦门话"陷下去"说 lam^5，在壮语，武鸣说 lom^5，龙州说 lom^5、lam^5；在傣语，西双版纳说 lum^5，德宏说 lom^5。又，"滑落"厦门话说 lut^7，龙州壮语说 lu：t^7，西双版纳傣语说 lut^7；"滚动"厦门话说 lin^5，龙州壮语说 lin^4，布依语说 lan^6。这些音义的酷似，根本不可能是偶合，也不会是借用的"底层"现象。又如西北方言有藏语的借词，糌巴——rtsampa（炒面）、过巴——bkodpa（办法）、卡码——khama（尺寸）等，这也可能是民族融合留下的痕迹。

在粤方言有英语的借词，如：的士——taxi（出租汽车）、士担——stamp（邮票）；在闽南方言有马来语的借词，如雪文——sabun（肥皂）、巴刹——pasar（市场）、道郎——tlong（救助）；在东北方言则有俄语的借词，这类借词则是民族间社会生活相互交流的历史见证。

（二）意义差异

有人做过统计，各方言词汇之间有源流差异的约占三分之一。如果说,单从源流而论,方言词汇间的共同因素还大于差异因素,再从意义差异看看,方言词汇差异的面就更广了。

词是语言的建筑材料,但是不同的方言词并不像砖瓦一样都有同样的规格可以等值替换。不论源流是否相同,基本词义相对应的方言词,其含义往往并不完全密合。除了与普通话对应的新词和书面语词,许多方言词语往往都有内涵和外延上的差异。这种方言词汇的意义差异可以从词汇意义、语法意义和修辞意义三个方面进行分析。词汇意义的不同有时是由于对客观事物的分类不同,相应的方言词所指不同。例如吴、粤、闽、客诸方言"肥、胖"不分,客方言都说"壮",其他方言则说"肥"。客家话、闽方言吃(饭)、喝(茶)、吸(烟)都说"食"。吴、闽方言"汤"和"热水"不分,"凳子"和"椅子"不分,前者都说"汤",后者吴语说"凳子",闽语说"椅"。吴方言"馒头、包子"只说"馒头",湘方言"蚊子、苍蝇"只说"蚊子"。这是方言分类不如普通话细的例子。也有方言分得比普通话细的:在吴、闽方言,不严的宽说"宽",不窄的宽说"阔",不密的稀,吴语说"稀",闽语说"疏",不稠的稀吴语说"薄",闽语说"清"。

另一种词汇意义的差异是由于引申和词语搭配的范围不同,不同的方言词义项多少不一。例如厦门说"厚"可指不薄,也可指多(用于贬义,如说厚话:多嘴;厚涂沙:沙土多),还可指浓(如说厚茶、厚酒);又"坐"还可指承认(坐数:认账)、沉淀(坐清:澄清;坐底:沉淀)、缓解(喙齿痛有较坐:牙痛缓解了)。梅县话搭配的"搭"又指托人带东西。上海话"死"用于单说,作补语时说成"煞"(如说气煞我),厦门话把钟停了说成"时钟死去咯"。普通话的"打"有二十多个义项,许多用在方言里往往另有他语。以厦门话为例:打人说"拍",打墙说"春",打毛衣说"刺 ts^hia^{32}",打鱼说"搦 $lia?^5$",从井里打水说"上 ts^hiu^{22}",打雷说"弹",打鼓说"敲",打酒说"搭"或"舀"。

语法意义的差异就是词的语法功能的不同。常见的有词的兼类不同和组合能力不同两种类型。分别举例如下：

厦门、梅县"税"既为名词又做动词（租房子的租也说"税"）。四川话"安逸"除用作名词外还可用作形容词表示舒服、合适、轻松、精彩、美观，用作动词表示满意（见《方言》1980 年第 4 期）。徐州话"熊"除了用作名词还可做动词（～人：训斥人），还可以说"发熊"（耍脾气）（见《方言》1980 年第 2 期）。通常认为没有方言差异的基本词如山、水等，在闽方言就可兼用作形容词。厦门话"水"说 sui^{53} 指美，说 tsui^{53}tsui^{53} 表示"出水状"；他家乡山很多，说"個兜真山"。

"去、有"也是各方言都有的基本词，在闽方言"去"读轻声不但可做趋向补语，而且可做结果补语，如"破去（破掉）、瞓去（睡着）、寒去（着凉）"；"有"的用法也很广，可以说："有想（想得多）、有洗（耐洗）、有来两过（来过两次）、看有（看到、看懂）、有去无（去了吗，去吗）、搦有鱼（抓得到鱼）"。语法功能如此不同，难道能说"去、有"这两个动词在闽方言没有词汇差异吗？

修辞意义的差异就是方言词所附加的褒贬雅俗等意义和色彩的不同。例如对男性老人，北京话称老头儿是爱称，称老家伙是贬称，山东话就没有这个区别，西安话一般称老汉，尊称叫老者。在闽方言一般称"老侬、老的"。厦门话叫老货仔是爱称，福州话叫老货则是贬称（老东西）。各方言还有一些避讳的说法，猪舌头北京叫口条，南昌叫招财，广州说猪脷；"死"福州说成生去、行去。如果不避讳直说甚至加以贬义，色彩就完全不同了。福州话"死"还可以说过去、瞓去、算米数、暝松柏。

"何如、未曾、见笑、几多"在普通话是古色古香的书面语词，在闽方言的福州话、莆田话、建瓯话却都是十分地道的通俗口语。这种风格色彩的不同也是方言词的修辞意义差异的一种表现。

（三）构词差异

有些方言词的差异是由于不同的方言采用不同的构词方式而造成词形的不同。这些词不一定有源流和意义的差异，基本语素（词根）往往也是相同的。常见的方言词汇构词差异有重叠式、附加式、单音节或多音节、语素次序有异等四种类型。

有的方言用重叠式构成的词比较多。例如丹阳话、太原话和福州话下列各词都用重叠式：边边（边）、渣渣（渣）、皮皮（表皮）、管管（管子）、架架（架子）、柱柱（柱子）、壳壳（壳儿）、子子（子儿）。普通话亲属称谓常用重叠式，南方方言则常用附加式（词头词尾）。哥哥、弟弟、姐姐、妹妹的说法，就福建举例，福州话附加词头"侬"，莆田话附加词头"阿"，建瓯话附加词尾"子"，邵武话则说老伯，弟儿、弟佬、姊佬、妹儿、妹佬。

名词的附加式各方言都有，但是新加的词头词尾常有区别。吴方言词尾"头"较多，如苏州话：鼻头（鼻子）、竹头（竹子）、被头（被子）、绢头（手绢儿）、块头（个儿）、纸头（纸）。湘方言则"子"尾较多，如长沙话：星子（星星）、八哥子（八哥儿）、老鼠子（老鼠）、狗子（跳蚤）、贼牯子（贼）、狗婆子（母狗）。也有一些方言不用附加式，说成单音词或复音词。如广州话：鸭（鸭子）、盒（盒子）、梯（梯子）、梳（梳子）、鼻（鼻子）、钉（钉子）、箱（箱子）；厦门话：头帽（帽子）、手裢（袖子）、厝间（屋子）。

一般说来，南方方言单音词较多。例如厦门话：蔗（甘蔗）、蜂（蜜蜂）、肥（肥料）、料（材料、作料）、髓（骨髓）、知（知道）、笑（讥笑）、畅（畅快）；广州话：屋（房子）、眉（眉毛）、翼（翅膀）、颈（脖子）、碱（肥皂）、倾（交谈）。也有普通话的单音词方言里说成复音词的。例如福州话：眠床（床）、雷公（雷）、老蛇（蛇）、犬团（狗）、清醒（醒）；长汀话：冷冰（冰）、水井（井）、风篷（帆）、禾秧（秧）、莲藕（藕）。

有些并列式或偏正式的双音词，在不同的方言常常前后语素次序互调，有的是古来就不稳定的，例如：台风—风台、健康—康健、热闹—
闹热、酸臭—臭酸、泉水—水泉、堂亲—亲堂、灰尘—尘灰、对联—联
对、拖鞋—鞋拖、线面—面线；有的可能是方言受其他亲属语言影响而
来，例如：鸡公、鸡角（公鸡）、鸡母、鸡娘、鸡婆（母鸡），猪公、猪牯、
猪哥（公猪），猪母、猪娘、猪婆（母猪）。

此外，不少方言里还有一批用双声叠韵、衍音嵌音、多音重叠等方
式构成的多音词或固定词组，也很有方言特色。粤方言里双声叠韵词
就很多，如广州话lœn tsœn（啰唆、麻烦）、pai ŋai（忧闷）；阳江话 eŋ
oŋ（一种蛙）、jeu jeŋ（丢脸）、lam ʃam（粗心）、lau kau（纠缠）、loŋ
kʰoŋ（慌忙）。厦门话还有阴阳相配的准叠韵和定声叠韵、定韵双声的
联绵词，如 uan uat（转变抹角）、liŋ lik（逼迫）、tsiap liap（敏捷）、bo
so（迟钝）、loŋ kʰoŋ（宽而无当）、si sua（接续）。福州话单音动词有
一整套衍音形式，如铰 ka（剪），可说kika、kikaka、kiluka、kikikaka、
kikakiluka。阳江话和厦门话单音形容词都可以三叠，如红红红、好好
好、慢慢慢，厦门话甚至可以重叠五次表示极度。此外，各地形容词中
诸如糊里糊涂、灰不溜秋、雪及利白之类的嵌音、重叠式就更多了。

（四）价值差异

所谓价值差异指的是词的派生能力、组合能力和常用程度（使用
频率）的不同。一个词在甲方言是基本词，很常用，构词能力和组合能
力强，在乙方言则是生僻词，不能构成派生词，也很少和其他词组合，
就像化学元素一样，有的很活泼，有的很不活泼，虽然几种方言都有这
个词，其价值却是大不一样的。例如：

闽西客家长汀话也说山，但更常说岭，用"岭"派生的词多，如岭
坡（山坡）、岭顶上（山上）、岭脚下（山下）、岭路（山路）、岭边（山
边）、岭岗（小山岗）、岭窝（山谷）、细岭（小山）。普通话也是山、岭都

说，但岭不常用，据《现代汉语词典》，"岭"字领头的派生词只有一条，"山"字领头的派生词有 86 条。

闽方言多说"溪"少说"河"，以泉州话为例，"溪"可以派生：溪尾（下游）、溪口（河口）、溪底（河床）、溪岸（河岸）、溪沙（河沙）、溪石（河里的石头）、溪墘（河边）、溪船（小木船）、溪鱼（淡水鱼）、溪坎（河边陡岸）、溪门（河面）等。据《现代汉语词典》，"溪"字领头构词两条，"河"字领头构词 38 条。

闽方言多说"拍"，少说"打"，"拍"的构词能力强，以福州话为例，可说：拍毛（丢失）、拍施（撒下）、拍打（武打）、拍算（打算）、拍米（买米）、拍马（作弊）、拍滚斗（翻筋斗）、拍仗（打仗）、拍针（打针）、拍招呼（打招呼）、拍盪垱（迷路）等。《现代汉语词典》"拍"领头构词 14 条，"打"领头构词 179 条。

上文所述许多方言沿用古语词在口语中也是很常用的，而在普通话里则不能单用或不常用。另外，不同方言间相对应的义项多少不同的词，义项多的常常也是使用频率高的。这些方面也表现了不同方言词的价值差异。

（五）音变差异

这里说的音变差异不是指方言语音历史演变的规律，而是指多音词连读后用来区别词和词组或区别词义的语音手段。在许多方言，几个语素组成多音词时，不但意义凝成一体，语音上也通过连读音变的办法把几个音节联结成完整的音段。有些方言，一个语素（字）构成几个意义不同的词，由于构词的时代不同，也由于区别词义的需要，同一个字便出现了几种不可任意变读的读音。连读音变和一字多音便是方言词汇音变差异的两种主要表现。

连读音变包括变声、变韵、变调、儿化、轻声等。不同的方言在这一方面的表现是很不一样的。拿闽方言的三个次方言区说，闽东（福州话为代表）双音词里前音节普遍要变调，近半数要变韵，后音节则过半数要变声。闽南（厦门话为代表）前音节普遍要变调，没有变韵，后音节少数读轻声，很少变声；闽北（以建瓯话为代表）则前后音节的声韵调都不变。就福州话说，变化的条件还比较复杂，有时变与不变是成词不成词的标志，例如"杯杯"读 pui⁴⁴pui⁴⁴ 是重叠的两个词（每一杯），读 pui³¹pui⁴⁴ 是一个词（杯子）；有时与词素的组合关系有关，例如"虚"在并列词"谦虚"中变声 kʰieŋ⁴⁴ŋy⁴⁴，在主谓词"心虚"中不变声 siŋ⁴⁴xy⁴⁴。有时同一格式还因常用度不同而变或不变。外地人学福州话，若非逐个词地专门学，是很难过音变关的。

吴方言复合词内的变调和词间的变调有不同的规律。以苏州话为例，"热菜（热的菜）、做功、油水"后字变调；"热菜（把菜烧热）、做工、游水"前后字均不变调。"吃力、读书、球迷、打算、救药"要按规则变调；"吃糖、默书、求学、打铁、救命"一律不变调。在绍兴话，成词不成词都要变调，但变化规则不同。

北京话的儿化和轻声有时也是区别不同词的标志，这是大家所熟悉的。

一字多音，在一些方言多些，另一些方言少些，这也是一种方言差异。记载和运载、教书和教育、看守和看见、担任和挑担，在普通话不同调，有些方言则同音；反过来，断了和决断、上山和上面、下面和下放，有些方言不同调，普通话则同音。这些字方言区的人说普通话便不容易读准。

一字多音的现象在闽方言最为普遍。不但有异读的字多，有时一个字有数种读音，例如泉州话"下"就有七种读音（还不包括变调）：

　①ha 阳上下落、下等

　②he 阳去下毒手

③ke 阳上 悬下（高低）、下手（手艺不高）

④e 阳上 下面、下昼（下午）

⑤he 阳去 下咧（放着）

⑥kʰe 阳去 下咧（放着）

⑦e 阳去 两下、即下（这会儿、这些、这一下）

如果不考虑异读，①、②、④、⑦等项就没有什么方言特点了。由于异读的音相差很远，像上述③、⑥二项，如不经过考证已经很难认清本字，有时甚至另造俗字。

综上所述，汉语方言的词汇差异可以分成五类十九型，列表如下：

类　　　　　型			举　　例
（一）源流差异	同源	异程：古语沿用（1）	行—走　　禾—稻
		异流：方言创新（2）	郎—女婿　落水—下雨
	异源	底层：少数民族语借词（3）	坂—村　糌巴—炒面
		借用：外来词（4）	波—球　巴刹—市场
（二）意义差异	词汇意义	所指：词义广狭（5）	骹—脚、腿
		引申：义项多少（6）	死、煞—死
	语法意义	词性：兼类词（7）	鼻—鼻子、鼻涕、嗅
		组合：词语配搭（8）	税—税、租　安逸—精彩
			去—破去　有—有看
	修辞意义	附加意义：褒贬、避讳（9）	老头儿—老货
		风格色彩：书面语、口语（10）	几多—多少
（三）构词差异	重叠式不同：二叠、三叠（11）		架架—架子　好好好
	附加式不同：词头、词尾（12）		老弟—弟弟　鼻头—鼻子
	单复音不同：单音词、复音词（13）		屋—房子　　骄—骄傲
	语素次序不同（14）		闹热—热闹　鸡公—公鸡
	其他：双声叠韵、衍音、嵌音（15）		灰不溜秋　雪及利白
（四）价值差异	派生能力不同：基本词、一般词（16）		岭—山　　溪—河
	使用频率不同：常用词、生僻词（17）		拍—打　　何如—如何
（五）音变差异	连读音变：变声、变韵、变调、轻声、儿化（18）		盖—盖儿　地道—地·道
	一字多音：不同词里有异读（19）		下（下等、下面、下放）

二

根据以上分析，我们来看看在实际方言口语中存在着词汇差异的词究竟有多大比重。我们曾经用几个方言的《北风和太阳》的故事做过小统计。

这个故事在笔者的家乡话——泉州话中，有各类方言差异的词将近 100 个，占总词数 120 个的 80% 以上。

据《汉语方言概要》所列广州话同一内容的材料，有方言差异的词共 91 个，占总词数 140 个的 65%。

据《现代吴语的研究》所列苏州话的同一材料，有方言差异的词共 64 个，占总词数 115 个的 55%。

从这个抽样调查看，闽、粤、吴这些方言和普通话有词汇差异的都在一半以上。这个比例不但与方言品种有关，而且与所选取的材料及"翻译"的方言是否地道有关，对于南方诸方言来说，50% 到 80% 这个大体比例还是有一定参考价值的。

根据这几个抽查材料，我们可以看出，越是地道的口语，越是生活上的常用词，方言词汇差异越大。这是因为在漫长的历史过程中，方言都是根植于口语之中，那些口语中最常用的古老的方言词，因为世世代代口口相传，很不容易受到外界的影响。在现代社会里，由于政治的统一，文化的提高，交通的发达，经济的繁荣，全民共同语——普通话迅速普及并且从口头上和书面上对方言施以强大的影响，层出不穷的新词术语都是首先获得普通话的形式，然后向方言区推广的。普通话的书面语按方音读出来，词汇和语法不必变动，方言地区的人大体都能够听懂。像"坚持四项基本原则""调整、整顿、改革、提高""加紧建设四化，立志振兴中华"之类，用方音读出来，本地人谁听不懂呢？问题是，按方音读出来的普通话书面语，算不算方言材料？我们的意见是，应该以地道的方言口语为准（当然不排除新近从普通话搬用的那些最常用、最重要的为人们所共知的新词术语），如果用方音读出来就算方言材料，方言的概念不就等于方音了吗？方言和共同语也就没有什么界限了，正像用现代标准音可以读出任何古代汉语的作品，如果说那就是现代汉语的材料，岂不是也抹杀了古今汉语的界限！如果就地道的口语而论，方言词汇差异绝不是细微的，而是十分显著的。方言词汇的调查和规范，同语音一样是十分重要的。

有一个感性的证据很能支持这个论点。一篇完全用普通话词汇、语法规范写作的文章，用任何一种方言读出来，许多人都能大体听懂它的内容；反之，一篇地道的民间故事按相对应的普通话语音读出来，通常要使人摸不着头脑。

关于汉语方言的语音差异和词汇差异，作如下的表达可能更加切合实际：汉语方言差异首先表现在语音。诸方言和普通话的语音差异往往有明显的系统。由于普通话的影响，方言语音也在发生变化，但是成系统的变化是比较缓慢的。在词汇方面，尤其是口语中的日常生活用词，诸方言之间的差异也是十分显著的，但是普通话带来的新词术语正在大量地迅速地为方言所接受，一些旧有的方言词则逐步地退出人们的口语。

三

方言的词汇差异，就其不同的性质看，又有五种不同的类型。了解这些不同的性质，对于方言调查和语言规范化是大有益处的。分别举例说明如下。

（一）对立型

方言之间或方言与普通话之间，词形相同，意义互异，通常称为"名同实异"，这种词汇差异属于对立性质。上文所举"走"在北方是行走，在南方是逃跑，就是这一类。再如南昌话"客气"指漂亮，"地方"指门槛，"清汤"指馄饨；福州话"对手"指帮忙，"对头"用作副词，表示"互相"，劳人大驾要说"起动"，说"加工"成了"多此一举"。又如，"老虫"在长沙指老虎，在上海指老鼠；"姑娘"在不少官话区兼指女儿，在一些赣语区则指姑妈，在一些吴语区兼指小姑，在福州话中还用来称呼小妾，"交关"在上海是很多，在广州是厉害，在厦门是交易。

这种对立型的差异在交际中往往造成含混、费解，甚至误会，因此，它是方言调查的重点，语言规范的首要对象。

（二）对应型

指的是词形互异，意义完全相同的方言词，通常称为"名异实同"。这个类型往往是意义单纯、明确、附加色彩少的词。上文所举的"吃—食、他—渠—伊"就是。再如闽方言"怕"说"惊"、"脱"说"裼"、"高"说"悬"；"站"吴方言多说"立"，闽粤客等方言多说"徛"。

对应型的词汇差异是大量存在的。它既便于对比，又很富于方言特色，可以提供许多古今词汇演变的线索，应该是方言词汇调查的主要工作面。在语言教学中则应分别情况、区别对待。像上段所举诸例都是常用词，只要有初步的普通话知识，就不会套用方言词，那些本字未明、有音无字的方言词也不容易搬用。至于那些不太常用的词，由于不了解普通话的说法，就很容易把方言词搬进普通话。有时是原封不动地照搬，如许多南方人都说刀很利，粥很浓，福州的学生多数都管蛇叫老蛇，书包叫包包；有时是加以适当改造，如闽语区的人把"靠边走"

（方言说"行边头"）说成"走边"或"走旁边"，把"失火"（方言"火烧
厝"）说成"火烧房子"或"火烧家"。方言调查时如能把这些既非方
言也非普通话的"土国语"也搜集起来，对语言教学是很有用的。

（三）交叉型

上文所说的意义差异是词义交叉（有同有异），构词差异则往往是
语素交叉，价值差异是形义相同、派生能力和使用频率不同，音变差异
是形义相同、语音结构不同，也是一种交叉。交叉型就是"同中有异、
异中有同"，是方言差异的最常见现象。正因为交叉，其差异因素就不
太突出，许多人不加注意，搬进普通话后，虽不合规范却也不会使人完
全不懂，因此，方言区的人学习普通话，最常犯错误又最难改正的正是
在这个地带。请看一段闽方言区常见的不规范的普通话对话：

误	正	说明
吃烟不吃？	抽烟吗？	词义广狭不同
我没有吃了。	我不抽了。	义项多少不等
我还没有改。	我还没戒。	义项多少不等
你肥起来了。	你胖了。	词义广狭不同
肥不一定康健。	胖不一定健康。	语素次序不同
来去坐坐吧！	去聊聊吧！	构词差异、义项不等
天暗了，要走了。	天黑了，得走了。	义项不同

要说明交叉型差异的同和异，不但要作调查，而且要比较、归纳，
对方言词汇作进一步研究。在教学上，要帮助多数人达到规范化的要
求，一定要毫不放松，讲究方法，长期努力，才能收到实效。

（四）并用型

就是两种说法并行于一个方言。邻近方言互相影响会造成两种方

言词的并用，如闽南的龙岩话因为和闽西客话接触，就有不少是闽方言词和客方言词并用的：月娘—月光（月亮）、星—天星（星星）、见笑—跌鼓（丢人）、狗公—狗牯（公狗）。普通话对方言的影响也经常使普通话语词和方言词在一地并用。如吴方言的桌子—枱子、里头—里向、本来—本生、畜生—众生、老鼠—老虫；广州话的姐姐—家姐（阿姐）、猪油—猪膏、结实—禁、晚上—夜晚黑。

　　方言词和普通话的并用将是方言磨掉特殊性、向普通话靠拢的主要途径，这种现象的调查研究对我们考察方言发展规律是很有意义的。

（五）补充型

　　有些方言创新的词语在普通话里还没有相应的说法，对于普通话来说是一种补充关系。这种方言词常常是反映地方特有事物、风俗习惯的词，例如福建沿海就有许多与海产有关的方言词。各地都有一些风土口味的食品名称，如厦门的沙茶，福州的肉燕、光饼，南昌的二来子、糊羹，北京的萨其马。其他像湘方言的名堂、里手，吴方言的瘪三、洋泾浜，客家的等郎妹、二百五等等，好多也都是普通话里没有相当的说法的。这类方言词对于研究方言区的自然地理、人文历史、风土习俗都是重要的材料，值得深入调查，有些词目还可以吸收来丰富普通话的。

　　为方言区人民所喜闻乐见的许多成语、谚语、俗语、歇后语有不少也是普通话里没有的。其中有些已在地方戏曲中加工提炼过，有的已被作家引进文学作品，不少都是思想健康、言简意赅、生动活泼的。例如闽南话：贪字贫字壳（劝人勿贪）、神佛兴，弟子穷（反对迷信）、近溪搭无渡（讥人不会利用好条件）、未曾三寸水，就要扒龙船（讥人不自量力）；闽东话：单竹不成排（劝人合作）、驮箸遮鼻（欲盖弥彰）、瓮里走鳖（不可思议）；客家话：命长唔怕路远。对于方言里的这种文学语言，必须调查整理，去粗取精，加工提炼，在语言上进行规范化处理，以便吸收到全民语言中来。

差异就是矛盾,根据矛盾的不同性质,我们必须采取不同的"政策":对立型是对抗性矛盾,是规范对象;对应型是对立的差异,是教学重点;并用型是对立和同一共存,方言成分在向通语转化,是考察对象;补充型是同一性现象,经过加工是吸收进通用语的对象。

（本文原载《语文研究》1982 年第 2 期,后由 Е.Б.АСТРАХН
译成俄文收入《НОВОЕ ВЗАРУБЕЖНОЙЛИНГВИСТИКЕ》
XXII, МОСКВА, 1989 年）

论汉语方言特征词

一　各种方言都应该有自己的特征词

1.1　不同方言之间不仅有不同的语音特征，也有不同的词汇特征。长期以来，方言的研究着重于语音，语音的结构系统比较明朗，方言间不同的语音特点的相互影响也比较少，因而对于"各方言都有自己的语音特征"，学者们从未有过怀疑。不仅如此，许多学者还深信，只有方言的语音特征才能作为区分方言的主要标准。从 70 年代以来，我所进行的方言比较研究都证明了，方言的词汇特征必须和语音特征一样受到应有的重视。从闽方言内部的异同比较，我们可以看到，各地闽语的一致性和差异性在语音方面和词汇方面有相近的表现，可以相互论证（李如龙、陈章太，1990）。从客赣方言之间的比较，我们则看到了另一种情形：赣方言与客方言之间的共同的语音特点相当多，而多数点共有的方言词汇则不多。一千多条词语中，客赣大体一致的只有 150 条，占 12%；客赣明显相异的则有 478 条，占 40%（李如龙、张双庆等，1992）。王士元、沈钟伟曾经根据《汉语方言词汇》的材料测定各方言之间的远近关系，结果发现，梅县客家话同广州的粤语关系最为密切（王士元，1995）。如果只以语音特征为标准，至今还有些学者认为难以把客赣分为两区（王福堂，1999）；然而，如果加上词汇特征的比较，客赣就难以合为一区了。综合闽、客、赣的比较，我们可以体会到，方言的语音特征和词汇特征未必有同样的表现。只根据语音特征来区分方言是不可能做到不偏颇的。

1.2　表现方言词汇特征的词就是方言的特征词。词是语言里的意义单位和造句单位。使用方言的人对语音的特征未必很敏感，即使感觉到了也往往说不清楚。但是，对方言的特征词却是很容易觉察的。客家话在粤西通称为"偃话"，还把比较地道的叫"大偃"，受周边方言影响较大的叫"小偃"。在湘南，有的称为"麻介话"（么个：什么）。宜章县有四种明显不同的话，说西南官话叫"打我们"，说客家话叫"打偃得"，说湘南土话的又分为"打[ŋa ti]"和"打我哩"两种。福建的永安话只通行两三个县，抗战期间省会内迁到那里，外地人初到时问路，本地人不懂普通话都回答说："唔得知[aŋ ta ti]不知道"，外地人就说那是"安达地话"。这都是人们感性理解的特征词。

1.3　方言特征词并不能理解为最具特殊性的某一个词或少数几个词。任何一个最重要的方言词都只是一个例证，而不能作为概括方言词汇特征的标志。据《河北方言词汇编》（李行健等，1995），在邯郸地区的官话中，有把"你"说成"侬"、"他"说成"渠"（内丘话）的，也有把"你"说成"汝"（广宗话）、"他"说成"伊"（大名话）的。一般都认为"侬、渠"是吴语的说法，"汝、伊"是闽语的说法。难道能以此判断这些冀南官话是吴语或闽语吗？第二人称说"侬"常见于汉代乐府，第三人称说"伊"则常见于《世说新语》，这是古代语言与现代方言的异地传承。在河北境内，还有管"女人"叫"堂客"（唐山丰润、天津宁河），管"鼻子"叫"鼻头"（承德、邯郸一带）的，前者常见于湘语，后者常见于吴语，这是不同方言的雷同变异。"堂客、鼻头"等语素都是汉语共有的，这种相同的组合是异地同变。然而，尽管有这些"异地传承"和"异地同变"，我们也不能因此而怀疑"侬、渠、鼻头"是吴语的特征词，"汝、伊"是闽语的特征词，"堂客"是湘语的特征词。因为这些方言词在河北是偶见的,在那些南方方言区则是普遍存在的。可见,方言特征词必须是有一定批量的,在本区方言中普遍存在,在外区比较少见的方言词。

1.4　在一定区域的方言,并不难找出一批"内同外异"的特征词来,但是要每一条都是内部完全一致、外部完全排他的,却又是很难的。这常常成为反对研究方言特征词的借口。方言之间不但有"异地传承"和"异地同变",还会有相互间的相互影响、相互借用,因而有些方言特征词就会内部覆盖不周遍,外部则又有所牵连。例如"人"说"侬"是多数闽语共有的特征词,但也见于部分吴语,尤其是南片的温、处、衢一带。因为古代吴语也是管"人"叫"侬"的,这是吴语和闽语同源流的表现。而在闽北一带,由于受赣语区移民的影响,已经改说"人"不说"侬"了,这是移民的混杂造成的方言局部地区的变异。广东境内的粤、闽、客三大方言几乎都有"大褛大衣、鸡窦鸡窝、煲煮、铺头店铺、火水煤油、恤衫衬衣"的说法,但是广东以外的闽语和客家则说法不同,这显然是客、闽方言受粤语影响的结果。同样,我们也不能以此否认"侬"是闽语的特征词,"大褛"等是粤语的特征词。其实,方言的语音特征也很难都是对内划一、对外排他的。例如保存全浊声母(帮、滂、并三分)这是吴语的特征,但一些非中心区的吴语也有"全浊"声母清化了的;而闽北方言则有保留全浊音的。前者如江苏的丹阳、金坛,浙江的建德、淳安以及福建境内的浦城县中北部的吴语都是已经没有全浊声母的,而浦城县南的石陂镇闽语则保留着全套浊声母。(李如龙、陈章太,1990)可见,对于特征词的"内部一致"不能机械地理解,应该着重于方言的中心区,至于对边远区或外地方言岛则不应硬性要求划一。

1.5　方言历来是一个模糊的概念,可以指一大片,也可以指某一个范围不大的点。事实上,不同范围的方言都有自己的特征。就方言

特征词来说,有几个方言区共有的,也有某个小方言片特有的。例如:
"翅膀"说"翼"、"站"说"徛"、"客人"说"人客"、"儿媳"说"新妇"
通行于大多数非官话地区(吴语北片有说"立""客人"的,湘、赣语
"徛"又说"站",湘语则不说"新妇");"稻子"说"禾"通行于湘、赣、
客、粤方言;"房子"说"屋"通行于客、赣、粤方言;"浮萍"说"藻"、
"鼻"兼指鼻涕和闻(动词),见于客、赣、闽方言;"找"说"寻"见于
客、赣、吴方言。通行于某区方言的如闽语的"侬人、囝儿子、厝房子、骹
脚、鼎铁锅、潘涮水、箸筷子";粤语的"脷舌头、樽瓶子、揾找、耐久、嘢东西、
谂想";吴语的"闲话话、物事东西、生活活计、辰光时间、睏觉睡",也是内
部较为一致、区外较为少见的说法。相当于北方话的"阉",在客、赣方
言分别整齐地说"鸟"(都了切)和"戳",而在闽语则有"刐"(福州)、
"使"(泉州)、"干"(厦门)、"娟"(莆田)、"箍"(同安)、"甫"(潮
州)等说法。极常用的动词"看",在各地闽语则有"觑、眏、睇、睨"等
说法。其中有的说法只通行于一两个县。可见,就某个区的方言来说,
其特征词有本区独有的,也有与别区交叉(共有)的,这是十分正常的
现象。由于不同方言区的同源关系和渗透关系总是不同的,各方言区
的特征词所交叉的地区和数量也总是不同的。例如除了官话之外,吴
语与闽语、徽语、赣语有交叉,闽语与吴、客、赣有交叉,客家与闽、粤、
赣有交叉。不同方言区与别区的不同交叉也就是一种不同的区别特
征。我们不妨把方言特征词分为几个层次,最重要的是那些内同外异
的,其次是内部覆盖不周全,或外部与别区有交叉的。总之,区外有交
叉也是"外异"的一种表现形式,也是应该注意考察的,并不能作为否
定特征词存在的借口。

1.6 方言特征词总有一定批量,究竟应该包括多少词目,这应该
因划区范围大小不同而定,也是因地而异的。为一两个县的小片方言
或几个连片的方言区(如吴与闽、客与赣)寻求特征词,大概数量不会

太大,如果是历史上确实形成过相对稳定的方言区,共有的特征词就会多些。例如闽、粤方言历来就有较多的词汇差异,而且在词汇上受官话影响较小,根据初步摸底,其特征词列出 300 条来并不难。但是沿江的湘、赣方言由于受官话词汇影响较大,大概其"内同外异"的特征词就会少得多。此外,向心型方言内部比较一致,也具备一定排他力,其特征词可能较多,例如客、粤方言;而离心型方言本来就一致性较差,也容易受外方言影响,因而特征词可能较少,例如徽语、浙南吴语、闽北闽语、粤北土话,等等。可见方言特征词的批量大小是由方言的历史文化背景决定的,总有悬殊。数量多少,须在调查比较之后才能得知,并非可以预先制定指标的。只要所做的调查和比较是得当的,不论所得数量多少,都不必怀疑。

1.7 方言特征词既然有了一定的批量,就不能主次不分、同等对待,而必须按照不同的重要性分出层次来。方言特征词本来就是方言区的区别特征,收词时如果宽泛无边,便和方言词等同起来了。就区别特征而论,有显著的重要特征,也有附带的参考特征。其实,语音特征也有主次之别:全浊声母今读如何、精庄知章的分混、一二等有无对立、阳声韵尾和入声韵尾的分混、入声调的存废,这是重要的;泥来分不分、日母字读音如何、见系细音字是否腭化等,则是次要的。那么,对方言特征词来说,如何分清主次轻重呢?

就区域大小来说,现行公认的吴方言、粤方言、闽方言这一级大方言区的区别特征最重要,更大的方言片(如各区非官话、近江方言、远江方言)以及次方言区(江淮官话、西南官话,北部吴语、南部吴语,闽东、闽南、闽北)或小方言片(如吴语的瓯江片、处衢片,闽语的泉州片、潮州片)其重要性便依次降低。就特征词的条目说,内部覆盖面越宽、外部与别区方言交叉越少就越重要;越是常用的特征词越重要;基本词汇比一般词汇重要;单音词比多音词重要;词根特殊的比词根相同词缀不同的更重要。

　　根据以上分析,方言特征词可作如下界定:方言特征词是一定地域里一定批量的,区内大体一致,区外相对殊异的方言词。方言特征词批量的大小取决于不同的地域及其历史文化条件;根据区内覆盖面是否普遍、区外有否交叉以及区片大小、常用度高低等条件,可把特征词分为基本特征词和一般特征词。

二　方言特征词的共时考察

　　2.1　方言特征词和基本词汇的关系。方言特征词是比较方言的异同得出的能体现方言特征的方言词,基本词汇是方言词汇中反映最重要概念的、意义长期稳定的、能产的常用词,二者并不相同。就汉语来说,许多基本词汇自古至今不但词形稳定,意义和用法也并无太多的变化,在各方言中也未发现多少变异。例如:

风雨火水	金银铜铁	牛羊马龙	三五百千	头手心肝
油盐酒糖	来去笑骂	长短深浅	咸酸苦辣	刀尺船桥
红白轻重	东南西北	花草瓜果	坐爬洗扫	开关讨借

　　但是也有许多基本词汇是方言里经常有不同说法的。这类方言词往往成为特征词中最重要的部分。上文所举例词大多属于这一类,下文还将有许多例词。至于一般词汇,许多旧有名称尤其是那些单音的类名,如"梅、兰、菊、竹、桃、李、葱、蒜、针、线、锁、碗、笔、墨、纸、球"就很少方言差异;大量后起事物的名称,如"飞机、火车、电影、酒吧、科学、民主、物理、化学、政治、经济",各地方言也总是采用了共同语的说法。当然,也有一些一般词汇成为方言的特征词。例如:

坟/墓/地/冢	锅/鼎/镬/煲	图章/印子/戳子
风筝/纸鹞/风吹	屁股/屎窟/股川	眼泪/目汁/目屎/眼水
地方/所在/场化/位处	事情/物件/事际	忘记/唔记得/添放
认得/识得/识/八	漂亮/俊/靓/水	暖/烧/暖和
高兴/适意/欢喜/乐	勤快/勤力/骨力/力	小气/啬鄙/孤寒/咸涩

还有一些一般词汇是表示不常见的小动物、某些农作物、建筑部件或具体细小的动作的方言词,各地说法繁多,往往只是很小地域的方言特征词,不能作为较大方言区域的特征词。例如,据《汉语方言词汇》(北京大学中文系语言学教研室,1995)20 个方言点中(包括同一地点的几种不同说法),"蚂蚁"有 14 种说法,"蜻蜓"有 18 种说法,"玉米"有 20 种说法,"土豆"有 17 种说法,"台阶"有 27 种说法,"打瞌睡"有 26 种说法。

可见,调查方言特征词时必须把基本词汇作为首要调查对象,对于有特征意义的基本词汇应该特别注意。

2.2 方言特征词在不同类别的词汇中的分布。方言特征词往往出现在哪些词汇中?根据《汉语方言词汇》(下文简称《词汇》)所反映的方言差异作初步考察,可以列举下列几条:

封闭性词类因为常用,往往方言差异大,因而也多体现方言特征。以下各类词汇在《词汇》中几乎没有一条是 20 点方言说法相同的:

类别	时间词	方位词	称谓词	指代词	量词	各类虚词
条目	32	14	61	44	43	47

非封闭性词类中,方言差异最多的是人体名称、动物名称。50 条人体名称之中,只有"手"一条是各点无异的,91 条动物名称之中也只有"牛、马"两条各点无异,68 条植物名称中只有 5 条各点一致的。赵元任先生说:"在称谓名称特别是对面称呼上,在许多小植物小动物的名称上,尤其是昆虫的名字,不但是北京的形式是地方性的,可以说没

有任何方言里的名称够得上全国性。"(赵元任,1979:13)以上材料论证了赵先生这个说法的正确性,但关于其他封闭性语词的方言差异,赵先生没有提及。

　　动词和形容词相比,动词的方言差异多。《词汇》的302条动词中未发现方言差异的只有35条,占11.5%,144条形容词中未表现方言差异的有38条,占26.4%。

　　以上情况大体说明了,和人们日常生活贴近的用词方言差异多,反之方言差异少。人体名称是经常要说,并可"近譬诸身"的。动词大多与人的活动有关,所以方言差异也多。以下是《词汇》所搜集的常用动词的不同说法:看(14)拿(13)睡(11)落下(12)生病(37);形容词则有关人事的有主观色彩的差异多,关于状态的差异少。例如:"长、短、厚、大、深、浅、空、满、圆、平、正、反、横、直、弯、斜、轻、重、密、疏、硬、软、生、熟、远、近、少、慢、早、好、贵、臭、甜、咸"等,20点都只有一种说法;而"漂亮"则有30种说法,"吝啬、丑陋"各有22种说法。

　　同是近代以来出现的事物名称,如火车、汽车、轮船、飞机等大型工业品方言差异少;小件物品也因为贴近日常生活因而方言差异大。例如:

煤油/洋油/火水/垫油	火柴/洋火/番仔火/自来火
肥皂/胰子/番碱/雪文	自行车/单车/脚踏车/敞踏车
水泥/洋灰/洋泥/红毛灰	冰棍儿/棒冰/霜条/雪条
热水瓶/暖水瓶/电壶/电罐	电灯/电火/电光/电亮
手电筒/电棒/手电/电筒	

　　从词义的角度说,表示整体的泛指的类别概念的词各方言趋同的比较多,而分体的特指的概念则有更多的方言差异。例如"牛、马"20

种方言没有不同说法，但分了性别、大小及品种之后（公牛、母牛、水牛、黄牛、马驹等）各方言说法即多所不同。类似这种区别还有很多：

菜——菠菜、韭菜、洋白菜（梅县：角菜、快菜、包菜）

糖——红糖、冰糖、麦芽糖（厦门：乌糖、糖霜、麦芽糕）

手——左手、右手、手指（武汉：倒手、顺手、指甲）

洗——洗脸、洗澡、涮碗（苏州：揩面、汰浴、盪碗）

买——买米、买布、买油、买药（西安：籴米、扯布、打油、抓药）

冷——（天）冷、（水）冷、（物性）冷（福州：凊、冻、冷）

然而如果大的类别词也有不同说法，便成了重要的方言特征词。例如闽东方言称"狗"为"犬"，称"路"为"塗"；闽北方言称"猪"为"豨"，称"坟"为"冢"；闽南方言称"书"为"册"，称"粥"为"糜"；海南闽语称"桌"为"床"，称父辈为"爹"，等等。

还有，词语不是表示单纯的事物或动作、状态，而是比较复杂的含义或带有较为浓厚的感情色彩的，往往方言差异大。例如《词汇》所列，"捉迷藏"有 33 种说法，"打瞌睡"有 26 种说法，"接吻、出嫁"各有 20 种说法，"吹牛、拍马"则有 15 和 23 种说法。

从词的构成方式说，如无词根的差异，单音词、单纯词的方言差异少，加缀词、叠音词或合成词、词组词则方言差异多。例如霜、雪、湖、海、缸、锁、砖、门、盐、茶、玻璃、葡萄等，《词汇》中均无差异，上文所举"洋白菜、麦芽糖、洗脸、买布、打瞌睡、捉迷藏"等则方言差异多。还有些加缀词也是各地多所不同的。例如：

皮/皮儿/皮子/皮皮　哥哥/哥/阿哥/依哥/哥子　虾/虾子/虾公/虾公子/虾米/虾米子　鼻子/鼻头/鼻公/鼻哥/鼻　老鹰/老

鹰儿/鹰婆/鹰婆子/老鹰婆　下面/下头/下边儿/下底/下转/下背/下便

如果词根有不同的,往往成为大区方言间的词汇差异,(这些不同词根有古今之别、南北之异、非汉语借用等不同类别,详后)其重要性显然在词根相同词缀不同的方言词之上,有许多就是方言区的特征词。例如:

> 吴语区:汏洗　望看　掮扛　驮背　调换　拎拿　着穿　渧滴
>
> 　　　　吓怕　揿按　掼摔　洞窟窿　镬锅　勿不　老很
>
> 闽语区:粟稻谷　秫糯米　箬叶子　曝晒　敧解开　惊怕　腹肚子
>
> 　　　　晏迟　褪脱　团儿子　鼎锅　侬人　喙嘴　厝家、房子
>
> 　　　　塗泥土
>
> 粤语区:嘢东西　遮伞　脷舌头　樽瓶　送菜餸　搲拿　除脱
>
> 　　　　谂想　争差、欠　饮喝　喊哭　啄球　料佾儿　敧歌　倾交谈

由此可见,调查方言特征词是应该从那些方言差异多的词语入手。然而,必须分清主次,特别注意那些词根不同的方言词;注意表现较大区域的方言词汇特征的条目;注意表示泛指的整体的类别的方言词。

2.3　方言特征词有三项词汇特征。

①　方言特征词总是口语中经常使用的方言词。正如一个人的性格特征总是经常表现出来、多方面表现出来一样。唯其常用,方言特征便容易口口相传,世代相因;也因为常用,也便容易大面积扩散。打开400年前传下来的闽南话梨园戏刻本《荔镜记》(天理图书馆,昭和五十五年),我们可以明显地看到,正是口语里的常用方言词,400年间意义用法一脉相承;而现今不传的大多是不常用的或是书面语。仅就

前几页就可随手举出一批例词，前者如：

| 天时天气 | 清气干净 | 景致景色 | 白贼撒谎 | 后生年轻 |
| 乡里故乡 | 冥昏晚上 | 早起上午 | 搬戏演戏 | 时节时候 |

后者如：

馆驿驿站宿舍　驿承驿站管理人员　生月生辰八字　媒姨媒人

香车宝马　星稀灯疏　未得知　心悲　来年　残月更鼓

满面花月　闲言野语　俗子村夫　云鬟金鬓

上文提到的基本词汇中的特征词、封闭性名词、量词和各类虚词，便都是口语中的高频词。

事实上，在现代汉语词汇系统中，往往越是常用的口语词，方言差异越大。我曾就现代汉语前100个高频词作过考察，除去少量数词和书面语用词之外，作为单音词，各方言间少有词汇差异的只有7条：年、水、手、有、来、出、大。其中"水"在闽南话读文读音还表示"美"，"手"在东南方言中通常包括"胳膊"，"有"在闽语中还有许多特殊用法（如说"有看到""看有食无"），"出"在粤语里还兼表方位（出便：外面），"来"在吴语还用作助词（好得来：好得很）。其余名列前茅的高频字用作单音词时，各方言间的差异都是人们所熟知的，大多也就是各方言的特征词：

的/个/其/格/嘅　了/仔/哉/咯/去　是/系　不/勿/唔/无

在/喺/勒/伫/着　我/俚/奴/咱/俺/侬/家/阿/拉/印　你/

汝/侬　他/渠/其/伊　这/格/呢/只/者/迭　那/许/嗨/该

吶 和/合/同/同埋/搭/跟 说/讲/呾 看/觑/望/睇/眭/映
哭/叫/喊/啼/吼/嚎 很/好/老/野/尽/蛮/唛 给/畀/把/护/
度/拨 没/无/唔/未/未曾/毛/冒 家/屋里/厝/兜/屋下/屋企
（上例中各组首字是共同语说法，其余是方言说法）

② 方言特征词往往是多义词。由于常用，特征词在方言中就容
易引申出相关义项，乃至辗转派生出不同词性或意义迥异的同音词。
在最常用的词语中，义项最单纯的大概就是指代词了。其余的常用词
几乎全是多义的。例如：各方言的动态助词和介词几乎都是从动词
虚化而来的，这些词不论作为动词或虚词，都是高频词，义项也很多。
在有的方言里，虚实还很难分清。相当于普通话的"着、了、过、在、
把、给、被"都是这种状况（详细材料可参阅张双庆等《动词的体》，
1997）。

许多方言都有一个最常用的动词（有人称为"万能动词"）可与
许多词语组合，因而具有大量义项。据《于都方言词典》（谢留文，
1998），"打"有24个义项，该书收录"打"字打头的方言词语达201条；
另据《福州方言词典》（冯爱珍，1998）"做"有9个义项（其实还不全），
所收用"做"字打头的方言词语126条。湘语的"搞"、赣语的"舞"，
应该也有类似情形。不仅如此，方言量词也往往有极常用的一个或
几个（有人称为"万能量词"），如北京的"个"，上海的"隻"，福州的
"隻、头"，这类词当然也是超级的多义词。

在官话方言里，"老"用作动词（人～了）、形容词（～人）、副
词（～做不好）、词缀（～李）；"花"可以用作名词（开～）、形容词
（看～了眼）。粤方言里的"几"用作数词（～个人）、副词（～好多么
好），"咁"用作指示词（～大那么大）、连词（～唔使去那么不必去）。闽
方言的厦门话"着"用作动词（着对了，中了）、副词（～去该去）、助词

（食～苦苦吃起来有点苦、有食～曾吃过）；"用"可用作动词（～钱）、介词（～边仔行从边上走）。赣语萍乡话"把"可用作动词表示"把守"（～到大门收票）、"给予"（～我一本书）；也可用作介词表示"让"（～他去饿）、"把"（～门关上）；还可用作数量词（十～人，一～草，一～轿子）。

有些方言词用字很平常，但在方言中分化成几个词，有的和普通话无别，有的则是很有特色的方言词或方言义项。这种方言词有时也是特征词，因为用字平常，且有并非方言词的同形词，便容易被忽略。例如"伤"在闽语、赣语也说"受伤"，但也用作副词表示"太过"，如说"伤大"（厦门）、"辣伤"（南昌）。"老"在吴、闽语也说"人老"，但是吴语又当副词说"老远很远"，闽语则兼用作形容词表示"装腔作势""老练"。"厚"除了"不薄"，在苏州还表示粥"稠"，在厦门还表示茶"酽"，不仅如此，厦门还有"厚话、厚事、厚涂沙"的说法，表示非意想的"多"。"放"在中原官话还可表示"藏"（～东西）、"使用"（～毛笔写），在西南官话还可表示"许配嫁女"，在一些吴语、闽语还可以表示"排放"（～屎、～尿）、"煮"（～汤）。这类方言特征词也都是多义的，也很值得注意。

③　方言特征词往往有较强的派生能力。特征词由于反映的是最基本的概念，不但在交际生活中是常用的，在表达意义上是多义的，在发展过程中则往往成为派生新词语的根词。大多数方言特征词都是能构成许多合成词的单音词根，用它构成的多音词语在词汇系统中形成一个系列。略举数例如下。

"爷""娃"应是官话的特征词，使用频度高，义项多，构成相关语词也不少：爷爷、老爷、少爷、姑爷、老爷子、老佛爷、倒爷、爷儿们、爷儿俩、老天爷、土地爷、关帝爷、财神爷……；"娃"除表示"儿子""小孩子"之外，有不少地方还说"鸡～、狗～"。

　　闽语的"厝""粟"也都是特征词,其派生能力也很强,如:"祖厝祖传的房子,祠堂、大厝大房子、厝囝小房子、柴厝木头房子、厝脊屋脊、厝场盖房子的工地、厝盖屋顶、厝契房契、厝税房租、厝主房东、厝里屋里、内人、家里、厝头娘家、厝边邻居;粟种谷种、粟头米中的谷子、粟仓谷仓、粟桶谷桶、打谷桶、粟芽谷芽,可人药、粟爪麻雀、粟银青苗债、粟埕晒谷场、早粟早季收成的稻谷、秫粟糯谷、米粟泛指粮食"。

　　吴语的"打""汏"都是特征词,"打"字可造"～头领头、～顿落脚、～烊关店门、～胡开玩笑、～合合伙、～雄禽交配";"汏"字可造成"～手、～衣裳板、～衣裳作、～浴洗澡、～浴间",等等。

　　客方言的"牯、嬷"不但可作为后缀表示动物的雌雄,而且可以构成称人或称并无性别的动物或其他事物的后缀。例如说"牛牯、猪嬷",也说"贼牯、戆牯傻子、矮牯矮子、舌嬷舌头、笠嬷斗笠、虱嬷虱子",等等。

　　粤语的"埋""走"也是很具方言特色的、常用的多义词,用它构成的语词系列有:"埋住盖住、埋站靠站、埋单结账、合埋眼合上眼、行埋去走了去;走快的快点跑、走鬼躲鬼、走粉偷运毒品、走宝错过好机会"。

三　方言特征词的历时考察

　　方言特征词是方言形成和发展过程中产生的。对方言特征词也应该进行历时的考察,分析其历史层次,考证其语源,比较不同方言区的特征词在形成发展过程中所表现的特点。以下分别对此作大略的讨论。

　　3.1　方言特征词的历史层次分析。大部分方言特征词是历史上形成的。用历时的观点进行分析并不难看出,方言特征词也一样有三种类别:承传词、变异词和创新词。

　　所谓承传词是从古代汉语直接传承下来的,其中又包含着自古代通语传承下来的和古方言传承下来的两种。东南方言中的许多常用词是古代通语的直接继承者。例如：行（行走）、走（逃跑）、惊（害怕）、食（吃）、寒（冷）、肥（胖）、光（亮）、利（锋利）、细（小）、面（脸）、无（没）、目（眼）、日（太阳、天）、翼（翅膀）、索（绳子）。在后来的现代共同语里，口语的用词发生了变化，这些古代通语的用词只保留在书面语或文言词里（例如行动、走马观花、惊吓、食物、粮食、数九寒天……），这些古语词便成了东南方言的特征词。

　　另一种是现代方言保存了古代方言的说法。例如《集韵》所收的"囝"，九件切，"闽人呼儿曰囝"，唐诗中早有顾况的诗以"囝"为题，至今还是闽方言的特征词。还有"裋"，委远切，郭璞注《方言》说："江东呼衣襦为裋"；"鲑"户佳切，《集韵》注："吴人谓鱼菜总称"。这些古吴语词如今并未保留在吴方言里，却大体不变地保存在闽方言中。多数闽方言管衣袖叫"手裋"，长袖说"长裋"，短袖说"短裋"。"鲑"在福州、厦门还有两种音义［ha²/he²］用于"鲑油"，是小杂鱼炼成的咸卤，［kie²/kue²］用于"咸鲑"，是经过腌制的小杂鱼。

　　扬雄的《方言》列举了不少南楚方言词，有些说法至今还保留在现在的南方方言里，成了特征词。例如："南楚之外曰睇"（卷二），"睇"见于粤语和潮汕闽语；"南楚病愈者谓之差"（卷三），"差"见于闽东方言。"猪，南楚谓之豨"（卷八），"豨"见于闽北方言。还有，"南楚凡相推搏曰抴或曰撷"（卷十），"撷"见于闽、客方言。

　　不论是古通语或古方言，在数千年历史中又可分出好几个不同的历史时期。对于某些重要的方言特征词如能联系古代文献的用例，确定其所沿用的历史时代，对于了解方言形成的大体年代极有价值。丁邦新先生曾经就闽南话的特征词"鼎"做过精彩的考证。他统计了《史记》中的相关用例，得知三家注《史记》用过"鼎"239次，"釜"21次，"镬"3次，"锅"1次。进一步确认"锅""镬"见于索引并非《史记》

本文;"釜"在本文7见,均指食物之炊具;"鼎"虽见于正文129次,大多指的前代之宝器、食器或汉武帝年号(元鼎)。他的结论是"今日闽南语中用为食器之'鼎',至少保存西汉时代尚可了解之一种用法"(丁邦新等,1997)。换言之,这条特征词说明了闽南语至少有汉代语言的留存。

据《〈世说新语〉语言研究》,《世说新语》人称代词使用情况如下(张振法、宋子然等,1995,括号中为用例次数):

第一人称	第二人称	第三人称
我(235)	汝(63)	之(521,做宾语)
吾(53)	尔(15)	其(316,主要做定语)
余、予、身、朕(18)	子(13)	伊(13,做主语、宾语、定语、兼语)

现今闽语主要地区三身代词用"我、汝、伊",这种状况也说明闽语相当接近地传承了六朝时期三身代词的主流状态。

所谓变异词是在传承前代语词之后意义或用法发生了较大的变异的方言词。

闽方言和客方言沿用了"食",不但吃饭是"食饭",吸烟、喝酒也都说"食";又"鼻"单用时不但指鼻子,也指"鼻涕"或"用鼻子闻"。粤方言"夜"兼用作形容词"晚"(好夜),"烂"兼指"破"(衣服烂了),"生"兼表"活"(生鱼)和"新鲜"(生果),"雪"兼表"冰"(雪条、雪糕、雪柜),这是词义扩大、用法增多的变异。

"薰"在《说文》指一种香草,闽方言用它来转指原产南美洲经菲律宾传来的烟草。"骹",《集韵》口交切,原指"胫骨近足细处",闽语用来指脚,有时兼指整条腿。"八"在《说文》原意为"分别",在闽语义为"认识、知晓"，又引申为"曾经"，福州话还说"八背"（背时，倒霉）。"倩"本义是"假手于人"，在闽语转指"雇佣"。粤方言"数"转指"账目"（算数，数簿，欠数），出、入兼用来表达方位（出便外面，入便里面），"下饭"说"送饭"，并把"下饭菜"也叫"送"，字形则改写为"餸"。这是词义转移的变异。

"针"用作动词在厦门表"注射"，在广州表"刺、蜇"；"身"用作量词，在闽客方言指"衣服一套"，在粤语表示动量词"打一顿"；"快"在松江吴语可用作名词表示刀刃，在潮州闽语可用作数词表示九；"肉"用作形容词，在北京指"肉多"（肉鼻子），在山西指肥胖，在山东指"脾气犟"，在东北指动作迟缓性情疏懒；"过"用作介词在客家话是"让"的意思（过你猜），在西南官话是"正对着"（武汉：过头一盆冷水）。这是词性转移的变异。

所谓创新词是在长期的社会生活中各方言区根据交际的需要创造的方言词汇。其中有些常用的、有派生力的单音词往往也是重要的特征词。

各地那些表示一定地形地貌的地理通名应该属于这类创新词。南方的早期移民从中原南下，接触到新的自然环境，当然必须创立一些新的方言词，而这些词因为是称说常见事物的，便成了基本词。例如吴语区的"浜、溇、泾"，闽语区的"垵、坂、垄"，粤语区的"涌（音冲）、沥、漖"。其实在北方也不乏此类方言词语，例如晋语区就有"墚、塬、峁"，中原官话区有"峪、崮、淀"。

方言口语里那些无"本字"可考的常用单音词，可能是因音义发生较大变化而致本字难明；也可能是古时局部地区用过，文献未曾记载；也可能是早期的方言创新。例如上海话"蹲着、待着，晒（太阳）"都说$[bu^2]$，"遮盖"说$[t'\tilde{a}^1]$，"抓"说$[ta\Lambda?^7]$，"余剩"说$[t'in^5]$。闽客方言的$[p'a\eta^5]$意为空虚，不实。闽语"捡"说$[k'a?^7]$或$[k'io?^7]$，"瓶"说

［kan¹］。粤语"东西"说"嘢"，"久煮"说"煲"。各方言都有一批这类来历不明而又很常用的特征词，很值得注意。

至于许多用固有的共同语的语素按照已有的构词法新造的方言词则显然是方言区的人为了适应生活的需要而创造出来的。例如钞票在一些客家话或闽语中说"纸票"，厦门话说"纸字"，粤语说"银纸"。茄子苏州说"落苏"，福州说"紫菜"，广州说"矮瓜"。粤、客方言"下蛋"说"生春"，"猪舌"说"猪脷"，"猪肝"说"猪润"。闽、粤、客方言十分一致地称"红薯"为"番薯"等等，这都十分容易说明方言是如何"创新"的。此外，像福州话的"同居（邻居）、纳闷（傻、蠢）、白面（妓女）、过位（做客）、徛紧（抱团）、花彩（小费）"，广州话的"搵食（混饭、糊口）、咸湿（下流）、孤寒（吝啬）、糖水（甜汤）、拍拖（谈恋爱）、地盘（建房工地）、拜山（扫墓）"之类的常用词各地方言都还有一大批，这类方言的创新词，根据它的语素和结构方式去揣摸，其词义大多是容易理解的。

总的说来，传承词是方言区的先民从故土的母语中沿袭下来的，应是方言形成时代的用语，历史比较久远；变异词是社会生活几经变迁之后约定俗成的；创新词则多半是比较后起的，当然也有些早期创造的，"闽人呼儿曰囝"见于《集韵》，唐诗中早有用例。总之，就那些重要的特征词进行考释，判断它属于何类，就不难确定它的历史层次了。

3.2　方言特征词的语源分析也是一种历时的分析。

除了从古代共同语或方言承传、变异之外，方言特征词还有一些是借用的结果。因为方言的演变除了纵向的承变，还必定有横向的接触和渗透，这种渗透便是一种广义的借用。

广义的方言词的借用可以是本语言的借用，包括方言形成之后受后来共同语的制约而借用和受周边方言的影响而借用。

以吴语的人称代词为例，南朝吴歌第一人称说"侬"，到了明代，对本地方言饶有兴趣的冯梦龙还在《古今谭概》中记载了"嘉定近海处"的人称代词是"我侬、你侬、渠侬、谁侬"，到了现代吴语，普遍的说法是"我、侬（倷）、渠[ɦi²]"，在近江的宜兴、溧阳、靖江一带，二、三人称则有"你、他"的说法。第一人称由"侬、我侬"变为"我"，第二人称由"你侬"（潘悟云认为是"汝侬"）变为"你"，第三人称由"渠"变为"他"，都是唐宋之后中原共同语不断冲击、催化的结果（参阅陈忠敏、潘悟云，1999；钱乃荣，1992）。

粤语的不少双音词和共同语语素逆序，例如"取录、经已、利便、挤拥、怪责、晨早（若是"早晨"是问候语 good morning）、匙羹、布碎、下底、订装"，据 1896 年出版的 W. Lobcheid 所编 *Chinese and English Dictionary*，此类逆序词还要更多，有 100 多条在当年还是逆序词，而在现代粤语已经改同共同语的说法了："民人、地天、辉光、洋海、加添、收接、容纵、叫哭、备具、常时、少缺、告祷、机危、晒曝、气叹、心多、藏埋、程课、哑聋、裁制"。这显然也是方言受共同语影响的结果。

广东境内的闽、客方言普遍说"遮伞、火水煤油、樽瓶子、煲久煮、番鬼洋人"，应该是向当地的强势方言粤语借用的结果；闽南话西部的龙岩话说的"老弟弟弟、糖蜂蜜蜂、圆鱼鳖、婿郎女婿、着棋下棋"则是受近邻闽西客话的影响而来的。这都是周边方言的渗透。

有些方言特征词则是古代向原住民的语言借用的或近代向外国语言借用的。前者通常称为"底层"现象，后者则称为"外来词"。闽南话和客家话共有的"啱啱刚好、啽口水、[neŋ]乳房、[lut]滑落、[lin]滚动、[lam]下陷、[liaʔ]舔"等说法，许多学者都认为可能是古百越语（现代壮侗语的前身）留下的底层。至于粤语，这种"底层"更多。李敬忠（1994）在《粤语中的百越语成分问题》中举出 30 多条例词应是比较可信的，其中的"[lam˥]花蕾、[kap˥]田鸡、[maŋ˥]拉、[tap˥]捶打、[tʻam˧]哄、[nan˧]作弄、[kat˥]刺入、[ŋak˥]骗、[pai˧ ŋai˧]烦恼、[tsoŋ˧]"

还有、[tiŋ˧]还是"都是比较明显的特征词。至于近代以来一些方言向外国语言借用的词语也有些是相当常用甚至引申出几个义项、派生出几个词语。例如粤语的"飞（fare），波士（boss），士多（store）/士多房杂物间，多士（toas）/多士炉面包炉，咭（card）/咭片/信用咭信用卡，啤（ball）/乒乓啤乒乓球/啤鞋球鞋，啤啤（baby）/啤啤仔男婴/啤啤女女婴，巴士（bus）/大巴/小巴，恤衫（shirt）/飞机恤茄克"。闽南话里的印尼语借词也有类似情形。详细情况可参阅拙作《闽南话与印尼语的相互借词》（李如龙，1999），此处不再列举。

　　历史地看方言特征词的不同语源，原住民的语言底层是方言形成的古代阶段留存下来的，也可能后来又发生了某些变异。然后是本族共同语和周边方言的借用，这类特征词大约是中古至近代形成的。外国语的借用则是近代以来与外国人交往多了才发生的现象，历史不会太长。

　　3.3　对方言特征词进行有效的历时考察之后，还应该就一个方言区进行整体的纵向分析，从而揭示该区方言特征词在形成发展过程中所表现的特点。这种分析可以从两个角度切入。一是统计各类承传、变异、创新或内外借用的特征词的数量和比例，一是考察不同历史时期各类方言特征词的消长。这种比例和消长是和方言区所处的历史、地理和文化背景息息相关的，因而必须密切联系有关社会情况进行分析。

　　方言是民族语言分化后的地理分布，方言区的特征词的形成和变迁一方面与所处的地理条件相关，另一方面则受方言与共同语的不同关系所制约。正如帕默尔所说："决定语言接触的社会交际从根本上来说是在空间中进行的接触和运动。所以言语像一切文化现象那样，为地理因素所决定并受到地理因素的限制。""方言地图明明白白地显示词语如何从文化的行政中心向四周传播，显示标准语如何逐渐取代农村的土话。"（L.R. 帕默尔，1983：113、117）看来，在这两个方面，东方和西方并没有不同。就一般观察的印象说，分布在南方的闽粤客诸方言（可称为远江方言），由于和共同语中心区（长江黄河之间）相距较远，宋元以来又有开放出洋的历史传统，因而保留古代母语承传的词语较多，原住民的语言底层和外国语的借用也比较明显，接受共同语的影响则相对较少。长江南岸的吴语（北片）和徽、赣、湘诸方言（可称为近江方言）和官话方言接壤并多有往来，中古以来由于共同语的不断冲击、沉积、覆盖，因而早年形成的各类方言特征词则屡屡受到冲刷，这些方言从共同语借用的成分越来越多。至于官话地区，由于人口众多、分布地域广袤，历代民族征战频繁，和平间歇期间又阻于关山，各自发展着小农经济，加以也受到历代标准语的更为直接的影响，因而古代承传词相对较少，除了某些变异和创新，便是大量历代共同语的词汇的沉积。总体上说，官话内部的词汇差异比非官话小得多。据《普通话基础方言基本词汇集》所绘 48 幅方言词汇地图，99 个方言点"我、你、他" 3 个人称代词几乎没有差别（我，有的地方兼用俺、咱），站、玩耍（或分说玩或耍）、床（或床铺）、驴、脸、屁股、房子、东西、打闪这些最重要的基本词，除去词缀的差异，也只有几处边缘地区的点有不同的词根。公牛、母猫等也只有表性别的语素的不同而无语素次序的差异。这些词目竟占了词汇地图条目的近四分之一。在非官话区常有方言差异的"哥哥、姐姐、眼睛、鼻子、舌头、瞎子、聋子、桌子、瓶子、这个、那个、洗澡、起床、地板、门槛、翅膀、尾巴"等，大多也并没有多少差异（陈章太、李行健主编，1996）。

四　研究方言特征词的意义

4.1　方言特征词的研究就是现代方言词汇的比较研究。这项研究的意义首先就在于它可为汉语方言的分区提供依据。

　　历来为汉语方言分区总是以一条或若干条语音特征为标准。上文已经提过,语音标准有时也很难如实地为方言分区,因为方言中心区和边缘区语言特征的表现常有不同。而且,语音特征的表现有时同词汇特征的表现并不一致。于是有人试着用若干语音和词汇语法特征综合起来区分方言。研究汉语方言有素的 Jerry Norman 在他 1998 年出版的 *Chinese* 一书中作过一次有益的尝试。他用的标准是 2 条语音标准(只有平声才分阴阳,古舌根音在 j 前腭化),其余 8 条其实都是词汇标准:他,领属助词“的”,否定词“不”,动物性别表示法“母鸡”,站立,走,儿子,房子。这 8 条确实反映了不少重要的方言特征词。他用这 10 条标准把汉语方言分为北、中、南三大片,下位又包含着 7 个区(罗杰瑞,1995)。这种比较法用来论证南北中三片差异是颇具说服力的,并且也可用来说明不同方言之间确有不同的特征词;但也确实有些特征词是数区共有的,而且比较的点太少,这些为数不多的条目未能经得起广泛的检验。例如客家话里就有不少点声调是阴、阳、上、去、入的格局,舌根音也腭化了。而且中部三区之间也没有明显的区别特征。广泛的比较研究有了结果之后,选取若干此类条目来作为验证标准,这是可行的;然而作为调查比较的出发点,想从这么少的条目比较中提取分区依据是很难奏效的。换言之,这样的少数特征条目只可作终点的核查,而不能作起点的考察。因为加了新点之后情况又必定会有较大的变化。

　　看来,仅仅靠某几条特征词就要把多个方言区划开来,这种想法是很难实现的。如果把分区的依据建立在个别方言词或者某几个常用词上,有时恐怕还会引出错误的结论。温州话“传染”说“过侬”、“拿”说“驮”、“硬币”说“番钱”,都与福州话说法无异;“棺材”说“老寿”、“风停了”说“静”、“耳坠”说“丁香”则与厦门话相同。如果说浙南吴语和闽语有一定历史渊源关系的话,温州话总不能归入闽语吧,也很难说跟闽东闽南谁更接近些。福州话的"平"(便宜)、"博"(交换)、"兜"(一棵菜)等说法与广州话相同,"盖"(到顶)、"造"(把剩余的饭菜硬撑着吃下)甚至和广州话、北京话、东北话相同。如果说福州话和广州话、北京话、东北话有什么密切关系,这就更离奇了。再比如"村"表示粗野、俗气,见于北京话、上海话、泉州话;"把"用作动词表示"给、送、交"见于北京官话、江淮官话、西南官话,也见于吴语、湘语和赣语;"连"表示缝合,见于中原官话、兰银官话、西南官话甚至吴语、湘语、赣语、粤语和闽语;"冻"表示"凉",见于湘语(长沙)、粤语(广州)和闽语(福州)。可见,少量几条特征词的异同是不宜用作区分方言的标准的。

　　按照本文的观点,方言特征词应该是有一定批量的,包括基本词和一般词、根词和派生词并且形成一定的系列。

　　如果每一个方言区都能经过周密的调查和全面的比较,提出一个特征词表,比如说,最重要的数十条到百把条,连同次要的也许可提出三四百条,拿这些条目在本方言区内检验,应该可以选定一个定量分析的指标,例如凡是一致说法达到70%—80%的,便可以认定为该区方言。那么将来遇到别的难以确定系属的新方言点时,用几个不同方言区的特征词表作一番验证,应该是不难识别的。

　　4.2　方言特征词的比较研究还可以用来说明不同方言之间的亲疏关系,为方言间的关系定位。既然拥有一定批量,各方言的特征词表必定是互相交叉的,而且某个区和哪些区交叉,共有的特征词有多少,又是各不相同的。这是正常现象。因为不同方言间本来就有不同的亲近度。例如客赣方言之间、湘赣方言之间、客粤方言之间都有较多共同的特征词,而在诸闽语中,闽东方言与浙南吴语关系深,闽南方言则与客家方言共有词汇多。这都是许多学者研究过的看法,如果给方言特征词做一番比较验证，一定能拿出更加有力的结论。

方言词的亲和度应该是由两方面的原因形成的，或者是历史上有过渊源关系，或者是因为地理连界有较为频繁的接触。客家的迁徙曾经在鄱阳湖地区停留过，客家话和赣方言有许多共同特征，主要是因为二者有过同源关系。在赣南地区，客赣方言因地缘的接触，相互间也有渗透关系。闽西客家话和闽语有接触，粤东客家话与粤语有交往，这些地域都会有一批共有的特征词。

闽东闽语和浙南吴语也是既有源流关系（古吴语是闽语的源流之一），也有地缘接触，所以也不乏共有的方言特征词。广东境内的客、闽方言所以有一批与粤语共有的方言特征词则主要是由于历史上长期共同属于岭南的行政区划管辖，以及地理上的接触，受到强势方言粤语的渗透。

至于上文所述"异地传承"，当然和这种亲和关系不同。那是同一种民族语言之间偶尔沿用同样古语或用前代语素和共有构词法发生同样的变异的结果。行中的同人一定都有过这样的经验：读别人的调查报告时，常常会发现陌生的方言和自己所熟悉的方言用词同出一辙。我曾在披阅学生作业时看到，陕西周至县方言管幼儿过周岁生日说"过晬"，与厦门话"度晬"相去不远，把倾斜说"跙"，则与厦门话毫无二致。"晬"见于《广韵》，子对切，"周年子也"；"跙"见于《集韵》，庄助切，"行不正也"。这种情况又一次说明了比较方言特征词必须是批量的，而不能只是少数几条。

4.3　方言特征词的纵向比较研究有助于了解方言形成的历史时代和复杂过程，也有助于汉语史的研究。

当我们对某区方言的特征词都做了一番历史考察之后，弄清楚了该区方言最大量的特征词是什么时代形成的，古语传承或者通语变异各占多少，本地创新的或从其他语言借用的又各占多大比例，这就使我们切实地了解，该方言何时自共同语分化出来，什么时代盛产方言词，什么时代和外部方言有过交往，什么时代方言词发生萎缩，词汇迅速向共同语集中。

然而在这一点上必须澄清一种观点：任何方言都不是一次性的在几年或几十年之间形成的，一旦形成之后也绝不是凝固不变的。相反，方言的形成总是几经反复的，有时是多次移民陆续前来定居，有时是先来的再次迁出，又有后来者入住，有的还经历过多次战争的荡涤和自然灾害的浩劫。形成之后也是不断发生着变化。词汇是方言变化最快、最大的部分。诚然，有的方言变得快，有的方言变得慢，但总的说来，任何方言都会有最古老的成分，也都有新近的变异。任何方言都是"现代人"，无非是保存前代语言成分各有不同比例而已。笼统地说某方言是哪个年代形成，甚至说谁是谁的前身，谁是叔辈，谁是侄辈，都是不科学的。

在分析区分方言的语音特征的时候，丁邦新先生曾有个著名的提法："用早期历史性的条件区别大方言；用晚期历史性的条件区别次方言；用现在平面性的条件区别小方言。"（丁邦新，1982）这个提法有一定的合理性。大区方言分化的时间比小区方言早，因而它们之间的语音特征也势必有先后不同的历史烙印。在运用词汇特征为方言分区时也可以参照这个办法，区分大区方言以早期承传下来的特征词为主要依据，而区分小区方言则主要依据晚近产生的方言特征词。但是，还有一点值得提出，在众多的区别特征之中，除了看它们的"资历"还应该看它的"能量"。方言形成之后并非一成不变，后来形成的方言语音和词汇特征有时在区分方言上也有很大的意义。因此对于早期、晚期的特征不能简单划一地给予分工。官话方言普遍有轻声、儿化和非官话方言形成了鲜明的对比，这也可以用来作为区分官话与非官话的条件。在词汇上，许多未见于《广韵》《集韵》的官话方言的常用单音词，就是

些后起的方言特征词,用它们来区别官话方言与非官话方言,再好不过了。这类单音词大约有近百个,举例如下:

娃　妞　脖　膀　棍　咱　您　俩　屎　这　屄　镐

站　赶　找　丢　躲　垮　瞧　瞄　瞜　砍　绑　哄

睁　搂　挡　燉　耍　骗　呛　揣　摔　扔　拧　碰

舀　甩　擤　揍　愣　搅　溜　褪　怎　趴　挣　歹

4.4　方言特征词的研究有助于汉语词汇的深入研究。

首先,各方言特征词都理出来了,综合起来,便可以制定一套理想的汉语方言词汇调查表。提供特征词表的方言区片越多,这份调查表的质量就越高,因为不但可以用最少的词目来充分反映方言词汇特征,还可以在这个调查词表中分出不同的级别,有条目少的"最小公约数",也有条目多的"最大公倍数"。把多个方言区共有的词目列为重要的级别,使调查表格适应简易调查、中级调查和大型调查的各种需要。缺少一个完备的科学的方言调查词表,历来是使方言工作者头痛的难题。有了一套多样的科学调查表格,调查工作必定可以事半功倍,从而大大推动方言调查的扩展和方言研究的深入进行。

其次,各方言区都进行了特征词的研究,对于现代汉语的基本词汇的研究,词汇演生、更替、消亡的规律的研究,一定能发挥重大的推动作用。多年来,研究汉语词汇的学者总在讨论,什么是现代汉语的基本词汇?它的特征是什么?现代汉语的基本词汇必须能够管住方言,这是常理。不研究方言的基本词汇,是难以划定现代汉语的基本词汇的范围的。不考察共同语基本词汇和方言基本词汇的制约和反制约的关系,就不可能了解基本词汇的演变和发展。

第三,方言特征词的比较研究对于了解汉语史上基本词汇的变动及其与各方言的关系，了解历代共同语和方言在基本词汇上的互动，了解历史上的基本词汇和一般词汇的转化、更替和消长，了解古今词汇演变的模式和过程，也必定有着重大的意义。

五　怎样研究方言特征词

5.1　由点到面、由内到外地比较，制定分级的特征词表。要找出某一区方言的特征词，必须先从点上深入调查开始，有几个点的详细词汇材料之后，便可以抽出各点之间共同的方言词表，这个词表的词目不妨略为放宽些。然后再到面上就若干有代表性的方言点进行检验，根据面上对齐的情况再做增删，提出方言特征词表的初稿。

区内的特征词表有了一定把握之后必须与外区的方言进行比较，分清哪些是同外区方言共有的，哪些是本区方言独有的。然后参照本区方言中不同的覆盖面把特征词表的条目分出主次轻重的几级。不论是本区或外区，方言点检验得越多，这个特征词表就越加完善。

不论是哪一级词目还必须从使用频度、义项多少和派生能力的强弱几个方面进行分析比较，使划分重点词目和一般词目的界线更加准确。在运用特征词表为陌生的方言点做定性识别时，对于重点词目可以适当加权。这样做可以使特征词表的统计和定量分析更具准确性。

5.2　重点考证，排除假象。进行不同方言之间特征词比较时，对于重点词目应做必要的考释。考释的重点是根据方言词的音韵地位从古韵书和古籍中寻找"本字"。查不出本字的则可从周边方言或有关的民族语言寻求音韵地位相一致的语词，看是否是从其他方言借用的或是早期民族语言残留的"底层"。进行这样的考证时，既要认真辨认方言的音韵地位，理清方言与古音的对应关系，又要考察方言特征词的词义发生了什么变异，与古语词或其他语词有无引申、转移的途径。

　　为方言特征词作考证时应该特别注意方言词的各种音变现象和方言俗字所掩盖的方言词读音的真相。

　　方言特征词既然是常用的，在读音上就容易发生变异。有时这种变异并非正常的多音连读的音变，而是只见于个别语词的特殊变异。在词义上也可能因为多次引申而未能达到完全一致。例如闽语平声的"过"，《广韵》古禾切，"过所也"。福州话[kuai¹]和厦门话的[kua¹]符合歌韵白读对应，但福州话只用于"蔬菜老了"，厦门话则还可指"人见老"，也可用作动词表示"顺途停留"。闽语的"乞"在福州、厦门各有两种与《广韵》相对应的读音：欺讫切[kʻøyʔ⁷、kʻit⁷]和去讫切[kʻøy⁵、kʻi⁵]，后者都用作介词"被"（如说"乞侬搦去被人抓走"，前者在福州话泛指"给"，在厦门话表示"娶、乞讨、买"（如说"乞侬娶妻"，"乞囝买儿子"）。又如广州话的"听日"应是"无光日"的合音，这就成了与其他粤语以及客家话共有的特征词，"琴日"（或音"寻日"）则应是"昨晚日"的合音，这样理解也就和珠江三角洲的粤语一致了。

　　由于经常使用，方言特征词在一些地区常有俗写的方言字。在比较的时候一定不能以俗字为凭，仓促作出结论，而必须按照实际音韵地位去考察方言间的异同。例如粤语的"瞓觉"其实和吴语的"睏觉"是一回事，因为部分溪母字在粤方言读成[f]声母，所以另造别字。"徛"在粤语区写为"企"，其实读音也符合渠绮切，读为阳上，这是吴闽客赣湘粤共有的特征词。客、粤方言的"新妇"因词内特殊变音写为"心抱、心舅"，也属于这种情形。表示"领有"的助词"的"，在吴语区写为"格"，在客家地区写为"个"，在粤语区写为"嘅"，可能都是同样来自"个"的不同的读音。

5.3　研究方言特征词是大规模的方言词汇比较研究，是个庞大的工程。一个学者所知道的语言事实总是有限的，已有的调查记录材料也总是不够用的，然而目前的田野工作的人力、物力条件又常常是很有

限的,因而就需要各方面的学者通力协作,群策群力,才能共同完成这
个繁重的任务。来自不同的方言区的学者若能经常交换材料,坐下来
讨论,相互审查、订正、淘汰、补充或者提供论证,就一定能够使这项工
作得到重大的进展。一个特征词表不经过多次调查,反复整理和审订,
是一定不能令人满意的。第一次提出的词表在讨论的过程中也许成了
众矢之的,被批评得体无完肤,但这个事实本身就是一个可喜的进展。
开展这项研究一定要有足够的胆量,有锲而不舍的精神,有坚持真理、
修正错误的作风。因而也可以说此项研究不但是方言学的一项基本建
设工程,也必将是动员各方学者、造就人才、培养良好学风的很好的科
学实践。

参考书目

陈章太、李如龙　1990　《闽语研究》,语文出版社。

李如龙、张双庆主编　1991　《客赣方言调查报告》,厦门大学出版社。

王士元　1995　语言变异和语言的关系,《汉语研究在海外》,北京语言学
院出版社。

王福堂　1999　《汉语方言语音的演变和层次》,语文出版社。

李行健　1995　《河北方言词汇编》,商务印书馆。

北京大学中文系语言学研究室　1995　《汉语方言词汇》,语文出版社。

赵元任　1979　《汉语口语语法》,商务印书馆。

罗杰瑞　1995　《汉语概说》(张惠英译),语文出版社。

《荔镜记》　天理图书馆善本丛书(汉语之部)第十卷,昭和五十五年。

张双庆主编　1997　《动词的体》,香港中文大学中国文化研究所吴多泰
中国语文中心出版。

丁邦新、杨秀芳、罗肇锦　1997　《重修台湾省通志·卷三住民志·语言
篇》,台湾文献委员会。

张振德、宋子然　1995　《〈世说新语〉语言研究》,巴蜀书社。

陈忠敏、潘悟云　1999　论吴语的人称代词,载李如龙、张双庆主编《代
词》,暨南大学出版社。

钱乃荣　1992　《当代吴语研究》,上海教育出版社。

李敬忠 1994 《语言演变记》,广州出版社,116—134页。

李如龙 1999 《方言学应用研究文集》,湖南师大出版社,131—175页。

L. R. 帕默尔 1983 《语言学概论》(李荣等译),商务印书馆。

陈章太、李行健 1996 《普通话基础方言基本词汇集》,语文出版社。

丁邦新 1982 汉语方言区分的条件,《清华学报》14期,257—273页。

（本文1999年7月在福州举行的中国语言学会第10届年会上宣读,后收入《中国语言学报》第10期）

东南方言人称代词比较研究

本文比较研究汉语东南部诸方言的 11 个人称代词:相当于普通话的我、你、您、他、我们、咱们、你们、他们、自己、别人、大家。先罗列各人称代词的方言差异,归纳其类型,考察各方言区在人称代词方面的异同,最后分析东南方言人称代词的若干特点。为了看到各地人称代词的具体形式,文后附有 28 个点的 11 个人称代词的对照表。

一 东南方言人称代词的差异及其类型

1.1 我

东南诸方言第一人称代词大多用单音词 "我",尤其在南部的粤方言和客方言,几乎没有例外。吴语的第一人称代词比较多样。就单音词说,有 "我" 还有 "奴" 和 "卬",例如:松江［nu˩］、龙游［nu˩］是 "奴",建德的［aŋ˩］是 "卬"。在浙西和皖南,还有一些单音词不知来源为何,例如建德说［taŋ˩］(音党),祁门说［ʂuɵ˩］(音晓),婺源说［soʋ］(音刷)。《广韵》:"侬,我也。"《集韵》:"侬,我也,吴语。" 翟灏《通俗编》说:"案吴俗自称我侬,指他人亦曰渠侬。"(卷十八)今金华所说［ʔaˑ˦ noŋ˥］应就是 "我侬"。钱乃荣(1992)《当代吴语研究》把多处吴语的 "我" 标为 "吾"。其实,那些读音并非阳平调类,例如温州［ɦŋ˩］、太仓［ŋɯ˩］、崇仁［ŋə˩］、盛泽［ɦu˩］是阳上，霜草墩［ŋ˧˩］、罗甸［hŋ˨˩］、嘉兴［ɦŋ˨˩］是阳去，金坛［ŋ˨˩］是上声，这些音应该解读为"我"更合适。"我、吾"上古音双声，同为疑母，分别属于歌部和鱼部，按王力拟音只是［a-ɑ］之别，认为二者为同一语源也无不可。

　　"我"在东南方言的读音相当复杂，大致有3种类型：① 有声有韵。声母为［ŋ］或［g］，韵母在客家话多为［ai］，因而写为"𠊎"；闽南话多为［ua］，这是由汉唐歌韵的［ɑ］变出来的；赣方言、粤方言多为［ŋo］，大体上是宋代的音；吴方言的［ŋəu˨˩］（昆山）、［ŋuə˨˩］（永康）、［ŋuɣ˨˩］（宜兴）、［ŋɯɯ˨˩］（常熟）则是后起的元音高化的读法。② 留下声母失落韵母。如上文所举罗甸、嘉兴、金坛的读法，温州一带也多读为［ŋ］，湘方言的娄底为［ŋ˨˩］。③ 留下韵母、失落声母。如吴方言的金华［ɣ˨˩］、寿昌［a˨˩］、广丰［a˧˩］、浦城［a˨˩］，赣方言的宜丰［ɣ˨˩］、南城［a˨˩］、弋阳［a˧˩］，闽方言的尤溪［uɑ˧˩］、建瓯［uɛ˨˩］、福鼎［ua˧˩］，粤方言的番禺［ɔi˧˩］、宝安［ɔu˨˩］（广州和香港近年兴起的新派音亦读［ɔi˩］），湘方言的常德［uo˨˩］。

　　潘悟云（1999）认为吴语的第一人称代词原本是"侬"，后来受北方话影响兼用了"我"，这是有根据的；又认为"奴"是"侬"的音变（鼻韵尾脱落）的结果，也能说得通（福州话的"奴"是谦称，多为女性自称，与此不同）；但认为［ŋ］类的音是"我侬"合音变来的，根据尚嫌不足。

　　除了单音词之外，东南方言的第一人称代词还有两种双音词。① 复合式的，主要见于吴方言，即固有的"侬"和北方话的"我"的复合，如淳安［vu˧ lɔm˨˩］、寿昌［a˧ nɔm˨˩］、余干［ŋa˧ lɔŋ˨˩］、金华［ɑ˧˩ noŋ˨˩］（我侬）、宁波［ŋo˥ nəu˨˩］、苏州［ŋ˨˩ nəɯ˨˩］、嘉兴［ɦŋ˨˩ ngu˧˩］、盛泽［ɦu˨˩ nɦu˨˩］（我侬→我奴）。② 加前后缀的，多见于吴语、徽语和赣语。例如吴语有宁波［t͡sʔ˧ lɛʔ˧˩］、绍兴［ŋo˧ lo˧˩］（我拉、我落，后缀）、

遂安［kaꜛ·lən］（介侬，前缀），徽语有绩溪［ɔˑ·nɤ］、屯溪［aˑ·le］，赣
语有铅山［ɘˑ·li］、安义［ŋoˑ·li］。这种双音词显然是后起的现象，是方
言词与共同语说法连用或双音化造成的。

1.2　你

第二人称单音代词在东南方言所见有"女（汝）、侬、尔（你）"。

"女"的说法在闽方言最为明朗。泥母语韵上声所读的音和鱼韵某
些常用字的音完全符合对应。下例可以论证：

	福州	莆田	泉州	厦门	海沧
女（汝）	ny³	ty³	luɯ³	li³	lu³
猪	ty¹	ty¹	tuɯ¹	ti¹	tu¹
鱼	ŋy²	ky²	huɯ²	hi²	hu²

在厦门话里，语韵与止韵的字韵母相混，［li］也可以说是"你"的
音，但是联系厦门郊区的海沧和泉州方言来看，解释为"女"的音才能
体现区域的一致性。

在吴方言，苏州的［nɛꜗ］、嘉兴的［neꜛ］写"倷"，很能说明是"女"
的音，因为韵母的［ɛ、e］正好与远指代词的"许"一致，这个音不可能
来自止摄的"尔"或"你"。有不少点说［ȵi］，和许多吴语中鱼韵最常
用字不读［y］而读［i］也是相吻合的。例如：

	靖江	常熟	无锡	江阴	衢州
女（汝）	ꜛȵiɟ	nɡ̃ȵꜗ	ȵiꜗ	ʔȵiɟꜛ	ʔȵiꜗ
去	tɕʻijꜘ	kʻɛijꜗ	tɕʻiꜘ	kʻɛijꜗ	kʻiꜗ
徐	zijꜛ	zijꜗ	ziꜗ	zijꜗ	zijꜘ

　　如果联系第一人称由"侬"变"我",第三人称由"渠"变"他",把第二人称声母读作[n、ȵ]的字,理解为"你",说它是受官话影响而产生的后起说法,也是可以说得通的,问题在于韵母[ε、e]之类的音不好解释。这类音还是仿照厦门话的解释认为是"女"的音较为合适。

　　吴方言中,除了"女",还有不少点说"侬"。冯梦龙说:"嘉定近海处,乡人自称曰'吾侬''我侬',称他人曰'渠侬''你侬',问人曰'谁侬'。夜间有叩门者,主人问曰:'谁侬?'外应曰:'我侬。'主人不知何人,开门方识,乃曰:'却是你侬。'后人因名其处为三侬之地。"嘉定娄塘至今尚有[ŋ noŋ/ɦɛ noŋ/i noŋ]的说法,潘悟云(1999)据此推断吴语第二人称为"侬"是复合的"女侬"合音的结果。确实,有不少地方"女"也只留声母而脱落韵母,如太仓[ɦn˩]、永康[n˩]、宁波[ɦn˩]、黄岩[ʔn˩]、建德[n˩],潘氏推断之说应可成立。他说的[ɦn˩ nəu˥](宁波)的[nəu˥]亦是"侬"音变而来,也是有力的推论。

　　和第一人称一样,第二人称代词也有后加语缀的。这种情形在吴语比较常见,徽语、赣语也有。例如:吴江盛泽[ɦn˩ nəʔ˩]、黎里[n˩ɑu˩ nəʔ˩],绍兴[noʔ˥ loʔ˩],铅山[n˩˩·li]可能是后缀。绩溪[ən˩·ɹ̩c]、屯溪[a˩·le]则可能加的是前缀。

　　第二人称的敬称形式在东南诸方言中很少见。见到的报告只是湘方言区的。例如:常德[li˩ tɕia˥](你家)、娄底[n˩ nã˥ ka˥](你那家)、东安花桥土话[ȵi˩ lei˩ ko˥](你老家),可能都是"你老人家"的简化形式。这显然是官话(尤其是西南官话)影响的结果。武汉就是"你家/你老人家"的并用形式,在南京、扬州说"你老人家",在昆明、大理说"你家"。

1.3　他

东南部诸方言的第三人称代词用得最广的是"渠"。其分布包括大多数吴语区、徽语区及赣、客、粤各区。除了"渠",便是湘语区的"他"和闽语区的"伊"。吴语区的西北边沿地带和多数湘语区说"他",显然是因为与官话区接壤而且交往频繁,受到官话的影响。早期的东南方言只有"渠、伊"两种说法。

"渠"在赣、客、粤诸方言,音和字的对应是比较明确的,在吴语南片也大体清楚。如金华音[gəʔˋ],该音为入声韵,"渠"是从[guɯ˩]促化而来的,金华乡间(汤溪)"渠"仍说[guɯ˩],在金华音[ɯ]韵仅余"去"一字,可作旁证。北片吴语不少点"渠"读为[ɦi],甚至清化为[ʔi],声母不是[g],韵母也不读撮口,因此早期人们都以为是和闽语一样的"伊"。鲁迅的小说还用这个"伊"来表示女性的第三人称。其实,"渠"是和一些遇摄常用字一起混入[i]韵的,如上海话"蛆、去、徐、麂"都在[i]韵,崇明话"雨、女、句"也在[i]韵,[ɦ]是从[g→dz]弱化而来的,可见上海、崇明的[ɦi]也是"渠"。当然,认为[ɦi]是直接继承"其"而来的,也不无道理,"渠"的本源也就是"其"。然而在苏南也有把"渠"读为[gɛ](常熟)的,还是把吴语的[ɦi]视为"渠"更为妥当。

和"我侬、我奴、女侬、女奴"一样,第三人称单数式在苏南也有"渠奴"的复合说法,如嘉兴[ʔiˋ nəu˩]、宁波[dziˋ nuen˩]。苏州的俚乃[ʔliˉ ·nɐ]、绍兴的[ɦiˋ loʔˉ]可能是加了后缀。加后缀的还有徽语和赣语。例如绩溪[kiˉ ·nə],屯溪[kʻɤˉ ·le],铅山[kɯˉ ·li]。

拿"渠"作为第三人称代词的方言中,吴语多读浊声母,客赣语多读不送气清音[k]或[tɕ],不像其他全浊声母字那样读为送气音,而在粤语则普遍读为[kʻ],这样也就大体上把几个大方言区分开来了。

闽语的"伊"分布在沿海的典型闽语区。西部沿山自闽北到闽中都说"渠",那是客赣方言区的移民渗入和接触所造成的。

1.4 们

本节讨论东南方言的人称代词复数式。

东南方言中人称代词复数式最复杂的也是吴方言。除了少数点因合音说成单音节外,多数点都是在单数人称代词之后加上不同的后附成分。通常的情况是:不同人称都附加相同的成分。这些后附成分大体可以分成三类。

第一类是意思比较实在的"家、侪、侬、堆(推)"。以第一人称为例:

家:宜兴[ŋu˦ko˦] 常州[ʔŋʌɯ˦ko˦] 江阴[ʔŋɛʏˇka˦]
其合音为"伢",如:溧水[ʔŋoˇ] 绍兴[ŋa˦] 嘉兴[ŋa˦]
侪:丹阳[ŋʌʏ˦dzi˦]
堆:吴江黎里[ɦiŋ˦vɑ˦tɛv] 黄岩[ʔŋoˇtɛv]
侬:金华[ʔa˦lʌŋ˦] 永康[ŋoəˇlə˦noŋ˦]

第二类意义略虚,写为"拉、那、辣",潘悟云(1999)称这是从表处所的"塔"弱化而来的。例如:

上海[ɦɤ˨ʔˇlʌ˦] 松江[ɦiŋ˦na˦] 宁波[ʔɤʔˇlɤʔˇ]

第三类意义更为虚化,写为"哩、伲、来",例如:

无锡[ŋʌʏ˦li˦] 常熟[ŋɯ˨ˇli˦] 宝山霜草墩[ɦiŋ˦n̪i˦]
温州[ɦiŋ˦le˦]
有的合音为"伲",如:苏州[n̪ij˨]

　　闽语的人称代词复数式后附成分都有比较实在的意义,大体上表示的是"群体"的概念。以第二人称为例:

福州	汝各侬 ny˩ ko˩ nøyŋ˥	永安	你侪 ŋi˩ tse˦
建瓯	你伙人 ni˩ xua˦ neiŋ˥	龙岩	汝侬 li˩ laŋ˩
莆田	汝辈 ty˥˩ mue˩	海口	汝侬 lu˩ naŋ˩

　　闽南话各点(如泉州、漳州、厦门)合音后说"阮我们 gun˩、恁你们 lin˩、個他们 in˦"。"我侬、汝侬、伊侬"也可以说成"阮侬、恁侬、個侬",这套说法可能是从"我各侬"简化而来的,表示的都是"群体"意义,和吴方言的"我侬、汝侬、渠侬"的单数复合式代词是同形而不同构、不同义的两种现象。这是十分值得注意的。

　　客赣方言也可分为两类,一是带实义的后附成分,表示"群体",一是加后缀。以第三人称为例:

梅县	渠等人 ki˩ tɛn˦ n̠in˩	连南	渠哩 ki˩ li˩
揭西	渠兜畲 ki˩ tɐu˩ sa˥	三都	渠们 ki˩ lɛn˩
长汀	渠侪们 ke˦ ts'i˩ mɐŋ	茶陵	渠勒 tɕi˩ ·le
宁化	渠多人 kɤ˩ to˦ n̠iŋ	永新	渠格 tɕi˩ ·kɛ
翁源	渠等 ki˩ tɐn˦	陆川	渠底 k'i˩ ti˩
清溪	渠兜 k'iau˩ tiau˦	平江	渠地 ɛ˩ ·d'i
安义	渠侪 tɕi˩ ·ts'ai	弋阳	渠多 ɛ˩ ·toi

　　徽语的情况和闽语同类型,在单数后面加"人"或"侬"。例如:

	我们	你们	他们
绩溪	ãˑ ·iã	nˑ ·iã	ki˧ ·ã
黟县	ŋaʋ naŋ˧	n˥ naŋ˧	kʻaɯ˧ naŋ˧

湘语和粤语都比较单纯。前者除个别点加后缀"哩"（双峰：ŋ˧ li˧/nʋ li˧/tʻoˠ li˧）外，多和官话相同加"们"。后者都加后缀"哋tei˨"，其本字可能是"底"。

人称代词第一人称的排除式和包括式在东南方言中多数没有明显的差别。有明显分工的是闽方言。各地闽方言"咱们"说：

福州	侬家（各侬）	naŋ˥ʋ ŋaˑ（ko˨ˑ nøyŋʋ）
厦门	伯	lan˧
海口	俅	naŋˑ　俅侬 naŋʋ naŋ˨
建瓯	俺人	aŋʋ neiŋ˧　俺伙人 aŋʋ ua˧ neiŋ˧

闽南、海南的"伯、俅"可能都是从"侬家各侬"变为"侬家侬"再发生合音的结果。建瓯的"俺"则是"我人"的合音。

其余所见"我们—咱们"有别的方言举例如下：

	我们	咱们
金华	我侬 a˥ˠ lan˧	我侪侬 a˥ˠ zi˧ ·laŋ
温州	我来 ŋˑ ·le	我和你来 ŋuoʌ ·ɲi ·le
宜丰	我哩 aʋ liˑ	我人 aʋ ·ɲin
邵武	侁多 xaŋ˧ ·tai	俺多 ien˧ ·tai
长汀	催侪们 ŋai˧ tsʻi˧ˠ ·men	催多人 ŋai˧ ta˧ ·neŋ
化州	我伲 ŋˑˠ laŋˑ	我人 wen˧ ŋen˧

绩溪	我人 ȵi˨˩·iã	我搭尔 ŋɔ˩ tɔˀ˨ n̩˨	
淳安	我拉 uaⱸ ɡᴧ˩	我搭 uaⱸ taˀ˩	
黟县	我侬 ŋɑŋ˩ naŋⱸ	我侬大家 ŋɑŋ˨ˑ naŋ˨ tʻaⱸ kœ˨	

1.5　自己

东南诸方言中,管"自己"叫"自家"的最为普遍,包括客、赣、徽、湘、吴语区大部分地区和闽语的闽东地区。粤语区多数点及湘、吴语少数点说"自己"。其余值得注意的说法有如下几种:

自,分布于浙南吴语和闽北闽语。例如:绍兴[zᴧ˩]、诸暨[ziⱸ]、嵊州崇仁[zei˨]、温州[zᴧ˩]、建阳[tsɔiⱸ],建瓯说[tsuⱸ tsi˩]则是重叠的"自自"。

自家人,后二音节合音,通行于赣语区。例如:余干[ts'ᴧ˩ kan˩]、景德镇[ts'ᴧ˩ kan˩]、南昌[ts'ᴧ˩ kanⱸ]、望城[ts'ᴧ˩ kanⱸ]。

家自,见于闽南、闽中的闽语。例如:莆田[kaⱸ iⱸ]、泉州[kaiⱸ kiⱸ]、厦门[kaⱸ kiⱸ]、漳州[kaⱸ tiⱸ]、大田[kaʔˑ tsiⱸ]、永安[kɒⱴ tsiⱸ]、沙县[koⱸ tsiⱸ]。以上各点末音节的音都是阳去调(不分阴阳的也是去声),经过比较就可以看到,莆田、厦门、漳州的"自"声母发生了变化,但都有规律可寻,莆田后音节[k-]在前音节元音之后脱落,闽南各点则属于同化。

1.6　别人

普通话说的"别人、别人家、人家"在东南各方言里也用得很普遍。比较有方言特点的说法有如下几种。

别侬,通行于浙南吴语和沿海闽语。例如:金华[bieⱸ lᴧŋⱸ]、温州[biⱸ nᴧⱴŋⱸ]、永康[bəⱸ nonⱸ]、福州[peiʔˑ nøyŋⱴ]、厦门[patⱴ laŋⱸ]、海口[ʔbakⱸ naŋⱸ]。

伊侬、侬，福州可说"伊侬"，也可说"侬（i˧）nøyŋ˩"。在闽南普遍说"侬laŋ"，本调原是阳平，用作主语、定语读变调［laŋ˦］，用作宾语读轻声。福州的"伊侬"似是同位语，也可倒过来说"侬伊"，和福州话的"伊各侬他们"、闽南话的"伊侬他们"意义和结构都不相同。

人、人哋，粤语区普遍说"人哋"，广州音［jɐn˩ tei˩］。"哋"和复数式三身代词的后缀相同。粤西粤语说"人"，如化州［n̠iɐn˧］。

别个，见于湘、赣、吴语。例如：双峰［p'ɛ˧·kɤ］、长沙［pie˧ ko˥］、南昌［p'iɛt˩·ko˥］、金华［bie˦·kəʔ］。

1.7　大家

普通话的说法"大家"各区普遍都说。其他特殊说法也不多：

大家侬（人），见于浙南吴语和闽语。例如：温州［dɑ˦ ko˦ nɑŋ˩˩］、泉州［tai˥ ke˧ laŋ˧］、建瓯［tue˧ ka˧ nei˧］。

侪家、大侪家、大侪、侪侪，见于湘、赣、客、粤诸方言。例如：宜丰［tɕ'i˧·ka］、梅州［ts'ɛ˧ ka˧］、阳江［tʃɐi˧ ka˦］、东安［da˧ dzai˧ ko˧］、大余［t'æ˦ s̩˧ ka˧］。南宁白话说［tsɐi˧ ka˥］或［tai˧ tsɐi˧］。

（大家）各侬、逐个侬，见于闽语。福州话可说［tai˦ a˧ kouʔ˦ nøyŋ˩］或只说"各侬"，泉州话可说逐个侬［tak˦ ge˦ laŋ˧］，都不是指"逐个"或"各个"而是指整体。

二　从人称代词看东南诸方言的关系

人称代词虽然是词汇中的小类，但是十分常用，方言特色是十分鲜明的。客家话普遍把"我"读为［ŋai］，写为"𠊎"，粤西客家话就被周围说闽语和粤语的人称为"𠊎话"。闽东方言长乐话把"我"读为［ŋui］和其他闽东话的［ŋuai］明显有别，福州人谑称长乐人为"长乐鬼"，因为用福州话说起来后置的"鬼"正是读为[ŋui]音。同理，"阿拉"有时也成了宁波话、上海话的代名词，"俺"则使人想起山东和东北方言。可见，有特色的人称代词往往成为方言特征词。我们可以通过它来认识不同方言间的关系。诚然，人称代词毕竟只是一个小类，由此考察诸方言的特征及其关系只能见全豹之一斑。

2.1　东南方言人称代词的特征词

任何区域方言都有一批内部比较一致，对于外区来说，又是相对具有特色的方言词，这就是方言的特征词。方言特征词总是有一定批量的，没有一定的批量就难以体现方言特征。既是批量的就不可能每一条都有相同的分布地域，势必有的分布广、有的分布窄，在方言区的边界有时还有交叉。方言特征词又总是常用的，唯其常用，才容易识别。不同的方言，由于历史渊源、文化背景和地理位置的不同，特征词有多有少，在不同的小类词汇之中也有不同的分布。

就已经见到的材料做一番考察，在人称代词中，以下的条目较能反映不同方言区的特征：

（一）　吴方言

①　第一人称代词单数式说"奴"或"我奴"，分布于北部吴语，如果和南片吴语的"阿侬、我侬"联系起来，认为是一种音变的差异，即"奴"乃早期"以侬为我"的变异，那么，第一人称说"奴、侬"在吴语区还是比较普遍的，而且在外区不为多见。潘悟云（1999）关于"侬→奴"的分析是有说服力的，吴语的"奴"并非谦称，和宋元以来的"奴家""奴"的说法是两回事。福州话至今老派的人还自称"奴"，则是中古和近代汉语作为谦称的"奴"的继承。

②　第二人称代词单数式说"侬"虽然分布不是十分广泛，由于上海话的影响大，知名度却是比较高的。在吴语之外，连同它比较接近

的徽语也没有这种说法。早期吴语"侬"指我,现代吴语用来指"你"。按潘悟云解释是从"汝侬"合音演变而来的。

③　三身代词复数式加"拉、辣、俒、呐"等后缀,这种说法的分布相当普遍。潘悟云的解释是从方位词"搭"(格搭:这里)变来的。如果考虑到宜兴、溧阳一带说的"我家、你家"也可考虑解释为"我家—我拉—阿拉"的演变,但是联系宝山一带的"汝呐、渠搭"的说法看,潘氏的说法更为可取。用"搭、呐、拉"来代替普通话的"们"在其他方言区实属少见。

(二)　闽方言

①　第二人称代词说"女(汝)"。这在沿海闽方言,从福州到海口都十分一致,并且是可以确证的。吴语的"女"尚未得到确实的证明。若可确认,也是闽语和吴语早期关系密切的一种表现。

②　第三人称代词说"伊",也是沿海闽方言的一致说法。吴方言中读[ɦ]声母、阳调类的"夷"可以确认为来自"渠",然而可能还有些点是清声母(或?)、阴平调类的读法,可能也与闽方言同源为"伊"。众所周知,东晋南迁之后,《世说新语》所记已有不少称他为"伊"的,吴闽语共同承此,也在情理之中。东晋南迁当然同吴语、闽语的形成都是有关系的。

③　三身代词多数式加"侬",在吴语和徽语只有局部的分布,在闽语则是大面积的分布。从形式上说,兼有"我各侬"(福州、尤溪,是为全式)、"我侬"(福鼎、龙岩、海康、海口)和"阮、恁、俉"(闽南各点,是合音的简式)三种繁简不同的层级。既可作为有说服力的确证,也构成有方言特色的系列。

④　"自己"说"家自","自"的读音有的点发生变异,已如上述。这种双音词语素次序不稳定的状态(共总—总共,健康—康健),在中古和近代汉语是常见的,但把"自家"说成"家自"却仅见于闽方言。

（三） 粤方言

① 复数式后缀为"哋"，这在粤语区是十分普遍的，在别方言区乃至近代汉语都尚未发现。其本字可能是"底"，应是粤语中最具特色的特征词。

② "别人"说"人哋"，相当于"人们"和"我们、你们、他们"配套，也是未见于外区的粤语的特征词。

（四） 其他方言

① 徽语的人称代词复数式用加"人"做后缀来表示。内部相当一致，在其他方言也是极少见的。闽语的后缀"侬"意思也是人，但属于不同的语根。

② 湘语中多数点第三人称说"他"，但读音的声母除了[t']之外，还有[t-]和[x-]。据伍云姬主编的《湖南方言的动态助词》一书的记音材料，21点方言中说"他"的有13点。此外，有不少湘方言第二人称单数有敬称形式，例如娄底说"你那家"，常德说"你家"，多数式加"们"等，这在东南方言中也都是少见的。从这一点也可看到，官话对东南方言影响最大的正是湘语。

③ 客赣语的复数式许多点都用表示"群体"的双语素作后附成分："等人、兜人、多人"。在赣语还可只用一个"多"作为后缀，弋阳音[toi]，建宁、邵武音[tai]。这种说法在其他方言也不为多见。

2.2 东南方言人称代词异同比较

有些特点分布于几个方言区，某一个区的各种特征在区内的分布，有的普遍有的不普遍。把各种事实都放在一个平面上作比较，就显出各区方言的异同来了。下文试就31种词例在7个方言区的不同表现列成总表做比较，用"＋ ＋"表示该区多数点如此，"＋"表示少数点如此。"－"表示无此说法。

词例	特点	吴	徽	闽	客	赣	湘	粤
我	[a]	+	+ +	−	−	+	−	−
	[ŋ]	+	−	−	−	−	+	−
	(偓)[ŋai]	−	−	−	+ +	−	−	−
	卬	−	−	−	−	−	+	−
你	[n]	−	+	−	+	+	+	−
侬		+	−	−	−	−	−	−
女(汝)		+	−	+ +	−	−	−	−
他		−	−	−	−	−	+	−
渠		+	+ +	+	+ +	+ +	+	+ +
伊		+(?)	−	+ +	−	−	−	−
俚		+	−	−	−	−	−	−
"我你他"带语缀		+	+	−	−	+	−	−
"我你他"同调类		+	−	+	+ +	+	+	+ +
你≠您		−	−	−	−	−	+	−
我们≠咱们		+	+	+	+	+	−	−
复数式为合音的单音词		+	−	+ +	−	−	+	+
复数式带语缀	们侬	+	+	+ +	−	−	−	−
	哩、伲、俫	+	+	−	−	+	+	−
	哋	−	−	−	−	−	−	+
	多人、等人	−	−	−	+	+	−	−
	拉、呐	+	−	−	−	−	−	−
	侪	−	−	−	+	+	−	−
	们多	−	−	−	−	+	−	−
	们	−	−	−	−	−	+	−
自己	自	+	−	+	−	−	−	−
	自家	+	+	+	+ +	+ +	+	−
	家自			+				
别人	别侬	+	−	+				−
	人哋	−	−	−	−	−	−	+
	别个	+	−	−	−	+	+	−
大家	侪家	−	−	−	+	+	+	+
	大侪							

2.3　从人称代词看东南方言之间及与共同语的关系

根据上表所列材料可以引出如下几点结论：

①　东南方言中湘语与官话方言最为接近。"们、他"的说法以及"你≠您"都很能说明这一点。

②　就东南各方言的关系说，按上表材料可做如下关系指数统计（两区间+　+/+　+得2分，+/+ 或+/+　+得1分，–/–得0.1分）：

徽	闽	客	赣	湘	粤	
8.2	11.3	4.9	8.8	7.7	4	吴
	4.7	7.6	9.7	5.4	3.8	徽
		5.5	5.1	5.1	4.7	闽
			11.6	6.4	6.8	客
				8.2	5.5	赣
					5.6	湘

由上表比例可以说明，从人称代词的异同看，东南方言之间的亲疏关系可以分为三级：

最密切的	客与赣	吴与闽		（关系指数 11 以上）
次密切的	徽与吴	湘与赣		
	徽与赣	吴与赣		（关系指数 8—10）
不密切的	吴与湘	徽与客	客与粤	客与湘
				（关系指数 6—8）
较疏远的	湘与粤	闽与客	湘与徽	
	闽与赣	闽与湘	赣与粤	（关系指数 5—6）

最疏远的　　　吴与客　徽与闽　闽与粤

吴与粤　徽与粤　　　（关系指数 5 以下）

虽是"一斑"，这里所反映的诸方言之间的亲疏关系和通常的"全豹"的印象是相符的。

三　东南方言人称代词的特点

3.1　语音特点

3.1.1　保留古音多

人称代词是稳固的基本词汇，在世代相传过程中容易保留前代语言的旧有读音。

例如"我、多"在中古音属歌韵，汉唐时代古音应为[ɑ]。东南方言中这两个字的读音多有与[ɑ]音相近的。"我"在吴语金华读[ɑ]，宁波读[ɐ]；在徽语屯溪读[a]，祁门读[ɑ]。在闽语韵腹为a，福州读[ŋuai]，厦门读[gua]。在客赣语，弋阳、南城读[a]，梅州、长汀读[ŋai]，武平、大余读[a]。"多"作为人称代词复数式后缀，建宁、邵武读[tai]。

又如"渠"原是全浊声母群母字，全浊声母在客赣系方言大多读为送气清音，但各种客赣方言几乎都把"渠"读为不送气音（k 或 tɕ），这应该是直接继承了清化前的不送气音的特点。

3.1.2　音变复杂、合音不少

由于人称代词在口语中十分常用，在语流中又往往快读、连读、弱读，因而发生种种音变。久而久之，各种变读离本音甚远，有时还把两个音节合而为一。不过，通过邻近方言的比较并不难看出音变的途径和过程。例如：

吴语的"我"许多是从"我侬"顺着"阿侬、阿奴、我奴、吾奴"的途径变过来的：

我侬 {
我侬　ɦɔʔ˩ noŋˀ（海盐）→阿侬 ʔaˀ noŋ˩（金华）
我落　ŋoˀ˩ loʔ˩（绍兴）→我奴 ŋɔˀ˩ neuˀ（宁波）
我奴　ɦŋ˩ nʐuˀ˩（嘉兴）→ ʔŋ˩ nʐuˀ（吴江黎里）
}

宜兴、溧阳的"我们、你们"音变过程如下：

		宜兴	→	溧阳
我们：	我家	ŋuˀ koˀ		ʔŋoⱽ
你们：	你家	n̠ijˀ koˀ		ʔn̠ioⱽ

吴语的"大家"声韵都有同化现象和异化现象：

靖江	江阴	溧阳	金坛
daˀ koˎ	daˀ kaˎ	doˎ koˀ	taˎ kaˀ
崇仁	金华	永康	宁波
dɤˎ kɤˀ	daˀ kuaˀ	diaˎ kaoˎ	dəuˎ koˀ

有时同一个点的同一个词就有几种不同的变读并存。例如：吴语的"你们"，宝山罗店说："侬搭noŋˎ tʌʔˀ→ɦnˎ tʌʔˀ→ɦnˎ nʌʔˀ"，衢州说："ʔn̠iˀ˩ dʌʔˀ→ʔn̠iˀ˩ lʌʔˀ"，绍兴说："naˎ lʌʔˀ→naˎ loʔˀ→naˎ"。

赣语的"他们"如下各种说法也体现了音变的过程：

抚州　渠呃多人 kieˉ eˊ toˊ n̠inˉ

南城　渠多人 keˊ toˊ n̠inˉ

南昌　渠东（多人）tɕiaˊ ·tunˉ

铅山　渠多 k'ɯˉ ·te

各地闽语的人称代词复数式也展示了音变过程中的不同阶段的情况：

普通话	我们	你们	他们
福州	我各侬 ŋuaiˊ	汝各侬 nyˊ	伊各侬 iˉ
	kouʔˊ nøyŋˊ	kouʔˊ nøyŋˊ	kouʔˊ nøyŋˊ
龙岩	我侬 guaˊ laŋˊ	汝侬 liˊ laŋˊ	伊侬 iˉ laŋˊ
福鼎	我侬 uɛˉ neŋˊ	汝侬 niˉ neŋˊ	伊侬 iˉ neŋˊ
漳州	阮 guanˇ	恁 linˇ	個 inˉ
泉州	阮 gunˉ	恁 linˉ	個 inˉ

3.1.3　语音的类化

由于人称代词是一个封闭性的小词类系统，语义和语法上都有密切的关系，因而语音上就常常有"感染"作用，三个人称代词语音发生类化音变，同声、同韵、同调的现象都有所表现。

客方言和粤方言多数点三身代词同调类，据《客赣方言调查报告》，17点客方言中"㑁你渠"同调类的有14点；据《珠江三角洲方言词汇对照》，25点粤方言中"我你渠"同调类的有21点。据《当代吴语研究》，33点吴语中，三身代词同调的较少，只有5个点（无锡、上海、诸暨、余姚、南汇的周浦）。

福建省的邵武、光泽的赣方言三身代词同声母并同调；江西萍乡的赣方言同声、同调之外，韵母都是鼻化韵：

普通话	我	你	他
邵武	xaŋ˩	xian˩	xu˩
光泽	xaŋ˥	xian˥	xu˥
萍乡	hõ˩	hẽ˩	hã˩

闽语的闽中片永安、三明的三身代词也是同声母同声调的：

普通话	我	你	他
永安	guɔ˥	gi˥	gy˥
三明	gu˥	gi˥	gy˥

吴语常州、无锡话"他"说[dɑ˩、dʌɤ˩]是受到"我、你"的浊音的影响从[tʻ]类化为[d]。四邑片粤语中有些点三身代词复数式读为同调、同韵（或韵母相近）的单音词，应该是合音（我各、你各、渠各）而来的：

普通话	我们	你们	他们
江门	ŋok˩	liok˩	kʻiok˩
新会	ŋgɔk˩	ndiak˩	kʻiak˩
斗门	ŋgɔk˩	ndiak˩	kʻiak˩
阳江	ŋɔk˩	niɛk˩	kʻiɛk˩

3.2　词汇特点

3.2.1　词汇差异大

人称代词不但语音演变繁复，词汇差异也大。

有些词汇差异是因为词源不同。东南诸方言的人称代词就词源说几乎包括汉语历史上出现过的人称代词的大多数用语：

我：我、奴、侬

你：尔、你、女

他：伊、渠、他

还有一些说法至今还很难考订其词源，也可能是不同时期的方言的创新。例如：

我：吴语遂安话［kɑ˅］（音尬），建德话［tɑŋ˩］（音党），金华话［tɕiɑ˥］，徽语祁门话［xɯ˥˥］（音晓，用作宾语）

你：吴语宝山霜草墩话［zə̃˧˨］（音任），松江话［ɕʑ˩］（音造），寿昌话［tsen˅］（音联）

他：赣语建宁话［sə˧］，吴语苏州话［li˧］（音俚）

有些词汇差异是由于构词法的不同造成的。例如：

大家：闽语　大家各侬（福州），逐个侬（厦门），大家人（建瓯）

　　　　客语　侪家（梅县），大侪家（大余），大家（长汀）

　　　　粤语　侪侪（化州），大侪（南宁平话），侪家（阳江）

自己：闽语　自家（福州），家自（泉州），自自（建瓯）

　　　　粤语　自己（广州），自己己（化州），自家（斗门）

我：　吴语　我（溧阳，单音词），我侬（金华，复合词），我落（绍兴，加后缀），实我（宁波，加词头）

你们：吴语　你们（靖江），你家（江阴），实拉（松江，加词头），你呐（宁波，加后缀），你仍侬（永康，加中缀），倷（上海，合音）

3.2.2　保留古代用语多

东南方言的各种人称代词，大多是古代汉语的留存。

吴语的第一人称"侬"是六朝时代吴语特点的传承。当年的吴歌就是这样唱的："欢愁侬亦惨，郎笑我便喜。"（《乐府诗集 44 卷》）湘语的"卬"见于《诗经》："人涉卬否，卬须我友。"（《诗·邶风·匏有苦叶》)闽语和吴语的"女"是甲骨文时代的常用代词,也是《诗经》时代的常用语:"上帝临女,无贰尔心。"(《诗·大雅·大明》)闽语的"侬家"见于唐诗:"侯印几人封万户,侬家只办买孤峰。"(司空图:《白菊杂书之三》)"伊"则是《世说新语》的常见词:"蓝田曰:'勿学汝兄,汝兄自不如伊'"(《品藻》),这句话用今天的泉州话读出来还十分顺口。多个方言区所说的"渠"最早见于《三国志·吴书》,六朝后逐渐用开,唐代则十分盛行。"昔日贫于我,今笑我无钱,渠笑我在后,我笑渠在前。"(寒山诗)唐代这类诗是十分口语化的,同今日的东南方言实在相去未远。"吾侪"之类的说法最初见于《左传》:"吾侪小人皆有阖庐以避燥湿寒暑。"(襄公十七年)"我辈、伊辈"也见于《世说新语》:"公曰:'伊辈亦常以我度为胜。'"(《贤媛》)

太田辰夫说:"'自家'有唐五代的用例,是'自己'的意思。""自家夫婿无消息,却恨桥头卖卜人"(施肩吾诗),又说"他称的'别人'具有较强的名词意味,这个词大约在唐代产生。在唐代以前叫'他人'或'他'"。"'人家'在唐代还少见,大约宋元以后开始用得多了"。(《中国语历史文法》12章)

由此可见,东南方言的这类有方言特色的人称代词大多是古代汉语承继下来的,但是不少在北方官话里已经不用了,因而显得特别。

而古代汉语用过的人称代词则大多数还可发现保存在现代的东南方言之中。古时常见而尚未在东南方言中发现的只有少数几个,如:"余、予、台(我)""而、乃(你)""之、厥(他)""己(自己)"等。和官话地区比较起来,东南方言的人称代词确实多样而古老。

3.2.3　同义词多

人称代词由于数量有限,是小儿在牙牙学语时最先习得的,同一方言区或邻近方言之间也常常相互借用,加以不少方言既有地道的方言词,也引进普通话用语或新老派有新旧不同的说法,还有些方言在不同语法地位或语用环境使用了不同的代词,因而同一个地点同一个人称代词就常有多种说法。例如:

上海话"我"说"偌、我偌、阿拉","偌"是老派说法,"我偌"是新派说法,"阿拉"是从宁波传入的,越来越说得普遍(许宝华、汤珍珠,1988)。

长汀话"我们"说"偓侪、偓们、偓侪们",前者是方言固有的,中者是套用普通话后缀,后者是二者合璧的结果(饶长溶,1989)。

南昌话复数式也是方言老说法和依照普通话的新说法两种并行:我各里~我们,你各里~你们,渠各里~渠们(袁家骅,1983)。

海盐通园话,"我、他"各有两种说法,用于不同的语法地位:我[ɦoʔ no]、他[jiʔ nei]用于动词谓语前(做主语);[u、i]用于动词谓语及介词之后做宾语(胡明扬,1957)。

平江(长寿)话第三人称代词有"渠"和"他"两种,被指称的第三者在场用"渠",不在场时用"他"。

清流客家话"我们"有3种说法,"咱们"有6种说法(项梦冰,1997):

我们:我连人,我各连人,我各人

咱们:我各尔,我各咱俩,我各尔连人,我各尔一下人,我各一下人,我各大家人咱们

3.3   语法特点

3.3.1   多音化趋势

从语音形式说,多音人称代词快读之后引起合音,有单音化趋势;但是从语法形式说,东南方言中另有一种多音化的趋势。

古汉语的单数式人称代词都是单音的,东南方言中,南片比较保守

的方言如闽、粤、客诸方言也是单音的,北片的"近江方言"却有明显的多音化趋势。

多音化的形式之一是方言固有词和共同语引进词合成或衍化为后缀。如吴语的"我"说"我侬、我奴、阿(我)拉、我落","你"说"尔㑚、尔诺、诺诺","他"说"渠(夷)奴、渠落、渠乃"。徽语普遍有单音、双音并行的说法:"我~我仇,尔~尔仇,渠~渠仇",赣语也有类似情况。

另一种多音化的形式是在单音三身代词之前加前缀。据潘悟云(1999)归纳,吴语的前缀有[zɿ、kʻa、ɦiəʔ]三种,例如:

湖州	zɿŋ	zɿn	zɿdzi
绍兴	zeʔŋo	zeʔnoʔ	zeʔɦi
温州	kʻaɦiŋ	kʻaȵi	kʻagi

另有宝山的前缀[ɦiəʔ]。潘悟云指出,这是一种在消退中的强调式词头。[zɿ]就是"是",和唐宋口语文献中的"是我,是汝,是渠"是一脉相承的。

关于词头,游汝杰(1995)还提到"阿",如金山"阿奴(我)"。这个"阿"在唐宋文献中也是常见的。

代词多音化是近代汉语产生的,到现代方言,前缀消退,后缀兴起。这样说应是符合实际的。

3.3.2　人称代词的虚化

闽方言中有些人称代词(主要是第三人称)作为介词宾语时有虚化的趋势,即由实指逐渐变为虚指。例如:

福州话说"køy˩ i 㧒过来"意思是"把它拿过来",在语流中[i](伊)一般是融入前音节不说了,但是人们心目中,这个[køy˩]还是

"共伊"的合音。"共"是连词,相当于"和"(好共呆:好和坏);也有
作介词(共伊各依齐去:和他们一齐去),本音是[kɔyŋˊ],作为介词
带着"伊"宾语后合音为[køyˋ],21调是242的变调。"共伊"合音之
后还进一步虚化为表处置的介词"把"。"把饭吃下去"按地道的福州
话应说"饭共伊食底",大概是受普通话的影响,人们把[køyˋ]理解为
"把",于是也可以说"køyˋ(共伊)饭食底"。

在闽南话,"伊"还可以置于多个介词之后,合音的形式也更为多
样,有时弱读音节只合入某个音素或融入声调。以泉州话为例:

共伊 kaŋˋˊ iˍˋ→kaiˍˊ~ kaŋˍˋ (衫共伊收入来把衣服收进来,请注
意,后两种说法声调并入阴平)

度伊 t'ɔˊ iˍˋ→t'ɔiˍˋ~t'ɔˍˋ (册度伊囥嘞唠书被他藏起来了,同上,
后两者声调为阴平)

乞伊 k'iˋˊ iˍˋ→k'iˊ (乞伊掠着唠被他抓到了,合音后为连音变调)

第一人称代词"我"也可与介词合音:

共我 kaŋˋˊ guaˍˋ→kaˍˋ uaˊ~ kaˊ (字共我写好势把字给我写好,
合音后为连音变调)

度我 t'ɔˊ guaˍˋ→t'ɔˍˋ uaˊ~ t'uaˊ (写度我看迈写给我看看,合
音后为连音变调)

闽南话带"伊"的介宾结构还可以经过合音进一步省略介词虚化
为相当于连接动词的结构。例如:

拭度伊[t'ɔˍˋ iˍˋ>t'ɔiˍˋ]彻→拭伊彻 (把它擦干净)

推［tʻue˧］度伊平→推伊平　（把它刨平～刨平它）

踏度伊实［tsaʔ˨］→踏伊实　（把它踩实～踩实它）

曝度伊燋［ta˧］→曝伊燋　（把它晒干～晒干它）

在下面的句子中，"伊"就更加虚化，相当于结构助词"得"了：

拭伊彻则繪生殕擦得干净才不会发霉

踏伊实则繪发草踩得实才不会长草

曝伊燋则会做得种晒得干才能做种子

3.3.3　关于"数"的范畴

学者们为汉语的人称代词分类时通常都仿照西方语言学的方法分为"单数式、复数式"，究竟汉语人称代词有没有"数"的范畴？东南方言的人称代词有没有"数"的范畴？

有人看到闽南话的［gua-guan、li-lin、i-in］的单复数对应，就连忙说这是用"内部屈折"的方式来表示数的范畴。正如上文所述，那是一种合音形式，来自"我侬、汝侬、伊侬"。与此类似的还有：

湖南东安（花桥）土话：ŋo-ŋom、n̩i-n̩im、ŋ-ŋm（与"们"的合音）

广东阳江粤语：ŋɔ-ŋɔk、nei-niɛk、kʻei-kʻiɛk（与"各"的合音）

关于古汉语的人称代词，杨伯峻、何乐士（1992）指出："古人'我'、'吾'、'尔'、'女'诸词既可表示单数，也可表示数。"例如：

"二三子以我为隐乎，吾无隐乎尔"（《论语·述而》）

"秦之所以不敢加兵于赵者，徒以吾两人在也"（《史记·廉颇蔺相如列传》）

　　吕叔湘先生（1985）也说："单数和复数的区别在古代汉语里不受重视，尔我等字大率是可单可复。近代也还有这种情形：明明所指不止一个人，可是不加们字。"

　　那么，人们通常所说的复数式后缀究竟是怎么回事呢？

　　关于古代汉语的那些"复数形式"，日本学者太田辰夫（1987）有个十分中肯的说法："在古代汉语的人称代词后面加'侪'、'曹'、'属'、'等'、'辈'等的，乍一看，似乎可看作是它们的复数形。但如果好好看看这些复数形式就可以明白……不能把它们和现代汉语人称代名词的复数形看成同一的东西。"确实，古代汉语的"吾侪、我辈、尔等"指的是"集体"，"吾侪"是我所在的集体的指称，"尔等"是同你一类的人的统称。

　　东南方言至今还有许多这类表示"集体"的语素，也并非"复数"式的标记。例如闽语的"我侪、你侪、渠侪"（永安）、"汝辈、伊辈"（莆田），客家的"𠊎等、你等、渠等"（翁源）。其他方言的另一些说法还可以更有说服力地论证这一点：

梅县	𠊎等人	尔等人	渠等人
余干	我多人	你多人	渠多人
建瓯	我伙人	你伙人	渠伙人
上杭	𠊎大家人	你大家人	渠大家人
福州	我各侬	汝各侬	伊各侬
连城	我各连人	尔各连人	渠各连人　我各尔一伙人
	我各大家人		

这些后附成分都是意义很实在的词组。

　　中古以后，"我辈"演变为"我每"，后来又写为"我们"，声母的弱化标志着意义的虚化，开始有了复数式后缀的作用，与此同类的在东南方言有：

上海	阿拉	尔拉	渠拉
温州	我俫	尔俫	渠俫
双峰	我哩	你哩	他哩
广州	我哋	你哋	渠哋

　　然而这类后缀大多数还只能用于人称代词作为固定组合，而不能附加于称人名词之后。只有从"我们、你们"推广到"工人们、孩子们、军官们（普通话）"或"工人禾、学生禾（泰和）"才是真正虚化的复数式的标记。

　　因此，也许应该说：人称代词的复数标记，古人未有，东南方言少有，其生成始见于近代以来的官话。在现代西北方言还可以说"米们、白菜们、椅子们"，那是进一步发展了的、最典型的名词复数式词尾了。

3.3.4　关于"格"的范畴

　　研究上古汉语的学者普遍认为先秦的人称代词有"格"的分工。例如王力的《汉语史稿》就说："朕"和"乃"（而）只用于领格（后朕兼用于主格），"吾"用于主格和领格，"我"用于主格和宾格，"我"作宾语时"吾"作主，"吾"为领格"我"作主，"吾"从不用为宾语。"我"和"吾"、"女"和"乃"上古音都是双声的，韵母也十分相近，会不会是处于"宾语""定语"位置时的弱化、合音或变调呢？单凭文献资料是无法考察的。就已经罗列的事实看也不成系统，有的代词没有分别，与后代的代词之间也没有明显对应。因此，上古的人称代词有无"格"的不同，尚属猜测。

　　现代方言中有过类似"格"的变化的报道。

　　浙江海盐（通园）吴语第一、第三人称有两式（胡明扬, 1957）：

	第一式	第二式
我	ɦioʔn	u
渠	jiʔnei	i

　　第一式用于动词前作主语,第二式用于动词和介词之后作宾语。"如果前后都有动词,那么使用第一式或第二式决定于前面的动词和这个人称代词之间有没有语音上的停顿。如果有语音上的停顿就用第一式,如果没有语音上的停顿就用第二式。"

　　胡先生对自己的家乡话描写得十分入微。为我们的判断提供了充分的依据。看来,第一式是"我侬、渠侬",第二式是"我、渠",即第一式的简化、弱化形式。由于出现在动词之后又没有语音停顿,按一般规律,代词宾语读为轻声（弱读）,于是就出现了第二式。为什么第二人称没有这种"格"的变化？因为本来它就是单音词,这是最好的旁证。可见,这还是一种语音弱化现象,而不能称为"格"。熟悉英语而又研究语法有素的胡先生在这里却不轻易地给戴上"格"的帽子,真是表现了实事求是精神的大家风范。

　　也有研究者说,梅县客家话[ŋai-ŋa、nei-nia、ki-kia]是主宾格和领格的"形态变化"。严修鸿已经论证过,那是"偓、你、渠"与"家"的合音,是词汇手段而不是语法手段（严修鸿, 1998 第三届客方言研讨会论文）。

　　从近代汉语到现代方言还有一种用"复数式"充当"领格"的现象。例如：

　　你也好了,该放我回去瞧瞧我们那一个去了。(《红楼梦》57 回)

这是<u>我们</u>太太……<u>我们</u>太太来了。(《清代戏·儿女英雄传》)

上海话"人称代词用作亲友称谓的修饰语时,不管在逻辑上应该是单数或复数,往往都可以用复数形式"(许宝华、汤珍珠1988)。

海盐(通园)话"人称代词直接用作定语时表示亲属关系,在这种场合只能用复数的人称代词"(胡明扬,1957)。

这类"他们老弟他弟弟""我们老婆我老婆"的说法在不少方言都存在,闽南话也如此:

> 伊(他们)——伊翁(她丈夫)　恁(你们)——恁某(他妻子)
> 阮(我们)——阮公(我祖父)

语法学家吕叔湘先生对于这个现象也不用"格"的理论去解释,而是采用了文化的说解。他说:"由于种种心理作用,我们常有在单数意义的场所用复数形式的情形……例如一个人称他的学校为'我们学校'跟称之为'我的学校'是一样合理的,这个我们就是前面说过的'我和跟我同在一起的人'的意思。在过去中国社会家族的重要过于个人,因此凡是跟家族有关的事物,都不说我的,而说我们的、你们的。"其实何止家族,任何一个大小群体在中国人的心目中都是比个人都重要的,这就是中国文化中深层的"整体主义"观念。现实生活中到处都可以听到"咱们村""我们中国"一类的说法,都属于这种现象。

可见,关于"格"的分析是不合汉语语法的特点的。研究汉语方言的语法,最好不要见到某种类似的形式就迫不及待地拿印欧语法的概念来套。

附：东南方言 28 点人称代词对照表

说明：表中标音右上角数字为调类，1 表阴平、2 表阳平……0 表轻声，调类数之前为调值的五度标调符号，前者为本调，后者为变调，～表示两可的变调。汉字下的 ___ 表示合音。

普通话	苏州	上海	金华
我	我 ŋəu˩˧⁶ 奴 nəu˩˧⁶（老派）	我 ŋu˩˧⁶ ŋu˥˩¹	我 a˥˧³ 我侬 a˥˧³ noŋ˥˧³
你	倷女 nɛ˩˧⁶	侬 noŋ˩˧⁶	侬 noŋ˥˧³
您	同上	同上	同上
他	俚 li˥˩¹ 唔倷 n˥˩¹ nɛ˩˧⁶	渠 ɦi˩˧⁶	渠 gə˧˩ʔ⁸
我们	伲 n̩i˩˧⁶	阿拉 a˥˥⁷ lʌ˥˧¹ 伲 n̩i˩˧⁶ 我伲 ŋu˩˧⁶ n̩i˩˧⁶	我浪 a˥˧³ laŋ˩˧⁶
咱们			我自侬 a˥˥² zi˩˧⁶ laŋ˩³⁰ a˥˧³ ziaŋ˩˧⁶
你们	你笃 n̩˩˧⁶ toʔ˥˩⁷	倻 nʌ˩˧⁶	侬浪 noŋ˥˧³ laŋ˩˧⁶ 尔浪 naŋ˥˧³
他们	俚笃 li˥˩¹ toʔ˥˩⁷ 唔笃 n˥˩¹ toʔ˥˩⁷	渠拉 ɦi˩˧⁶ lʌ˥˧¹ 拉 lʌ˥˩⁸	渠浪 gəʔ˥˩⁸ laŋ˩˧⁶ ～ gaŋ˩˧²
自己	自家 zɿ˩˧⁶ kɒ˥˧¹	自 zɿ˩˧⁶ 自家 zɿ˩˧⁶ kʌ˥˧¹	自 zi˩˧⁶ ～ zɿ˩˧⁶
别人	人家 n̩in˩˧² kɒ˥˧¹ 别人 bɤʔ˥˩⁸ n̩in˩˧²	（别）人家 bə˩˧⁸ n̩in˩˧ ˩˧⁶ kʌ˥˧¹ 别人 bə˩˧⁸ n̩in˩˧⁶	别浪 bie˥˩⁸ laŋ˩³⁰ 别人 bie˥˩⁸ n̩iŋ˩˧⁶ 别个 bie˥˩⁸ kəʔ˩³⁰
大家	大家 da˩˧⁶ kɒ˥˧¹	大家 dʌ˩˧⁶ kʌ˥˧¹	大家 ta˩˧⁶ kua˥˧¹

普通话	温州	淳安	寿昌
我	我 ŋ˧˩⁴	我 vu˧˥³ 我侬 vu˧˥³ lɔm˧˥˧²	咱（侬）tsaʌ² nɔm˧˥⁵ 我（侬）ɑʌ⁴ nɔmʌ¹
你	你 ȵi˧˩⁴	尔 n˧˥³ 尔侬 n˧˥⁵ lɔm˧˥˧²	朕（侬）tsenʌ² nɔm˧˥⁵ 尔（侬）nʌ⁴ nɔmʌ⁵
您	同上	同上	同上
他	渠 gei˥˩²	渠 kʻɯ˧˥² 渠侬 kʻɯ˧˥² lɔm˧˥˧²	渠 kəɯʌ² 渠侬 kəɯʌ² nɔm˧˥⁵
我们	我侎 ŋ˧˩⁴ le˩⁰	我拉 ua˧˥˧³ la˧˥³	我拉 ɑ˥˩⁴ laʌ¹
咱们	我和你侎 ŋuɔ˧˩⁴ ȵi˩⁰ le˩⁰	我搭 ua˧˥˧³ taʔ˧˥⁷	咱拉 tsaʌ² laʌ¹
你们	你侎 ȵi˧˩⁴ le˩⁰	溇拉 lã˧˥˧³ la˧˥³	尔拉 n˧˥⁴ naʌ¹ 朕拉 tsenʌ² laʌ¹
他们	渠侎 gei˥˩² le˩⁰	渠 kʻɑ˥˩² 渠拉 kʻɯ˧˥˧² laʌ˧˥²	渠拉 kəɯʌ² laʌ¹
自己	自 ʐ˩˧⁶	自家 sȵa˧˥˧⁶ ko˧˥³	自家 sȵ˧˥⁵ kaʌ¹
别人	别侬 bi˩˧⁸ naŋ˩˧²		
大家	大家侬 dɑ˧˥˩⁶ ko˧˥˧¹ naŋ˩˧²	大家 tʻɑ˧˥˧⁶ ko˧˥³	大家 tʻaʌ⁵ kuaʌ¹

普通话	绩溪	黟县	长沙
我	我 ɔ↗³ 我仇 ɔ↗³ nʅ⁰	我 ŋa↘¹	我 ŋo↘³
你	尔 n↗³ 尔仇 n↗³ nʅ⁰	尔 n↗³	你 li↘³ ～ n↘³
您	同上	同上	同上
他	渠 ki⊣² 渠仇 ki⊣² nʅ⁰	渠 k'au⊣²	他 t'a⊣¹
我们	我人 ã↗³ lã⌐⁰	我侬 ŋa↘¹ naŋ⊣²	我们 ŋo↘³ mən⌐⁰
咱们	我搭尔 ɔ↘³ tɔʔ⁷ n↘³	我侬大家 ŋa↘¹ naŋ⊣² t'a⊣⁶ koʊ↘¹	同上
你们	尔人 n↘³ iã⌐⁰	尔侬 n↗³ naŋ⊣²	你们 li↘³ mən⌐⁰
他们	渠人 ki⊣² iã⌐⁰	渠侬 k'au⊣² naŋ⊣²	他们 t'a⊣¹ mən⌐⁰
自己	自家 sʅ⊣⁶ ko↘¹	自家 ts'ʅ⊣⁶ koɐ↘¹	自家 tsʅ↘⁶ ka⌐⁰
别人			别人 p'ie⊣¹ ko⊓⁵ 人家 zən⊣² ka⊣¹
大家	大家 t'ɔ↗⁶ ko↘¹	大家 t'a⊣⁶ koɐ⊣¹	大家 tai↘⁶ ka⊣¹

普通话	常德	娄底	双峰
我	我 uo↘³ 顽 uan↗²（可复数）	我 ŋ↘³	我 ŋu↘³ 卬 ɒŋ↘³
你	你 li↘³ lin↗²（可复数）	你 n↘³	你 n↘³
您	你家 li↘³ tɕia˥¹	你那家 n↘³ nã˦˧² ka˦˧²	同上
他	他 tʻa˥¹	他 tʻɔ˥¹	他 tʻo˥¹
我们	我们 uo↘³ mən↗²	我那 ŋ↘³ ŋa˦˧	我俚 ŋu↘³ li˦˧³ 卬俚 ɒŋ↘³ li˦˧³
咱们	同上	同上	同上
你们	你们 li↘³ mən˩⁰	你那 n↘³ nã˦˧²	你俚 n˥¹ li˦˧³
他们	他们 tʻa˥¹ mən˩⁰	他那 tʻɔ˥¹ nã˦˧²	他俚 tʻo˥¹ li˦˧³
自己	自己 tsɿ˥¹ tɕi↘³	自家 dzɿ˩¹ ka˦˧˩	自家 dzɿ˩⁶ ka˥¹
别人	人家 ŋən↗² tɕia˥¹	别个 pʻe↗² ku˥⁵	别家 pʻe↗⁵ ka˩⁰
大家	大家 ta˩³ tɕia˥¹	大私 da˩⁶ sɿ˦˧¹ 圈身 nuẽ↗² ɕin˦˧	圈身 lua↗² ɕiɛŋ˦˧¹

普通话	南昌	宜丰	余干
我	我 ŋɔ˩³	我 a˥	我（侬）ŋa˩¹ lɔŋ˩⁰
你	你 n̩˩³	你 n̩˥	你侬 n̩.i˩¹ lɔŋ˩⁰
您	同上	同上	同上
他	渠 tɕiɛ˩³	渠 tɕiɛ˥	渠侬 tɕiɛ˩² lɔŋ˩⁰
我们	我个哩 ŋɔ˩³ kɔ˥ li˩⁰ 我们 ŋɔ˩³ mən˩⁰	我哩 a˥ li˩³	我多人 ŋa˩¹ tə˩⁰ nien̩˩⁰
咱们	同上	我人 a˥ n̩.in˩⁰	同上
你们	你个哩 n̩˩³ kɔ˥ li˩⁰ 你们 n̩˩³ mən˩⁰	你哩 n̩˥ li˩³	你多人 n̩.i˩¹ tə˩⁰ n̩.ien̩˩⁰
他们	渠个哩 tɕiɛ˩³ kɔ˥ li˩⁰ 渠们 tɕiɛ˩³ mən˩⁰	渠哩 tɕiɛ˥ li˩³	渠多人 tɕiɛ˩² tə˩⁰ n̩.ien̩˩⁰
自己	自家人 tsʻɿ˩⁶ kan˩³	自家 tsʻu˥ ka˩⁰	自家人 tsʻɿ˩⁶ kan˩⁰
别人	人家 n̩.in˥ ka˩¹ 别个 pʻiɛt˩⁸ kɔ˩⁰	别人 pʻiɛt˩⁷ n̩.in˩⁰	人家 nən˩⁶ ka˩⁰ 别人 pʻiet˩⁷ nien̩˩⁰
大家	大家 tʻai˩⁶ ka˩¹	侪家 tɕʻi˩² ka˩⁰	大家 tʻai˩⁶ ka˩⁰

普通话	邵武	长汀	大余
我	伉 xaŋㄱ⁶	偓 ŋaiㄐ¹	偓 ŋaↃ³
你	偗 xɛnㄱ⁶	你 niㄐ¹	□ heↃ³
您	同上	同上	同上
他	俘 xuㄱ⁶	渠 keㄐ¹	渠 tɕiↃ³
我们	伉多 xaŋㄱ⁶ taiↃ⁰	偓侪们 ŋaiㄐ¹ ts'iㄐ² menↃ⁰	我侪们 ŋaↃ² tɕiənㄐ¹
咱们	俺多 ienↃ¹ taiↃ⁰	偓多人 ŋaiㄐ¹ taㄐ¹ nenㄐ²	同上
你们	偗多 xɛnㄱ⁶ taiↃ⁰	你侪们 niㄐ¹ ts'iㄐ² menↃ⁰	□侪们 heↃ³ tɕiənㄐ¹
他们	俘多 xuㄱ⁶ taiↃ⁰	渠侪们 keㄐ¹ ts'iㄐ² menↃ⁰	渠侪们 tɕiↃ³ tɕiənㄐ¹
自己	自家 t'iㄱ⁶ kaↃ⁷	自家 ts'iㄐ⁶ kaㄐ¹	自家 sㄋ¹ kaㄐ¹
别人	别人 p'ieㄱ⁶ ninↃ⁰	人家 nenↄ² kaㄐ¹	人家 lianↃ² kaㄐ¹
大家	大家 t'aiㄱ⁶ kaↃ⁰	大家 t'aiↃ⁶ kaㄐ¹	大侪家 t'æↄ⁶ sㄋↄ⁶ kaㄐ¹

普通话	梅州	揭西	福州
我	偓 ŋai˨˩	偓 ŋai˦˩	我 ŋuai˧˩ 侬家 nøyŋ˥˧˨ ŋa˦˩ 奴 nu˨
你	你 n˨	你 ŋ˦˨	汝 ny˧
您	同上	同上	同上
他	渠 ki˨˩	渠 ki˦˨	伊 i˦˩
我们	偓兜人 ŋai˨˩ tɛu˦˩ n̩in˨˩	偓兜侪 ŋai˦˨ tɛu˥ sa˦˩	我各侬 ŋuai˧ ku˧˩˥˧ nøyŋ˧
咱们	同上	同上	侬家各侬 nøyŋ˥˧˨ ŋa˦˩ kouʔ˧˩˥ nøyŋ˧
你们	你兜人 n˨ tɛu˦˩ n̩in˨˩	你兜侪 ŋi˦˨ tɛu˥ sa˦˩	汝各侬 ny˧ kouʔ˧˩˥ nøyŋ˧
他们	渠兜人 ki˨˩ tɛu˦˩ n̩in˨˩	渠兜侪 ki˦˨ tɛu˥ sa˦˩	伊各侬 i˦˩ kouʔ˧˩˥ nøyŋ˧
自己	自家 tsʻŋ˥ ka˦˩	自家 tsiŋ˥ ka˧	自家 tsi˧˩˥˦ a˦˩
别人	别人 pʻɛt˨ n̩in˨˩ 人家 n̩in˨˩ ka˦˩	别侪 pʻɛt˨ sa˦˩	别侬 peiʔ˧˩˥˨ nøyŋ˧ 伊侬 i˦˩ nøyŋ˧
大家	侪家 tsʻɛ˨˩ ka˦˩ 大家人 tʻai˥ ka˦˩ n̩in˨˩	侪家 tsʻɛi˦˨ ka˧	大家各侬 tai˧˩˥˦ a˦˩ kouʔ˧˩˥ nøyŋ˧

普通话	厦门	海口	建瓯
我	我 gua˪³	我 va˩³	我 uɛ˩⁸ ～ ŋuɛ˩⁸
你	女 li˩³	女 lu˩³	你 ni˩⁸
您	同上	同上	同上
他	伊 i˧¹	伊 i˩¹	渠 ky˩⁸
我们	阮 gun˩³	我侬 va˩³ naŋ˩²	我人 uɛ˩⁸ nein˧⁵ 我伙人 uɛ˩⁸ ua˧⁵ nein˧⁵
咱们	佮 lan˩³	侪 naŋ˩³ 侪侬 naŋ˩³ naŋ˩²	俺人 aŋ˩⁸ nein˧⁵ 俺伙人 aŋ˩⁸ ua˧⁵ nein˧⁵
你们	您 lin˩³	女侬 lu˩³ naŋ˩²	你（伙）人 ni˩⁸ ua˧⁵ enin˧⁵
他们	個 in˧¹	伊侬 i˩¹ naŋ˩²	渠伙人 ky˩⁸ ua˧⁵ nein˧⁵
自己	家自 ka˧ⁿ¹ ki˧⁶	家自 ka˧¹ ki˩¹	自自 tsu˩⁸ tsi˧⁶
别人	别侬 pat˧ⁿ⁸ laŋ˩² 侬 laŋ˧⁶	侬 naŋ˩² 别侬 ʔbak˧⁸ naŋ˩²	别人 piɛ˧⁶ nein˧⁵
大家	逐个侬 tak˧ⁿ⁸ ge˧ⁿ¹ laŋ˩² 大家 tai˧ⁿ⁶ ke˧¹	大家 ʔdia˩² kɛ˧¹	大家人 tuɛ˧⁶ ka˧¹ nein˧⁵

普通话	广州	阳江	化州	南宁
我	我 ŋɔ˩^{4}	我 ŋɔ˩^{3}	我 ŋɔ˦^{4}	我 ŋɔ˦^{4}
你	你 nei˦^{4}	你 nei˩^{3}	你 nɛi˦^{4}	你 ni˦^{4}
您	同上	同上	同上	同上
他	渠 kʻøy˦^{4}	渠 kʻei˦^{6}	渠 kʻøi˦^{4}	渠 ky˩^{2}
我们	我 ŋɔ˦^{4} tei˦^{6}	我各 ŋɔk˩^{3}	我呢 ŋɔ˦^{4} nɛ˦^{1}	我地 ŋɔ˦^{4} ti˦^{6}
咱们	同上	同上	□□ wɐŋ˦^{2} ŋɐn˦^{2}	同上
你们	你 nei˦^{4} tei˦^{6}	你各 niɛk˩^{3}	你呢 nei˦^{4} nɛ˦^{1}	你地 ni˦^{4} ti˦^{6}
他们	渠 kʻøy˦^{4} tei˦^{6}	渠各 kʻiɛk˩^{3}	渠呢 kʻøi˦^{4} nɛ˦^{1}	渠地 ky˩^{2} ti˦^{6}
自己	自己 tʃi˦^{6} kei˦^{3}	自己 tʃi˦^{6} kei˦^{3}	自己 tʻɛi˦^{6} kɛi˦^{1} 自家 tʻɛi˦^{6} ka˦^{1}	自己 tsi˦^{6} ki˦^{3}
别人	人 jɐn˦^{2} tei˦^{6}	人各 juk˩^{3}	人 n̩ɐn˦^{2}	人地 ŋɐn˦^{2} ti˦^{6}
大家	大家 tai˦^{6} ka˦	侪家 tsʻei˦^{6} ka˦^{1} 大家 tai˦^{6} ka˦^{1}	侪侪 tʻɐi˦^{2} tʻɐi˦^{2}	大侪 tai˦^{6} tsɐi˩^{2} 侪家 tsɐi˦^{6} ka˦^{1}

参考文献（包括方言材料取材范围）

北大中文系　1995　汉语方言词汇, 语文出版社。

黄伯荣主编　1996　汉语方言语法类编, 青岛出版社。

许宝华、汤珍珠主编　1988　上海市区方言志, 上海教育出版社。

黄典诚、李如龙主编　1998　福建省志·方言志, 方志出版社。

李如龙、张双庆主编　1992　客赣方言调查报告, 厦门大学出版社。

潘悟云　1999　论吴语的人称代词, 载《代词》, 暨南大学出版社。

钱乃荣　1992　当代吴语研究, 上海教育出版社。

平田昌司主编　1998　徽州方言研究, (日本)好文出版。

曹志耘　1996　严州方言研究, (日本)好文出版。

詹伯慧、张日升主编　1988　珠江三角洲方言词汇对照, 广东人民出版社。

陈昌仪　1991　赣方言概要, 江西教育出版社。

伍云姬主编　1996　湖南方言的动态助词, 湖南师大出版社。

陈泽平　1998　福州方言研究, 福建人民出版社。

鲍厚星　1998　东安土话研究, 湖南教育出版社。

王　力　1980　汉语史稿, 中华书局。

太田辰夫　1987　中国语历史文法, 北京大学出版社。

杨伯峻、何乐士　1992　古汉语语法及其发展, 语文出版社。

吕叔湘　1985　近代汉语指代词, 学林出版社。

袁家骅等　1983　汉语方言概要, 文字改革出版社。

胡明扬　1957　海盐通圆方言的代词,《中国语文》第6期。

项梦冰　1997　连城客家话语法研究, 语文出版社。

饶长溶　1989　福建长汀客语的人称代词,《中国语文》第3期。

李如龙、张双庆主编　1999　《代词》, 暨南大学出版社。

游汝杰　1995　吴语里的人称代词,《吴语和闽语的比较研究》, 上海教育出版社。

李　健　1996　化州粤语概说, 天津古籍出版社。

（现代汉语方言大词典各分卷恕未一一开列）

（本文曾在2000年"东南方言比较研究"

武夷山会议上宣读过）

论不对应词及其比较研究

一　关于词汇的比较研究

历来关于语言的比较研究多半侧重于语音和语法,这显然是由于语音和语法有更强的而且比较单一的系统性。不论是语言之间或者方言之间,语音和语法的差异都比较容易进行系统的考察,特点也比较容易归纳和表述;词汇的单位多,而且牵连到语音、语义、语法和语用,词汇的系统是多元而复杂的。应该说,词汇的比较研究比语音、语法更难。

然而词汇的比较研究并非无关紧要。不同语言之间词汇差异是显性的,而且数量庞大,类型繁多。不同民族之间是否有亲缘关系,有没有相当批量的处于核心地位的而又常用的同源词,就是最重要的依据之一。语言间的接触是否引起了质变,同一民族的语言在不同历史时期和不同分布地域的变异是否造成系统的变异,相异词汇的比例大小也应该是考察的重点。

词汇的比较研究必须从考察词汇的异同入手。由于词汇的存在总有一定的语音形式和语义内容,在言语应用中又和语法组合及语用变异相联系,词汇差异的比较便应该有多种视角,不能就词汇论词汇。

从语音方面看,因音别义的各种异读(包括文白异读、别义异读、广州话的语素变调)、多音词的各种连音变读(变声、变韵、变调、轻声、儿化、小称音变等）都和词汇的意义和形式相关，不论是古今汉语或南北方言之间，差异都是很大的。

在语义方面，不论是词汇意义或者是语法意义，不同的语言和方言之间，差异更是普遍存在的，就汉语的情况说，不同的方言间几乎找不到完全的等义词。词汇意义有"所指对象"的不同（"手"是否包括胳臂），义项的不同（吴语"笑死人"说"笑煞人"，闽语"鼻"指"鼻涕"和"嗅、闻"），引申义的不同（四川话的"安逸"可表示"舒服、合适、轻松、精彩、美观和满意"等），还有更多更灵活的修辞意义：语体（书面和口头，正式和随便等），色彩（褒贬、爱憎、避讳等），语用（根据交际对象和情景的不同所采取的用词变异）。语法意义在词义上的反映，主要是表示不同词性的语法意义，例如"把"在官话可做量词、动词和介词，"去"在闽语可做动词、表趋向和表结果的补语；还有的词语在不同组合中表示不同的关系意义。例如"有"在闽、粤语可用在动词前或后，如："有看""看有"。

在语法方面，不论是古今汉语或南北方言，词的构成方式常有不同。有时是单双音的差异："见、看见"，"雅、文雅"；有时是重叠式或附加式的不同："架、架子、架架"，"好、好好、好好好"，"弟、老弟、弟弟、弟儿"，"鼻、鼻鼻、鼻子、鼻头、鼻哥、鼻公"，"糊涂、糊涂涂、糊糊涂涂、糊里糊涂、稀里糊涂"。有时是语素次序不同："热闹、闹热"，"公鸡、鸡公"。

布龙菲尔德早就说过："每一个词汇形式都在两个方面同语法形式相联系。一方面，词汇形式即使抽象地取其本身，也表现出有意义的语法结构，如果它是一个复杂形式，它表现出某种词法的或者句法的结构；如果它是一个词素，它也可以表现出词法上的特征……另一方面，在任何一段实际的话语里的词汇形式，作为一个具体的语言形式，总是伴有某种语法形式的：它在某种功能中出现，而这些出现的特权整个儿组成了这个词汇形式的语法功能。"① 可见,比较词汇的差异不能不包括语法意义和语法功能。

方言词汇的比较研究,除了以上所说的语音、语义和语法的差异之外,我在《论汉语方言的词汇差异》②一文中,还强调了方言词汇之间的源流差异和价值差异。

源流差异就是纵向的词汇比较,在同个语系或同个语言之中,有古代通语或方言的传承或变异,也必然有方言的创新,还会有通语和方言之间或不同方言之间的接触互动所造成的借用、并用或替用(行—行走—走—跑,闻—听闻—听,视—睇—看—瞧—望);在不同语言之间有接触和融合造成的"底层"词和外来词(闽语称村子为"坂",可能是古代壮侗语的底层,西北方言的"糌粑"应该是藏语的借词,粤语的"的士、士担、燕梳"则是英语的借词)。

所谓价值差异指的是不同语言或方言之间相对应的词的使用频度的不同和构词能力的不同。例如普通话说"打",闽方言说"拍",各自都是常用的动词,构词能力也都很强,"打"在闽南话只用作量词和表示"承包"义的动词,在其他场合,都把普通话的"打"说成"拍";在普通话,据《现汉》,"拍"构词 14 条,"打"构词 179 条。又如长汀客家话多说"岭"少说"山",普通话"岭"字领头只有"岭南"一说,"山"字领头可以构词 86 条。常用度高、构词能力强,往往就是该语言中的基本词汇,反之则是一般词汇。基本词汇和一般词汇是语言的词汇系统中最重要的界限,研究价值差异,分清词的常用度和构词能力,显然是考察词汇差异的重要项目。

上述文章发表二十多年了,关于汉语方言的词汇差异的这五种分类:源流差异、意义差异、构词差异、价值差异和音变差异,现在看来还

---

① 《语言论》第 373 页,袁家骅、赵世开、甘世福译,商务印书馆,1980 年。
② 载《语文研究》,1982 年第 2 期。

是站得住脚的。源流差异就是词源的比较,意义差异就是词义的比较,构词差异就是词法的比较,价值差异是词值的比较,音变差异则是词音的比较。

然而,这五种词汇比较,总的说来都只是相对应词的比较,下文所要讨论的是语言或方言之间的不相对应词的比较研究。

二　不对应词及其类型

1."不对应词"的界定

所谓"不对应词",就是对比的语言或方言之间,一方有的词在另一方找不到相对应的词,要表示相对应的意思,只能用词组来表达,所以也可以说这是语词的不对应,或者说是"词"和"语"之别。同样的意思,一方用一个明确的概念来表达,另一方则没有相应的明确概念,而是用另外的方法来描写或说明,这是概念的不对应。同样的概念,用"词"或用"语"来表示,是从语言方面说的"不对应词";没有明确的对应概念,虽然也可以用其他方法来表达,是从逻辑方面说的"不对应词"。简单地说,"不对应词"就是比较两种语言时一边是词,一边不成词。

现代语言学研究语言,总是着重于口语的研究,尤其是方言,通常只有口头形式。普通话里的许许多多书面语词,即使用方音读出来,如果没有进入口语,也不能认为是方言,并没有成为"不对应"。例如"深深、高深、加深、深山、深浅、深入、深交、深刻"。如果读方言音也很难进入方言口语,方言口语中也没有相对应的说法,本文也不认为是不对应的词汇。例如"艰深、精深、幽深、湛深、纵深、资深、深奥、深层、深长、深沉、深广、深闺、深究、深厚、深化、深情、深秋、深思、深谈、深邃、深通、深望、深省、深意、深远、深渊、深重、深挚”。本文所说的“不对应词”是就口语的层面说的。

词汇差异和词义差异不同。词义上的不对应不是本文所说的“不对应词”。例如，普通话说“生气”（他生气了，他很生气），也说“气”（气得要命，他气我）；厦门话说“受气”（伊受气了：他生气了），也说“气”（伊野气：他很生气），还说“气受”（伊气受我：他气我），这是词义上的交叉关系，并没有构成“生气、受气”和“气”这些词之间的“不对应”关系。

多个同义词之中，有的方言多些，有的方言少，有的用这个，有的用那个。例如“男人、老公、当家的、老爹们、外头人、丈夫侬、男的”等等，其实这些不同的说法也只是词义色彩（陪义）的不同而不是概念的不对应。因此，这种差异也不是不对应词的关系。

用不同的语素或构词方式造词，同样的概念各地可以有很多不同的说法，这是造词法的不对应，而不是词和概念的不对应。例如“冰棍儿、冰棒、棒冰、雪条、雪枝、冰条、冰箸”等，说的都是同样的东西，也都是可以单独成词的。有些造词法的差异有时很像是“词”和“语”的差异，其实是同样的概念用不同的感受来表达。例如“口渴”，武汉、成都、合肥说“口干”，扬州、苏州说“嘴干”，温州说“口燥”。“干、燥、渴”，意思相同，感觉都在口、嘴；梅州说“肚渴”，广州说“颈渴”，潮州说“喉干”，则是感到“渴”的具体部位的不同。粥“稠”官话说“稠”，苏州话说“厚”，着重于说明“米粒多”；成都、长沙说“酽”，建瓯、双峰说“浓”，厦门说“洘”（《广韵》洘：水干），则都是着重于“米汤少”。“打闪”这种自然现象，不同地方的人们从自己看到的现象作了各种不同的理解和表述，如：焰刀（建瓯）、扯闪（长沙）、扯火闪（成都）、闪龙（温州）、睏火蛇（梅州）、天闪（阳江）、抽电（双峰）。又如“上坟”也有各种说法：拜坟（长沙）、挂青（双峰）、挂纸（南昌、梅州）、拜山（广州）、祀地（梅州，地：坟也）、铲山（阳江）、醮冢（建瓯）。这些不同的说法在方言中都还是当成一个词来用的（有的可能是离合词）。这种"同一语言的同一事物的不同名称，其语素义跟事物特征的联系不同"，有的学者称为"属性陪义—理据义"的差异。[①] 总之，这几种情况都只有词义差别，不是词汇差别，因而也不是"不对应词"。

不同语言之间也有许多不对应词，情况更加复杂，brother 既不是哥哥、不是弟弟，也不是哥哥和弟弟，而是哥哥或弟弟；boy 既是孩子、儿子、少年、男孩，也指稚气的青年、服务员、仆人、情人、军人。临高话的 da^1 指"眼睛"，"电珠"也说 da^1dian^2（电眼），"秤星"也说 $da^1səŋ^3$（秤眼），"踝"说 da^1kok^7（脚眼）。对于不同语言之间的不对应词，应该另行研究。本文只讨论汉语内部的不对应词。

古今汉语之间由于词汇语法的变化也会造成"词—语"不对应或者概念的不对应，这种不对应是历史演变造成的，不属于词语生成时的原来状况，例如，"睡觉"的原意在唐代是"睡醒"，后来只是"睡"；"还"原意是"回还"，后来分说"回来、回去"；"蔽"的含义后来分化为"遮蔽、隐蔽"；"可行"原是两个词，表示"可以走"，后来成为一个词，表示"可以实行"。这类古今的差异是不同历史时代词义的分化，也不是本文所讨论的"不对应词"。

2. 普通话的词在方言中不成对应的

普通话的口语词在方言中没有相对应的词比较少，造成这种情况的原因是多样的。有的是分说和合说的不同，例如：

"早饭、午饭、晚饭"在南部吴语、闽语、客家话和一些粤语中不能单说，只能连着动词"吃"说。这可能是因为东南方言的"食早、食昼、食夜"等说法如果不说"食"只说单音的"早、昼、夜"不成词，或者会

---

① 参见张志毅、张庆云《词汇语义学》第44页，商务印书馆，2001年。

造成含混。

　　"闭嘴、回家"在许多方言没有相应的说法，前者说"莫讲、嫑讲、免说"等，后者说"转屋企"（广州）、"转到屋里向"（上海）、"倒去厝里"（厦门）；或者分解为"回来、回去"（"翻来、翻去"，"转来、转去"，"倒来、倒去"）。这种不带方向的"回家"和比较粗暴的说法"闭嘴"，可能是后起的。这两个词在普通话里还都是"离合词"，不是结合得很紧，可以为此做个注解。

　　"告诉（告送）"的说法通行于官话区和吴、湘、赣语，在不少其他方言不成词，"告诉你"要说成"给你讲"（合肥）、"话你知"（广州）、"共汝讲"（福州）。"告诉"的说法大概也是后起的，古汉语就是说"告之""语汝"的。还有，普通话的"个子、老乡"在闽南话里没有对应词，只有分说的词：论个子大小要说"大股、细股"；论高矮要说"躼骹、矮仔"。"老乡"按方音读，只是借用普通话的说法，地道的方言说"乡里侬"，文雅一点说"乡亲"。

　　多数官话区说的"我们、你们、他们"（有的还合成一个音节wom、nim、tam），在宋元时期经常说成"我辈、你辈"。据吕叔湘先生研究，"们"就是从"辈"音变来的（闽语莆田话"你们"至今还说"汝辈"，可以为证）。在一些南方方言，这几个代词还没有形成后缀，南昌说"我个里、你个里"，梅州说"我等人、你等人"，福州说"我各人、汝各人"，建瓯说"我伙人、你伙人"。闽西的上杭话还有更长的说法"催大家人、你大家人"。

　　以上都是概念相同，但有"词—语"之别的"不对应"。

　　人类为概念命名反映了人们对客观世界的认识和分类，如果认识和分类的考察点不同，就会有不同的命名法，甚至造成"词"与"语"的不对应。例如，肯定和否定就是两种思维和分类的取向，有些概念的不对应就是由于这种取向的不同造成的。这种情形在人们的语义理解中虽然是"相反相成"的，类似于相同的概念，但是往往既有理据意义的差异, 也有"词"和"语"的"不对应"。例如"忘、忘记、忘了", 是正面的判断,"记不倒(成都)、不记得(长沙)、唔记得(广州)、无记得(阳江)"是反面的说明;"掉了、丢了、失了、落脱"是肯定的说法,"无见(阳江)、拍唔见(厦门)"是否定的说法;"外行"是正面的说法,"不在行(武汉)、不里手(长沙)、唔在行(广州)"是反面的说法。说刀"钝(苏州、广州、厦门)、笨(成都)"是肯定说法,"不快(北京、武汉)、黆利(福州)"是否定说法;"丑、难看、怯视(厦门)、惊人(建瓯)、生得呆(福州)"是肯定的说法,"不好看(武汉)、不心疼(西安)、不客气(南昌)"是否定的说法;"忙"是正面肯定,"无闲(厦门)、唔闲(潮州)、唔得闲(广州)"是反面否定;"生病、害病、病了、病去(福州)"是肯定说法,"不舒服、不好受、不受活(西安)、不好(成都)、不好过(梅州)、唔好(潮州)、无自在(阳江)、唔自然(长沙)"则是否定说法。

以上这些都是普通话有、方言里没有的"概念有无"的不对应。

3. 方言词在普通话不成对应的

在方言里有更多的词在普通话或者其他方言里没有相对应的说法, 这都是一些方言特有的创新词, 也往往是很重要的特征词。为什么方言词在通语不对应的比通语词在方言不对应的多呢? 这显然是因为通语影响方言大, 而方言对通语的影响小。

这些方言特有的创新词有的是运用与通语共有的常用语素构成, 用来表示某一个特有的概念的, 于是有的就成了与通语或其他方言的"同形异义"词。仅以"上、下"两个常用语素为例, 在《现代汉语方言大词典》中就收了下列各条某些方言与通语及外地方言不成对应的创新词:

上山: 忻州话专指"上山凿石头的工种"

上水: 温州话专指"龙舟下水, 竞渡开始", 哈尔滨指"水上运动开始"

　　上弄：牟平话指"主动与人建立友好关系"

　　上身：厦门话指"鬼神或灵魂附着于人身而开始发出异常动作"

　　上岸：苏州话专指"船只上水进行大修"

　　上床：扬州专指"坐月子"

　　上契：广州话指"拜认干娘"

　　上茬：哈尔滨话指"炕席烧煳了"

　　上后：西安话指"上厕所"

　　上棚：上海话指"鸡鸭傍晚回巢归圈"

　　下南：厦门话指"冬季天气回暖"

　　下妇：娄底话指"品质低劣的女人"

　　下茬：银川话指"肯下力气，能拉下脸、不讲情面地办事"

　　下茶：扬州话指"到女家送定亲礼物"

　　下话：成都、西安、银川、乌鲁木齐话指"说好话向人求情"

　　下门：徐州话指"商店开门营业"，南京话指"牌桌上坐在庄家左侧的人"

　　下风：黎川话指"风吹向的一方"

　　下活：南京话专指"在澡堂里干修脚、捶腿一类的活"，武汉话指"洗马桶"

　　下杂：成都话指"劣等的供食用的动物内脏"

　　下堂：娄底话指"女人离婚"，柳州话指"改嫁"

　　方言的创新词之所以会成为与其他方言或通语不成对应的特色词，是因为这些词都是在方言地区特定的地理环境和社会生活中根据实际需要创造出来的。

　　各地的地理通名中都有许多反映本地的地形、地貌的特色词，在其他地方很难找到相对应的词。例如北方官话地区有：

　　塬：黄土高原的台地，四周有流水冲刷的沟，顶上平坦，边缘
陡峭，见于晋陕一带
　　峁：高原上的丘陵地貌，范围比塬小，晋陕用作山名和村名
　　崮：四面陡峭、顶部稍平的山，多见于鲁东南
　　峪：山谷地形，用作山名或村名，分布于华北和西北地区

客家山村的一些通名也与外地不成对应：

嶂：高耸如屏的山	崠：高而有峰顶的山
窝：低洼地	坜：山沟、水沟、山谷、水渠
坝：河旁沙地	坪：大片平地，也称"平洋"

　　吴方言地区有浦、浜、泾等，清人魏源《东南七郡水利略叙》云：
"江所不能遽泄者，则亚而为浦、为港、为渠、为溇、为洪、泾、浜、潆，凡
千有奇。"绍兴一带的河网地区的浦（水滨）、港（河汊）、溇（小河）、潆
（盲肠河）、埠（码头）、塰（小土堤）、堰（堤岸）也很具特色。
　　粤方言的珠江三角洲最常见的地理通名是涌（水边的村庄）、滘
（分叉的河道）、塱（水边地势低平的地方）。据国家语委汉字组的一次
调查，广东省内带"涌"字地名有 2585 处，带"滘"字地名有 269 处，带
"塱"字地名有 1088 处。
　　与地理相关的方言特色词还有表示方位以及同方位有关的词。例如：
　　关内、关外、河东、河西、岭南、岭北、江南、江北、塞上、塞外、关
中、坝上、岭下、临河、湖内之类的地片名和村名到处都有，所指的地片
有多大，则是各地约定俗成的。明清时代福建省有八个府，省城的人把

它分成上、下四府，于是福州话里就用"下府、下四府、下路、下南"来指称闽南、闽西地区，并且还有一系列相关的特色词，如："下府人、下路人、下南鬼（贬义）"指闽南人，"下南粿"指闽南做的年糕。

有些方言的特色词是在特定的社会生活中由于特定的需要或根据长期的习俗形成的价值观念创造出来的。例如粤港地区的一些词就很有这种地方特色：

冲凉：淋浴，不论用凉水或热水，都说冲凉

好冻：论天气，不分凉、冷、冻，一概说冻

揸车：自己驾驶私家车（不同于"开车"）

泊车：必须向停车场付费的停车（不与"停车"对应）

游车河：坐在汽车上慢悠悠地沿着街道观赏城市风光

观音兵：喜欢讨好女性并努力为之效劳的男人

发烧友：对某个并非自己所从事的专业的强烈的爱好和追求

利市：送人红包希冀得到好运，特别是有发财的希望

卖广告：支付广告费，以图多卖商品获得利润

唔聚财：使人看起来不顺眼的人或事（只有聚财才是使人看得顺眼的）

着数：合算，还占点便宜（只有占便宜才是符合账目的要求的）

客家方言里一些反映风土民俗的词语也很有特色，在外地方言不能对应：

炒鸡酒：公鸡炒姜加酒煮成，坐月子用

冬至肉：冬至日所制烟熏肉

围龙屋：三进旧式民居

四角楼：一种方形围屋，角上有炮楼

带路鸡：迎亲时所带的一对公鸡和母鸡

挂尾蔗：回门时所带连尾甘蔗

洗三朝：婴儿出生三天用草药水洗澡

穷鬼日：正月初三于路口烧垃圾，以示送走穷鬼

有些方言的特有词是从方言区历史上的人物的言行和事件衍生出来的。例如：

孔夫子的家乡曲阜至今还说"子曰儿"，意思是"说话在理"；金华吴语则把"只说空话、不干实事的人"称为"伯嚭"，那就是他们所熟知的这位越国宰相的品性。戚继光曾经在闽东沿海指挥抗倭，后来的福州人为了纪念他，就把日常所吃的大小烧饼叫作"光饼、征东饼"。云南的"过桥米线"则是从一个美妙的传说提炼出来的。

有些方言的基本词汇，因为常用和具有较强的派生能力，就衍生出了许多特色词，这里只举闽南话数例。

常用词"有、无"构成的特色词：

有影：真的，有这回事	无影：不是真的，没这回事
有盘：合算，能占便宜	无盘：不合算，要亏本
有路：对某种食物有爱好	无路：对某种食物不感兴趣
有额：收获或购买的东西数量足	无额：东西数量不足
有博：有得拼，有希望	无博：没得拼，没希望
有空：家产富足，有趣	无空：手头不宽裕，没趣
有势：有势力，有本事	无势：没本事

常用方言词"唔、乌、否、拍"构成的特色词：

唔通：不可以，不要（别）　　　　唔过心：过意不去

唔知侬：不省人事，昏迷不行，休克　　唔八：不认识，不曾

唔是空：不是闹着玩儿的，不是玩意儿　乌青：皮下出血

乌暗眩：一时眩晕，不省人事　　　乌焦寒：阴天时干燥又寒冷

乌焦瘦：又黑又瘦

乌白讲：胡说八道

否势：不好意思　　　　　　　　否空：情况不妙

否目色：眼力不足，不善于辨别善恶　否命：命运不好

否喙斗：挑食，吃东西挑挑拣拣，爱说粗话　否死：脾气不好

拍邀：打转，绕圈子　　　　　　拍通套：串通预谋

拍拼：拼搏，使劲干　　　　　　拍无疑：趁其不备

拍拄直：两清，谁也不欠谁的　　拍唔见：丢失了，不见了

还有更多的方言词成为不对应词，是因为用修辞造词法造出来的特色词。以广州话为例：

白鸽眼：对上逢迎、对下高傲的人　白鼻哥：考试落第的人

爆棚：观众或顾客过多而拥挤不堪　爆火：大发脾气

大送：吃饭时吃菜多　　　　　　大嘢：态度傲慢

豆皮：麻脸的人　　　　　　　　飞鼠：蝙蝠

吊钟：一种花　　　　　　　　　饭铲头：眼镜蛇

火烛：失火，火灾　　　　　　　放水：私下给人方便

奸赖猫：耍赖皮　　　　　　　　跟尾狗：无主见、跟人走的人

蟹爪笔：小楷笔　　　　　　　　好死：待人好（含贬义）

好闲：态度坚决而冷淡　　　　　好人事：好心肠，态度和蔼

腊肠裤：一种裤管特小的裤子　　赖猫君：耍无赖的人

客家话里一些描述人品的词语也往往运用比喻,难与外方言形成对应,例如:

憨牯:贬称不明事理、智力差的人　　大番薯:对愚笨者的贬称

纠风鬼:詈称喜怒无常者　　　　　　蛮牯:詈称顽童、淘气包

搭带货:好说下流话的人　　　　　　嬲告嫲:游手好闲的妇人

那么,方言里的不对应词究竟有多少?现在还很难估计。因为词典所收的方言词有宽有窄。如果按照一般的词汇表格去做调查,特色词就出不来,如果兼收了大量和普通话相同的词,不对应词也就会相对收得少些。下文的数据是选取《福州方言词典》(李如龙等编,1994)所做的抽样调查。这本词典不收和普通话相同的词。在该书的前90页(A、B、C、D)四个字母开头的1637条总词目中,共查出了与普通话不对应的词条481条。根据这个数据,不对应词的比例竟达29.38%。这里略举一些例子,从中也可以体会到方言的特色词是如何命名、如何成词的,为什么会同其他方言及通语造成"不对应"?请看:

巴结体:善于巴结别人的人　　　扒宝、扒抠:贪婪地捞取不
　　　　　　　　　　　　　　　　　　属于自己的财物

爬爬跳:焦急、发怒而坐卧不安　百日里:人死后百日之内
　　　　　　　　　　　　　　　　　(戴孝的期限)

白头孙:年长于叔父的侄儿　　　白老鼠:身无分文的人

白露烘:白露节气期间的闷　　　白目拗:不驯服、爱顶撞的人
热天气

平八:彻底完蛋,事态不可收拾　平洋:大片平坦的水田

平正:(东西)质量差　　　　　　病痞:(小儿)发育不良,长
　　　　　　　　　　　　　　　　不大

病钱使：害病般的贪婪地捞取钱财　病吐泻：上吐下泻，也用来
　　　　　　　　　　　　　　　　　　咒骂人

八字伯：略微识字就爱卖弄的人　拔直：平躺着舒展四肢

拔老鼠尾：抓阄儿的一种　　　　拔索尾：为了讨好人而随声
　　　　　　　　　　　　　　　　附和

办酒仔：一种模仿大人办酒席的儿　避眼：避人耳目
童游戏

扁担刀：为打人而挥舞的扁担　　扁肉燕：瘦肉和芡粉做皮所
　　　　　　　　　　　　　　　　包的馄饨

便箸：客气地劝客人将就着吃　　褒比：说奉承的话讨好人

菠菠粿：一种清明节吃的粿　　　报亡：死人入殓前做的法事

抱头：死人入殓时由孝男抱头　　抱稳：做事有成功的保证

腹里明：心知肚明　　　　　　　搬舵：使船向左转的掌舵动作

盘数面：一副老干吃亏事的模样　肥伯：老年的胖子

补眠：因睡眠不足而白天小睡　　房桶房：专放马桶的小房间

晡时：午后的雷阵雨　　　　　　半咸淡：半咸不淡，又喻指语
　　　　　　　　　　　　　　　　言不纯正

半年间：形容时间很长　　　　　肥块：肥肉居多的肉块

搬戏台板：戏散后的清理工作，　半阑成：事情做了一半
也喻处理善后

三　必须重视不对应词汇的比较研究

　　不对应词汇以往研究的不多，一来因为这方面的词汇还没有深入发掘，二来也因为缺少比较考察和分析研究。一直以来，方言调查和语言调查都是用预先编好的调查表格作为底本去调查的，汉语方言的词汇调

查表往往是以普通话为依据编制的，方言里的特色词如果在普通话里没有相对应的条目，自然就收不进去。民族语言调查也是以某一民族的词目作参考而制定的表格，也必定会遗漏许多不对应词汇的词目。然而正是这些词目应该是方言和民族语言调查的重点，因为这些词汇反映了语言和方言的最重要的特点。词汇的形成有不同的地理和历史背景，就像不同的庄稼长在不同的土壤和气候条件下一样，不调查这类词，就很难反映方言词汇的主要特点。经验证明，只调查一些最常用的词汇，例如"天地、山水、人物、手脚、猪狗、上下、早晚、大小、长短、来去、一二三、不、无"等，往往只能显示语系之间、关系疏远的语言之间以及相隔年代久远的古代和现代语言之间的差异。掌握的特色词越多，就越能区别关系相近的语言和方言。汉语方言的分区至今还有不少争议，对方言之间的亲疏远近关系也理解得各不相同，一部分原因就在于方言特色词发掘得不够，已经发掘了一些也没有进行认真的归纳和分析。

不对应词汇研究深入了，不但可以使我们对语言和方言的词汇特点理解得透彻，而且对研究地域文化、地方历史、风俗习惯等也有重要的意义。不仅如此，语词的形成反映了使用该语言的人们对客观世界的认知过程、认知方式和认知水平，"不对应词"的调查和比较研究必定也能给认知语言学的研究提供很多很好的新鲜材料。

汉语方言的调查研究已经有近百年的历史了，汉语方言的深入研究对于汉语史、汉藏语研究、汉语语言学研究乃至普通语言学都有重要意义，这也已经成为大家的共识，调查方言词汇还总是依赖现有的调查表，停留于数百条、三两千条的规模上，显然是不能符合要求的了。

为了扩大方言词汇的调查，充分发掘不对应词，可以吸收人类语言学的经验，把语言调查和人类学、社会学、民族学的调查结合起来，从该地区的地理环境和文化背景出发，分门别类，逐项进行深入的调查。诸如地形、地貌的名称，各种遗址、古建筑及其传说故事，特有植被及其物产，日常食物及其制作过程和用具，各色民居和建筑的有关名称和术语，种种新旧服饰、交通工具及其零件的名称和制作过程的术语，日常起居、四时节日、生老病死、婚丧喜庆、风俗习惯、宗教迷信活动等方面都有大量的名物和术语。儿歌、童谣、山歌、谚语、民间故事、神话传说、本地历史人物的故事等长篇语料也应该大量地调查收集，因为这类语料往往可以补充词汇调查的不足。

参考文献

北京大学中国语言文学系语言学教研室　1995　《汉语方言词汇》，北京：语文出版社。

李荣主编　2002　《现代汉语方言大词典》，南京：江苏教育出版社。

孙常叙　1956　《汉语词汇》，长春：吉林人民出版社。

张志毅、张庆云　2001　《词汇语义学》，北京：商务印书馆。

李如龙　1982　《论汉语方言的词汇差异》，《语文研究》第 2 期。

李如龙　1998　《汉语地名学论稿》，上海：上海教育出版社。

李如龙、梁玉璋、邹光椿、陈泽平　1994　《福州方言词典》，福州：福建人民出版社。

（本文 2006 年 12 月 25 日在上海师范大学语言研究所举办的
"东亚语言比较国际研讨会"上宣读过）

补述：方言里蕴藏的"不对应词汇"数量一定是很大的。近些年来陆续出版的"中国语言文化典藏"（曹志耘主编，商务印书馆，2017—2022 年）各方言卷中已有初步展示，值得从中总结调查整理和编写的经验，继续开展大规模的调查研究。现代化的时代大潮滚滚向前，这些历史文化遗产积存下来的宝贵的语言资产是历代劳动人民精神劳动的成果，值得我们珍视。眼看着这些方言词汇就要被强大的共同语所同化、所淘汰，我们应该抓紧抢救它、保存它。

论汉语方言的类型学研究

一 必须对方言作全方位、多视角的研究

以往的汉语方言研究总是从记录字音、词汇入手，描写方言的语音系统时，拿它和中古音以及现代普通话语音系统作比较，说明方言语音的特点；整理词汇、语法材料时则通常只拿普通话作参照系，说明该方言的词汇系统和语法系统的特点。这种研究对于认识单个方言的特征是有效的。因为中古音（广韵系统）作为书面语的标准音曾经统治中国文坛一千年，在中古时期，这个语音系统是有代表性的；对于各地方言也确实有过长时期的不同程度的影响。而普通话也是影响最大的最有代表性的现代汉语，拿这两种参照系来考察方言材料，确能对方言特点获得许多认识。

随着时间的推移，我们对方言事实的了解越来越广泛，也越来越深入了，考察语言现象也增添了各种新的视角和方法，调查研究汉语方言的这套传统模式就逐渐显出了它的缺陷。

首先，中古汉语并非现代各方言的共同的祖语。应该说，汉语的方言多数在汉唐之际就形成了，像湘、赣、吴、闽、粤诸方言都还可以追寻到先秦时代楚、吴、越、南楚等古方言的源流。还应该指出，正像南北方汉人身上都混有其他民族的血统一样，南北的各种方言在形成和发展过程中也杂有其他原住民族或人主中华的民族的语言成分。因此，

中古汉语和现代各方言的关系并非直接的继承关系或单一的延续关系，而是历史上的一种横向的渗透关系：作为书面的共同语，对于各种方言的口语总是要施加着某种影响。其实，《广韵》系统究竟是不是中古时期共同语的语音系统，至今还有争议。可见，中古音只能作为参照系，帮助人们了解方言语音系统的特点，而不能作为考察方音流变的出发点。

其次，就横向的渗透说，历史上不但有共同语对方言的影响，而且势必还有方言之间的相互影响。从地理方面说，邻近的方言由于社会生活的接触，甚至通行双方言，方言之间的相互渗透是不可避免的。例如湘方言的北面和西面都是官话，在交通发达的铁路沿线的新湘语已经和官话相差无几，北片吴语和赣语同下江官话相互穿插（例如南通有吴语，九江则有赣语），利用长江密切交往，官话的影响也是很明显的。从历史上说，大多数方言区在发展过程中都经历过辗转和周折。例如客家先民从中原拔足之后，就经过了长江南北、鄱阳湖周围的栖止和闽西赣南的停留，然后进入岭南的。在社会动荡、战乱频仍、灾荒不断的年代，许多方言区都有过人口锐减、迁徙、外移或别方言区的人大量加入的历史。湘方言区不但有东部长廊十几个县蜕变为赣方言，连腹心地区的老湘语也含有大量赣语的特征，这就是两宋时期赣人大批西迁入湘的结果。某个方言区的人迁往他处，形成方言岛，这也是经常可以发现的事实，在包围方言的影响之下，这些方言岛也必定发生变化。可见，由于横向渗透的普遍存在，任何方言都有一定程度的混合性质。对于汉语来说，纯之又纯的"谱系树"状的方言分化实际上是不存在的。说某方言是某方言的前身，方言间有"堂兄弟、叔侄"关系等都不是科学的说法。可见，透过方言和中古音的比较来说明方言的特点一定存在局限性，这是历史比较法的先天缺陷决定的。

　　由于受到方法论的局限，传统的方言研究着重于音韵学关于音类的分合的比较，对方言差异也缺乏科学的认识，好像方言只是一些"殊方异语"，一些或多或少的语音、词汇和语法的差异，把方言和方言差异等同起来。关于"汉语方言的差异主要表现在语音"的说法一直很有市场。结构主义在西方流行之后，中国学者也运用它来研究汉语，但多半用来分析普通话，尤其是书面语的语法，似乎方言口语是不适用这种研究方法的。

　　诚然，方言和共同语之间，方言与方言之间确是"同中有异、异中有同"的，然而这些同异的成分总是整合成为一个完整的自足的体系，任何方言都可以进行系统的结构分析。就语音来说，方言的语音系统之中不仅有古今音类分合和音值演变的特点，而且有声韵调组合的特定规律。最近十几年来对于方言语音系统的研究还跳出"字音"的框框，揭示大量为了表达语义的需要而发生的音节内外的许多变声、变韵、变调的规律；至于方言词汇和语法，也应该有自己的结构体系，只是我们至今还缺乏深入的研究。只要是还在社会生活中使用着的方言，不论它通行面多大，使用人口多少，都应该把它作为一个结构体系来研究。对于语言来说，任何体系的研究价值都是同等的。汉语方言的研究，必须跳出寻求方言差异、概括方言特点的圈子，真正把方言作为一个完整的结构体系来研究。

　　最近一二十年间的汉语方言学的研究视野确实正在逐渐地扩大着，除了注意到音义间的各种复杂关系以及方言语法的比较外，有些学者还考察了方言的变异：同一个方言区里新老派的差别；有的注意到了方言地区的双方言现象；有的学者探讨了方言地区的移民史和方言的形成分布的关系；有的则研究方言词语所反映的地域文化的特征。这些社会语言学、文化语言学的研究是很值得鼓励的。因为汉语的方言历史长、品种多、差异大、情况十分复杂，只有进行全方位、多视角的研究，才能如实地理解汉语方言的真面貌，而多方面的成功研究一定可以为汉语语言学乃至整个语言学的研究提供宝贵的材料，形成崭新的理论。

二　很有必要提倡方言的类型学研究

那么，从"历史比较"走出来的汉语方言学怎样才能登上自己的新台阶呢？我以为很有必要提倡对各种方言进行比较的类型学研究。

方言既然是同一语言的地域变异，既然是"同中有异、异中有同"，拿活生生的方言材料作比较，便应该是方言学的基本方法。

从历史方面说，方言是语言分化的结果，不同时期所形成的方言总是直接或间接地反映了不同时代的语言结构特点，因此不同地域的方言差异往往是不同历史时代语言演变的折射。因此，只要把各种方言都做了比较，人们就一定可以获得丰富的语言史知识。"礼之失求诸野"，汉语方言比较研究成绩越好，汉语史的结论就越有说服力。可见，真正的历史比较也不能是只拿一种方言和中古音、中古汉语作比较，而应该是就多种方言做比较。

从共时方面说，方言不但受到共同语的一定制约，而且总要和周边方言乃至不同的语言发生相互的交流。交流越多，彼此间就有越多的类同。拿邻近的方言做比较，我们便可以了解它们之间的这种渗透关系，探寻方言间相互影响的规律，也才能理解许多方言特点的来龙去脉。

从整个汉语来说，对现代方言所做的比较研究越多，我们对古今汉语发展的历史规律及现代汉语共时结构规律的认识应该就会更加接近事实。试想，关于汉语史的叙述如果未能解释已知的方言事实，关于现代汉语的结构体系的描述，如果未能涵盖已知的方言事实。例如说

"广韵的一等韵不可以有齐齿呼的读法",说"现代汉语只有i、u、y可以当韵头,只有-i、-u可以当韵尾",这就都是管不住方言事实了。侯韵不是在许多方言读齐齿呼吗? i u ɯ y 在方言中当韵头韵尾的都并不少见。这样的理论研究还有什么可取的呢? 就这一点而言,方言的比较研究不光是方言学的事,也是把整个汉语语言学的研究提升到新的高度的关键。

汉语方言材料浩如烟海,全面系统地进行具体字音、词汇的比较不但是办不到的,也未必能够达到揭示汉语的演变规律和结构规律的目的。字音对照表、词汇对照表是可贵的基础资料,有了它,学者可以看到多种方言共现在一个共时平面上的概貌,从中发现进一步比较研究的题目。愿意花时间编制出材料可靠的此类对照表,是值得人们敬佩的,然而如果选点欠妥,条目不当,材料不详,这种对照表也可能使人误入歧途。为了集中有限的人力物力,使方言比较研究更快见效,我主张选择若干要项进行类型比较。前几年关于连读变调的调查和比较以及反复问句的比较研究,就正是这类富于启发性的类型比较研究,为我们创造了一些经验,可惜我们并没有把类型比较进一步深入下去,至今汉语方言变调的类型还没有归纳出来。

顾名思义,类型学研究着眼于类型。当然,在不同的类型中也要注意不同的数量分布,从而看出不同类型的主次轻重来,但更重要的是把类型差别视为质的差异,对于不同类型的现象要尽力发掘,力求不遗漏。可以说,类型学的方法是一种以简驭繁的方法。这种方法对材料繁多的汉语特别重要,特别有效。当然,如果我们对汉语方言还知之甚少,类型学研究是无从谈起的,就少量的材料勉强地归纳类型则难免挂一漏万。但是,如果我们已经发掘了不少的材料,而不及时地转入类型研究,我们就会止步不前,重复简单的劳动。现在来提倡类型研究是必要的、适时的。

　　比较项目的选取是类型研究成败的关键。选取比较的项目既要符合学科理论框架和方法论的要求，也要搜集已有材料做分析，如果已有材料不足，则还必须进行适当的抽样调查。例如句子诸成分的语序是汉语语法的敏感地带，其中动词同时带有宾语和补语的否定式，在不同方言中就发现有多种语序：找不到他／找他不到／找不他到，这就可以作为一个比较的项目。在不同的层面、不同的层次上，为了说明不同的问题，比较项目可大可小。例如有无全浊声母是一种比较，可以从中看到不同方言声母系统的大格局。全浊塞音清化之后读为送气或不送气，全浊擦音清化后读不读塞擦音，也都是一种比较，是分项的比较。

　　比较不同的方言事实，最重要是划分类型。用不同的语言事实归纳出不同的类型，这就是研究工作的一大突破。因为它把无序的杂处变成有序的排列，使平面的罗列变成两极的对照，在两极之间还显示了不同的层次。例如"找不到他"等不同说法就可以分出先宾后补和先补后宾两种类型。分出否定词和补语是分离的还是连用的两种类型。

　　划分类型时必须尽量采取二分法，找到对立的两极，才能揭示事物的本质，因为任何事物都是"相反相成"的。当然，在现实生活中，两极之外，还有各种中介现象，在一个大的类型之中可能还有小的类型差异，因而实际上的类型往往又是多样的。平面地列举多样的类型和找出两极后为各种中介定位，这是两种不同深度的认识。例如对于古全浊塞音今读，可以平面地罗列出各种情况：全读浊音（老湘语）、清音浊流（吴语）、全读送气清音（客、赣语）、全读不送气清音（新湘语）、多不送气、少送气（闽语、徽语）、平声送气仄声不送气（官话）、平声和部分上声字送气、去入不送气（粤语），这样的类型归纳还只是初级的归纳，还是无序的排列。采用二分法可以做如下排列：

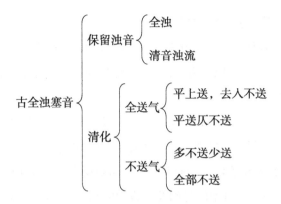

这样的有序排列不但可以看出纵向的流向，而且可以看出横向的亲疏。

下文试罗列几种汉语方言类型比较研究的项目，据所知的部分方言事实作些说明，希望收到抛砖引玉之效。本文所用材料除本人调查之外，还参考了其他学者提到的材料，因未详加罗列一概未注明出处。

三 汉语方言的共时结构类型

先讨论各方言的语音的共时结构类型。

就语音系统的构成说，各方言的声韵调分类的多少有很大的差别。从中就可分出许多不同的类型。例如：

声母类别的多少，显然可分为多声型和少声型。保留浊音声母的吴方言和湘方言声母都在 28 个以上，属多声型，浊音清化而无翘舌音的闽、粤、客、赣诸方言声母通常在 15—17 个之间（粤方言的 j、w、ø 和客赣方言的 ŋ- 之间均无音位对立），其他北方方言介于二者之间。

韵母类别多少也有对立的两极，保留多种阳声韵、入声韵尾的闽粤客赣等方言通常有 60—80 甚至更多的韵类，而鼻音尾合并、塞音尾脱落的南方方言韵类最少，通常在 35 个左右（如温州、双峰、建瓯），北方话加上儿化韵,韵类介于二者之间。

声调的类别闽、粤、吴方言最多,7—10,以 7、8 居多,是为多调型;官话区最少,3—5,以 4 为常,是为少调型;湘、客赣介于二者之间,一般是 6—7 调。

并不是所有声、韵、调类都可以组合成音节。在声韵调的配搭关系中有自由型和限制型之别。自由型的全方位的配搭组合往往是因为声韵调类别较少,语音演变中有几个不同历史层次的成分并存(叠置)于共时系统之中,最典型的是闽北方言建瓯话,15 个声母,34 个韵母,6 个声调,组成音节时不能搭配的空格很少,唇音声母可配合口呼、撮口呼韵母(例如:分 puiŋ[1],斧 py[3]);舌尖音声母也可拼齐撮呼韵母(例如:除 ty[3],钱 tsiŋ[5]);鼻韵尾韵可出现在入声调(例如:蛋 taŋ[7],这训读 iɔŋ[7],饯 tsiaŋ[8],状 tsɔŋ[8])。限制型的往往出现在声韵调类别多或语音历史层次较少的方言,如带塞音韵尾字一般都只见于入声韵(吴、闽、客、赣诸方言如此),浊声母字通常只见于阳调类(吴、湘方言如此),而有 tʂ、tɕ 对立的总是 tʂ 拼开合呼韵,tɕ 拼齐撮呼韵(官话如此)。

近十几年来许多方言工作者发掘出来的方言变声、变韵和变调等现象反映了方言结构体系多音组合的总体特征,表现了不同方言之间的重要差异,也是进行方言类型研究的重要课题。

两汉以来,联合、偏正、动宾、述补等双音合成词成为主流,不论是共同语或方言,双音词的比例越来越大。变声、变韵、变调等连读音变首先正是在双音词里产生的。正是适应着两个以上的语素意义凝固成一个整体概念的需要,几个音节之间发生了连读音变,把几个音节胶合成一个完整的音组。变声、变韵、变调、轻声、儿化都是这种反映语义整合的语音的胶着。然而在这点上,不同的方言的表现是很不相同的,胶合的程度不同,胶合的方法各异。就胶合程度的不同说,可以归纳为聚合型和离散型。像多数客家话和粤方言,多音连读后声韵调变得很少，是为离散型；像福州话，变声、变韵、变调兼而有之，吴方言的变调规律十分繁复，是为聚合型。就胶合的方式说，北方方言多轻声儿化，变调较为简单，湘赣方言多轻声，少变调，不同方言各有不同的表现。

从词的构成说，汉语方言中有的富于各种词形变化，例如重叠式、半重叠式、附加式（前缀、中缀、后缀），以及由实词虚化而来的黏着的词尾（或称助词）。借用语法的术语说，这类方言可称为黏着型。另一些方言则缺乏这些变化，是为孤立型。相对而言，北方方言属于黏着型，各种重叠式普遍存在：爷爷、个个、头头、好好、怪怪、混混、想一想、想了想、常常、高兴高兴、软绵绵、团团转、稀里糊涂。晋方言还有桌桌、钱钱、豆角角、汤盅盅、牛牛车、绳绳索索等说法。北方话词尾"子、儿、头、的（的字结构里）"用得十分广泛，晋方言则有常用的词头"圪"（圪台、圪团子、圪吵、铁圪蛋、圪腻、圪吱、圪抽圪扯、水圪泡泡、圪等、圪爬，等等）。此外北方话还普遍有虚化的词尾（或称助词）"的、地、得、着、了、过"等。相当于普通话的时态助词，在一些南方方言里不论是吴语的"脱"、赣语的"呱啦"或客家话"稳"、闽语的"着"，意义还没有完全虚化，结构上也不太黏着。功能上并非专用，语音也未必读为轻声。

有些南方方言在局部范围内也有表现为"黏着"的。例如闽语福州话的动词有不少准重叠式：嘟噜（悬挂）、扒啦（扒动）、基铰基噜铰（乱剪一气）。但从总体上说，东南方言是相对"孤立"的。

在方言语音发展的过程中，不同时期的共同语都会对方言施加不同程度的影响。由于这个影响的不同，方言语音的共时体系也有明显的类型差异：有的方言有系统的文白异读，反映了多种不同历史层次的语音的叠置，可以称为叠置型；有的则是个别字的读音不合一般对应，可以称为变读型。闽方言普遍存在着文白两个系统的字音对立，是叠置型的典型，其他一些方言只有局部的字音变读。例如非组字读音在客家则只有局部字有文白f—p、pʰ的对应（痱、肥、扶、分），又如见系二等字在吴语较多的字有k、kʰ、h—tɕ、tɕʰ、ɕ的文白对应，（家、教、觉、敲、虾、夹、恰、江、讲、艰、闲）在北方话里就只有个别字的反映（如地名中刘家庄的"家"白读ka）。

在方言词汇的共时系统中，有些方言含有"底层词"、外来词、邻近方言的借用和大量的套用共同语的语词。凡是方言词中各类外来影响少的可称单纯型，外来影响多的则是驳杂型。南方方言中"底层"成分和外来词（英语借词）粤方言最多，这是一种驳杂；沿着长江的吴、赣、湘诸方言点接收了大量官话词语而放弃固有的方言说法（如不说"渠"而说"他"，不说"徛"而说"立""站"，不说"着"而说"穿"），这是另一种驳杂。某些内向型的中心城市（如福州）或与外地交往不多的乡间（如闽北、赣东、浙南）方言词汇则比较稳定，不易接受外来影响，因而呈现单纯型的词汇特征。

在语法比较研究方面，从1993年起，一群中外的中青年学者连续数年举办了东南方言语法比较研讨会，就动词的体、动词谓语句、代词、介词和否定词等从类型比较，先后出版了五本论文集。之后还有湖南方言的语法比较，为方言语法的比较创造了一些有益的经验。不过，由于研究还不够深入，语法类型的归纳还未成熟。

四　汉语方言的历时演变类型

各方言的语音、词汇、语法的历时演变都有不同的类型。

关于方言语音在历时演变过程中所处的地位和演变的方向可以按声韵调各方面分项区分类型。

就浊音声母的演变说，有清音型和浊音型。正如大家所知，老湘语和吴语是浊音型，大多数北方话是清音型，不但全浊声母清化了，连次浊声母（微、疑、云，以及日母部分字）也清化为零声母。闽粤客赣诸方言全浊清化，次浊仍多读浊音（例如粤语微母字读 m-，疑母字读 ŋ-；客赣语微、云母字读 v-，疑、日母字读 -ŋ、-ɲ）；闽语福州话在连读变声中还有清音浊化的新趋向，即除首音节外，后置音节的清声母大多变成了相应的浊声母（例如头先方才 tʰa lɛiŋ，旧底以前 ku lɛ）。

就声母发音方法说，各方言有塞音化和塞擦音化两种类型。湘赣方言的一些点把不少知章精组字都读 t、tʰ 声母（例如双峰粥 tiu、张 toŋ；南城竹、粥 tuʔ，杂、察 tʰaiʔ），这是塞音型；北方方言、吴方言见系声母腭化，k→tɕ，是塞擦音型。

韵母的元音组合有单元音化和复元音化两种类型。多种高元音（i、u、y、ɯ）充当韵头韵尾，构成了复元音型，大多数北方话属于此型。单元音型的方言或合并、脱落韵头，如湘、赣、客、粤诸方言（长沙：岁 sei 顿 tən，双峰：光 koŋ；广州：端 tyn，快 fai，赶 kɔn，翁源：乖挂 kai，官关 kan，括刮 kat）；或脱落韵尾，如吴方言等（矮、快、招、要，苏州分别是：æ、kʰua、tsæ、iæ，温州分别是：a、kʰa、tɕiɛ、iɛ）。

古代汉语带鼻音韵尾的阳声韵和带塞音韵尾的入声韵到了现代方言有强化、弱化两种类型。强化型基本保留古音的格局，有 -m、-n、-ŋ、-p、-t、-k 等韵尾，如客方言、粤方言。弱化型又有两种表现形态，一是合并简化，如官话 -m 并入 -n；吴方言、闽东方言 -p、-t、-k 并为 -ʔ。另一种弱化表现为鼻音尾和塞音尾的脱落。吴语、徽语的古阳声韵走的是经鼻化而脱落的路，闽南方言、闽西赣南客家话、部分湘方言也有阳声韵读为鼻化韵的现象；官话、徽语、湘语则普遍把古塞音韵尾脱落，是入声韵尾弱化消失的典型。

至于古今声调的演变，则有简化型和繁化型两种。官话调类多为四个或不到四个，属简化型；晋语及诸南方方言保留入声调的方言调类都在五个以上，多数按古清浊分为阴阳两类声调，赣方言里有按送气不送气分调的类型,粤方言还有按元音长短分调的,其调类多达 9—10 个,是繁化的典型。

说汉语词汇的演变古时候单音词多,现代则双音、多音的词越来越多,这大概不会有人反对。就现代汉语诸方言说,有的单音词多,有的单音词较少,姑且称之为单音型和多音型之别。

缺乏词头词尾的方言单音词就比词头词尾多样化的方言多。例如"屋、猴、叔、侄、被、帐、衫、裤、柿、茄、蜂、兔、房、桌"等官话区一般都不单说,而在许多南方方言里都可单说。方言词保留古代汉语的说法的也有不少是单音词,在其他方言里往往已演变为复音词。例如,知(道)、(甘)蔗、尾(巴)、嘴(巴)、(脚)爪、咳(嗽)、(脸)面、味(道)、(气)味、(颜)色、目、眼(睛)、窗(户)、(蚂)蚁、(禾)苗、藻(浮萍)、秆(稻草)、衣(胎盘)、櫼(楔子)、过、惹(传染)、惊(害怕)、鼎(铁锅)、索(绳子)、粟(稻谷)、饮(饭汤)、箸(筷子),等等。

早年创新的方言词也有不少是单音的,例如,团(儿子)、崽(孩子)、毛(东西)、靓(漂亮)、啱(合适)、悭(吝啬)。

关于语法,上文提过的黏着型和孤立型的对立从历时的角度看也是不同历史阶段的产物,词头、词尾、助词等黏着型的构词形式,一般认为是宋元以来的近代汉语逐渐产生的。

在句法方面,众所周知,语序是汉语句法的重要区别手段。桥本万太郎教授曾指出,南方方言有不少谓词短语的"顺行结构"的句型,北方方言则更多是"逆行结构",他又指出了名词短语的修饰语有前置后置两种类型,把这二者联系起来可以区分出偏正型和后补型两种类型。

就谓词短语的语序来说,官话属于偏正型,如把他骗了/他先走/快点儿说,把宾语或补语提到动词之前作为动词的修饰成分;南方方言则通常说:骗了他/他走先/说快点儿,把修饰成分置于动词之后作为宾语或补语。桥本万太郎还论证了后补型(顺行结构)是古代汉语传下来的（霜叶红于二月花／劳力者治于人），偏正型（逆行结构）则是后起的现象。

名词性短语在官话方言也属偏正型，都是古代汉语继承下来的（客人、干菜、公猪、中国国之中、中心心中），南方方言多有后补式说法（人客、菜干、猪公）则可能是壮侗语接触影响的结果。

五　联系历史研究方言的文化类型

以上讨论的共时结构类型和历时演变类型都是从语言内部所作的研究。除此之外，对方言的研究还可以从外部考察方言与历史文化的关系，考察社会背景对方言差异的分布、使用和演变的制约，这类考察也同样可以看到各种明显对立的两种类型。从文化视角考察的这些类型可以称为"文化类型"。

从方言分布的内部差异说，有的方言内部差异较小，形成中心点并对周围小方言发生深广的影响，这是向心型方言；有的方言区内部差异大，并没有形成中心，也没有具备代表性的口音，是为离心型方言。一般说来，人口密集、交通便易，商品经济比较发达并形成了较大城市的地方，其方言往往是向心的；人口稀少的山区，交通不便，自然经济占主体，没有大城市的地方，其方言往往是离心的。除此之外，历史上有没有发生过大规模的人口流动和行政管辖的变化，有没有形成特有的地域文化和富于凝聚力的社会群体，也是决定方言区的向心或离心的重要因素。

粤方言是典型的向心型方言。数千万说"白话"的人都共同以广州话为标准。这种方言不但有完整的口语表达，还可以诵读书面语，写作文绉绉的唱词，还有整套文字书写的系统。除广东省少数地区差异较大外，各地粤语均可通话，至于流传到东南亚、美洲的"白话"，其口音和用词的一致性，简直令人难以置信。

皖南的徽语、浙江南部的吴语和闽中腹地的闽语都是离心型方言，这些地方都是经济较不发达的山区，缺乏大城市作为政治文化中心，未形成有代表性的方言，内部差异比较大。有时一个方言区内部可以向心和离心的两区并存。吴语的北片是向心的，南片则是离心的，客家话南片（粤东）是向心的，北片（闽西赣南）是离心的。

从社会生活中使用的情况说，有的方言是活跃型的，有的则是萎缩型的。活跃型的方言在社会生活中的应用是全方位的，像香港的粤语甚至可以用来写小说、印书，可以应用于大学讲台。在与其他方言共处竞争中，这种方言是强势方言，往往要扩张自己的地盘和使用者，并使其他弱势方言接受自己的影响。广东省的客家话区和闽语区的人都在学习使用粤方言，就是这种情况。至于与共同语的关系，活跃型方言也难免要经常套用共同语的新词术语，尤其是政治生活和科技领域的用语，但是在语音上、语法上就表现得很保守，固有的方言词也很难放弃。

萎缩型的方言是弱势方言，在社会生活的应用中呈萎缩状态。首先，在许多场合普通话普及了（例如学校、政府机关、企事业、公共场所等），方言便退缩到家庭生活和人们的个别交往的场所。例如闽北地区，城镇里已出现了不少本地人组成的"普通话家庭"（在家里也说普通话），有些青少年说不清本地话了，在农村连不识字的老年人也可通晓普通话。尚在使用方言的人则大量放弃方言词，套用普通话语词甚至夹用普通话。在与强势方言并用或交往时弱势方言往往让位给强势方言。广东境内不但在闽语区和客家话区的市场上充斥着"白话"，连边远的白话县份，例如云浮、封开等地本地口音也只是保留在老年人口中，年轻人说的全是模仿来的说得不太标准的广州话。

像湘赣方言那样，不断放弃独特的方言成分而大量接受普通话的影响，这也是方言的另一种模式的萎缩。久而久之，所谓的"新湘语"

和湘人所说的普通话就模糊难辨、合而为一了。

纵向地考察方言的演变，可以看到稳固型和变异型之别。稳固型方言不但古今变化慢，继承前代语言成分多，历来受共同语或其他方言的渗透也少；变异型方言则固守少、创新多，容易受共同语或强势方言的影响，同一个时代的人之中，老中青三代人口音以及遣词造句都有明显差异。

一般说来，向心型的大方言区较为稳定，离心型的小方言区多变得快；活跃型的强势方言变得慢，萎缩型的弱势方言变得快。东南方言中，闽、粤、客是稳固的，湘、赣是变异的，吴方言则北片是变异的、南片是稳固的。闽语福州话明朝末年就编有韵书《戚林八音》，其声韵调系统三百多年来并无明显的变化，至今方言曲艺作者还在用它作为合辙押韵的依据。而有些方言岛由于受包围方言和普通话的影响，老年人和青年人的音系可以相差二十多个韵。

六　方言类型学研究的意义

汉语方言的类型学研究有多方面的意义。

汉语方言的类型学研究是汉语方言的综合比较研究，因为各项比较都经过类型的归纳，就使比较的结论带有理论上的穷尽性，各个比较项目的比较结果的综合，便是现代汉语方言的共时系统。就像一个棋盘上所画的诸多纵横坐标，把一种方言在诸多的类型中准确地定型、定位，该方言在整个汉语方言中的地位及其特点便可以准确而全面地展现出来了。如果说用中古音为参照系来描写方言特点就像物理学的投影画像的话，类型比较的定性定位便是全面的化学分析的数据总和。

有了全方位的类型分析，各方言之间（包括区与区之间、点与点之间）的关系便可以显现出不同的层次。同类型之间还有典型的极端、不典型的非极端以及模糊的中介。只有这种立体化的层次关系才能全面地反映出各方言之间的亲疏、远近的关系。可以说，汉语方言类型研究是彻底解决汉语方言分区的根本出路。

方言之间的同异无非是出于纵向的源流关系（同源关系、同流关系），或出于横向的渗透关系（共同语的影响、方言间的相互影响）。把方言间的类型分析（定型、定位）用古今语言发展的基本结论和最重要的方言区地方史料来加以检验，便不难区别两种异同的性质。这样，全部类型比较的材料又可以纳入纵横两个坐标，为我们提供另外两个方面的结论：一是该方言在历史演变中所处的地位及其与其他方言的源流关系；一是该方言在共处中与其他方言所发生的相互渗透的状况。

方言的类型学研究使我们对各方言的现状、性格特征以及形成这些状况的缘由都有了准确而全面的了解，这样，对于我们按照实际情况制订合理可行的语言规划和语言政策无疑有极大的好处。很明显，对不同文化类型的方言地区应该实行不同的政策和计划，例如已经处于萎缩的方言即使不提倡推广普通话，方言也行将消磨殆尽，作为历史文化遗产的方言还是应该给予一定的活动空间，不要再挤兑它们了；而在活跃型的强势方言区，"推普"的口号不宜过于强调，但所采取的措施却必须十分得力。

有了汉语方言的系统的全面的类型学比较，就可以着手于汉语方言学的理论建设了。汉语方言的历史形成，汉语方言的现实分区，汉语方言的语音结构、词汇系统、语法系统，包括它们的共同规律和方言间的差异，方言与共同语之间的相互作用及其规律，方言的演变与社会历史文化之间的关系，不论哪个课题都可以从类型比较中获得基本的答案。汉语方言不但拥有以十多亿计的使用人口，而且品种多、历史长，真有取之不竭的资料。在广泛的材料基础上，运用类型学的方法，同中求异，异中求同，去粗存精，由表及里，这样建立的汉语方言学必能为汉语语言学乃至普通语言学做出巨大的贡献。

（本文 1995 年 6 月在美国威斯康星大学举行的第四届国际汉语语言学会议［ICCL］暨第七届北美汉语语言学会议［NACCL］上宣读，后发表在《暨南学报》1996 年第 2 期）

论闽语与吴语、客赣语的关系

关于闽语与吴语的关系，近些年来引起许多学者的注意。越来越多的材料说明闽语和吴语在语音方面和词汇方面都有不少共同的特点，这些共同点究竟是说明吴闽方言的源流关系还是地缘相近所造成的渗透关系？如果有源流关系，反映的是什么时代的现象，吴语和闽语会不会是单一的承继关系（如有些学者说的闽语来自吴语）？闽语和周边的客赣语又是什么样的关系？看来，还需要在更广泛的范围内做纵横两面的分析才能弄清楚。本文希望为解释这些问题提供某些思路和根据。

一 闽语和吴语的语音比较

关于浙南吴语语音上与闽语的相同特点，六十年代以来，陆续有不少学者做过比较分析。李荣（1965）所指出的匣母字读如群母，金有景（1964）所列述的三四等洪细读音不同，丁邦新（1988）所分析的舌上读为舌头，都已为人们所熟知。潘悟云（1995）在继承前人研究成果的基础上进行了相当全面的考察。他把浙南温处方言中所见闽语的语音特点归纳为十二条，其中不但有音类分混的历史层次的分析，而且针对一批方言中的特征词的特殊音变做了共时的比较和音理的说明，可以说是一次系统的总结和精彩的发挥。这十二条语音特点中包括：

属于音类分混的六类：

① 擦音字读塞擦音（心、邪、书、禅读为［ts、ts‘］），例如："笑、鼠、斜"。

② 知组读为端组，例如："猪、中、肠、张、桌"。

③ 庄组读如端组，例如："睁"。

④ 匣母读如群母，例如："厚、含、糊、猴、寒"。

⑤ 一等豪韵和二等肴韵不混，读为［au/a］，音变过程十分相似。

⑥ 三等字读同相对的一等的音。例如："斧＝补，流＝楼，长＝堂"。

关于庄组字读为［t、t‘］，确实是闽语中沉积很深的特点，各地例字不一、总数不过 10 字，但都是口语中方言词用字，例如：

福州	睁 taŋ¹	锄 t‘y²	事 tai⁶	缩 t‘øyʔ⁷	滓 tai³
建瓯	睁 tiaŋ¹	锄 t‘y⁵	事 ti⁶		
泉州	睁 ti¹ 后～	创 t‘ɔŋ⁵ ～治：作弄			

不过，温州话的"vu² 侬"是不是"过侬"，还须进一步研究。"过人"的说法在闽语中并不普遍，闽南说"相渡""渡着""渡侬"，闽北说"惹人"。从温州话看，［vu²］读阳平不好解释，"过"有平声"古禾切"属见母音不合，《广韵》注："经也，又过所也。"闽语有此音（福州 kuai¹，厦门 kua¹），义亦合"路过停留；瓜果过时而不嫩"。温州话的［vu²］也许是"糊"。

属于音值特点的有五条：

① 歌韵字有读［-i］尾的，例如："萝、我、大、簸"等。

② 某些上古幽觉部字读为［-u］，例如："跑、搅"。

③ 四等韵读为洪音，例如："捩、慧"。

④ 鱼韵读为开口，例如："煮、锯、鱼、去、处、姥"。

⑤ 通摄读为非圆唇元音（aŋ、ɔŋ、eŋ 等）。

　　上古幽部字在闽语确有读[u]韵的，如厦门话的读音："浮、妇、富、久、韭、灸、臼、舅、旧、柩、牛"。"搅"在上古属觉部，与幽部可能韵腹相同，但在闽语又有白读音[ka]（如说"搅吵""滚搅"）。温州话和福州话同音的[ku]如解释为"鼓"亦无不可。"摇唇鼓舌"，"鼓之以雷霆"不就是搅动的意思吗？

　　此外，还有一条说的是闽语"鸡角"的"角"是"公"的小称音变残留的形式。这个说法比较勉强。表示动物性别的词缀由于意义的抽象化有时会带来音变。"鸡公"说"鸡角"（福州、厦门），"牛公"说"牛㧣"（厦门）、"牛牯"（永春）都是这类"一音之转"，可以用"阳入对转""因音别义"来解释，恐怕与来自"子、儿、团"等表小的词缀的弱化合音形式（小称音变）是属于不同性质的语音现象。从全国方言的总体情况来看，表小词缀的兴起，儿化、小称的形式应是晚近的事，不会是中古以前存留下来的。应该说，除了这几点，潘悟云（1995）归纳的十一条都是很有说服力的。

　　关于闽语和吴语的语音方面的共同点，本文提出三条补充：

　　第一，关于全浊声母的存废。

　　如所共知，吴语是以保存全浊声母为其首要语音特征的，而大多数闽语则是全浊已经清化，多数字读为不送气清音、少数口语常用字则读为送气音。从大多数方言点的总体情况来看，把它作为闽、吴两大方言的重要区别特征，是可以成立的。然而在另一面，我们还应该知道，有相反的另一种局面：吴语的边远点全浊声母已经清化，而闽语的边区则还或多或少地保存着全浊声母。

　　据吕叔湘（1993），处于吴语北端的丹阳方言已经大体上不保留全浊声母了。现有的z声母只拼[ɿ]韵，且只有"儿、二"两个字；v声母字稍多，只拼部分开合呼韵，包含着古音的微（尾、未、武）、匣（户、淮、回）、疑（梧、伍、吴）、云（违、王、位）、影（温、汪、威）等声类，实际上是合口呼半元音 w 的一种变体。和"保留全浊声母"已经是属于不同性质的语音现象了。

据傅国通等（1985），浙南温州片和丽衢片的南部边沿县份以及赣东北的吴语有不少点全浊声母已经不同程度地清化，和福建交界的龙泉、庆元、泰顺各点甚至清化得相当彻底。例如庆元、泰顺：排[p-]，沉[ts-]，甜、蹄[t-]，重[tɕ-]；龙泉：船、谁、神[ɕ-]，罪、锄[s-]；开化：沉[t-]；缙云：锄[s-]；广丰：肠[s-]。

据曹志耘（1996），浙西严州方言"古全浊声母全部清化"。有人把这一片方言划归徽语，但曹志耘认为，"建德话和寿昌话跟吴语比较接近，尤其是它们的文读系统，可以说完全是吴语型"的。

在福建省的东部和北部，情况与此完全相反。闽东的福安，闽北的崇安（今武夷山市）、建阳都还保留着部分全浊声母，而浦城县南的石陂、水北等乡镇则还相当完整地保存着全浊声母的读法。

福安话浊声母有[j、w]两个，除少数影母字外，主要包括古微、日、云、以、匣等母字。例如："而 jei²，延然缘 jin²，若 jioʔ⁸，扰 jiu³，野 jie³，药 jiʔ⁸，肉 joʔ⁸，瓦画话 wo⁶，围 wøi²，武 wu³，运 wouŋ⁶，圆 wuŋ²，位 wøi⁶，袜 wuaʔ⁸"。

建阳、崇安话的浊声母有[β、ɦ]两个，主要来自古并奉微[β]和匣、云、以、禅、日[ɦ]等母字，有些定、澄、从、邪、崇等母字则混入次浊声母[l-]。例如"盆、瓶、贫、步、妇新妇、未、望"读[β]，"行、船、城、云、社、旱"读[ɦ-]；"铜、读、除、泽、齐、字、斜、徐、谢、崇、助、寨"等读[l-]。

石陂话的浊音声母则相当齐全，除没有唇齿音[v-]外，几乎与吴语中心区各点毫无二致。例如：步 bu⁶、贫 beiŋ²、渠 gy²、徛 gye⁵、地 di²、苎 du⁵、杂 dza⁸、寨 dzai⁶、鞋 ɦai²、行 ɦaŋ²。

这种情况说明了，早期的吴语和闽语一定都有整套的全浊声母，晚近以来，吴语的边缘地区由于受到周边无浊音方言的影响而走上清化之路。丹阳紧邻丹徒、镇江，"介乎江淮官话与吴语之间，读书音近于官话，说话音近于吴语"（吕叔湘，1993）；龙泉、庆元、泰顺与福建连界，严州方言与徽语连界，那里的闽语、徽语大多浊音已经清化，这些边缘吴语的浊音清化显然是周边方言渗透的结果。而在闽语中心区，看来浊音清化已经有数百年的历史。在福州，明朝末年所编的《戚林八音》早已是没有全浊声母的"十五音"系统。据邵荣芬研究，宋代吴才老《韵补》一书的反切系统，排除了谐声、声训、古人音注、异文和假借等不能反映实际语音的材料之外，就吴氏混切的上字所归纳的声母也只有 17 个，即 15 音之外加上 [f、v]（邵荣芬，1995）。可见在闽北，全浊声母 800 年前就已经清化了。处在边缘地区的福安、石陂、建阳、崇安等闽语正是由于与吴语连界，那里的许多吴方言至今还保留着全浊声母，受到这些吴语的影响，这些边界闽语的全浊声母尚未消失殆尽，这也是方言之间相互吸引相互渗透的结果。

有趣的是，这种情况最集中地体现在闽北突出部的浦城县。县城南浦镇及其以北的方言属于吴方言，其全浊声母都已消失殆尽；南部三分之一地区属闽方言，多为不同程度保存着全浊声母。这是一个十分典型的"引力较量"：方言中心区的特征约束力随着距离的拉大逐渐弱化；而外区方言的影响力则按距离的缩短而强化。

诚然，闽东和闽北的方言从历史上说与吴方言的关系也是特别密切的。东汉之后闽北地区从江东迁来大量人口，至三国吴景帝在这里设立建安郡时已经辖有七个县：建安（今建瓯）、建平（今建阳）、东平（今松溪）、吴兴（今浦城）、南平、将乐。如果说，闽北方言形成的初期大体上就是吴语的一种，应该是符合历史事实的。在闽东，最早管辖其地的冶县究竟是在福州还是在浙东的临海，至今史学界还有争议，然而。但那时的冶县和侯官辖区地跨闽浙沿海，这是可以肯定的。应该说，在闽语之中，从闽东到闽北，其形成的时代都包含着更多的吴语成分，这也是可以肯定的。何以闽语之中只是在闽北和闽东地区残留着全浊声母，这就是它的历史依据。

第二，个别点的语音特点反映了吴闽语的共同性。

温州话有三个语音特征和建瓯话等相同。

① 部分非组字不读[f、v]，而读[h、ɦ]，与多数闽语相同。例如，[hoŋ]：封、锋、奉、蜂~蜜、~窠、风~水、~头、~车；[ho]：发~衷、~兴、~蒙；[huo]：纺、方~桌、~凳、~木、放~假、~心、~债；[ɦuɔ]：房~间、~份。

② 部分船禅母字读[ɦ、j]，和闽北建瓯话相同。例如，[ji]：上~头、~落、折~本、尝~新、善~分；[jyoŋ]：顺~脚、~手、~潮、~风；[jieu]：授~儿、~奶儿、寿~桃、~酒、~烛；[jy]：船~钱、~壳、~篷。建瓯：上ioŋ⁸、尝iɔi³、船yiŋ³。

③ 部分见母字读[h]，也和建瓯话相同。例如，[ha]：嫁；[hau]：垢牙~；[ho]：间~种：下种；[hau]：勾~背。建瓯例子如，[ha]：嫁、挟、蛤，[huiŋ¹]肝，[hiu³]韭，[hi⁷]桔，[hiau⁵]救。

闽东的福州福安等地部分从母字读为[s-]声母，显然从[z-]清化而来，在闽语其他方言中很少见，而和吴语大多数点读[z-]相关。例如福州话："坐sɔy⁶、脐sai²、睿si²、前sɛiŋ²、晴saŋ²、贱siaŋ⁶、静saŋ⁶、昨sɔʔ⁸"。

第三，关于语音结构特点。

方言之间的语音比较不但要有音类分合的历时比较，还应该有语音结构特点的共时比较。语音结构特点的异同固然可以理解为类型的异同，但是对于同一种民族语言中又有地缘接触的方言来说，往往也体现着一定的源流关系和渗透关系。换言之，同源的方言和同域的方言（只要不是相隔绝的），必定拥有相同或相近的语言结构特点。

现将吴闽语10种方言的语音结构特点列出20项比较如下：

方言点 比较项目	苏州	宁波	金华	永康	温州	石陂	福安	建瓯	福州	厦门
有几个全浊声母	7	9	8	11	9	5	2	无	无	有 b、g 但来自古次浊
有无轻唇音声母 f、v	+	+	+	+	+	−	−	−	−	−
n 与 l 有无音位对立	+	+	+	+	+	+	+	+	+	−
有无 ts tɕ 两套声母	+	+	+	+	+	−	−	−	−	−
k k' ŋ h 是否拼细音	−	少	−	+	+	+	+	+	+	+
有几个单元音韵母	13	12	9	8	10	7	9	9	7	6
有几个撮口呼韵母	6	10	8	7	4	5	无	5	11	无
有无圆唇元音 ʯ、ø、œ	ʯ	ʯ、ø、œ	无	无	ø	无	ø、œ	œ	ø、œ	无
有几种鼻音韵尾	n、ŋ	ŋ	ŋ	ŋ	ŋ	ŋ	ŋ	ŋ	ŋ	m、n、ŋ
有几种元音韵尾	无	i、u、y	i、u	i、u	i、u、y	i、u	i、u	i、u、y	i、u、y	i、u
有无元音与辅音并存的复韵尾	−	−	−	−	−	+	+	+	+	−
有无鼻化韵母	+	+	+	−	+	−	−	−	−	+
有无鼻音脱落现象	+	+	+	+	+	−	−	−	−	−
有几个塞音尾韵	12	8	6	无	无	无	12	无	15	26
有几个单字调类	7	7	7	6	8	7	7	6	7	7
有几个声母	27	29	29	35	29	20	17	15	15	14
有几个韵母	49	50	52	41	35	30	45	34	49	82
有无连读变调	+	+	+	+	+	+	+	−	+	+
有无小称音变	−	少	+	+	+					
有无变声变韵	−	−	−	−	−	+	−	+		

根据上表的材料,我们可以得到以下几点结论:

(1)吴语和闽语之间在语音结构上有明显不同的特点。例如:

①吴语多有全浊声母,闽语则多数没有。

②吴语都有唇齿音声母[f、v],有[ts、tɕ]两套声母的对应,闽

语没有。

③吴语声母多,都在 27 个以上,闽语声母少,大多在 15 个以下(含 15 个)。

④吴语普遍有鼻音韵尾脱落现象,闽语较少(仅闽南一些点有少数韵脱落)。

⑤复韵尾仅见于闽语,吴语没有。

⑥小称音变在吴语普遍存在,闽语较少见(仅见于闽南、闽中交界处)。

(2)吴语和闽语交界处有些语音结构上的共同的区域特征。例如:

①浙南吴语和闽东、北的闽语多数只有一种鼻音韵尾[-ŋ]。

②浙南一些吴语和闽东、北的闽语有[i、u、y]三种元音韵尾。

③浙南吴语和闽东、北闽语多没有鼻化韵。

④部分入声字的塞音韵尾全部脱落(如温州永康和石陂、建瓯)。

(3)闽东、闽北的一些特点与多数吴语同而与其他闽语不同。例如:

①有撮口呼韵母及圆唇元音[ø、œ]。

②韵母总数较少(多在 50 个以下),在吴闽交界地带更少。

③[n]与[l]有音位对立。

(4)浙南某些方言的异于多数吴语的特点则与闽语多数点相同。例如:[k、k']声母可与齐齿呼韵母相拼,如永康、温州。

从整体上看,吴语和闽语的语音有些共同点,但就主体特征说还是存在着明显的差异,二者应该属于两大方言。吴语语音与闽语相同的多集中于南部吴语和北部闽语,这是共同的源流和相互渗透两种因素合力造成的。

二　闽语和吴语的词汇比较

本节所比较的吴语和闽语限于浙闽两省的方言点。吴语主要考察了宁波、金华、丽水、温州四点,闽语主要参照福州、建瓯、厦门三点,所根据的文献见文后所附参考书目。经过初步归纳,关于吴闽方言词汇方面的共同性可做以下四点表述。

（1）多点吴语共有的方言词既有通行于各地闽语的,也有通行于某一地区的闽语的。

①有些多点吴语共有的方言词也见于多处闽语。例如（为节省篇幅,词汇概未标音）:

名词	面脸	汤热水	卵蛋	镶镰刀	索绳子
	箸筷子	柴柴火	藻浮萍	瘤疙瘩	唌口水
	滚汤开水	记认记号	下底下面	下日来日	新妇儿媳
	眠床床	番薯红薯	月日月份	油麻芝麻	卵脬阴囊
	粽箬粽叶	虼蚤跳蚤	竹笯竹竿	面桶脸盆	油炸粿油条
动词	徛站立	褪脱	扛抬	嗽咳	囥藏
	饲喂	搵沾浸	盪涮	缚绑	敨解开
	煠清水煮	炊蒸	眠睡	起建造	减分拨
	来去来往	落去下去	生卵下蛋	侪伙合伙	盐去声,腌
形容词	乌黑	闹热热闹	后生年轻	爽快舒服	

②有些多点吴语共有的方言词也见于闽东方言,但不通行于闽南。例如:

名词	配下饭菜	老姥音马,妻子	老鸦乌鸦	老酒黄酒
	白鸽鸽子	自来火火柴	花菜菜花	包菜卷心菜
	索面线面	瘌㾻疥疮	白撞劫贼	弟新妇弟妇
	蒲扇扇子	半开门土娼	叔伯母妯娌	

| 动词 | 渧滴 | 滗去水 | 剟挖 | | 爬起起床 | 对手帮忙 |
| 形容词 | 健强壮 | 各样异样 | 做家省俭 | | 共总总共 | 特意故意 |

③ 多点吴语共有的方言词也有见于闽南而未见于闽东的。例如：

| 烧酒白酒 | 长年长工 | 埭土堤 | | 旧年去年 | 麻餐餐巴 |
| 篾席竹席 | 面巾毛巾 | 乌青皮下瘀血 | | 顶真认真 | 头毛头发 |

④ 还有些多点吴语共有的方言词见于闽北。例如：

| 讴呼叫 | 嬉玩耍 | 自自己 | | 渠他 | 物事东西 |
| 明朝明天 | 天箩丝瓜 | 笐帚炊帚 | | 包罗玉米 | 勤力勤劳 |

这部分吴闽方言共有的方言词总数近百条，都是较为常用并且是于古有征的，其中在吴语和闽语都分布得比较普遍的又占着近半。这些可以视为吴闽语共有的方言特征词。应该说，两种方言之间共有的特征词越多，其源流关系就越深。除了在闽语区域内大面积分布之外，还有一些吴语多点共有的方言词见于闽东、闽南或闽北，这就说明吴闽方言之间词汇的雷同既有地缘接触所使然，也有源流上的历史联系。这些方言词虽然在吴语并非个别点的说法，但也并非整个吴语区都通行的。相对而言，见于浙江省内尤其是浙南吴语的较多，有些说法在北部吴语显然不同。例如"徛"说"立"，"褪"说"脱"，"炊"说"蒸"，"箸"说"筷子"。但在闽语这些说法则有广泛的分布。这说明了南部吴语与闽语的关系更深些，其词汇的演变和闽语一样是比较保守的，而北部吴语则显然受到更多的官话的影响。

（2）浙南的温州、处州片与闽语共有的词汇更多，除了上文所列之外，还可举出一批词目来，以下见于温州或丽水的方言词在闽语区也有不同范围的分布。

①也通行于较广的闽语地域的（以下各词普遍见于东南沿海）：

饮米汤	翼翅膀	蚌米虫	冥夜晚	欓楔子
岙（澳）海湾，山坳		垟（洋）大片田园		刲砍伐
泅游水	着必须	乞给予	粪扫垃圾	水井井
正手右手	菜头萝卜	菜干干菜	阔宽	狭窄
冬节冬至	乌豆大豆	白豆黄豆	锯镻锉刀	鞋拖拖鞋
树栽树苗	日昼中午	治鱼剖鱼	门隑门槛	番鸭一种旱鸭
正番白旱鸭	破柴劈柴火	生分陌生	粗纸草纸	头先刚才
绞米碾米				

②也通行于闽东地区的（地域相近）：

帗苎麻丝	茶汤药	底进入	觑看	伏孵
滥湿	猛火势大	标水从小孔喷出	山底山里	番钱硬币
笐叉衣竿叉	鞋套套鞋	花蛤一种蛤	淡菜一种海产	剥皮鱼马面鲀
称花称星儿	讨亲娶亲	做亲通婚	做节过节	金瓜南瓜
亲房宗亲	酒配下酒料	酒巅醉酒	开声开腔	现世糟糕
当真确实	光生洁净	过侬传染	麻面麻脸	好高自大
不霎不止				

③也通行于闽南地区的：

时节时候	面巾毛巾	师公道士	溪鱼淡水鱼	做月里坐月子

番姜辣椒	山园旱地	街路街道	铰剪剪刀	生成长相
消梨梨	海口海边	劳伤痨病	好日吉日	过烛灭
壅田施肥	舐舔	敲大气叹气	贵气贵重	条直干脆
后步后路	讨海捕捞	有胆胆大	紧快、赶紧	冰条冰棍
兄嫂嫂子	水鞋雨鞋	烘火烤火	糖霜冰糖	放尿拉尿
出葬出殡	老寿寿板			

④ 也通行于闽北地区的：

过水涉水	中央心中间	味之素味精	打半工发疟子

这一类共有的方言词是除去上文第一类所剩的,也有百余条之多。虽然常用的单音词较少,还是有些重要的条目。例如"饮、乞、翼、冥、底、觑、濫、猛、舐"。可见温处吴语确与闽语关系更深。就闽语这一头说则与闽东相同的多,这也是源流相系和地缘相连共同作用的结果。

（3）不但浙南的温、处、衢有与闽语共同的方言词,往北的古婺州、明州、越州也有一些方言词与闽语有相同的用语。再举几个点的例词。

① 金华吴语与闽语共有的方言词：

裹粽包粽子	配饭下饭	哽噎	算学算术	癫婆疯女
赖伏抱窝	诈癫装疯	发痧中暑	做戏演戏	相争争吵
春饼春卷	有味有趣	做新妇出嫁	无事没关系	做客气讲客气
讨新妇娶媳妇	树已伐的木头			（以上通行于闽东）
水笕山间通水竹管		田畈田片	床头枕头	得人惜可爱
出行大年初一出门				（以上通行于闽北）
礼数礼貌	初头月初	山垄小山谷	外壁外面	磨墨研墨

寒冷　　　　米升量米升　米斗量米斗　联对对联　　了完毕

斗凑、集　　神佛神明　　量气度量　　出怀怀孕临产　背褡背心

传去声,长篇故事　　　　　　　　（以上除末二条同莆田话外通行于闽南）

　　②宁波吴语与闽语共有的方言词：

草稻草　　　　渟泡沫　　　　筶箍　　　　相久视　　　　唊吮吸

毅敲打　　　　扨揉、授　　　煏油炸　　　壁角墙角　　　裤袋裤兜

模炭硬木炭　　楼顶楼上　　　　　　　　（以上通行于闽东闽南）

瘥病情好转　　噇猛吃　　　　鬶瓮　　　　料肥料　　　掇两手端

埲尘土飞扬　　做病闹病　　　碎票零钱　　地龙蚯蚓

　　　　　　　　　　　　　　　　　　　（以上通行于闽东）

中央中间　　　手骨手臂　　　鱼腥海产品　麻骨黄麻秆儿　縈缠绕

膌肉瘦　　　　摝摇动　　　　锯屑锯末　　搏打击　　　文旦柚子

本当本来　　　轻可轻微　　　亲气亲情　　停当妥善　　落薄落魄

眼花水稻扬花　众平声生畜牲　开面女子出嫁前绞去脸上孔毛　拍打

　　　　　　　　　（以上末条也通行于闽北,其余通行于闽南）

　　③清代光绪年间范寅编的《越谚》所记录的应是绍兴一带吴方言,其中也有与闽方言相同的。除上文已列之外再举例如下：

　　　　燺宅燃也,从《字汇》。实则"着",今闽东闽南燃均说"着"。

　　　　瘠,今闽东指肉不肥,闽南指人瘦。

　　　　长嶂,《正韵》：增盛也。今闽语普遍管"余剩"说成去声的"长"。合《广韵》直亮切,多也。

　　　　拵桥上声,举也,拵石头。今闽东闽南均称起石于泥中曰拵。

燖吸冷饭于锅中燖之使热。今闽东闽南谓焖为燖。

挼挪按摩痛处。今福州话亦通行，音[nui²]。

参差上棎不正，下棎参差，今福州话意指差劲，质量低下。

衖弄，小巷。今福州话说弄弄。

大头鱼魛小鱼干，今福州话说大头魛、鱼魛。

砧板切菜案板，福州音[tiŋ¹ mɛiŋ³]。

头面妇人首饰曰～～，今福州话仍如此说。

倒灶遭殃，做七老人死后逢七烧祭纪念，今福州话仍说。

熟视人熟人，今闽南话熟悉仍称熟视，厦门音[sik⁸ sai⁶]。

剪绺贼扒手，今厦门话仍称剪绺。

地塅种蔬种麦成行高土，今泉州仍称旱地的畦为塅，音[nuĩ²]。

孤媚、孤老孤怪者，今泉州话仍称孤癖者为"孤媚"或"孤老"。

才调有本事，有才情，天资高，今闽南话仍说。

撙节撙，上声，积累之意，今泉州谓收存财物为[tsun⁴ tsat⁷]。

家口，今泉州话仍称家庭为家口，家庭人口多或少可说"大家口""小家口"。

米粞西精凿之碎米粒也。闽南通称大米磨成的粉为米粞。

闪扇上声谓人来而避也。今闽南谓路遇相避为闪。

汰待去声凡布物投水不洗而左右拖之曰汰。今闽南"汰"指洗后过水。

吮忍口含物舐而取物味。今泉州话说[tsŋ¹⁴]。音义俱合。

骨越音各夏切船着沙土也。今闽南话说[kʻo⁵]或[kʻua⁵]。

捋律挂渣沥汁，今闽南话音[lut⁸]，义同。

以往讨论吴闽语的关系时，人们多注意浙南吴语，诚然，南片吴语与闽语关系深，然而北片吴语也并非没有关系。以上材料很值得注意。

（4）吴闽方言的词汇既有同也有异，而且异的比同的多得多。

闵家骥、范晓等所编《简明吴方言词典》收录了吴方言词5000多条，我根据常用、多义和有派生力等标准挑出单音方言特征词200条，其中与闽语相同的只有50条（占四分之一）。从闽语看吴语，情况也大体相当。根据《论闽方言的一致性》和《论闽方言内部的主要差异》两篇文章（陈章太、李如龙，1991）所列举的闽方言特征词作检查，见于吴方言的词条大体上也只占四分之一。以下分别列举未见诸闽语的吴语特征词和未见于吴语的闽语特征词。

①未见于闽语的吴语特征词（据《当代吴语研究》，钱乃荣，1992）以下方言词在多数吴语中通行。这里只是举例罗列：

鲎虹	洞窟窿	镬铁锅	窠巢穴	潷沉淀
明朝明天	日里白天	夜里晚上	灶头灶	塸尘灰尘
雄~狗、~鸡	馒头包子	棒冰冰棍儿	马甲马褂	榔头铁锤
鼻头鼻子	奶奶乳房	娘舅舅舅	铜钿钞票	纸头纸
信壳信封	钟头小时	辰光时间	饧糖饴糖	被头被子
抽斗抽屉	事体/事干事情		众生众读阴平,牲畜	
头颈/颈根脖子		闲话话	肚肠肠子	生活活儿
晓得知道	喫~茶、~酒、~香烟		望看	把/拨给
调换	勿/弗不	燥干	推板差,次	便当容易
吃力累	写意舒服	壮肥、胖	吓怕	蛮很
忒太	劙剁	轧挤	揿按	揩擦
孛相玩	睏躺	掼扔、摔	搭和,同	特为特地
寻找				

②未见于吴语的闽语特征词, 这里只列举见于《说文》的单音

和见于《广韵》《集韵》的单音词各 20 条，这些词都是历史久远的闽语特征词。

鼎铁锅	喙嘴巴	坪大片平地	塗泥土	骹脚
秫糯米	裯缝衣	啜喝	派为水分流	潘泔水
凓寒冷	鯹腥臭	晬周年子	必裂开	算算子
杪竹木之末	𨴯门隙：门槛	曝晒	湛沉没	隙隙缝

（以上见于《说文》）

囝儿子	疕痂	噏吹气	餕味淡	㨈㨈除
椹案板	揕刺的感觉	崎陡峭	墿道路	滇水满
倩雇用	摏击打	翦扯断	䇹鸡～：小母鸡	逴急奔
过古禾切，瓜果不嫩		刺七迹切，穿刺	𥵃力协切，竹编晒器	
拓打				

（以上见于《广韵》或《集韵》）

还可以举几个常用词，在唐宋诗词里有诸多用例（也是未见于吴语的）：

解　今闽语助动词"会"普遍说"解"，福州音 [a⁶]，厦门音 [e⁶、ue⁶]，建瓯音 [ɔ⁷]，合于《广韵》胡买切："晓也"，其音韵地位都与"蟹"字相合。这个助动词不但可单说，还经常与其他动词连用，各地都可以说："〜死该死，遭殃、〜赴来得及、〜做能干、〜使可以"。在闽东闽南还可以说："〜八认得，晓得、〜晓懂得、〜舍舍得"。在唐诗里，"解"也是常用词，常与"能"互文。例如，"入春解作千般语，拂柳能先百鸟鸣"（王维：听百舌鸟）。"竹风能醒酒，花月解留人"（张渭：夜同乐）。"水能性淡为吾友，竹解心虚即我师"（白居易：池上竹下作）。"不解文字饮，惟能醉红裙"（韩愈：醉赠张秘书）。"遥怜小儿女，未解忆长安"（杜甫：月夜）。"月既不解饮，影徒随我身"（李白：月下独酌）。

底　用作疑问代词,《广韵》可能由于不重视口语而漏收此词。今沿海闽语普遍用此疑问词,福州话说底依谁、底呢哪里、底蜀隻哪一个;泉州话说底时何时、底处何处、底依何人。唐诗中类似用例也很多。例如,"若抛风景常闲坐,自问东京作底来"(白居易:早出晚归)。"湖州底处所,有罪乃窜流"(韩愈:泷吏)。"底处双飞燕,衔泥上药栏"(范成大:双燕)。

有些常用词还不止一个义项。例如"着"用作动词表示"在"和"应该",福州音[tuoʔ⁸],惠安音[tioʔ⁸],在唐宋诗里也不乏其例。如元稹《定僧》:"落魄闲行不着家,遍寻春寺赏年华",杨万里《怀古堂前小梅渐开》:"绝艳元非着粉团,真香亦不在须端",张元幹《醉落魄》:"惜花老去情犹着,客里惊春,生怕东风恶",这是用作"在"。陈师道《独坐》:"魑魅须游子,乾坤着腐儒",陆游《病愈看镜》:"镜中稍复旧朱颜,一笑衰翁乃尔顽,三百瓮齑消未尽,不知更着几年还",薛昂夫《楚天遥带过清江引》:"有意送春归,无计留春住,明年又着来,何似休归去",这是用作"必须"。又如斗(鬥),作动词表示"拼合",作副词表示"竞相",两种用法均见于闽东闽南,音都是[tau⁵]。在唐宋诗词用例前者如:"双堤斗起如牛角,知是隋家万里桥"(晁补之:扬州杂咏),"三分兰菊十分梅,斗合就,一支风月"(辛弃疾:鹊桥仙);后者如:"春色初来,遍被红芳千万树,流莺粉蝶,斗翻飞,恋香枝"(晏殊:酒泉子),"好向歌台舞榭,斗取红妆娇面,偎倚韵偏宜"(曹冠:水调歌头·红梅)。反义相训的"乞"福州音[kʻøyʔ⁷],厦门音[kʻit⁷],都有"给予"和"求取"两个义项,两种用法也都见于唐诗。前者如杜甫的《戏简郑广文兼呈苏司业》:"赖有苏司业,时时乞酒钱";后者如白居易的《杨柳枝词八首》:"小树不禁攀折苦,乞君留取两三条"。

可见,就词汇而言,闽语和吴语虽有一定关系,但毕竟还是有明显差异的两大方言。

三　闽语不仅与吴语相关联

　　全面地考察闽语的源流,对于中原汉语在不同时期的影响都是不可忽视的。至于研究闽语和周边的东南方言的关系,也应该说,闽语不但与吴语有关,还与客赣语有关。不论是纵向的源流关系或横向的渗透关系,情况都是如此。从时间顺序来说,与吴语相关在先,与客赣语相关在后。兹分述如下:

　　(1)吴语是闽语形成期的源流之一。

　　在闽语形成的过程中,吴语是它的最初的源流之一。这是因为最早移居福建的汉人当是东汉末年三国东吴时代的吴人和东晋南迁的北人。相对而言,东吴的人入闽路途近,情况明,既有官方的组织也有民间的自发行动,应比北人辗转入闽的多。史家所载北人批量定居并设立侨治州县的大多是在近江城市。说吴语是闽语最初的源流之一,应是符合史实的。

　　语言事实上也可以找到根据。上文所述的许多现今还是吴闽语共有的方言词,不少在唐宋以前的字书中已有出于吴语的记载。例如:

隩澳	尔雅,郭注:江东呼浦隩。
藻	尔雅,郭注:水中浮萍,江东谓之藻。
敦(墩)	尔雅,郭注:今江东呼地高堆者为敦。
侬	玉篇,侬,我也,吴语。
算	玉篇,算,江东呼小笼为算。
埭	通雅,江左呼隄为埭。
煠	一切经音义,煠,江东谓瀹为煠。

傢　　　集韵，吴人呼彼称，通作渠。

最有趣也最值得注意的是，有些古代辞书上指明是吴语的方言词至今还普遍保留在闽语之中，而在吴语却大多已经失传。以下各条至少在已有的吴语材料中还很少见到反映：

䘼 《方言》："襎谓之袖。"郭注：衣褾，江东呼䘼，音婉。今闽语多称衣袖为"手䘼"。福州音[ts'iu³ uoŋ³]，建瓯音[siu³ uiŋ³]，厦门音[ts'iu³ ŋ³]。各地都还可以说长䘼长袖、短䘼短袖、手䘼头袖口。

櫼 《方言》："陈楚宋魏之间或谓之箄，或谓之櫼。"郭注："瓠勺也，今江东通呼勺为櫼，音羲。"《广韵》作桸，许羁切，"杓也"。今沿海闽方言还有好些带桸字的说法。福州的鲎桸[hau⁶ hie¹]是鲎鱼的壳制成的水勺，轻而薄，遇热水软而不裂。早期的福州话可能音[hya¹]（类似现今的莆田话），《戚林八音》的戚本漏收，林本为此专门立了嘢韵，只收了两个字：纸，鲎～。厦门话除了说"鲎桸"[hau⁶ hia¹]，还说"瓠桸"[pu² hia¹]，是用半个葫芦壳制成的水勺，又说"粗桸，桸仔"是指大小粪勺。

豨 《尔雅》："豕，子猪。"郭注："今亦曰彘，江东呼豨。"今闽北、闽中均呼猪为豨，建瓯音[k'y³]，永安音[k'yi³]。《广韵》：豨，虚岂切："楚人呼猪。"晓母字在闽北、闽中有少数字读[k']（如虎）。在闽北一带，豨猳公猪、豨嫲母猪、豨肝、豨肚等都说豨不说猪。当年古吴语和古楚语共用的这一说法只在闽北完整保存下来，成了闽北方言的重要特征词。

濑 《汉书·武帝纪》颜师古注"濑，湍也，吴越之濑，中国谓之碛"。今闽北用作名词，指河流的浅滩，建瓯音[suɛ⁶]（是少数读[s]的来母字之一）。闽南兼用作名词和形容词。泉州话说"落濑下浅滩"，音[lua⁶]；说"溪水濑"指河水湍急，音[sua⁵]。

𠗊 《广韵》，𠗊，冷也，楚敬切。《集韵》：楚庆切，吴人谓之。今各地闽语多有"凊"的说法。福州天冷谓凊[ts'ɛiŋ⁵],水冷曰冻,冬天谓凊天,冷汗曰凊汗;闽北天冷、水冷、饭凉都说凊[ts'eiŋ⁵]:凊天、凊水、凊饭;闽南也都可以说凊[ts'in⁵],天冷也说寒。

　　揞 《广韵》乌吴切:"吴人云牵亦为揞也。"今闽南扶着拐杖谓揞[uɑ⁵],音义均合。

　　鲑 《集韵》户佳切:"吴人呼鱼菜总称。"今各地闽语关于鲑还有许多说法。福州话鲑可单说,音[kie²],指一种腌制的小海鱼(也说"咸鲑"),又说鲑油[hɑ² iu²],俗写作"鳠油",是一种用小海鱼发酵腌制的调味品。厦门话也有以上说法,音[kue², he² iu²]。又说"无鲑无菜,好鲑好菜"(音kue²)则是最准确意义的"鱼菜总称"。建瓯话的鲑[kai³]是咸鱼总称,也用来专指咸带鱼。其他咸鱼还有"油筒鲑、魭鲞鲑",后来才有的冰冻带鱼则称为"餐鲑"[tsiaŋ³ kɑi³],卖鲑货的称"鲑货店"。

　　烌 《集韵》虚尤切:"烌,吴俗谓灰为烌。"今沿海闽语概称灰为烌,福州、厦门均音[hu¹]。尤韵逢唇牙喉白读有作[u]韵的,如浮、妇、富、牛、旧、有等。还可说"火~、草~、香~、纸~、骨~"等。

　　蛇 《集韵》除驾切:"《南越志》水母,东海谓之蛇。"福州音[t'a⁵],厦门音[t'e⁶]。

　　餤 《集韵》谟敢切:"吴人呼哺子也。"今闽南呼唤小儿进食以[mɑm mɑn]之音相示,音义俱合。

　　仔细地寻求,应该还有一些在闽语中得到传承的此类古吴语词。当然,在吴语地区深入调查也可能发现,这些词有些吴语还在沿用。这些古吴语词在现今闽语竟然还如此常用,如此普遍,这充分地说明了吴语确实是闽语的早期源头之一,也说明后来吴语的词汇变异大而闽语则显然保守得多。有些古时候的语言特征未传于该语言的中心地区而见于边远地区,所谓"礼失而求诸野",这是常见的现象。中古音的

［-m、-n、-ŋ、-p、-t、-k］六个辅音韵尾完整地保留在现今最南部的闽粤客诸方言；在闽语之中，"轻唇读为重唇"，字数最多的不在闽南本土，而在远离福建的海南岛，这都是很好的旁证。

在闽语形成时期，除了吴语之外应该还有其他的源流，例如南下的北人或当时通行于书面和口头的共同语，还势必有闽越人所说的闽越语。因非本文内容，这里不加讨论。

（2）唐五代两度北人入闽对闽语的定型有重大作用。

继东吴—魏晋之后，还有两次大规模的中原汉人移居闽地，这便是初唐陈氏父子的百年平闽落籍和唐末五代王氏兄弟的据闽治闽。如果说六朝至隋是闽语形成期的话，唐五代则是定型期。

唐总章二年（669），闽西闽南爆发了大规模的畲民起义（史称"蛮獠啸乱"），朝廷令颍川人玉钤卫左郎将陈政为岭南行军总管，统领府兵"五十八姓军校"入闽平定，不久其母及兄弟又带了大批中州兵勇前来增援。陈政自闽西至闽南，驻扎漳浦，讨平 36 个畲寨，九年后病死。其子陈元光 21 岁继父为将，使平畲获取全胜。武后垂拱二年（686）请置漳州，陈元光为首任刺史（后民间祀为"开漳圣王"）。陈氏先后四代治漳、守漳历百年之久，跟随他们入闽的兵士以光州固始老乡为主体，都在漳泉各县落户垦殖，并使闽南地区社会安定，人口剧增。据《元和郡县图志》，唐开元间（713—755）漳泉两州 7 县共有 5 万多户人家，占当时全闽五州 23 县总户数的半数以上。看来，闽南方言应该就是在这个时期定型的。漳州《颍川开漳族谱》载有《陈将军候夜行师七唱》，其第二首云："屹然一镇云霄末，渐尔群言花柳春。男生女长通蕃息，五十八姓交为婚。"（朱维干，1986）陈政手下的司马丁儒告老之后有《归闲诗二十韵》，诗中有如下名句："漳北遥开郡，泉南久罢屯，归寻初旅寓，喜作旧乡邻。好鸟鸣檐竹，村黎爱幕臣，土音今听惯，民俗始知淳。"（同上）这就是初唐南来人与前此定居的北人融为一体形成了闽南方言的生动写照。

　　中唐之后，政治腐败，经济凋零，社会动乱。安禄山造反，朝野撼动；黄巢起义，战火蔓延，闽中人口大量逃亡。据《元和郡县图志》，从开元至元和的近 200 年间，全闽户数从 10 万多减至 7 万多。自唐末至五代百余年间，南北分裂，五代更替，十国争雄。在战争烽火中，王潮、王审知兄弟据闽称王，闽中得以偏安。二王原是参加起义的农民，转战南下，经闽西、闽南、粤北、粤东，王潮被众将推为主帅，据泉州后又被荐为刺史，而后进兵福州，平定了闽北。据有全闽后，唐昭宗封为福建观察使，乾宁三年（896）升为福州威武军节度使。王潮殁，王审知于后梁开平三年（909）被封为闽王（后民间建有闽王祠祀之）。《新唐书》称王潮治闽"作四门义学，还流亡，定赋敛，遣吏劝农，人皆安之"。《旧五代史》则谓王审知"起自陇亩，以至富贵，每以节俭自处。选任良吏，省刑惜费，轻徭薄敛，与民休息。三十年间一境晏然"。到了北宋初年，据《太平寰宇记》，全闽自 25 县增为 31 县，总户数达 46 万，竟比元和间翻了 6 倍。闽东方言应是这时最后定型的，大批中州移民的语言对它有重大影响。宋代史学家郑樵说："王绪举光寿二州，以附秦宗权，王潮兄弟以固始众附之。后绪与宗权有隙，遂拔二州之众入闽。王审知因其众以定闽中。以桑梓故，独优固始。故闽人至今言氏谱者，皆云固始。"（陈支平，1997：16）看来，说唐末入闽者多为中州人应是可信的。

　　上述两次北人入闽，从时间说，相距二百年，起点都是河南中州一带，终点则是闽中沿海。这些先民所带来的北方汉语应是与《广韵》系统所反映的语音相去不远，即 8—10 世纪的中原汉语，它对沿海闽方言的定型一定是起到了决定性的作用的。换言之，唐末覆盖的中原口音一定比五六百年前（六朝时期）留下的江南口音（吴音）更为广泛和深厚。王审知之子王延政也曾到建瓯城建立一个小朝廷（后晋天福八年［943 年］国号为殷），那时已是闽国分崩离析之时，影响不大。可以说，这两次移民决定了闽语东部沿海的口音和西部山区口音的差异。从现今的东西两片的差异还可窥见某些踪迹。

在语音方面,东部沿海和西部山区有以下差异:

①部分来母字读[s],见于西部,东部极少反映。

②部分船、禅母字读[ɦ、j、ø]声母,见于西部,未见于东部。

③西部歌豪可分,东部歌豪韵相混。

④东部蟹、效二摄一二等韵白读音可分,西部不分。

⑤东部大部分地区都有塞音尾韵,西部但留入声调,未有塞音韵尾。

⑥东部各点今声调大多是7个,与古四声清浊对应较整齐;西部从6调到8调,浊平分读两类,与古四声清浊对应不整齐。

⑦东部都有连音变调,西部没有。

④、⑤、⑥各条显然是东部接近广韵系统,西部因后来又发生许多变异而显出不同;①、②是西部保留早期语音特点,受广韵系统影响较小的表现。关于闽音的歌豪不分,可能与洛阳一带效摄字读为[ɔ、iɔ]韵有关(至今洛阳音仍如此)。歌韵由[ɒ]变[ɔ],于是与豪韵合流。宋人多有讥闽人不分歌豪者,这个特点可能形成于唐末,受的是中州方音的影响。⑦则是东部晚近的变化,西部因为闭塞未受影响。

在词汇方面,上文所列举见于唐宋字书的闽语特征词有些在西部已发生变异,形成与东部的重要差别。例如:嗑说吹,倩雇说请,滇水满说满,鸡僆未下蛋的小母鸡说鸡嫌子。见于唐诗的那几个常用词也另有说法:疑问词"底"说"孰"[su⁶](～人,～事,～么显然是上古时期的说法),"乞给予"说"纳"[nɑ⁷];"着"用作"在"说"到哩"[tɑu⁵ li³],用作"应该"说"让"[niɔŋ];"斗"用作"凑集"说"凑"[ts'e⁵]。

此外,还有一些重要词汇差异,例如"人"不说"侬","他"说"渠"不说"伊",这是未保留六朝古语;"猪"说"豨","玩"说"嬉",

"东西"说"物事",则是六朝吴语的留存;"泥土"说"泥"不说"墶","水稻"说"禾"不说"釉","蒸"不说"炊","看"说"睇"不说"觑","萝卜"不说"菜头","说话"说"话事",菜"嫩"不说"幼"等等,则可能是中古以后的变异。这些变异都是与东部受中古时代中原汉语影响较深相联系的。

（3）客家话与闽南话有深刻的历史联系。

如上文所述,初唐和唐末两度中原汉人大规模入闽都不是像汉魏时代那样从闽东、闽北来的,而是从闽西到西南,而后又辗转到闽中闽东。从迁徙的时间和途径说,这都和客家的第二次南迁相类似。罗香林的《客家研究导论》在谈及客家第二次迁徙时曾有专段叙述王潮、王审知的据闽为王。他写道:"颖淮汝三水间留余未徙的东晋移民,至是亦渡江南下,至汀漳,依王潮兄弟。这种移民也可说是一部分的客家先民。"（罗香林,1993：46）

从闽西的汀州府人口的增减过程不难看出,客家先民在闽西定居主要是在两宋的数百年。而唐宋之交和宋元之后,许多迁徙到闽西的只是些"过路客":

年　代	建　置	户	口	根　据
唐天宝元年（742）	汀州	4680	13702	新唐书
宋太平兴国（976—984）	汀州	24007		太平寰宇记
崇宁元年（1102）	汀州	81454		宋史
元至正十五年（1355）	汀州路	41423	238127	新元史
明隆庆六年（1572）	汀州府	39742	217535	读史方舆纪要

从闽西再转徙他处的到哪里去了? 唐宋间主要是迁往福建各地,闽南居多、闽东其次;宋以后主要是流向粤东和粤北。

数年前,陈支平的《客家源流新探》一书列举了大量谱牒资料,证明了客家人与闽地的非客家人的中原居地及南迁过程本无大别,"客家人与闽粤台各地的非客家人的血统源流是基本相同的,他们的相互交融是频繁而密切的"。他用大量篇幅论证了:既有由客家人分支迁入非客区而成为非客家,也有非客家分支迁入客家区而成为客家人。决定一个族群是否客家,不在于起点和过程,也不在于血统,而是最后落户的地方是否客家方言区。他的论证是颇有说服力的。试以李氏家族为例。李光地《木德公儒溪三修族谱旧序》称:"余巡抚山东时,有汀杭同宗兵部候推司金事友琦因抵京谒选,便来署谒余……询其家世,则与吾同出陇西,实宋宰相纲公之后……纲公五世孙珠公生五子:金德、木德、水德、火德、土德……友琦先世出于木德。木德先居宁化石壁,宋宝庆二年始与弟火德客上杭……木德公复携妻子迁漳州龙岩浪东村,遂为漳州龙岩人。"(陈支平,1997:107)后来,散居漳州、龙岩、安溪、平和、南靖、诏安、云霄、南安、海澄乃至迁入台北等地的李氏家族都有族谱说明自己是上杭李火德的后裔。看来,由于地缘相近,从闽西杂入闽南地区的客家人较之迁入其他闽地的更多些。换言之,闽南人的血统与客家人有更多关系。虽然杂入闽南区之后他们没有成为客家人,也改口跟着说闽南话了,但他们的口音,用语不可能对闽南话毫无影响。过细地比较闽南话和闽东、闽北的差异,我们还可以看到,闽南话与客家话的某些相近特点正是这种差异的主要内容。

在语音方面,有四条比较明显的根据。

① 闽东、闽北、闽中、莆仙各小区均有撮口呼韵母,闽南没有,这个特点与闽西客话是连片的。如所周知,大多数客话没有撮口呼。

② 闽东、闽北宕摄一等开合口字不同音(合口有[u-]介音),闽南话读为同音(缸=光),在多数闽西客话也是如此。

③ 闽北、闽东、莆仙[n-l]可分，闽南及闽中不分。这个特点从闽南、闽中一直延伸到闽西客话的北片(宁化清流)，赣南、湘东的客话也有不分的。

④ 闽东、闽北概无鼻化韵，在莆仙区，靠闽南的仙游有，北边的莆田没有。闽南、闽中区则有大量鼻化韵，往西连片的闽西客话中如宁化、清流、长汀、上杭以及赣南湘东的客话(赣县、大余、永新、茶陵)也有不少中古阳声韵字读为鼻化韵。这条长廊的鼻化韵成了一个小片的区域特征。

在词汇方面，我在《从词汇看闽南话和客家话的关系》一文(李如龙，1996)中，曾经列举过200条闽南话与客家话相同的方言词。其中不少就是和闽东、闽北的说法不相同的。略举一些典型的于古有征的词例如下：

闪 《广韵》失冉切，"出门貌"。闽南话意为"避开"。罗翙云《客方言》："避曰闪。"

晏 《广韵》乌旰切，"晚也"。天色不早闽南通称晏。长汀、河源同此。

鏨 《广韵》才敢切，"凿也"。开石头用的小铁凿，闽南话说"石鏨"。《客方言》："小凿曰锛子。"今梅县音仍说[ts'am^5]，本字应是鏨。

櫼 《集韵》时正切，"器也"。泉州话单说櫼指固定于墙角的木仓，又说"春櫼"，指可抬的盛嫁妆的木盒。《客方言》："木槛有架谓之櫼。"

豸 《广韵》池尔切，"尔雅云：有足曰虫，无足曰豸"。今泉州话常连说"虫豸"。《客方言》云："虫谓虫尸，尸当为豸。"甚是。

縈 《广韵》於营切，"绕也"。绕线谓縈，闽南与客家同，厦门音［in¹］，梅县音［iaŋ¹］。

炙　《广韵》之石切，"说文曰：肉在火上"。泉州话说"炙日"指晒太阳，音［tsioʔ⁷］；梅县说"炙火"，指烤火，音［tsak⁷］。

舐　《广韵》神纸切，"以舌取物"。闽南、客家多谓舔为舐。泉州音［tsi⁴］，梅县音［sai¹］浊上读阴平之例。

吮　《集韵》竖尹切，"舐也"。泉州音［tsŋ⁴］，意为吮吸、品尝。《客方言》云："小儿吮乳谓之餐乳"，梅县音［ts'iɔŋ¹］，本字应为吮，浊上归阴平又一例。

衰　《广韵》所危切，"小也，减也，杀也"。闽南、客家都说衰，泉州音［sue¹］，梅县音［sɔi¹］，义均为倒霉。

齧　《广韵》五结切，"噬"。客方言不少点咬说齧，梅县音［ŋat⁷］。泉州话也说［giat⁷］。

瞌　《集韵》昵辄切，"目动"。闽南、客家都把眨眼称为瞌，泉州音［n̠iʔ⁷］，梅县音［n̠iap⁷］。

歇　指临时住宿，如说"歇客栈"。泉州音［hioʔ⁷］。《客方言》云："宿曰歇"，与此相合。

盘　指翻越，如说"～墙"。泉州音［p'uã²］。《客方言》云："逾墙曰盘墙。"

寮　简易的棚子曰寮，又有草～、柴～等说法。泉州音［liau²］，永定音［lieu²］。

闽南话和客家话之间有源流关系也有渗透关系。两个方言区移民的穿插、掺杂是唐宋以来就有的。从地缘方面看，这两区方言连界数百公里，交界处还有不少双方言地带（李如龙等，1995）。在龙岩、漳平一带的闽南话，不论在语音上词汇上都受到闽西客家话更多的影响，成为闽南方言的西部小区。

（4）赣语与闽北、闽西北方言关系也很深。

北宋的 200 年，闽北的经济文化达到鼎盛。朱熹在那里办学数十年，培养了大批士子。麻沙成为全国出版中心。"建茶"是入朝贡品，"建瓷"则蜚声海外。李纲、柳永、严羽、孔安国、宋慈、吴棫都出自闽北，可谓群星灿烂。南宋初年的建炎四年（1130）建瓯人范汝为起义，聚众十余万，两年之间破州掠县，声势浩大。朝廷不得已把抗金前线的韩世忠调来镇压农民义军。此后闽北元气大伤，至明初略有回升，明代中叶又有沙县邓茂七起义与浙南矿工叶宗留遥相呼应。正统十三年（1448）起，前后八载，发动义兵数十万，"延蔓八郡，破二十余县"。最后，起义被镇压了，闽北亦成了一片焦土，人口锐减。据《福建历代人口论考》（陈景盛，1991），建安府和邵武军宋代以来人口数有如下表的大幅度增减：

年代	建安府		邵武军	
	县数	人口	县数	人口
宋　太平兴国（976—984）	4	180000（据 90492 户估计）	4	9000（据 47881 户估计）
元丰八年（1085）	6	370000（户：186566）	4	180000（户：87594）
元　至元二十六年（1289）	7	506926	4	248761
明　洪武十四年（1381）	7	537025	4	236710
嘉靖十一年（1532）	8	410099	4	136133
清　道光九年（1829）	8	1576779	4	648017

可见，从明初到明末，建安府人口减少 24%，邵武军减少 45%。而到了清代中叶，建安府人口增加 3.5 倍，邵武军则翻了五番。值得注意的是这一带涌入的偌多户口来自何方？

原来，闽北的通道在浦城的仙霞关，因为县内多崇山峻岭，全县千米以上高山290座，翻越维艰，尤其县南樟元山故道石级多达1500级，俗称倭惶岭，北来移民多止于此，县内吴语与闽语亦以此为界。加上两宋之后江西人口再度剧增，入闽通道逐渐西移至崇安县的分水关和光泽的铁牛关。崇安虽有东南最高峰（黄岗山，海拔2157米），县内千米以上高峰只有81座，分水关一带尚较平坦。不远处有崇阳溪、建溪可通闽江。《读史方舆纪要》说这个与江西铅山县连界的分水关"商旅出入，恒为孔道"。同治年间所修《广信府志》则说："铅山为入闽门户，车马之音昼夜不息。"崇安之外，还有从江西资溪过光泽铁牛关到邵武的通道也比较平坦，水路则有富屯溪可通闽江。也是赣闽的重要通道。1958年编的《福建编年史》（油印本）有近人陈遵统（主编）所写前言说："我在邵武的8个年头中，差不多邵武各大姓的家谱都看过，可以总括地下个结论：邵武的大部分人民是由中原移转而来，而迁徙的道路，十有八九由江西而来。考究它的年代，大部分是宋代，而宋代之中，南宋初期比北宋多，元兵围汴的前后，又比南宋的初期多。"事实上，赣人入闽一直持续到近代。80年代我为调查方言走遍闽北各县，所到之处都听说当地许多居民来自江西，有的只有两三代人，至今与故土还有往来。

从方言的情况也可以提供最好的论证。明清以来人口更换幅度最大的原邵武军4县市，其方言已经蜕变为赣方言。我们在《闽西北七县市的方言》（陈章太、李如龙，1991）一文中罗列了这一带方言与赣语相同的语音特点多达15项，而与闽语相同的特点只有9项；常用词中与赣语相同的有92条，与闽语相同的只有31条。在语音特点的项目中，与赣语相同的都是一些管的字多的重要特点，例如：

　　古全浊声母今读绝大多数为送气清音；

古非敷奉母字和晓匣合口字今读为［f、v］声母（泰宁除外）；

古透定母字今读［h］声母，有的与晓匣母［x］声母有音位对立；

古清从初昌母字今读［tʻ］声母；

古咸、山、蟹三摄一二等韵今读有别；

古阳声韵有［-m -n -ŋ］三种收尾（有的点无-m），部分点塞尾［-p、-t］也有转化为［-m -n］尾的；

多数点有小称变调，有儿尾。

可见，从整体上看把邵武军四县市方言定为赣方言或称为闽语赣化是合适的。

以上语音特点中最具特色的是透定母读［h-］，清从母读［tʻ］，这是赣东南城一带方言的特点，不但连片影响到邵武四县市，而且影响到闽北的崇安、建阳两县。

闽北方言中，建瓯、松溪、政和、南平（市郊）属于东片。由于距闽语中心区近，原有人口较多，浙赣移民较少，因而闽语特征保存得较为完整，既没有石陂一带（也可称北片）的全浊声母，也没有西片的透定读［h］和清从读［tʻ］。除了人口构成的不同之外，当然和地域相连与否也有密切关系。

从词汇说，闽北方言和闽西北赣语有不少词已经采取客赣方言的说法而放弃闽语固有的方言词。例如：

月光月亮	星宿星星	焰刀闪电	通书黄历
今朝今天	泥泥土	尘灰灰尘	洋火火柴
自家人自己人	人不说侬	手甲指甲	跌鼓丢人
话事说话	蒸不说炊	拉甫忘记	做事干活
伶俐干净	禾稻子	包黍玉米	晓得知道

睇牛 看牛	个 助词的	捞 找	几多 多少

在闽赣方言,这种放弃闽语采用客赣方言词的现象更多。例如:

老伯 哥哥	老弟 弟弟	灶下 厨房	嘴 不说喙
胞衣 不说衣	屎窟 屁股	腹屎 肚子	热头 太阳
脱 不说褪	(菜)老 不说过	多 不说稍	衫袖 不说手碗
自家 自己	鬼子碱 肥皂	秆 稻草	做唔得 不行
小酒 醋	目汁 眼泪	樵 柴火	烧水 热水

四　结论

(1)闽语和吴语之间有源流关系,主要是六朝时期吴人从山海两路移居闽北和闽东。闽东和浙南沿海还同属于会稽南部都尉管辖的冶县。六朝时的吴语是闽语形成初期的源流之一。

(2)闽语和吴语之间有漫长的连界(从崇安到福鼎数百公里),古来有多处通道并不乏交往,浙南吴语和闽东闽北的闽语之间也有渗透关系,因而这一带形成了某些区域特征。由于兼有源流关系和渗透关系,应该说吴闽方言之间在这一带关系最深。

(3)除了六朝的吴语之外,形成闽语的源流还有中古的北语。初唐和唐末两次大规模的中原移民带来的语言,正是因为当时汉民族共同语的基础方言势力强大,所以对闽南和闽东方言的最后定型发生过重大的作用。

(4)两宋以来闽西北和闽北陆续入住了大量赣人和浙人,原邵武军四县市的闽语已经赣语化,浦城县中北部则已吴语化。闽北方言的西片也受到赣语的不少影响,北片的浦城县北半部(含县城)已经蜕变为吴语。

（5）从东汉末年到五代十国，闽语的形成经历了 700 多年，其间有多源流的重合，多层次的沉积；有共同语的重要介入，也有多种周边方言的渗透。所有的这些都可以在闽语的分区划片以及各区片所表现的不同语言特征之中找到现实的依据。

（6）地域方言的形成和演变都有复杂的历史和独特的道路，现存的方言系统都是许多不同历史层次的成分经过整合的现代的共时系统。对不同的方言应该进行比较和分析，考察它们在演变的过程中的相互关系，但不宜简单地归结谁是谁的前身，谁是谁的后裔。

参考文献

（按引用先后罗列，现代汉语方言大辞典各有关分卷概未列入）

李　荣　1965　从现代方言论古群母有一二四等，《中国语文》，138 期。

金有景　1964　义乌话里咸山两摄三四等字的分别，《中国语文》，128 期。

丁邦新　1988　吴语中的闽语成分，史语所集刊，59—1。

潘悟云　1995　温、处方言和闽语，吴语和闽语的比较研究，上海教育出版社。

吕叔湘　1993　丹阳方言语音篇，语文出版社。

傅国通等　1985　浙江吴语分区，《杭州大学学报》增刊。

曹志耘　1996　严州方言研究，（日本）好文出版。

邵荣芬　1995　吴棫《韵补》和宋代闽北建瓯方音，《中国语文》第 5 期。

北京大学中文系　1995　汉语方言词汇（第二版），语文出版社。

钱乃荣　1992　当代吴语研究，上海教育出版社。

闵家骥等　1986　简明吴方言词典，上海辞书出版社。

范　寅　《越谚》，谷应山房清光绪八年刻印。

李如龙　1996　方言与音韵论集，香港中文大学中国文化研究所。

陈章太、李如龙　1991　闽语研究，语文出版社。

李如龙等　1994　福州方言词典，福建人民出版社。

黄典诚、李如龙等　1998　福建省方言志，方志出版社。

李如龙　1997　福建方言，福建人民出版社。

李如龙、张双庆等　1992　客赣方言调查报告,厦门大学出版社。

李如龙等　1995　福建双方言研究,(香港)汉学出版社。

陈支平　1997　客家源流新论,广西教育出版社。

罗香林　1933　客家研究导论,(台湾)古亭书屋。

朱维干　1984　福建史稿,福建教育出版社。

陈景盛　1991　福建历代人口论考,福建人民出版社。

（本文 1999 年 6 月在香港举行的第 6 届闽方言国际研讨会
上宣读过,后收入会议论文集《闽语研究及其与
周边方言的关系》,香港中文大学出版社,2002 年）

关于东南方言的"底层"研究

李方桂多次提出,"汉语与别的汉藏语系语言的比较研究"是"发展汉语上古音的一条大路"。周法高先生说得更具体:"就汉语而研究汉语总不容易跳出前人的圈子来。"如果对汉藏诸语言能有所认识,"便可以扩大我们研究的领域,改进我们的看法,而使我们的方法更加细密,进一步可以上溯到原始汉语的阶段,而企图对汉藏语有所构拟,那么,这一门学问便有很大的发展了"。(周法高,1972)过了20年,1992年国际中国语言学会在新加坡成立,首任会长王士元在演讲中又提倡"研究多种非汉语",并指出,"特别要注意它们和汉语方言的相互影响"。(王士元,2002)

究竟东南方言是原住民改口说的并不地道的以少数民族语言为基础的"古南方方言",还是吸收某些民族语言特点的汉语的新地变异?近些年来研究东南方言的学者颇有一些不同的看法。看来,在底层研究尚未深入进行的情况下,还不宜匆忙做出结论。无论如何,底层研究是值得提倡,应该加强的,待有了更多的了解之后,应该可以从方言结构体系的整体上做出科学的分析,也可以联系民族融合过程中的文化差异和互动去进行必要的论证。

一

已有的底层研究往往是从若干词汇入手的。此类研究可以说是

"初级阶段",这种做法是无可厚非的。事实上也已经触及问题的本质,使人们得到重要的启发。例如粤语、闽语地区的许多地名中带有"那/拿、六/禄、淌/畚、畲、峯"以及"凼、寮、坂、崟、潭、峒、垅"等字,这些地名显然是壮侗语族的先民在汉人南下之前就已命名,后来一直沿用下来的。这种现象用来说明原住民族居住地的分布比之地下发掘的文物是更有说服力的。有一批见诸多种东南方言的日常生活很常用的单音词,在古代汉语中找不到合适的对应字(俗称"有音无字"),许多学者也从"古百越语"(今壮侗语)里找到读音相近、语义相同的说法,不少已被人们普遍认可。例如:

"(粥)稠",广州 kyt^8、kit^8,泉州 kap^8,潮州 kɯk^8;武鸣壮语 kɯt,柳江壮语 kɯk,临高话 kɔt^8。

"松脱、滑落",广州 lɛt^{7b},梅州、厦门 lut^7;龙州壮语 lu∶t^7,西双版纳傣语 lut^7。

"嗜好",广州 ŋam^5,泉州 gam^5;武鸣壮语 gam^5,完全同音。

"想、思考",广州 nam^4,梅州 n̠iam^3;邕宁、柳江壮语 nam^3。

"傻",厦门 goŋ^6,广州、梅州 ŋoŋ^6;傣语 ŋoŋ,黎语 ŋaŋ。

"次(动量词)",厦门 pai^3,梅州 pai^3;壮语、布依语、傣语均 pai^2。

"多",闽语读齐韵从母去声,建阳 lai^6,福州 sɑ^6,厦门 tsue^{6}均符合对应;通什黎语 ɬai^1,彬桥壮语、芒市傣语 la∶i^1,可能同源。

"盖上",闽语读为溪母勘韵去声(厦门),亦可读入声,各点均能对齐:厦门 kʰam^5、kʰap^7,福州 kʰaiŋ^5;与壮侗语可以对应:武鸣壮语 ko∶m^5,傣语 hɔm^5,水语 kəm^5。

"(用热水)烫",梅州 luk^8,广州 lok^8;武鸣壮语 lo∶k^8,龙州壮语 luk^8,德宏傣语 lok^8。

"挖",福州 lɛu^1,温州 lau^1;侗语 lɛu^{1}的音义也很相近。

"吮吸",福州 sɔʔ^7,厦门 suʔ^7,广州 ʃɔk^7;侗语 sot^9、ɕut^9,武鸣壮语

θut⁷，泰语 su：t⁷。

"泡沫"，福州 pʰuoʔ⁸，厦门 pʰeʔ⁸；多数傣语音 pok⁹ 或 pok⁷，读音也很相近。

此外，闽语里还有不少说法和壮侗语的一些点音义也似有对应关系，很值得深入研究。以闽南话为例：

"填（坑）"，闽南说 tʰun⁶，傣语马关 tʰɛn⁴，元江 tʰɛn⁵，芒市 tʰəm¹，景洪 tʰɯn¹。

"计算"，闽南说 tʰak⁸，芒市傣语说 ta：k⁸。

"洗（衣）"，闽南说 lak⁸，水语说 lak⁷，武鸣壮语、傣语 sak⁸，龙州壮语 ɬak⁸，布依语 saʔ⁸。（壮侗语之间 l—s 有对应关系）

"喝"，闽南说 lim¹，临高壮语说 lum⁴，佯僙语 ro：m⁴，巴哈布央语 ram⁴⁵。

"下陷"，闽南说 lam⁵，"烂泥田"说"畓田"，因为有音无字，《十五音》造了这个俗字。傣语多有类似说法：芒市 lan⁵，景洪 lum⁵，金平、马关 lum⁵。

"死"，闽南有戏谑说法 tai³，壮、傣、水语都说 tai¹，侗语说 təi¹，苗瑶语中巴哼话说 tei⁶，勉语说 tai⁶，都似有对应关系。

"成束的稻草"，闽南说 tsʰau³ ha²，后者有音无字，也用作量词。武鸣壮语茅草说 ha²，龙川音 ka²，布依语说 ɣa²，泰语说 kʰa²，也可能成对应。

"手脚结的茧"，闽南说 lan¹（粤语也说 lan⁵），读音相近见于邕宁壮语 nen⁵⁵（意为疙瘩），都读为平调。

"少量舀取"，闽南说 taʔ⁷，在西双版纳和德宏傣语、泰语、傣雅语非常一致地说 tak⁷，但不一定舀得少，这是闽语借自壮侗语无疑。

值得注意的是有些汉语方言的核心词，虽然也可以在古汉语韵书和典籍上查出音切、义注和用例，经过与少数民族语言的比较，也可以确认这些词并非汉语的语源,而是和南方民族语言同源的。例如潘悟云、陈忠敏(1995)的《释"侬"》一文,经过详细论证之后,指出:"侬是古代广泛分布于江南的方言词,既有'人'义,也用来自称。在现代的吴、闽、徽、赣、粤诸方言中还有它的分布。""侬可能就是古百越语词,意义为族称和自称。古代百越人在接受汉语的同时,把他们自己语言中用于族称和自称的noŋ保留下来,成了这些方言中'人'义和第一人称的方言词。"关于这一点,就闽方言的情况还可以做一些补充。除闽北方言称人为"人"之外,现代闽语还普遍称人为"侬",而且普遍用来指第一人称。如:"侬唔去,硬叫侬去。"(人家我不去,硬叫我去。)在闽南话里不少地方复数人称代词还说"我侬、汝侬、伊侬",和吴方言旧时的"三侬"之说毫无二致。与"侬"相类似,闽语里还有另一个用得很普遍的"囝"。《集韵》收了这个字,注音是"九件切",和各地读音都很贴合:闽南话 kiã³,闽东话 kiaŋ³,闽北话 kyaiŋ³,海南话 kia³。义注"闽人呼儿为囝"也十分准确。大多数闽方言这个"囝"已经虚化,用作相当于普通话的"儿、子"的"表小指爱"的名词词尾,如说"椅囝、刀囝、猴囝"。很难设想,这么重要的核心词在上古汉语中毫无踪迹,突然从闽地创造出来,并且用得这么广泛和频繁。最大的可能就是从古百越语借用的。罗杰瑞和梅祖麟(1976)早就指出这是古代南方方言从南亚语借用的。根据考古学、民族学的研究成果,闽台地区相近的文化可以追溯到三四千年之前,这一带新石器时代的文化可以肯定是南岛文化。和闽语的"囝"音义相同的说法可以在孟高棉语族里找到。(李如龙,2005)

诸如此类的核心词还有一些,只见于东南方言,未见于早期文献和官话方言区,都在多种南方少数民族语言里可以找到音义相当的常用词,有些词虽然古韵书有过记载,是因为这些底层词在当时的东南方言已经很常用,所以收进了韵书。例如:

"骹"，闽语音kʰa¹，指脚又指腿。是很常用而且构词能力强的核心词。壮语音ka¹、kha¹，傣语xa¹，黎语ha¹，水语qa¹。《集韵》收了此字，口交切，注："胫骨近足细处。"在古今汉语里普遍常用的是"足"和"脚"，如果是上古汉语传下来的，何以用例极少，而那么多南方民族语却"不约而同"地借用了这个指马的"近足细处"的汉语词呢？这个说法若不是汉台语的同源词，便是闽语向壮侗语借用的底层词。

"娓"，客家人普遍呼母曰me¹，俗写为"娓"，音同"尾"。在壮语和傣语普遍称母为me⁶，一般构拟原始壮侗语都写作*meᶜ或*miᶜ、*biᶜ。看来，按照母亲的语言称母，是合乎情理的，这是客方言向壮侗语借用的确证。娭（娘）则是汉人按其传统观念所定的社会称谓。

东南方言同壮侗等民族语言接触已有两千多年历史。有些底层词由于广泛运用也可能进入了古时的通语。这类词既然是反映最重要概念的核心词，也可能就是汉语和壮侗语早期就有的同源词。总之，多做此类基本词的比较是非常必要的。这种语料多起来了，对我们判断古今汉语、南北方言与南方诸民族语的各种关系将会发挥很大的作用。

二

关于先喉塞音声母问题。李方桂先生（1977）根据一些壮侗语b、d声母字分布在阴调类的事实，把原始侗台语的这类声母拟为ʔb、ʔd。陈忠敏（1995）对东南方言与壮侗语的先喉塞音问题，概括了如下的论点：先喉塞音在东南方言中集中表现在唇音和舌尖音两类，分布在吴、闽、粤、湘诸方言；从发音方法上有保留ʔb、ʔd的，有弱化为浊音m、n、v、l和清音ʔ的；除帮端两类外还见于见母，读为ʔɟ。现代的侗台语正是这样，四个语支的多数方言都有先喉塞音声母。ʔb、ʔd为多，有的还有ʔg，没有ʔb、ʔd声母的语言（如侗语），与之相对应的也是m、l等通音。汉语东南方言的这些表现，显然是壮侗语留下的底层现象。这已经成了学者们普遍认可的定论。这里想补充说明几点：

1. 先喉塞音在闽方言中远不是只表现在海南闽语的 ʔb、ʔd 两种典型的发音上，在闽南本土，尤其是厦门话里也有系列的表现，其类型是变读为无喉塞的浊音。例如：

"八"，表示"认识""曾经"之意（李如龙，1996）。在各地闽南话多读为 p，泉州 pat^7，潮州 pak^7，但在厦门说 bat^7。

"摆"，动量词（如上文所述，可能是壮侗语底层词），泉州、潮州 pai^3，厦门 mãi^3。

"要、意欲"，本字未明，闽南俗写作"卜"，福州 puɔʔ^7，泉州 boʔ^7，厦门 beʔ^7，漳州 bueʔ^7。

"缚"，表示"包圆买下"。泉州 pauʔ^8，厦门 mãuʔ^8。

"反"，左手说"反手"，漳州 pãi^3 tsʰiu^3，厦门 bai^3 tsʰiu^3。

"掇"，推拿的"拿"闽南话说掇，泉州 ləʔ^7，厦门 leʔ^7。用手把轻物拿起也说。

"条"，用于纸条（指长条形的纸）、椅条（长凳），泉州、厦门 liau^2。

"边"，用于"临边"，意为"立刻"，厦门 liam^2 mĩ^1。

"双手搬动重物"，本字未明，泉州 ka^2，厦门 gia^2。

"用手轻举长条物"，本字未明，泉州 kaʔ^8，厦门 giaʔ^8。

"锦"，泉州、漳州 kim^3，厦门 gim^3。

"夹"，用于"夹菜"，泉州、厦门 gueʔ^7；用作名词、动词都是 gueʔ^8。

2. 在闽北方言，先喉塞的痕迹不但在帮（并）端（定）见（群）有表现，在精母也有。从今读的类型说，在石陂、建阳分别读为 b、β、d、l、dz、g、ɦ 等，多为浊音，在建瓯多读为清音 p、∅、x 等，也有一些字读为 l。在声调上往往和来自非先喉塞的同类清声母有别。这些字也就是有名的闽北"清音浊变"的现象。这些字从调类上说平上去入都有；从词性说，名、动、形都有。用先喉塞的浊音底层来说明是最确切的了。兹按声类列举音义最明确的例字如下：

帮（非）	崩	飞	反	补～衣	疿～子	发	迫窄
石陂	baiŋ²	ɦye²	paiŋ³	pyo³	py⁵	buai³	ba³
建阳	βuaiŋ²ᵇ	ɦye²ᵇ	βuaiŋ³	βiɔ³	py⁵	βɔi³	βa²ᵇ
建瓯	paiŋ³	yɛ³	paiŋ³	piɔ³	py⁵	puɛ³	pa³

端（知）	担动词	单～身汉	赌	转	躲	戴动词
石陂	daŋ³	tuaiŋ¹	du³	teiŋ³	□tu¹	tuai⁵
建阳	laŋ²ᵇ	lueiŋ²ᵇ	lo³	lyeiŋ³	ly³	le⁶～帽 lue⁵～手表，～孝
建瓯	taŋ⁸	tuiŋ³	tu³	tyiŋ³	ty³	tuɛ³

精	焦干	增粥稀	簪	蕈味淡	早	醉	荐草垫
石陂	diau²	dzaiŋ²	dzaiŋ³	tsiaŋ³	dzɔ³	dzy⁵	dzuiŋ⁵
建阳	liɔ¹	lɔiŋ²ᵇ	laŋ²ᵇ	liaŋ³	lau³	ly²ᵇ	ly²ᵇ
建瓯	tiau³	tsaiŋ³	tsaŋ³	tsaiŋ³	tsau³	tsy³	tsy³

见（1）	高	菇	饥	稿稻草	狗	笕通水管
石陂	ɦɔ²	ɦiu²	gye³	（秆）	ɦiu³	aiŋ³
建阳	ɦiau²ᵇ	o²ᵇ	kye¹	（秆）	həu³	aiŋ³
建瓯	au¹	u³	kyɛ³	ɔ³	e³	aiŋ³

见（1）	羁拴	割	蕨	公老～	铰剪
石陂	gai²	ɦuai³	ɦye³	ouŋ¹	（剪）
建阳	kai¹	kɔ⁷	ɦye²ᵇ	oŋ¹	kau¹
建瓯	kai³	uai³	yɛ³	ɔŋ¹	kau⁸

见（2）	嫁	教～书	救～命	肝	秆	裹～粽	桔	韭
石陂	ka⁵	kau⁵	kiu⁵	xuaiŋ¹	kuaiŋ³	xɔ³	xi⁷	xiu³
建阳	xa⁵	kau⁵	xiɔ⁵	xueiŋ¹	kueiŋ³	（包）	xi⁷	xiu³
建瓯	xa⁵	xau¹	xiau⁵	xuiŋ¹	kuiŋ³	xo⁵	xi⁷	xiu³

对照闽北的这类情形，回头看看闽南，也可以找到一些旁证：

"迹"，单用意为痕迹，也用于方位指代词"即迹（这里）、许迹（那里）"。泉州、厦门音 lia?[7]。

"爪"，骹爪、爪牙都说 liau³，泉漳厦同音。（以上是精母）

"锅"，闽语铁锅说鼎，但陶锅、铝锅仍说锅。泉州音 ə¹，厦门音 e¹，漳州音 ue¹。

"顾"，单说表示祖护。泉州、厦门音 ɔ⁵。

"今"，仅见于惠安话，"今暗"说 im¹ am⁵。（以上是见母）

关于闽北方言的"清声母浊化"，罗杰瑞曾有过原始闽方言的另一类声母的拟测，后来，王福堂认为是受吴方言的影响而表现为上古音层次和中古音层次的叠置。（王福堂，2004）现在看来，吴语也有先喉塞音的痕迹，闽北与吴语区毗连，说是受吴方言影响也并不错，然而，何以闽南也有，而且海南还有更加充分的直接表现？这是闽北受吴语的影响难以解释的。看来，用壮侗语的底层来解释，才是一步到位，抓到了根本。至于闽北的见母字分为两类，在清音化的建瓯一类读零声母，一类读 x，显然是读 x 的先清化，读为原调，而读为零声母的是后来才清化的，即 ɦ→h/ɦ→ø，声调上还保留着一个小尾巴。从这点出发，可以看到陈忠敏（1995）一文最后所根据的东南方言先喉塞音声母与壮侗语有别的特点提出的"在汉语南方方言里，先喉塞音对声调不起分化作用"这个说法是不全面的。在闽北，先喉塞音弱化为浊音之后，曾引起了声调的转移。

再讨论关于精组字读 t、tʰ 及相关问题。

麦耘（1997）认为珠江三角洲以西的粤方言中有不少把一些精、清母字读为 t、tʰ，从心邪等母读为 θ 或 ɬ 的现象，和壮侗语的同类表现形成对应，应该是早期粤西、桂东的"汉化与未汉化而以汉语为第二语言的当地人的口音"。现代壮侗语的塞擦音普遍都不发达（尤其是送气的 tsʰ），黎语通什话和壮语的不少方言至今都还没有塞擦音声母。在借用汉语词时，壮语用 s 对应精组字和章组的擦音字（如心 sim¹，书

saɯ¹, 城 siŋ²); 用 ʑ 对应知庄章组的其他字和精组的细音字（如车 ɕi¹,
中 ɕuŋ⁵, 茶 ɕa², 装 ɕaiŋ¹, 砖 ɕi:n¹, 井 ɕiŋ³, 象 ɕiaŋ⁶)); 在傣语则精庄章不分,
塞擦音读 ts, 擦音读 s。李方桂先生在构拟原始台语时把 tɕ、tɕʰ、dz 与
s、z 处理为互补的关系。麦耘认为原始壮侗语应有一套 tθ、tθʰ、θ 声母,
后来变为 ts、tsʰ、ɬ, 再后来又变为 t、tʰ、ɬ。

　　精组字读为塞音, 在壮侗语牵涉到古音拟测, 在汉语东南方言还分
布在赣语和闽语, 并且牵连到透定母读为擦音的问题, 确实是东南方言
的壮侗语底层研究的重要题目。

　　壮侗语不少方言没有塞擦音, 即使有也是送气音缺位, 苗瑶语则
有多套塞擦音, 王辅世、毛宗武（1995）《苗瑶语古音构拟》就列了五
组 34 个塞擦音。但是张琨（1983）在《原始苗语的声母》一文中说过:
"并非所有苗语的塞擦音声母在原始苗都是塞擦音。就像我们所见
到的, 有的是后随 *r 或 *l 的塞音的反映形式。另一些又是来源于后
随 *j 的舌根塞音。"看来, 许多现在有的塞擦音是后起的, 所以吴安其
（2002）的《汉藏语同源研究》所构拟的原始侗台语和原始藏缅语都只
有 s, 没有 ts、tsʰ。并且认为"原始汉藏语无塞擦音"。看来, 塞擦音在
古今汉藏语的来龙去脉确实值得进一步探讨。

　　在东南方言, 精清母字读为 t、tʰ, 集中表现在海南闽语和武夷山两
侧的赣语和闽语, 这些方言里还连带着把透定母字读为 h 声母。闽方
言普遍是从母混精、庄章归精、澄归定, 因此在海南闽语读为 t、tʰ 的还
包括了一部分章、从、澄等声母字, 而清、昌等声母字因为变读为 s（和
许多壮侗语一样, 看来也是一种底层现象）, 所以没有参加这种对应。
例如:

	左	朱	罪	纸	醉	早	枣	走	杂
海口	to³	tu¹	tui¹	tua³	tui⁵	ta³	tau³	tau³	tap⁸
琼海	to³	tu¹	tui⁶	tua³	tui⁵	ta³	tau³	tau³	taʔ⁸

	砖	准	作	粽	桃	腿	啼	台	跳
海口	tui¹	tun³	tɔk⁷	taŋ⁵	ho²	hui³	hi²	ha²	hiau⁵
琼海	tui¹	tun³	toʔ⁷	taŋ⁵	xo²	xui³	xi²	xai²	xiau⁵

	头	潭	炭	脱	糖	听	桶	虫
海口	hau²	ham²	hua⁵	hut⁷	ho²	hia¹	haŋ³	haŋ²
琼海	xau²	xam²	xua⁵	xut⁷	xo²	xia¹	xaŋ³	xaŋ²

在赣语区,只有宜黄、乐安、南丰等少数点把精、庄母读为t。例如宜黄:租tu¹,楚tʰu³,灾tai¹,早tɔu³,债tai⁵,而更多的点都把清从母字和一些初崇母字读为tʰ声母,洪音居多,有的点也有细音字。下例中,南城、建宁是赣东典型老赣语,反映比较完整。另有桂东的蒙山县西河镇说的是客家话,也有同样的反映,附在这里介绍,也可以说明客赣关系较深的一种表现:

	坐	叉	蔡	财	草	巢	餐	擦	切	前
南城	tʰɔ¹	tʰa¹	tʰai⁵	tʰai²	tʰou³	tʰau²	tʰan¹	tʰai⁷	tɕʰiɛ²	tɕʰian²
建宁	tʰɔ³	tʰa¹	tʰai⁵	tʰai²	tʰou³	tʰau²	tʰan¹	tʰai⁷	tsʰiet⁷	tsʰien²
西河	tʰɔ¹	tʰa¹	tʰɔi⁶	tʰɔi²	tʰau³	tʰau²	tʰan¹	tʰat⁷	tʰian¹	tʰien²
邵武	tʰo⁶	tʰa¹	tʰai⁵	tʰai²	tʰau³	tʰau²	tsʰan¹	tʰai⁷	tʰien¹	tʰien²

透定母读为h声母在老赣语区是与清从等母字读tʰ相呼应的,另有赣中的吉水只有透定读h而没有清从读tʰ,上述西河客话则有清从读tʰ而无透定读h。例如:

	台	袋	桃	头	豆	淡	腿	炭	蛋	大
南城	hai²	høy⁶	hou²	hiɛu²	hiɛu⁶	han¹	høy³	han⁵	han⁶	hai⁶
建宁	hai²	hei⁶	hau²	həu²	həu⁶	ham⁶	hei³	han⁵	han⁶	hai⁶
吉水	hɔi²	hɔi⁶	hau²	hɛu²	hɛu⁶	han¹	hɔi³	han²	than⁶	hai⁶

在闽北的武夷山东侧,从邵武、泰宁到崇安、建阳也有比较完整的反映,以邵武、泰宁和建阳为例:

	拖	吞	托	袋	潭	草	葱	错	贼	族
邵武	xai¹	xon¹	xo⁷	xoi⁵	xən⁷	tʰau³	tʰuŋ¹	tʰo⁵	tʰə⁷	tʰu⁶
泰宁	hai¹	hun¹	ho³	hai⁶	hŋ⁵	tʰo³	tʰuŋ¹	tʰo⁵	tʰoi⁵	tʰu⁷
建阳	hue¹	huŋ¹	hɔ⁷	lui⁶	laŋ²	tʰau³	tʰoŋ¹	tʰɔ⁵	tʰe⁸	lo⁸

何大安（1986）在《论赣方言》一文中曾注意到清从读 tʰ 和透定读 h 是"互相关联"的，但这是否底层现象，他"暂时存疑"。

现在把帮端等读先喉塞，精清等读 t、tʰ 和透定读 h 这些相关的问题合并起来讨论其分布特征、表现的性质及发生的年代（所属的历史层次）。

这三种东南方言声母上的重要特点最集中、最充分地表现在海南闽语之中，其次是赣东和闽北方言，三者都涉及了。在粤语的表现是：帮端和精清为伴，在赣语则多为清从和透定同行，在吴方言只有帮端的读法有表现。从整体上看，三者确实是互相关联的。

为什么说这三种特征是东南方言中的壮侗语底层呢？首先，最主要的理由是这些表现仅见于古百越人（壮侗语诸民族）的原住地上形成的东南方言，而未见诸官话区。辛世彪（2002）《新会荷塘话音系特点及分析》曾提到关中方言也有些点把精清也读为 t、tʰ，但那只见于细音字，明显是 tsi、tsʰi 由于 i 的影响把擦音 s 挤掉的结果。其次，就壮侗语方面看，"多数语言有一套带先喉塞音声母 ʔb- 和 ʔd-，个别语言还有 ʔɗ- 和 ʔg-，但逐渐趋向简化和消失。"（马学良主编，2003）就从和东南方言关系最深的壮傣语支的情况看，壮语没有 ts、tsʰ 声母（s 实际读音为 θ 和 ɬ），布依语和傣语只有 ts、s，没有 tsʰ，壮语和布依语只有 h（或 x）没有 tʰ 和 kʰ。可以想象，壮侗语支的先民学习汉语时可能就是用 t、tʰ 代替 ts、tsʰ（精清），用 h 代替 tʰ（透定）的。实际上本文未列入讨论的还有东南方言中的赣、客、粤、湘诸方言广泛存在的溪母读为 h（合口字又变为 f），乃至滂母字读为 h（见诸闽北建阳）或 f（见诸海南闽语），应该也是和壮侗语的这个声母格局相关联的底层现象。第三，就东南方言的内部语音结构系统看，这些变异并非语音系统之内的有关条件所造成的，也不是词汇、语法现象的反映，只能用语言接触的"底层"现象来解释才是最合理的了。

　　然而, 既是语言接触的"底层"现象, 为什么会出现各地方言的不一致表现呢? 例如在海南闽语和西片粤语是精清读为t、tʰ, 在多数赣语和闽北闽语则是清从读为tʰ, 而透定读为h, 在粤语则没有这些表现。在这一点上, 壮侗诸语言的声母对照表给了我们很好的启发。上文已经提到, 壮语没有ts、tsʰ, 只有ɬ、θ, 没有s; 在布依语和傣语先有了ts, 还没有tsʰ, 水语的tsʰ只用于汉语借词。可见, 壮侗诸语言的舌尖塞擦音是后起的(可能就是受汉语影响而产生的), 就产生的顺序说, 先有s, 后有ts, 最后才有tsʰ。可见东南方言中的不同表现是分层次的, 原封不动地保留ʔb-、ʔd- 和精清读t、tʰ, 透定读h, 乃至溪群母字读h和滂并母字读h或f是最早、最完整留存下来的底层现象; 精母字不读t, 只有清、从母字读tʰ, 是在壮侗语出现了ts声母后才移借过来的。

　　为什么这些现象会集中、全面地表现在海南闽语和闽北闽语呢? 在东南方言中, 闽方言就目前的状态说是和上古汉语关系最深的, 有许多"前广韵"的特点, 这是学界公认的。而海南孤悬海上, 闽人上岛是在操壮语的临高人之后, 开始时人数一定不如临高人多。几百年间海南人的闽语和临高人的壮语共处, 相互间的接触和影响一定比其他地方更多, 这是很容易理解的。闽北原是闽越人的老根据地(武夷山下发掘的大规模的汉城可以为证), 后来越人迁走了, 汉人入住了, 到了宋代曾一度繁荣, 明代之后, 因邓茂七起义, 经济衰退而一时没落成了闭塞的山区, 与外界往来极少, 保存许多早期形成的语言现象, 这也是顺理成章的事。

　　那么, 这些"底层"现象究竟形成于什么年代呢? 既然认定为"底层"现象, 总的说来应是南下汉人与百越族原住民融合的早年留下来的现象。这些现象一旦出现之后, 虽然也会有整合和变化, 但由于汉族的文化上的优势, 总的说来, 总是逐渐地汉化——纳入汉语演变的轨道, 逐渐减少原住民语言的异质特征。同时, 在考察有关语言现象的历史层次的时候,还应该参考语言演变的历史过程来定位,也要联系社会历史背景的事实来考虑。不同的现象可能有先后,从这些现象的分布有时也可以得到一些分析历史层次的启发。

帮端等声母字读为先喉塞音,既然在壮侗语的四个语支都有广泛的分布,在东南方言中,吴、闽、粤、湘都有表现,这应该是汉语和壮侗语广泛地接触,长期影响的结果。随着时间的推移,底层现象又是逐渐消磨着,变得越来越少。帮端的先喉塞音既然还有广泛的表现,就不会是中古之后才形成的。辛世彪(2002)曾根据闽粤语的先喉塞音只配阴调而认定"此现象是发生在浊音清化之后,即北宋以后引起的链式反应"。现在看来,这个推论并不妥当。理由有如下三条:

第一,闽北的先喉塞音也有出现在阳调类的(已如上述),即使是只出现在阴调类,也可以做相反的理解:当浊音未清化,阴阳调类尚未分化的时候它就出现了,汉语的浊音字清化了,它们并未清化,于是就在原调类之中得以留存。

第二,有些汉语方言浊音清化后,不论原来是清是浊,一概还读为原调类(阴调类),与此是同理的。很早就研究先喉塞的日本学者平田昌司(1983、1984)说过:"汉越语反映三等重纽的区别,其借用年代在于唐代。因此,我们可以相信,唐代已经有些南方方言把帮端母读为缩气音。"这一推论是很有道理的。

第三,精组读为t、tʰ,麦耘(1997)和辛世彪(2002)也认为是北宋浊音清化之后发生的。他们的重要依据是,从邪和定母清化之后并没有跟其他清化的浊音走,而是继续读为不送气清音。这一点和另外的一个问题是相联系的:究竟精清读为t、tʰ和透定读为h是壮侗语原生面貌或是从塞擦音ts、tsʰ变过来的。麦耘推测壮侗语的精清母字是从另一个塞擦音tθ、tθʰ变来的,但是看来在更早的原始壮侗语应该是没有塞擦音,只有t、tʰ的。壮语至今没有ts、tsʰ,布依语至今没有tsʰ,

水语的 tsʰ 也只用于汉语词的对音,这就是有力的证明。如果壮侗语的 ts、tsʰ 是受汉语影响而来的,① 那么, ts、tsʰ 的出现应比 ʔb、ʔd 的存在更晚一个时期,这样, ts、tsʰ 读为 t、tʰ 就正好是稍后于 ʔb、ʔd 的影响出现的。这时沿着原有的塞音模式,又吸收了汉语的清化的 ts、tsʰ 的结构特点,用 t、tʰ 来代替 ts、tsʰ 也便很好理解了。既然精清的读为塞音和帮端保留先喉塞音或略加改造,去掉先喉塞保留其浊音,二者之间就有着一个阶段的时间差。在保留浊音上也具有了不同的性质。在赣东和闽北正处在客赣系方言送气音大发展的浪潮上,精母已经没有 t 的读法,清从一概读为 tsʰ,也就顺理成章了。至于与此相连带的透定读为 h,显然是一种推拉作用的结果,因为清从母字和透定母字都不少,没有这样的推移,同音字就太多了。

可见,从壮侗诸语言的现实语音结构和这些底层现象的分布和社会历史情况来看,这些底层现象应该是上古到中古之间形成的,其中并有先后。帮端的先喉塞在先,其后是精清读 t、tʰ,再后是透定的擦化。

三

关于东南方言和壮侗语的语音比较还有几个覆盖面较小,但存在明显的对应关系的问题,这里也提供一些福建方言的材料加以论证。

第一,关于影晓匣云的拟为小舌音。

潘悟云(1997)在《喉音考》一文中提出,上古汉语的影晓匣云应

---

① 关于壮侗语受汉语的影响,是一个很值得注意的问题。戴庆厦(1990)说:"古越人使用的语言不会是汉藏语言,而是与印尼语有关的南岛语系语言。后来这种语言长时间地,大面积地受到汉语的影响而发生了巨变以逐渐形成为今日的壮侗语。壮侗语与汉语的关系,可以视为有亲属关系,因为语言影响已导致语言的质变,而与影响的语言有机地形成亲缘关系。"

该是一套小舌音。它们到中古的演变关系是：

影 q → ʔ，晓 qʰ → h，云 G → ɦj，

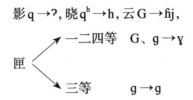

他用大量汉藏语材料和上古谐声材料以及域外对音资料做了详细论证。结论可谓信而有征。许多学者都已经认同。这里罗列几个闽语方言词，都是原来难以确定本字的，用这套拟音来解释就通透了。

"蛙"，闽南管青蛙叫 sui³ kue¹，以往都以为是"水鸡"，确实 kue¹ 也与"鸡"同音。但是有的地方又说 kapᵗkue¹ 就很难解释了。在不少壮侗语里蛙类也有类似的说法，如仫佬语：青蛙 kwai³，田鸡 kəp⁷，傣雅语：青蛙 ka：p⁷。麻韵闽南话白读为 ue（如花、瓜），kue¹ 可以确定为"蛙"，音合义切。

"邀"，建瓯话用作连词，相当于通语"和，同"，音 iau¹，如说"我邀渠话过"（我同他说过）。闽南话也有连词 kiau¹，如说"汝邀伊做阵来"（你同他一起来）。"邀"可以看作是早期闽语共有的词。

"娃"，闽南旧时尊称女性往往在名字后加上 kuã¹，与"官"同音，俗写作"娟"。实际上应该是"娃"读 kua 并带上鼻化。闽南话 a、ia、ua 等韵有些字会加上鼻化音，例如：怕 pʰã⁵，炸 tsã⁵，且 tsʰiã³，寡 kuã³（次浊声母马、拿、雅更是读成鼻化韵）。唐代旧制就是称呼中年妇女为"娃"的。

"埋人、埋物于地"，闽南话都说 kam³，《集韵》感韵影母和见母都有与此义相关的字。邬感切：盦，覆盖也。罯，《说文》覆也。揞，《博雅》藏也。埯，阬也。掩，覆取也。古禫切：礏，以石盖也。篢，盖也。这也反映了早期汉语影母和见母是有许多音近义同的字的。说影母读 q- 可信。

晓母读为 kʰ，也有不少口语常用字可以作证：呼鸡呼狗，福州话说
kʰu¹，厦门话 kʰɔ¹；姓许，闽南话普遍说 kʰɔ³（音同苦）。薅草，闽南说
kʰau¹。"鞋靴"福州音 kʰuo¹。火，建阳音 kʰui³。老虎，建瓯音 kʰu³。豨
（《集韵》许岂切，豕），建瓯音 kʰy³。㨭，《广韵》许羁切："㨭，杓也。"闽
语用于水勺、粪勺。福州音 xiɛ¹，厦门音 hia¹，永安音 kʰya¹，都是很好的
例证。

匣母字在上古是浊塞音，在各地闽语的白读音都有一二十个字读
为 k 声母，就是从 g- 清化而来的，这早已引起学者的注意，例如"糊、
厚、咸、悬（高）、县、行（走）、猴、寒、汗、含、滑、猾、下（低）、环"等，
都是经常被引用的例字。这里还有另外几个字值得一提：

"鲑"，《广韵》户佳切，"出《吴志》"。《集韵》注得更具体："吴人呼
鱼菜总称。"今福州话音 kiɛ²，建瓯 kai²，厦门音 kue²，潮州音 koi²，雷州、
海口音 kɔi²，义为腌制的小杂鱼。厦门话"无鲑无菜"正是指荤菜（鱼菜
总称）。此字未见于今吴语，是闽语更保守地留存了古吴语的一例。

"峡"，厦门音 kʰueʔ⁸，义指"夹缝"。可用于"山峡"，也可用于
"灶峡"。

"䑸"，福州音 kieŋ²，厦门音 ki²，建瓯音 haiŋ⁵，显然来自匣母，"䑸"
是俗写，与"船舷"的"舷"是同源字。

"下"，厦门音 ke⁶ 意为低，音 kʰe⁶ 是"放下"之意。另有 e⁶ 是方位
词"下面"和动量词"一下"。标志着不同的层次并因音别义。

"荷"，《广韵》胡可切，见于客家话，浊上读阴平，梅州音 kʰai¹。就
是"戴月荷锄归"，今义为"肩挑、担负"。

匣母字在闽语有 k、kʰ 和 ø 三种读音，不少学者认为上古有两类，
潘悟云已有相关的论述，此处不再讨论。云母字在闽语有读 h 声母，如
雨（福州 huo⁶，厦门 ho⁶），远（福州 huoŋ⁶，厦门 hŋ⁶），园（福州 huoŋ²、厦
门 hŋ²），晕（厦门 hun⁶），纬（厦门 hui⁶）。这应该是上古的 G 变为中古

的 ɦj- 清化之后的音。还有没有保留浊塞音读法的例证？在闽南话可以确认的只有几个字：曰 guat^8，这是塾师一代代传习下来的读音。袁 guan^2，于姓氏，一般读音比较保守。团员、团圆都有人读 guan^2，也许是连读的影响。泉州一带至今还流行的梨园戏，"梨"只有文读音 le^2，园可以文白两读 guan^2、hŋ^2。小时候听《陈三五娘》，有过"行为"读为 kiã^2 gi^2 的音，后来研究闽南话了，觉得奇怪，这两个字不读文读 hiŋ^2 ui^2 而读白读，而云母字却读为疑母！现在看来，这是十分讲究唱腔和道白的艺人们世代相因保护下来的"正古音"。

龚煌城（2004）最近在《从汉藏语比较看上古汉语若干声母的拟测》一文中写道："随着汉藏语言比较的进展，慢慢的显现汉语来（l-）母字对应的是藏语的 r-，而汉语的喻（r-）母所对应的却是藏语的 l-。""汉藏语的比较研究支持匣、群、云三母同出一源的假设。"匣群云在 G、g 上的纠缠应该是有结论的时候了。

第二，关于塞音韵尾脱落后的鼻尾化。

罗美珍（1984）报道过傣语："武定话凡第 8 调（阳入声短元音）的字都变为 -ŋ 尾；绿春话有一部分人把塞音韵尾都读为 -ŋ 尾，有一部分人读为高元音 -ɤ 尾，但保留少数词念 -ŋ 尾。"例如：

	爱	指甲	沸		嘴	七	菜
版纳	hak^8	lep^8	fot^8	版纳	sop^7	tset^7	pʰak^7
武定	haŋ^{4,8}	liŋ^{4,8}	feŋ^{4,8}	绿春	suɛŋ^{3,7}	tsiŋ^{3,7}	pʰaŋ^{3,7}

黄勇（1995）报告过侗语里类似的音变："侗语中有相当一部分 -p 尾和 -t 尾在一定元音条件下并入了鼻音尾 -n。"例如：

	提	十	吹	尾巴	七
章鲁	sap^7	ɕəp^8	səp^8	sət^7	sət^7
李树	sən^5	ɕən^5	sən^6	zen^5	tsʰen^5

在闽北赣语的邵武、光泽话里，古咸深二摄的入声字，韵尾 -p 弱化（浊化）为 -m 和 -n。例如：（引自李如龙，1991）

	答	塔	纳	夹	法	急	立	十	汁
光泽	tam[7]	xam[7]	nom[8]	kam[8]	fam[7]	kəm[7]	ləm[8]	ɕim[8]	tɕim[7]
邵武	tan[7]	tʰan[7]	non[6]	kien[7]	fan[7]	kən[7]	lən[6]	ɕin[6]	tɕin[7]

在赣东的余干话,不但-p尾发生浊化,变为鼻尾,连-t、-k尾也发生同类的变化。例如:(引自李如龙、张双庆,1992)

	合	笠	泼	蜜	脚	角	贼	额	屋
余干	hot[ⁿ8]	lət[ⁿ7]	pʰot[ⁿ7]	mət[ⁿ8]	tʃɔk[ŋ7]	kɔk[ŋ7]	tsʰɛk[ŋ8]	ŋɛk[ŋ7]	uk[ŋ7]

余干的鼻音尾只是塞音之后一个后续的轻音,到了光泽、邵武就喧宾夺主成为主体韵尾了,而塞音成分则只留下发音短促的声调特征。这两种情况不但论证了在赣语有与傣语方言里那种塞音韵尾鼻尾化的情况,而且提供了一条演变途径的例证。剩下的问题是,赣语和傣语的这种相似表现究竟是类型的趋同呢,还是底层的留存。从理论上说,两种可能性都存在,但如果联系到壮傣语支的先民在这一带住过,而赣语又有多种语言对应可以说明是底层现象,人们很容易判断为后者。

第三,关于闽南话鼻音声母擦音化。

考察东南方言的底层现象还不能不提到闽南话里鼻音声母擦化的现象。先把常用字中鼻音声母读为 h- 的列在下面,除注明的之外,都标厦门音:

明母	茅	棉	默	晚	媒	莓	枚
	hm[2]	hi[2] 南安	hm[ʔ8]	un[3]	hm[2]	m[2]	m[2]

泥日母	年		诺	箬	燃	耳	肉	喏唱~
	hi[2] 海口	hĩ[2] 琼海	hio[ʔ8] 南安	hio[ʔ8]	hiã[2]	hi[6]	hik[8]	hia[6] 南安

疑母	岸	危	艾	颜永春	鱼渔	瓦	砚	额~头	迎
	huã[6]	hui[2]	hiã[6]	hiã[2]	hi[2]	hia[6]	hĩ[2]	hia[ʔ8]	hiã[2]

这其中有几点必须做些说明。"花骨突"说"花莓",花的量词可说"枚"均音 m[2]。"晚季"漳州读 mui[3],泉州读 un[3],这三个不读 h- 的应

该是 h- 的脱落。其中的"晚"是微母字，但与近代音微母读 ø 绝无关系，可以从海南"年"的异读得到启发。琼海的 ɦ 和海口的 h 必是一先一后的演变，ɦ 的读法和闽南的 ø 就十分相近了。又"棉"读 hĩ² 见于旧式织布机上挂经线的硬线做成的扣子，称为"hĩ² tsaŋ⁵"，本字是"棉棕"。"默"常叠用表示沉默不语但有心计。"诺"是肯定应答之词，和《世说新语》里的说法毫无二致。南安音 hiauʔ⁸、hioʔ⁸，漳州音 hio⁸，厦门人已经不说了。"年"的 h 音见于粤琼闽语，闽南本土不读擦音。"唱诺"是对着菩萨或祖宗神位作揖。"迎"读为 hiã² 用于"用手抱菩萨"。"颜"hiã² 的读音保存在今永春达埔镇，当地俗名"颜里巷"，住的是颜姓之民。

　　高本汉根据古明母和晓母有不少通谐字，拟构了 xm 的音，后来，学者们在西南民族语言里发现了许多配套的清鼻音声母。李方桂（1980）《上古音研究》为上古音拟有 hm/m、hn/n 等对立的声母，这个观点已被上古音和汉藏语学者普遍接受。"从现在汉藏语系中的苗瑶语、藏缅语来看，大多数语言中这类鼻音和边音的清化声母都是成套的。……因此上古汉语的清化流音声母似不应仅有 m̥，而且应有 ŋ̥ n̥ l̥ 跟它相配，形成一个完整的系统。"（马学良，2003）在壮侗语里，壮傣语支未见清鼻音，侗水语支则有。可见是与相邻苗瑶和藏缅的西片才有。这也许就是它在东南方言中作为底层现象保存得较少的原因罢。

四

　　拿东南方言和南方民族语言做比较，探讨方言的底层现象，不论是从单个词汇入手进行音义比较，或者是从语音入手，寻找对应关系，都会面临三种不可避免的选择：所找到的底层是发生学上的同源关系，还是横向接触的借用关系，抑或是类型上的雷同？这三种关系是属于不同性质的,我们不加分析和判断,总是含糊其辞地用"关系词"将它们一锅煮,看来终非久计。我们应该理解已经发掘的语言事实,总结语言演变和接触的规律,使整个研究得到纵深发展。

底层现象通常被理解为早期民族融合过程中两种语言的相互借用。这里必须指出,早期的借用是双向的,而不是单向的。就东南方言和壮侗语的关系说,唐宋之前,东南方言有壮侗语的底层,壮侗语也有东南方言的底层。例如"筷子",壮语说 taɯ^6(武鸣)、$\text{t}^\text{h}\text{u}^6$(龙川),侗语说 ɕo^6。这是不同时期从不同地方向汉语借用的"箸"。读 t、t^h 的应是唐以前的音,和现在的闽语和赣语相近(泉州 tɯ^6,建宁 $\text{t}^\text{h}\text{ɔ}^6$);读 ɕ 的是宋以后的音(因 ɕ 对应 tɕ^h)和赣客语相近(河源 $\text{ts}^\text{h}\text{y}^6$,南城 $\text{tɕ}^\text{h}\text{iɛ}^6$)。桌子,武鸣壮语说 ta:i^2,来自粤语(广州 $\text{t}^\text{h}\text{oi}^2$)或吴语(上海 dɛ^2)的"枱";龙州壮语说 tɕo:ŋ^2,来自闽语的"床"(莆田 łuŋ^2,潮州 $\text{ts}^\text{h}\text{əŋ}^2$),侗语说 $\text{pi}^2\text{pa:n}^2$ 则来自"盘",今邵武话说盘儿 $\text{p}^\text{h}\text{ɔn}^2\text{nə}^0$。此外,还有好些是近现代向粤语方言和西南官话借用的,这是人所共知的。应该说东南方言向壮侗语借用是多语源的,但从时间上说都完成于千年以前的古代,而壮侗语向汉语或汉语方言所借用的底层词则是多来源、多层次的。因为彼此的借用都有了很长的历史,加上古时候也可能有更多的方言差异,有时就会使底层词和同源词难以辨认。例如"骹"(口交切),壮侗语有不少方言也说,闽方言则十分普遍,彼此语音是对应的,语义上或兼指腿、脚或只指腿,有些分歧。上古汉语有"足",近代汉语有"脚","骹"的用例见于汉魏,字形和音义见于《说文》和《集韵》,或指小腿或指踝骨,或指人或指马都很含糊。像这种情形,究竟是谁向谁借用了,或者本来就是同源词,在不同地方、不同时期用起来,发生了音义的变异?可见,由于交往历史长、分化语种多,如果未经周详的调查,要对底层词做出同源或借用的判断,确实是不容易的。

词汇的借用在古往今来的语言接触中是经常发生的。汉语在借用外族语词上相当保守,有些语言的外来词的数量甚至可以超过本族词。一个底层词的钩沉很容易被轻易地归结为借用而被忽视,然而借用多了,量变会不会引起质变? 如果会,又需要多少比例? 有没有混合语的存在? 如果有又该按照什么样的比率来界定? 这些问题都曾经提出过,似乎并没有引起足够的重视,也没有找到解决问题的答案。然而语音对应规律找到了,也会有人认为那是类型上的雷同,有时要说明是同源关系也不容易。可见,还是要回到同源关系、借用关系和类型关系上考察三者之间有什么不同的特征。就像走到一个山头上的游客,既然只有三条登山的路,就可以考察一下这三条不同的路有什么不同?

本文所列举的东南方言的底层现象只是很小的一部分。依靠这些材料自然难以探讨区分三足鼎立的界线,但是也许还可以从中得到一些启发。

方言向民族语言早期借用的底层词,通常在方言和民族语各自的内部是普遍通行的,语音上不但存在着明显的对应,而且读音相近,语义也比较一致,而且在民族语言中多未分布到别的语族,在汉语则未见于更古时期的通语和其他方言。例如吴闽语的"侬",闽语的"囝、鲑"都属于这类情形。这些根词借用的时间长了,又很常用,所以汉语古籍中也有明确的记载。如果未必太常用,有时方言中自创俗字,例如粤语的"谂、啱",闽语、客家的"戀"。有时一直是"有音无字"或者采取代用字,例如闽南和客家的动量词"摆",lut^7(滑落);客家的me^1,既有韵书的记录"嫇",也有本地的俗字"娓"。

音类上存在明显的对应常常牵连到一批语词,而且通常是常用词。但是在方言和民族语言双方往往都是管着不同的字,有的表现充分,有的仅有零星的留存。上文提到的帮端母读先喉塞或浊塞音,精组字读为 t、t^h,透定母读为 h,鼻音声母读为清擦音以及塞音韵尾弱化的鼻韵尾等等,都属于这类情形。这其中应该说三种类型都有,既有同源的,也有借用的,还有类型上的雷同,必须根据各种情况作具体分析。

先喉塞音主要见于壮侗语诸方言和汉语东南诸方言,在藏缅、苗瑶语族和上古汉语及北方方言都没有反映,应该属于东南方言中受壮侗语影响留存的特征。精清读为t、tʰ和透定读为h,情况与此相类,民族语言主要见于壮侗语。壮侗语的塞擦音和各类送气音都是后起的,而上古的谐声关系中端、精之间并没有明显的关联。东南方言星星点点的局部表现也是早年受壮侗语影响的不同程度的留存。不过,吴安其(2002)认为原始汉藏语没有塞擦音,如果此论成立,也可能这一条可以升级为原始汉藏语同源关系的残余表现。不过从目前掌握的情况看,这种可能性不大。清鼻音声母,在壮侗、苗瑶、藏缅各语族都有所表现,但不广泛,也不彻底。上古汉语的谐声关系明、泥、疑和晓母则关系密切。李方桂拟测上古声母立了 ʍ ṇ ŋ̊l,这一条似乎站在可上可下的十字路口。至于塞音韵尾的弱化为鼻尾,这明显属于类型上的雷同,而且发生的年代并不久远,应是在宋元丢失入声韵尾之后。塞音韵尾的弱化之路,从类型上说无非是由变浊到转类:-p→-pᵐ→-m, -t→-i(察→蔡),-k→-u(削、薄),由合并到脱落:-p、-t、-k→-t、-k→-ʔ→ø 等等几种。侗傣语和余干、邵武的情形只能是类型的趋同。

可见,并不是发现了语音上的明显对应都是发生学上的同源关系。同源的关系是纵向的演变关系,牵连全局的关系,其语音对应应该是语音结构系统中的要项,根据各种对应能把各种表现链接起来,成为理解整个演变过程,而又能说明全局的规律。例如从无声调到有声调的各种停靠站,从有复辅音到无复辅音的各种演化过程,从词缀演化成韵头的各种对应。这其中最重要的是能理出演变过程和规律而不只是零散的事实的罗列;能覆盖全面而不是只说明局部。借用的底层则是横向的接触,往往是局部的小系统,形成对应的语种有多有少,表现的程度有充分有不充分,管的词和字有多有少。这种特征通常是不能牵动全局的。诚然,接触的影响可以由少到多地积累,量变到一定程度也可能造成质变。近些年来,关于壮侗语有一种越来越有影响的观点,认为它由于长期而广泛地受到汉语的影响而从南岛语的无声调双音词语言渐变为有声调(并按平上去入的格局分化),由双音节缩减为单音节词,逐渐变得越来越像汉语。换言之,接触也可以造成类型的转化,造成亲缘关系的转移。用发生学的同源关系和横向接触的不断渗透和整合来解释澳泰语系诸语言的现实关系,也许是汉藏语研究的一条宽广的新道。然而也有另一种思路,由于发现东南方言的许多底层现象而怀疑这些方言原先并非汉语,而是一种"古南方语言"或者就是从古百越语变来的。不过,这种说法显然是缺乏根据的,因为从整个的共时架构看,从古今演变的脉络看,东南方言和上古汉语、中古汉语的渊源关系是无法推倒重建的。

　　类型是对语言结构系统的分类,语言系统有大系统小系统,都各有自己的类型。对系统的分类总是几个可数的封闭性的选项。声调的有无只有两种,入声的有无就比较复杂:有入声调类的,可以读促调,也可以不读促调;无入声调类的原入声字归入何调,归入别调之后是否完全不留痕迹,又有很多不同情形。语言的比较必须兼顾同源、接触和类型三个方面。事实上三者之间也是紧密相关联的,必须如实地把三者联系起来进行综合分析才能对语言系统的性质有科学的认识。在综合分析的时候还应该兼顾定量分析和定性分析。轻唇读为重唇,舌上读为舌头,全浊上读归阴平,都反映了源流关系的异同,但是有的是成片的,例外不多;有的只是几个字保留了旧读,不构成系统,也不能成为类型的差异。拿它作为定性的根据是不合适的。鼻音韵尾有几个,是否转化为鼻化元音,这是类型上的差异,在语言接触中往往有相互的影响,有些变异是成系统的,但是个别音类上的分合并没有动摇大的系统。邻近的同类方言中分不分n-、l- 或n-、-ŋ,这是很常见的,彼此照样沟通无碍,拿它来为方言定性分区也是没有说服力的。可见,语言的比较还必须进行综合的分析,看不同的语言或方言是怎样把同源现象、接触现象和类型的变异整合成一个共时的系统。总之,从具体语言现象入手,进行源流的、接触的、类型的分析,再综合地考察整体的系统,这才是比较研究的全过程。

参考文献

周法高　1972　《上古汉语和汉藏语》,《香港中文大学中国文化研究所学报》。

王士元　2002　《语言的变异与语言的关系》,《王士元语言学论文集》,北京:商务印书馆。

周耀文、罗美珍　2001　《傣语方言研究》,北京:民族出版社。

李方桂　1977　《台语比较手册》,檀香山:夏威夷大学出版。

李方桂　1940　《龙州土语》,檀香山:夏威夷大学出版。

李方桂　1947　《武鸣壮语》,檀香山:夏威夷大学出版。

李方桂　1980　《上古音研究》,北京:商务印书馆。

马学良主编　2003　《汉藏语概论(第二版)》,北京:民族出版社。

潘悟云　1997　《喉音考》,《民族语文》第 5 期。

潘悟云、陈忠敏　1995　《释"侬"》,*Journal of Chinese Linguistics*, 23。

陈忠敏　1995　《作为古越语底层形式的喉塞音在今汉语南方方言里的表现和分布》,《民族语文》第 3 期。

陈忠敏　1989　《汉语、侗台语和东南语在语言先喉塞对比研究》,《语言研究》第 1 期。

陈忠敏　1988　《论南汇方言的三个缩气音》,《语言研究》第 1 期。

辛世彪　2002　《新会荷塘话音系特点及分析》,李如龙主编《汉语方言研究文集》,广州:暨南大学出版社。

吴安其　2002　《汉藏语同源研究》,北京:中央民族大学出版社。

麦　耘　1997　《中古精组字在粤语诸次方言的不同读法及其历史涵义》,*Journal of Chinese Linguistics*, 25。

戴庆厦　1990　《从藏缅语看壮侗语与汉语的关系》,《中央民族学院学报》增刊。

曾晓渝　2004　《也谈水语全浊声母ᵐb、ⁿd 的来源》,《曾晓渝自选集》,天津：南开大学出版社。

王福堂　2004　《原始闽语中的清弱化声母和相关的"第九调"》,《中国语文》第 2 期。

龚煌城　2004　《从汉藏语比较看上古汉语若干声母的拟测》,《汉藏语研究论文集》,北京：北京大学出版社。

梁敏、张均如　1996　《侗台语族概论》,北京：中国社会科学出版社。

何大安　1986　《论赣方言》,《汉学研究》第 5 期。

郑张尚芳　1988　《浙南和上海方言中的紧喉浊塞音声母初探》,《吴语论丛》,上海教育出版社。

平田昌司　1983、1984　《吴语帮端母古读考（上、下）》,《均社论丛》第 14—15 号。

罗美珍　1984　《傣语长短元音和辅音韵尾的变化》,《民族语文》第 6 期。

黄　勇　1995　《李树侗话辅音韵尾的演变规律》,《民族语文》第 2 期。

李如龙、张双庆　1992　《客赣方言调查报告》,厦门：厦门大学出版社。

李如龙　1991　《闽西北七县市的方言》,《闽语研究》,北京：语文出版社。

李如龙　1996　《说"八"》,《中国语文》第 3 期。

李如龙　2005　《闽语的"囝"及其语法化》,《南开语言学刊》第 1 期。

万　波　2002　《赣语 t tʰ 声母的来源及其历史层次》,《民族语文》第 3 期。

邢公畹　1999　《汉台语比较手册》,北京：商务印书馆。

王辅世、毛宗武　1995　《苗瑶语古音构拟》,北京：中国社会科学出版社。

张　琨　1983　《原始苗语的声母》（*Proto-Miao Initials*）,贺嘉善译,《民族语文研究情报资料集（2）》,中国社会科学院民族研究所语言室编。

Norman and Mei（罗杰瑞、梅祖麟）　1976 *The Austroasiatics in Ancient South China*: Some Lexical Evidence, *Monumenta serica* 32.274—301。

（本文原在 2004 年厦门大学举行的第 38 届国际汉藏语言学会议上宣读过,后刊载于《民族语文》2005 年第 5 期）

关于汉语方言的分区

一　汉语方言的分区是汉语方言学的重要课题

关于汉语方言的分区问题，从中国现代语言学兴起时就受到关注了。现在看到的最早为汉语方言分区的是 1900 年刊行的章太炎的《訄书》。章太炎是中国传统小学到现代语言学转折发展中的大家，他的《新方言》是继承扬雄《方言》传统的两千年后的力作。稍后的黎锦熙、赵元任、李方桂等都为此做过努力。

为什么关于方言的分区会得到第一代现代语言家们的关注呢？

从客观上说，由于中国人口众多，地域辽阔，在悠久的历史中经历过无数次的征战、分合、流徙、移垦，却又未曾分裂为不同的国家，反倒是诸多民族相互融合，民族间还形成了统一的书面共通语，然而在口语中则存在着品种繁多、差别巨大的方言。十里异音、一地多语的现象，随处可见。现代语言学从古代语文学的书斋里解放出来，致力于现实生活的语言研究，学者们自然要关注方言的研究。究竟汉语有多少种方言，这是人们首先要回答的问题，这便是"方言研究必从分区开始"的道理。

然而殊异的方言区古已有之，何以先前就不关注呢？这便是学者们的主观意识所使然。汉代之后的语文学，以书面语为正，以古代语为雅，方言口语不过是粗鄙的俚俗，自不足论。没有学术观念的变革，人们是不会关注方言的。

　　经过百年的实践，随着方言调查研究的不断广泛和深入的开展，学者们对汉语方言的分区也进行了反复的修订，每次修订都标志着研究水平的提高。可见，关于汉语方言的分区的思考和修正是方言调查研究的重要推动力。为汉语方言分区，自然不只是为了回答"汉语有多少种方言"的问题，换言之，并非为分区而分区。方言之间有语音、词汇和语法的差异，方言的分区是就方言差异进行比较和归类，这正是方言学研究的基础工作和基本任务。因此，对汉语方言的分区又是汉语方言研究的总结和检验。

　　有时，基于同样的方言事实，可以得出关于方言分区的不同结论，这是因为人们对于方言现象有不同的理解，也由于不同的语言的方言及其与通语的关系有不同的状况。例如差异多大才算是不同的方言，乃至算是不同的语言，这就必须结合不同国家、不同民族、不同地域的历史文化特点来考虑。可见，方言分区的研究，并不是纯粹的方言研究，还应该进行普通语言学的理论研究，才能解决问题。

　　共时的方言差异总是语言的历史演变的结果。这其中包括：语言的分化造成方言差异；方言差异以及分化后的方言创新经过整合形成了方言独特的系统；在某种方言的基础上形成了民族的共通语；通语一旦形成之后又对于各种方言施加着程度不同的影响；各方言之间由于强弱势的差异也会发生不同力度的相互作用；在通语和周边方言乃至外族语的影响之下，方言也会发生质变——从古方言变为现代方言。凡此种种都是历史语言学的研究内容。可见，研究方言差异和讨论方言分区，还必须和历史语言学相结合。关于汉语方言的研究必须和汉语史的研究相联系、相呼应、相促进。事实上，汉语方言差异和分区的研究已经为汉语史的研究做出了不少贡献。

　　除此以外，方言差异的比较，方言分区的研究还必须和语言教育，应用语言学结合起来，以实现它的应用价值。20 世纪 50 年代的方言普查的直接目标有二，一是调查方言的差异和特点，摸清方言的分区和分布；一是找出方言差异、方言特征和通语的对应规律，编写学习普通话手册，为语文教学和推广普通话服务。现在看来，由于整个语言学界对于应用研究的忽视，这些年来后一个任务完成得并不好，但是初步的实践给我们留下了深刻的启发。实际上按照不同方言区的特点不但可以设计出不同的普及普通话的方案，还应该设计出整套语言普及教育和规范教育以及制定适当的语言政策的方案。在这方面，方言学工作者是大有可为的，关于方言分区的研究是很有实用意义的。

由此看来，关于汉语方言的分区问题，历来为语言学家所注目，其中确有深刻的学术理念和社会原因。研究汉语方言的分区问题不但是汉语方言学的基本任务，对于汉语史、汉语语言学以及汉语应用研究也有重要的意义。

二　汉语方言分区的原则

1. 要注重考察方言与通语的不同关系

为汉语方言分区，最重要的固然是对诸多方言的差异进行科学而细致的比较，提取各方言的主要特征，然而却不能就方言论方言，而应该在方言的整体的本质特征上有充分的考虑。长期以来关于方言分区的研究普遍忽略了这一点。

什么是方言的整体的本质特征呢？

方言是一个历史的概念。在远古时期，并没有方言，各个部落都有自己能分布的地域的方言，这时的方言也就是部落语言。只有诸多的部落形成了联盟，出现了民族共同体之后，各部落之间的交往才出现了共通语,这时部落语言就是真正的方言。从这个意义上说,方言和通语是个相对的概念,没有通语,也就无所谓方言。到了高度现代化的未来社会,统一的民族语言高度发展,方言差异逐渐消亡,个别残存的方言差异已经不能够构成系统,这种方言差异就真正下降为社会方言,以及职业、文化、性别的差异相类似的现象,方言区的对立也就濒于消亡了。如今的一些国家和地区已经出现了这种苗头。可见,方言的整体的本质特征就在于它和共同语的对立。

迄今为止,我们所知道的民族共同语都是在一种方言的基础上形成的。确实,共同语可以是异民族利用政治、经济的势力强行推行的,如早期的殖民者所做的那样,但不可能是天上掉下来的,也不可能是各方言区的人协议筹建的。于是,不同的方言和通语之间就有了不同的差异和亲疏关系。作为共同语的基础方言,方言和通语亲和力最强,差异小,相互交流和吸收也多,它们是嫡传的血亲,最具有特权。在其余的方言中,那些使用人口多,分布地域广,又处于经济相对发达地区的强势方言,它们具备保持相对独特性的资本,有时还会与通用语相抗衡。民国初年制定“注音符号”时,吴语区的官员和学者鉴于吴语有全浊声母,就制定了一批浊声母的国音字母。改革开放之后的所谓“粤语北上”,也是这种现象的表现。至于那些使用人口少,分布地域不广,又处于经济落后地区的方言,或者直接吸收通语的成分来改造自己,或者就近向强势方言靠拢,它们在语言竞争中是弱者,方言特点消磨得很快。

事实上,方言的整体(或者称为群体)和通语又组成了一个更大的整体。我们所说的现代汉语就是应该包含着作为标准形式的民族共同语和诸多的方言。在这个更大的整体中,通语和方言有着错综复杂的关系。李荣先生曾经说过:“普通话在方言之中,又在方言之上。”这就是方言和通语的复杂关系的概括。通语就是在某种方言的基础上形成的,它对方言有一定的制约和影响,但它又不断吸收着方言的成分来充实自己。方言和通语就是这样相互矛盾、对立,又相互转化、统一的关系。方言之间的种种差异都是在这样的关系中展现出来,并且也不断地发生着变异、互动,不断地调整、演变着的。在这个动态的变化中,通语的成分逐渐进入方言,方言的成分也以不同程度和不同方式被通语接收。

从这样的整体的本质特征来考察方言差异和方言分区,我们显然应该把现代汉语的方言首先分成官话方言(作为通语的基础方言)和非官话方言两大类;在非官话方言中又应该按照与基础方言差异的大小分为近江方言和远江方言。所谓近江方言就是北部吴语和赣、湘、徽等方言,它们地处长江中下游两岸,和官话方言连片,接触多,受影响也大;所谓远江方言则是南部吴语和闽、客、粤诸方言,也可称为东南方言。它们显然与官话差异大。

这种分区法和罗杰瑞用 10 条标准把汉语方言分为南、北、中三大区是大体一致的。这不是偶然巧合,而是用两种不同原则考察的结果的重合。正好可以相互论证。

从这一点出发回顾历来为汉语方言新作的分区,20 世纪 50 年代之前把几种官话方言和其他非官话方言并列起来分区显然是不妥的。50 年代之后把官话作为一个大区与各种非官话并列是一大进步。1987年《中国语言地图集》另立晋语与官话并列目前尚有争议,关键是要论证,晋语与其他官话方言之间的差异究竟有多大。

2. 要兼顾纵向演变和横向作用,对方言差异作整体的、系统的分析

中国历史悠久,汉语方言源远流长,封建社会停滞不前,地方行政区划历代相因少有变动。加上语文方面,用表意的汉字作为构词材料,汉字的官音又具有极高权威,汉字的形音义在相当程度上限制着方言语音和词汇的变化。于是用古籍中有限的关于古方言的零星记载乃至诗人们或宽或严的用韵和现代方言作比较,长期以来在考虑方言分区时就形成了一种定式思路,以为现代方言都是从某个单一的古方言发展而来,方言差异的比较就只有一条路子:拿广韵系统作比较。

古代社会发展缓慢,汉语方言形成早(大多已有千年的历史),后来也很保守,变化不快,这只是历史事实的一方面。在另一方面,在数千年的中国历史中,战乱不断,灾害频仍,一统的国家多次分裂,多个民族轮流主政,每次改朝换代,几乎都伴随着社会动荡和大规模的移民潮。各种汉语方言形成以来,表面维持着唐宋元明清的统一国家,实际上包藏着无数的军阀混战、农民起义、民族征讨、百姓流徙,因而所有的汉语方言几乎都是人口来源复杂,语言源流叠加的"多来源,多层次"的状况,而不是纯之又纯的从古代到现代的一对一的蜕变。唐代科举制度之后,官方推行的书面共通语对方言有强力的影响,诚然,不同的地区其影响力又有强有弱。宋元之后城市兴起,手工业作坊和交通、贸易逐渐发达,晚清以来商品经济不断发展,各方言之间的交往和人口的迁移明显加剧了。近代汉语的口语系统(近代白话)正是在这个时期形成并成为现代汉语的前身。与此同时,古方言之间不可避免地经历着竞争、吞并、融合和调整。这便是汉语方言发展过程中的另一种动因——横向的作用。研究汉语方言的形成、发展所造成的方言差异及现实的分区,一定要兼顾纵向演变(自变)和横向作用(他变)这两种考察方向。

诚然,某种汉语方言早先一定有一个主要的源头,从现代方言追寻古方言也是很有意义的研究。发掘这类材料,有时少少的几条就能说明许多问题。《尔雅》郭璞注:"水中浮萍,江东谓之薸,音瓢。""今江东呼浦澳。"现代吴语浮萍不少地方还说"薸",浙江的许多水边地名则以"陳（岙）"为通名。然而，如果以为现代方言都是从同样的古方言一脉相承传下来的，就往往不符合事实。闽方言不但有古吴语的传承，如"藻、澳、鲑、侬、健"，也有古楚语的留存，如《方言》："盛多……楚魏之际曰伙。"今闽语中，福州"几多"说"若夥 nuo uai"，泉州"无多"说"无夥 bo ua"。"差，愈也……南楚谓之差。"今福州话病情好转正是说"差"。这都是闽语有楚语来源的极好证明。可见，各种方言古时候可能有不同的源头，后来也可能有不同时代不同来源的成分的叠加或覆盖。闽语的文白读之中不但有汉魏六朝的古音，也有唐宋的层次，甚至有元明之后的变异，这已经是许多学者指出过的了。研究粤语的学者喜欢说现今的粤语源于秦始皇五十万戍卒入粤，至少也可以推到两汉之交赵佗的治理南粤，其实秦汉古音在现代粤语已经很难寻觅了，广州音系显然是北宋末年经由珠玑巷入粤的移民带来的口音覆盖过的。

　　一定要充分估计横向影响对形成方言差异和方言特征的作用。论历史，江皖的吴语区是古吴地，现代湘赣语分布的是古楚地，那里都是战国时期的形胜地，比闽粤的开发早多了，可是现代的吴、赣、徽、湘诸方言却比闽、粤、客更加接近官话方言，这当然是宋元之后江淮官话和吴楚方言互动的横向作用的结果。随着方言调查的深入，学者们从大城市转向边远山村，从方言区的核心地带转向边界处，于是发现了大量"归属未明"的"乡谈，土话，本地话，白话，土白"，不论是单点或成片，都在为划分定性而发愁。其实，这都是些不同方言区交界地带双语、多语并用地区的小方言，由于通语和多种方言的相互作用变成"四不像"了，如果我们真正理解了横向接触的巨大作用，就不会为之大惊小怪了。

　　只有兼顾纵向演变和横向作用，才能对方言差异和方言特征作全面系统的考察。任何方言都是一个完整、自足的系统，只有从系统出发,才能提取到真正的方言差异和特征。已有的研究由于只注重纵向演变而忽略横向作用,因而所提取的方言差异和特征,往往是片面的、局部的。

那么,为什么人们会或多或少地低估方言的差异来自通语和异方言的横向作用呢? 究其原因,中西的因素都有。西方 19 世纪的历史比较法的旨趣在于追寻原始母语,勾画"谱系树",用发生学来解释语言的演变。这个理论不能说都没价值,也许对于解释印欧语的分化流变比较适合,但它绝对不是放之四海皆准的唯一方法。直到 20 世纪末叶还有不少学者热衷于构拟原始闽语和原始吴语,却一直走不出狭小的胡同。就中国传统来说,有两点很值得重新反思。一是以古为雅,唯古是重;一是离不开《广韵》系统的标杆准绳。凡是保留了上古时期的某个音类或音值,哪怕只有几个无足轻重的字,也要把它列为最重要的方言特征,作为区分方言的标准。客赣方言有十几二十个浊上字读归阴平,立刻被捧为至宝,用作区分客赣的标准。闽方言有些现象是不合广韵系统的规矩的,于是有了"超广韵"之说,并把它作为最早形成的方言的依据。其实,这些少数字的独特表现乃至某几个特字的读音,只是方言演变过程中某个阶段的某种特点的留存,用它来说明方言的发展过程中某种关联的一个单项记录可能意义很大,作为现实方言系统的特征用作分区标准就不合适了,正如人的躯体上的某个小疤痕,可以说明他何时曾经历过什么,而受到损伤并不能用来识别人的整体特征。

3. 要如实地对汉语方言作多层级和非穷尽的划分

各种方言之间,不论是语音、词汇、语法,彼此的差异有大有小,不同方言之间亲缘关系有远有近。有的特点是多区共有的,有的是一区独有的。换言之,方言间的差异和关系是分层级的,不可能都是一个平面上的并列关系。为方言分区必须反映出这种层级关系。正如朱德熙（1986）说的："方言区实际上是方言亲缘关系在地理上的分布，划分方言区是给现代方言分类，可是划分出来的类要能反映亲缘关系的远近。"1963 年出版的《福建省汉语方言概况》（讨论稿）把福建境内的方言按"群—区—语—音"分为四个层级。1988 年出版的《中国语言地图集》分为"大区—区—片—小片—点"五个层级，李荣说："其中区、片和点是最基本的。区底下一般分成若干片，片有时分成若干小片。有些区可以总括为一个大区。"（李荣，1985）比起 20 世纪 50 年代以前的一个平面上的一次分区，这是一大进步。

在区分层级的问题上，我们所面临的问题是方言区的范围有大小，区内各小方言之间的关系有亲疏远近，每个区分为几层，具体的处理不无困难。看来，必须有统一的原则——以方言差异和方言特征为依据，也应有灵活的尺寸。分布地域广，内部分歧大的可多分几层；分布地域狭小，内部分歧小的区则宜少分几层。官话方言和客家方言分布地域广，但是内部差异较小，徽语和赣语分布地域较窄，但差异不小。据此，方言的区片都可以有大小，不能强求一致。同一个区的分片有时也有难处。还是应该按照分层级的原则，先从大处着眼，层层往下分。例如吴方言显然是苏、沪、宁、绍的一致性多，与通语较为接近；温、处、衢的差异大，与通语相差大，与闽语关系深，应该先区分北片吴语和南片吴语。（游汝杰，2004）闽语可能先分三片为宜：福建境内西片（闽北、闽中）受客赣方言影响大，可与沿海的东片分立，雷琼闽语受壮侗语影响深可以并列为一片。粤语的东片（珠江三角洲）特点鲜明，内部较为一致，西片从四邑到广西内部差异大，应先分东片和西片。凡是内部差异大的片，下层的分片和小片可以多区并列或多层分立，例如南片吴语可考虑按古时的州分为台、温、处、衢、婺、严等小区，沿海闽语可分闽东、莆仙和闽南，闽南再分泉、漳、潮三片。

为方言分区和划分行政区域是不相同的。为了管理的方便，行政区划大体应该有统一的级别系统,如现行的省、市、县、镇(乡)、村的五级管理,每一个自然村都应该有它的归属。方言的分区不必求得各区所分的层级都相同,每一级的辖区大小也可以悬殊。而且,并不是每一个点都得归入某个区片。换言之,方言的分区应该可以有"余额",应该允许有归不进区片而又不宜独立为区片的点和面。

不宜归入区片也不宜独立成区片的方言主要有两种类型。

第一种类型是方言区的边界地带常有的两种方言之间的渐变过渡区。方言区的交界地带可能有三种情况。一是因山岭、河海阻隔或其他原因没有交往,而出现断然的界线。例如长江下游,江南是吴语,江北是江淮官话;武夷山北段的西侧是赣东的吴语和赣语,东侧是闽语。二是双语过渡区,例如湘南就有大片湘语(南部土语)和西南官话的双语区,漳州地区西沿有一个狭长的闽南话和客家话的双语过渡区。三是渐变过渡区。例如闽西北的闽方言与赣方言之间,沙县和顺昌是典型的闽语,光泽、建宁、邵武是典型的赣语,从将乐至泰宁是二者之间的过渡区。顺昌的赣语特点和邵武的闽语特点最少,将乐、泰宁则是二者兼有,逐渐增减。(李如龙,2001a)这种类型可以称为过渡型的方言点片。

第二种类型可以称为混合型方言。这种方言有的是处于两种方言区的交界处的集镇,由于两种方言区的人的混居,两种方言混杂,形成了一种新的系统,归入哪一区都不合适,例如建阳与邵武交界处的黄坑镇,兼有建阳闽语和邵武赣语的特点,主次难辨。(李如龙,2001b)有的混合型方言是因为在历史上经过长期迁移,混杂居住着不同方言区的人,后来形成了兼有几种方言特点的新系统。例如海南三亚市的迈话,就兼有海南闽语、粤语和客家话的特点。(李如龙,1996)近些年来,边界方言和混合型方言发掘得不少了,如果把这些新材料放在一起加以分析和归纳,一定可以为这些不宜划入某个区的方言做一个比较准确的界定。

游离于方言区之间的方言是不同方言区之间的"中介",两种事物之间存在着中介现象,这是许多事物常见的,为方言划区并不是划分选民区,让每个人都有投票的地方,大可不必分得穷尽。这是尊重客观实际,而不是马虎偷懒。

4. 要适当运用历史文化背景资料进行参考性的论证

方言是分布在一定的地域的,为方言分区自然要考察方言所分布的地域及其地理特征。然而方言是人文、历史的现象,它的形成和发展是受到历史文化的因素制约的。因此,为方言分区也不能不考察各方言的历史文化背景。为方言分区是学者们比较、分析方言差异和特征的理性行为,然而方言又是方言区人民世代相因、口口相传的交际工具,人们都有实践中形成的感性认识。感性认识和理论分析有时未必十分密合,但总体上说应该是可以互相论证的。

参考历史文化背景的材料来为方言分区主要可以从三个方面入手。

首先,要注意搜集移民史的材料。大批量的移民不论对方言的形成或演变都会起很大的作用。不同时期的批量移民都从出发地带来了自己的方言母语,如果先后来自不同地区的方言,往往先到者为主,后到者让步汇入。如闽南方言区宋元之后也有客家人进入,但客家方言特征并未大量进入闽南话,因为年代不同,批量也不同。有的也可能是叠加的,例如闽南话形成过程中就有六朝、中唐等时期的南下汉人掺入。从现状看,几个不同历史层次的特点是叠加的。还有的是覆盖式的,例如珠江三角洲至少汉代就有一些中原移民进入,初唐开通五岭之后也有人南下定居,但是批量最大的是宋元之交经由珠玑巷南迁的汉人。从今天广州话的语音系统看,显然是第三次把前两次移民带来的母语覆盖了。移民史的材料,历史有记载,但往往不详;族姓的谱牒常有详细记录,但明代以前的往往不实;而民间口口相传的说法有时倒是十分可靠。从潮州到雷州到海南都有"祖上来自福建莆田荔枝村"的传说。查证史书上的人口记录，确实宋代之后莆田人口外流不少，而潮、雷、琼则不断增加。对照方言特点看，也可发现不少常用方言词是莆田话越过泉漳而和潮、雷、琼闽语相通。例如桌子说床，开水说沸水，肥肉说白肉。对于方言区的"飞地"和方言岛，移民史的材料就更加重要了，这种方言的形成往往有十分具体的历史原因和年代及来源地。例如粤北、粤东的客家人清初移居四川是官方组织的。闽南人到闽东、浙南则是清初前往捕鱼和烧瓷的。

其次，是行政区划和经济交通的历史状况。汉语的方言大多是在唐宋之后定型的，那以后的州府设置长期相承，少有变动，自然经济又把人们束缚在土地上，州府内部交往较多，经过明清两代，各方言区的疆界更加稳定下来，许多方言的现代分区和分片大多与当年的州府相符合。这一点在浙江和福建表现最为充分。经济和交通是人民交往的最主要条件，对于方言的分布和方言差异的形成的影响也是不言而喻的。粤语之所以东片内部差异小，西片差异大，就是由于这一点不同。珠江三角洲是河网地带，早有商品经济的发展，交往频繁，所以内部差异小；西片的交通和经济发展相对迟缓，所以方言差异大。闽南方言区沿海的泉、漳、厦宋元以来就发展了航运和商品贸易，所以差异小；西部山区的大田、龙岩、尤溪因为交通阻塞，经济落后，所以方言分歧大。

第三，还要适当参考方言区的通话情况和人们的语感及认同感。一般说来，本地人称自己话是什么话，和哪些地方相通，和什么话不同，这种感性认同和科学分区的情况通常是相一致的。赣南和粤北地区都有本地话和客家话的不同语感，这和当地的两种差别较大的口音相应。雷州半岛有闽、粤、客三种方言，闽语叫黎话，粤语叫白话，客家语则称"大俚、小俚"，民间语感和调查结果也相符。不过，方言的语感和区片是否形成经济文化中心和有无代表性的权威方言有关。在福建北部，因为福州成为经济文化中心，福州话有较大权威性，所以闽东人都认同"福州话系统"，而闽北人则缺少闽北方言的认同感，问他们说什么话，都按县名甚至乡镇名来称呼。关于方言的通话度也有另外的制约的因素。经济文化交往多的，即使方言差异大，也较易通话，在穷乡僻壤，由于交往少，哪怕大同小异的方言之间通话度也低。到闽西连城县一问，都说县内有几十种不能相通的方言，实际上大多是各有差异的客家话。

以上所说的各种历史文化背景因素中，究竟哪一项是主要的，哪一项是从属的，在不同的方言可能是有区别的，不能一概而论。移民史、经济史、文化史乃至通行什么地方剧曲，都可能成为重要的考察内容，必须从实际出发具体分析，而且这些外因总是通过方言差异的内部整合的内因起作用的。为方言分区的最重要依据还是方言差异和方言特征，最艰巨的工作还在于方言事实的比较分析，从中提取合理的划分标准。

三　汉语方言分区的标准

1. 宜采取综合性标准

这里说的综合性标准包括以下几点：① 不以语音标准为限或为主，而应该包括词汇和语法。② 不论是语音或是词汇语法都不能用一条或少数几条标准，而应该精选一批条目作标准。③ 必须充分注意字音的文白异读和多音词连音变读的差异，包括连读变调、轻声、儿化、小称、变韵、合音等。下文就此做简单说明。

以往关于汉语方言的调查研究都以语音为主。在方言的结构体系中，语音系统性强，也最容易提取方言差异，因此，已有的分区以语音为主是可以理解的。但是如果以为本来就应该如此，就不对了。因为：第一，方言是一个完整的语音、词汇和语法相结合的系统，汉语方言的差异不仅在语音，词汇上的差异也很大，近些年来"方言语法差异不大"的提法遭到越来越严厉，也越有力的批评。我们对方言词汇和语法研究得不够是应当改进的，但以此来论证，方言分区应以语音标准为主则是不妥的。第二，事实上，多年来方言词汇语法的研究成果辉煌，也有了许多新的理论。例如关于方言的基本词、核心词、特征词的研究，关于若干封闭性词类的研究，关于方言虚词的研究和若干常用句型的比较，都有重大的进展。词汇语法也有系统性，并非无从捉摸。如果根据常用性、重要性和构词能力强的标准提出一个核心词表，经过比较提取一批鉴别词，时至今日已经不难做到。罗杰瑞提出的10条分区标准中就有8条是属于词汇语法的（名词：儿子、房子、母鸡，动词：站、走，代词：他，助词：的，否定词：不），应该说是很有见地的，所选取的条目也很能展示方言差异。我主张制定一个100—200的核心词表，包括适用于汉语的斯瓦迪士200词①和各地多有差异的"万能"动词、副词、量词和最常用的虚词，用它来为汉语方言分区，想必有很大的效能。第三，方言差异在语音方面和词汇语法方面未必是相应的，客赣方言之间语音差异小，词汇差异大，已经有许多专家论证过了。湘语和吴语的语音差异也可能比词汇语法差异小，而几种闽南方言中词汇语法的共性则可能比语音的共性多。第四，就感性常识说，不同方言间的学习和沟通，难的也是词汇语法而不是语音。闽粤方言词汇差异大，改革开放后许多外地人都想学，学会的却很少，多半是词汇难学。可见，方

---

　　①　斯瓦迪士核心词列表（Swadesh list）是美国语言学家莫里斯·斯瓦迪士（Morris Swadesh）于19世纪四五十年代总结出的一个词汇列表。斯瓦迪士用统计学的方法分析不同的语言（主要是印欧语系语言），从而总结出二百多个核心词。他认为，全部语言的词汇大都包含这二百多个词，人们只要掌握这二百多个词，相互的交流也就没有什么问题了。

言间的词汇、语法差异是不容忽视的，以语音标准作为区分方言的唯一标准或主要标准是片面的、不科学的。

用一条或几条语音或词汇标准来区分方言，只能说是简便，易于操作。如果这少数几条标准是经过大量的比较之后从许多标准中选取最重要的条目，也可能切中方言差异的某些要害，但总是容易造成以偏概全，不能完全切合实际。如果提取十来条重要的语音标准，选用100条最能体现方言差异的词汇和20种语法例句，就这些小批量的条目进行比较，对于其中的主次轻重作适当的加权，进行量化统计，也许就可以比较准确地展示方言差异，区分不同方言的主要特征。

关于连音变读，近二十年间发掘了大量的方言差异，这是方言研究的可喜收获。连音变读是多音词大量扩充、语法化的步伐加快之后带来的新变化，是现代汉语有别于古代汉语的重要特征。由于多音化和语法化的进度不一，方言间在连音变读上的差异是十分明显的。看来，轻声、儿化在官话方言是普遍存在的特征，连读变调和小称音变在吴方言最发达，粤方言有语素变调，客方言则偏于保守，连音变读还在酝酿之中。而在闽方言，闽东的花样最多，有变声、变韵、变调，闽南有普遍的变调和某些轻声，闽北则基本没有各种连音变读，用这一条来区分三片闽语十分有效。连音变读并非单纯的语音现象，而与词汇的构成和语法意义的形成有关，应该说这是最具"综合性"的方言差异。此外，文白异读的现象也是现代汉语方言的重要特征。它反映了语音的不同历史层次是如何整合成一个完整的系统的，也体现了同样的语素在词汇意义上的不同分工，体现着词汇的历史层次。文白异读多，是晋语和闽语的重要特征，在闽方言之中各地又有许多不同的表现，闽南有文白读的字最多（大体过半），闽北最少，在潮、雷、琼方言则白读多文读少。文白异读最少的是粤方言，这可能是宋元的文读层覆盖了先前的白读音的结果。

2. 反映历史和现状的统一

关于区分方言的语音标准,丁邦新(1982)在他的著名论文里提出了:"以汉语语音史为根据,用早期历史性的条件区别大方言;用晚期历史性条件区别次方言,用现在平面性的条件区别小方言。"二十多年以来,这个理论已为学者们所熟知,也得到不少学者认同。它的特点是为各种分区标准分出了不同的历史层次,并发现这种历史层次正是和方言的发展过程相配合的,既有应用价值,也有理论意义。汉语的方言多数是在汉唐之际打下基础的,在它们的形成阶段,各方言都反映了当年的不同语音特征。分道扬镳之后,各自又有创新,这大体上是符合事实的。丁先生所列举的"历史性"条件多是管字多的音类,"平面性"的条件则多为音值的变异。音值的变异总是经常发生、迅速变化的,往往是音类分合的前奏。区分方言的标准无疑是应该更注重音类的变迁。

关于这个问题,我想到两点,似乎可以做一点"微调"。一是提法问题,还是说"区分方言的标准应该反映历史和现状的统一"较为概括。"历史性条件"和"平面性条件"并用,其实也就是历史和现状的统一,但是两种历史条件有时很难分出早晚,有的勉强分开再与平面性条件一道定性分等并且和方言区的大小层级一一对齐,就会显得生硬而缺乏灵活性。事实上,汉语方言形成年代有先后,形成之后的演变速度有快慢,近期的种种变异也有大小,一刀切地把语音的不同层次和分区的不同层级直接对号入座,有时难免与复杂的情况不相适应。例如,有无入声韵和入声调是官话和非官话区之间的差异,但是江淮官话和晋语又还保留着入声韵和入声调,而官话区的各个小区之间,有的是不分清浊都归入阳平(如西南官话),有的是先分清浊而后派入平、上、去三调,"入派三声"的表现显然不是两次分化的结果。又如全浊塞音清化,是多区方言的共同走向,但有的是先清化为送气清音而不论平仄,有的先清化而后按平仄再分送气与不送气，从历史层次来说也有差别。此外，近期的平面性差异未必比早期的历史性变异更不重要，也未必是小方言之间的差异。例如多音词语的连读音变，按时间说是清代之后的近期演变，但是轻声、儿化显然是官话和非官话之间的差异；小称的有无和不同形式则是各大区之间的差别，而变声、变韵则是次方言之间的识别标准。这些多音词连读音变已经是现代方言的结构性、系统性的音变，并与语音、词汇和语法特征相关联，显然应该把它列为区分方言的重要标准。

由此可见，关于语音分区标准问题，还是应该反映历史和现状统一，这样的提法可能会更概括，也更灵活些。历史和现状的统一是各方言共同的，但在不同的方言，有的变化慢，存古多，有的发展快，创新多，存古和创新如何整合成共时系统，还得就不同的方言作具体的分析。

此外，关于历史性的语音标准及其历史层次的认定也有些条目值得进一步讨论。轻唇音读为重唇，舌上音读为舌头，这是初唐以前的现象的留存，除此之外，精、庄、章（部分）不分（东南方言中有继承上古音不分的，如吴、闽语；也有精与庄章分后再合的，如客、粤语）。全浊塞音的清化和阳声韵尾、入声韵尾的脱落（有分合并简化或鼻化乃至脱落几种模式）都是《中原音韵》之后的层次，再后来是舌根音的腭化，效、蟹摄元音韵尾的脱落都是些有区别作用，覆盖面也比较大的特征。

总之，语音特征的分区标准既要重视早期语音特征的留存和演化，也要重视晚近的变异和创新。既然是为现代方言分区，还应该立足于现代的方言状态，考察继承、留存和变异、创新是如何整合的。努力做到历史和现状的统一，用词汇、语法的情况来检验上述关于语音分区标准的分析，也是完全切合的。一般说来，古词语在东南方言多些，官话区少些。例如"食—吃，拍—打，寒—冷，惊—怕，行—走，曝—晒"，但也有不少古今词并存于官话的次方言中。例如"晏、迟、晚，寻、找，

（粥）稀、清，择、选、拣、挑"等。可见，不宜提倡用古词语来划分大区，用后起词语来划分小区。单音词"鼻、耳"，只有个别方言说，大多数方言已经加了后缀，说"鼻子、鼻哥、鼻头、鼻团、鼻公，耳朵、耳公、耳仔、耳空、耳头、耳团"。分区条目就应该多收此类古今并存，新旧兼有，能显示大小区片的特征的条目，还是以"厚古而不薄今"为妥。

3. 合理处理普遍性和局部性的标准

丁邦新先生在他的论文中还把分区标准分为普遍性和独特性两类。普遍性标准是涵盖面广的，不同的方言多有不同的表现；独特性标准是只反映个别区的特点的。前者用来作为分区的主要依据，后者则是对个别区所作的补充条件。从理论上说，这种区分反映了方言差异中的共性和个性，是合理的。从应用上说，精简了大面积比较的项目，却又不遗漏个别性的区别性特征，也是很有价值的。其实，某个区独有的特征是很少的，"独特性"的说法还是改作"局部性"更为准确。例如舌上音读为舌头音，丁先生作为闽语独有的特征，其实在湘语也有反映，在客家话里也有个别字的表现（如"知"读 ti），关中方言的 pf、pfʰ 声母，在潮汕闽南话里也曾发现，边擦音 ɬ 则见于闽语莆仙话和粤语四邑话。

词汇和语法的分区标准中也有普遍性和独特性之别，大部分基本词汇和语法形式都是各方言共有的，只要发现有可用来区分方言区的条目就可作为鉴别的标准，例如三身代词分单复数是普遍的，第一人称复数式分包括式和排除式是局部的；指代词分近指、远指是普遍的，中指是局部的；被字句是普遍的，把字句是局部的（已经发现有些方言没有把字句，把宾语提前作为受事主语）；有些常用词在一些方言区没有相对应的方言词，也不能作为普遍性的条目做比较。例如"回家"在一些方言要说成"回来"或"回去"；"早饭、晚饭"在一些方言不单说；闽

南话的"有影、无影"（有这事、没这事）也是一区独有的词目。东南
方言中不少地方手和臂合称为手,腿和脚合称为脚,和其他方言也不
能对齐。可见,大面积的比较分区只能选取普遍性条目,局部性条目
只能作为同区的小区间的比较条目。提取词汇语法条目可以从普通话
出发,但一定要经过其他区的初步检验,把那些对不齐的局部性条目
删去。已有的词汇语法调查表格都是从普通话出发拟定的,不少条目
到了方言区就问不出来,有些多义词用作比较条目意义和用法没有经
过限定,调查后对不齐,成为废条,例如"打"在普通话可以是量词、动
词、介词,作为"万能动词","打伞、打听、打滑、打住"等等在一些方
言很少说。反之,有许多很有特色的方言词却因没有机会出场,调查不
出来。例如个子"高",吴语说"长",闽东说"悬",闽南说"躼"。天
气"凉""冷""冻"则在粤语很难分得清。

　　看来,这个普遍性和局部性的理论还应该做一点引申。语音分区
条目和词汇分区条目不也是应该多提取在字、词上涵盖面大的条目
吗? 而那些覆盖面窄但又很有特色的也可以作为局部性条目备用。

　　正如上文所说过的,由于厚古薄今、以古为雅的传统影响,在研究
现代方言分区问题的时候,对于语音、词汇上与古代汉语相同、相似的
一些方言特点,虽然在熟悉古汉语的专家看来很显眼,很容易引起关
注,因而被列为重要的分区标准,其实那些管的字少的语音特征,以及
未必很常用也未必很具构词能力的古语词在整个语言系统之中,在本
地人的日常交际之中并没有什么特别之处,简直是微不足道。把这些
条目突出出来与那些管字多的音类特征以及那些牵连到全局的变调规
律之类的特征并列在一个平面上是很不合适的。例如古浊塞音声母
字、阳声韵字、入声韵字都是管字多的大音类,而客赣方言的归入阴平
的浊上字,闽方言读为群母的匣母字,读为塞擦音、擦音的以母字,客
粤方言读如晓母的溪母字等,就都是字数不多的小音类。甚至十分著

名的闽语的"轻唇读为重唇"，其实辖字也不多，据厦门话统计，《方言调查字表》非组字151个，读为重唇音的字非敷奉和明母各占一半（38个字），不计明母（其他方言读如明母的也不少），则只占四分之一。

词汇和语法方面的分区标准也必须精选那些口语常用的构词能力强的核心词和那些常见的虚词和句式。例如"脸—面"的区别就连带着一系列合成词"脸色、脸皮、脸形、脸毛、丢脸、白脸、红脸"等。兼用为给予义的动词和被动义的介词"给"也十分常用，词汇意义和语法意义并存，而且各大方言之间区别明显：官话说"给"，吴语说"拨"，湘语说"把"，赣语说"搦、畀"，客语说"分"，闽语说"乞"，粤语说"畀"。

如果不把普遍性和局部性的分区标准区别开来，就会造成方言分区上的误判。闽赣交界处的邵武、光泽话被定为闽语就是一个典型的事例。在语音方面，邵武话确实也有些闽语老底的特征，例如轻唇读为重唇，舌上读为舌头（字数均已减少），心邪书禅等擦音读塞擦音，来母字读s- 等，但都是字数不多的带残余性质的局部性特征，而与赣语相同的则多是普遍性的特征，例如全浊声母字读为送气清音，轻唇音含晓匣合口字，古咸、山、蟹一二等字韵母有别，透定母字读h-，清从母字读tʰ，等等。在词汇语法方面，我们比较过250条常用词，闽赣多数无别的20条，邵武同闽不同赣的31条（如厝、团、箸），同赣不同闽的则有97条，再加上许多儿尾词，那些古老的闽语特征词已处于被淹没的状态。（李如龙，1991）正是基于这些比较，我们给邵武话的定性是已经赣语化的闽语。

根据综合性的要求，历史和现状的统一的原则和处理普遍性和局部性的关系的方法，拙作《汉语方言学》关于区分方言的语音标准、词汇标准和语法标准都有一些比较具体的方案，例如语音方面的普遍性、独特性标准各10条，词汇语法方面开列了100条参考词目和50条语法例句，可供参考，此处不再列述。

4. 正确理解分区标准的特征性

为方言分区，从汉语整体说是要对现代汉语的方言差异进行科学的分类，并且把这些类型和方言的地域分布联系起来；从方言个体来说是要展示该方言的特征。因此，提取区分方言的标准时都必须密切注意并充分体现方言差异的特征性。这是大家一致的看法。然而对"特征性"的理解似乎还有些歧异，因而在调查、比较的过程中也就有不同的方法，即使用的同样的材料也会有不同的取向，下文对此作三点讨论。

第一，分区标准是应该突出体现方言的特征，但是也必须能体现方言的系统。任何方言都是一个自足的系统，选取分区标准不能只顾系统，而应该从系统中抽取特征，用有限的特征体现完整的系统。例如语音方面，汉语的语音系统是多层级的，有音位（音值及其区别性特征）系统，音节结构系统，音类演变系统，字音分布系统和连音变读系统。分区语音标准可以把重点放在音类演变和连音变读上，但必须努力兼顾对别的层级有所反映。例如声韵调的组合规律和文白读的分布规律可能对二级分区有重要意义。

第二，所谓特征性并非独特性，分区标准可以是独有的，也可以是多区共有的。独有的特征展示单区方言的个性特征，两区或多区共有的特征则展示几个区的共性，但对其他区来说仍然是个性。例如语音标准中，全浊皆读为送气清音，从关中方言到通泰方言到客赣方言，总体上是相同的，但具体的分类也还有彼此的差异。尤其是客与赣，因为有这一共性（其实还有差异的，赣西北就有次清混入全浊的）有些学者就据此力主把客赣合为一个区。在讨论方言区的特征词的时候，也常常听到对多区交叉共有的特征词的非议。如"拿"，福州话、宁波话都说"馱"；"桌子"，广州话说"台"，上海话说"台子"，这种交叉现象说明它与通语是对立的，与其他方言有别，只与一两处方言共通，正是如实地展示了它与通语及诸方言的多层多样的关系，不但是可用的区别标准，从某种意义上说更有它的特殊价值。因为方言之间的亲缘关系有远有近，方言差异及方言特征自然也就有独有的和共有的，这本来就是正常的现象。

第三，为了确保体现特征性，对分区标准的掌握是否应该严之又严，越少越好呢？讨论分区标准的学者多半主张标准越少越好，这是传统的定性研究的风格。从计量研究的需要说，则应该有一定的批量。定性研究是任何时候都不能没有的，但定量研究的优点也不能漠视。看来还是应该走定性和定量相结合的道路。通过定性研究开路、定向，通过定量研究做周密的检验。各得其所，各显神通，取长补短，以臻科学，何乐不为呢？我主张不要为了便于操作而力求其少，也不要追求缜密而力求其多。太少不能反映系统性，也不能反映方言间多种多样的亲缘和地缘关系；太多则又难于区分主要特征和次要特征，计量结果难免走样。总之，多到便于区分主次和权重，少到能反映系统和方言间的多层关系。至于有人甚至还鼓吹过只用一条标准（一个语音特征，一个词）来分区，不说它形同儿戏，招来挂一漏万、矛盾百出的非议怕是难以幸免的。

四　结　语

汉语方言的分区是一个重要的课题，眼下又还没有获得一致的意见，今后便应该继续研究下去。只有经过长期的努力、多次的反复，才能贴近语言实际，得到科学结论。

最近的二三十年间，汉语方言的研究有长足的进步，如今发掘的语言事实多了。方言间、方言与古今通语间乃至方言与民族语言间的比较也多起来了，不但有单点的描写，也有面上的综合和整体的比较。关于理论问题的探讨也逐渐引起了重视。但是,关于汉语方言的分区目前还难以做出大家都满意的结论。因为在三个方面的工作我们还有欠缺。

在语料方面,由于以往的调查表格有明显的缺陷。语音方面多停留于单字音,对于语音结构的考察和分析不够,无字可写的许多方言词记录不多。词汇调查表格历来是从通语出发拟定条目的,许多富于方言特色的词汇就调查得不够。方言语法现象的调查近些年来引起许多学者的关注,但深入的研究刚刚开始,我们对各方言的语法特征还认识得很少,语法例句的调查就更没有把握。此外,对于方言边界点的调查,小地方的怪方言的调查还有不少空白。在语料不足的情况下,分区结果自不可能完善。

在比较研究方面,我们的经验也还很不够。语音的纵向比较,由于有音韵学成果可供借鉴,成果较多;横向的共时结构特征的比较还没有很好地开展。词汇语法差异如何比较就更是心中无数,还没有摸索出较为规范的比较模式。由于比较研究的欠缺,许多展示方言差异的重要方面,我们还若明若暗,更未能了解它们的重要性,因而干脆就把这些现象的考察排除在分区的依据之外。例如变调的模式有多少种?轻声、儿化及其他小称的发展过程如何?声韵的组合方面,古今南北的差异有哪些类型?在各区方言都无法提取出特征词表的情况下,如何比较方言的词汇差异?近代以来,各方言的语法化进程明显不同,其演变类型和发展阶段怎样,目前也未能解答。为方言分区是对方言差异、方言特征的比较,比较上不去,分区怎能有大进展?

在理论方面,有关分区问题还有许多尚待探讨的课题。比如,方言的分类和分区究竟是不是同一回事?有的学者说,方言的比较和分区是属于历史语言学的范畴的,对不对?对于共时的结构系统来说,早期的发展和晚近的变异,何者更为重要?语音的发展和词汇、语法的发展是否同步的?如不同步,又是如何关联的?是否只有洋泾浜、皮钦语那

样的不同民族语言的混合才算混合语？汉语方言如果有混合语，如何
界定？能否用语音分区、词汇分区、语法分区、文化分区等不同角度对
方言作不同的分区？

可见，关于汉语方言的分区问题，现在还不必急于分清是非，做出
结论。关键在于扩充语料、加强比较和探讨理论。过了一个阶段可以
来一番梳理，肯定共识，提出问题，再分别去深入研究。提出新的论
点，都要针对不同的方言区进行检验。任何科学的分区都要经过检验。
在研究方法上，应该提倡百花齐放。运用多种方法去研究同样的问题，
只有好处没有坏处。在这方面不同流派的学者要互相尊重、互相学习。
前人做过的同言线研究，还是有效的方法，关于语音的结构，可能还用
得着实验语音学的成果。建立方言字音、词汇和语法的可供比较的数
据库显然是一个十分重要的措施。只有在大面积比较的基础上，才能
经过提纯、浓缩，制定出合理的分区标准来，这是不言而喻的。

参考文献

丁邦新　1982　《汉语方言区分的条件》，收录于丁邦新（1998）《丁邦新
语言学论文集》，166—187，北京：商务印书馆。

王福堂　2005　《汉语方言语音的演变和层次》，北京：语文出版社。

罗杰瑞　1995　《汉语概论》（张惠英译），北京：语文出版社。

袁家骅等　1989　《汉语方言概要》，北京：文字改革出版社。

李　荣　1985　《官话方言的分区》，《方言》第 1 期。

李　荣　1989　《汉语方言的分区》，《方言》第 4 期。

北大中文系　1989　《汉语方音字汇（二版）》，北京：文字改革出版社。

李　荣　1995　《汉语方言词汇（二版）》，北京：语文出版社。

何大安　1988　《规律与方向：变迁中的音韵结构》，台北：台北中研院。

朱德熙　1986　《在中国语言和方言学术讨论会上的发言》，《中国语文》
第 4 期。

游汝杰　2004　《汉语方言学教程》，上海：上海教育出版社。

李如龙　1991　《闽语研究》，北京：语文出版社。

李如龙　1996　《方言与音韵论集》,香港:香港中文大学中国文化研究所吴多泰中国语文研究中心。

李如龙　2001a　《汉语方言学》,北京:高等教育出版社。

李如龙　2001b　《汉语方言的比较研究》,北京:商务印书馆。

*其余关于闽语、客赣语的专著和论文恕未另列。

（本文原载于《山高水长：丁邦新先生七秩寿庆论文集》

“中研院”语言所 2006 年）

汉语方言的接触与融合

一　汉语方言历史上的频繁接触及其原因

汉语方言历史久远,两汉之交早有扬雄的《方言》这样的"悬诸日月不刊之书"。对不同语言之间的相互接触和影响,也早有明确的论述。《方言》问世300年后郭璞为之作注就曾有方言词通行地域变动的记录,如"晞,晒,干物也。扬楚通语也。"注:"亦今北方通语耳。""贺,担也,关西陇冀以往谓之贺。"注:"今江南语亦然。"可见南北方言早有沟通。南北朝的鸿儒、参订《切韵》的颜之推说得更明白:"南染吴越,北杂夷虏,皆有深弊,不可具论。"初唐的刘知幾主张修史记实应以"方言世语"为据,不宜"勇效昔言",并指《十六国春秋》"讳彼夷音,变成华语"是"华而失实,过莫大焉"。清代段玉裁注《说文》,也有不少此类古今南北之"转语"的记录。《说文》:"鬵,炊釜鬻溢也。"段注:"今江苏俗谓火盛水鬻溢出为铺出,鬵之转语也。"

汉语方言有过频繁的接触是多方面的历史原因造成的。

第一,汉语方言存在分歧的历史长,使用人口多,覆盖的地域广泛,这就为人口的流动和方言的分化与整合、接触与融合提供了漫长的时间和广阔空间。

第二,在数千年的历史上和辽阔的大地上,由于战乱频仍,灾荒不断,以及生态环境和生产、生活方式的变迁,人口的流动也是从未间断,只是批量大小、迁徙远近的不同。

第三,中华民族本来就是数十种民族组成的大家庭,许多民族历史上有过矛盾和抗争,还有更多的合作和共处。在几经征战、联合和同化的过程中,不同的民族语言也经历过许多接触和融合。

第四,虽然汉语分化出不少差异很大的方言,但也早就形成了颇具权威性的通语,历代的通语和诸多方言之间并非互不往来,而是相辅相成,你中有我、我中有你的。

第五,中国历来不乏域外的交往,几度还是大规模的开放和深度的接触,与多种外国语言的接触也在汉语方言中留下一些印记。

以上各项都是历史上造成方言接触的原因。应该说,在现代社会里,方言的接触不但没有减少,反而更加频繁、更加强烈了。新形势下的方言接触不但引起了现代社会里的方言的渗透和融合,也促成了方言的萎缩和消磨。造成这种情况也有多方面的原因。

第一,由于交通便利,经济不断发展,行政运作的加强,以及旅游业的繁荣,人口的流动远比旧时代更加频繁了。不过这种流动是零散的、个别的,和先前由同一出发地到达目的地的批量移民不同,这种人口的流动不但不会形成方言反而会消磨方言。

第二,城乡聚落特征的变化。农村人口流入城市,城镇又向都市集中,现代化大城市天生需要通语而排斥方言。由于青壮年离乡进城逐渐把子女也迁入城市,原来活跃在农村的方言只有留守在故土的老人们使用着,有的已经出现濒危状态。

第三,社会生活内容发展急剧变化。传统生活内容不断消退,时尚生活内容滚滚而来。旧时的方言又难于表达新的生活内容,而新的社会生活的用语总是用通语包装的,新词语正在大批地、快速地涌入方言。

第四,通语不断普及,大批年轻人学习和掌握外语,造成了普遍的多语现象。网络的发展也加速了这种变化,使用方言的场合和频度正在被通语和外语所取代。因为方言缺乏书面形式，和网络是无缘的。
这是现代科技的发展对方言的最大冲击。方言即将缩进家庭生活的狭
小天地，成为幽雅、玄妙而微弱的袅袅余音。

　　近些年来，有些学者热衷于提倡保护方言，甚至发出"保卫方言"
的呼吁，若能体会方言在新时代所面临的这四大冲击，便会认识到新时
代的方言在接触中不断萎缩，这种"无可奈何花落去"的状况是不可逆
转的。

二　汉语方言接触的途径和融合的类型

　　一个方言跟别的语言或方言有接触（contact）就会发生相互的影
响，这种影响可以称为"融合"（coalescence）。这里说的"融合"是广
义的。由于接触的途径不同和方式不同，相互影响的程度也不一样，轻
度接触、浅度影响可以只是造成了若干借词，密切的接触和深度的影响
则可能产生二者都不是的一种新的混合语（mixed language）。

　　以下依次讨论汉语方言接触的途径、类型、方式和效果。

　　就已经了解的情况说，汉语方言的接触有以下六种途径，不同的途
径的接触形成了不同的融合的类型。

1. 与原住民族融合，汉语方言在同化民族语言的同时留下了原住民语言的底层

　　考古发掘证明，汉族早期居民中人口多文化发达的群落居住在黄
河流域，长江以南、秦岭以西、渤海以东及大漠以北则是其他少数民族
居住地。秦汉以后，汉人逐渐扩大住地，汉唐以后多批渡江南下，明清
之后又先后实边到达西南、西北，还有秦晋的"走西口"和齐鲁的"下
关东"。就语言接触说，东南诸方言和古吴语、古楚语以及百越诸语言

因为接触时间长，早期原住民比例大，虽然南下汉人带来熟练的农业耕作技术和先进文化，定型已久的语言文字也已经在文化上占有绝对优势，民族同化和语言同化是同时进行的，但是在南方诸方言也留存了数量不等的"底层语言成分"（substratum）。在南方的少数民族语言中，壮侗语和汉语的接触最为深广，壮侗语不论其发生学来源如何，目前语音的结构方式和数量庞大的借词都和汉语有最明显的相似性。这和壮侗语族先民早先是居住在长江下游和东南地区的古吴越地，后来才逐渐西移有关。其次是苗瑶语族诸语言，也是受汉语影响甚大的，苗瑶人早期居住地是南楚，古楚语是最早同化为汉语的。

就东南诸方言说，粤语大概是吸收壮侗语的底层最多的方言。有人估计，底层词在常用词中占有半数以上，以至认为粤语应是壮侗语的一支。但是这个观点没有得到多少人的认同。另一些学者认为东南方言是壮侗语学得不像的汉语，或者说是壮侗语和汉语融合的"古南方汉语"。虽然关于东南方言的底层成分的研究尚未深入，过细发掘还可能会有更多发现。但是，由于接触的年代长短不一，双方人口比例不同，肯定是有的方言保存的底层成分多，有的则保存得少，从整体结构来看，不论是语言结构规律、核心词和基本的语法特点，这些方言的汉语性质和它们在语言结构和基本词汇上与上古汉语的对应都是无法怀疑的。除了粤语之外，底层现象留存较多的应是闽方言和客方言，湘、赣、吴诸方言几经磨洗则可能较少。但是片面地强调底层现象，以至怀疑东南诸方言的汉语性质，显然是不合适的。壮侗语的核心词有一批南岛语的同源词，但受到更多的汉语的影响，不少人认为已经质变为汉藏语了，这就是一个有力的反证。

2. 多来源、多层次的移民层层相加，形成了叠置型的方言

在中国历史上，黄河流域的汉人向南方进行大规模的迁徙有七次：

一是 3 世纪初东汉末年到三国鼎立之间的分裂；二是 4 世纪初 "永嘉之乱" 后的东晋南迁；三是 6 世纪中叶 "侯景之乱" 后的南朝南迁；四是 8 世纪中叶 "安史之乱" 后的中唐时期；五是 10 世纪初五代更替，十国分立的南北朝对峙时期；六是 12 世纪两宋之交；七是 14 世纪中叶元明更替时期。现在的东南诸方言的形成大多同这几次大迁徙有关，并且都不是一次移民就定型的，而是多次移民叠加的。例如吴方言的形成和发展就与三国、东晋、五代、两宋这几次迁徙都有关系，闽方言则主要与东晋、南朝、五代三次迁徙相关；客赣系方言是三国时期先在 "吴头楚尾" 的赣北平原奠基，历经六朝时期多次充填，于唐代形成早期赣方言，唐末五代大乱又从赣北拔足向闽西、赣南迁移，两宋之交再从赣南、闽西入粤。后两次转徙形成了客方言。湘语的前身应是最早汉化的楚语，经过六朝的反复补充，中唐批量移民到达湘北时老湘语应该是形成了。粤语的形成最早可能与秦兵南征有关，但批量开发应是开通南雄梅关古道之后的中唐。对现代粤语影响最大的则是两宋之交自南雄转向珠江三角洲的珠玑巷移民。

　　同样是多次移民叠加的，有的次数多，有的次数少，几次叠加的移民也有大小主次之分，不同时期的移民则有出发地和经停地的不同。例如许多学者都认为赣客系方言最早到原是中原西部关中一带全浊声母最早读为送气清音的方言，后来经停过江北的扬州、泰州一带，而后渡江入赣又辗转到闽粤的。移民史和全浊送气的方言特征的分布合若符节。入闽移民到达东南海隅的丘陵地之后，与外界联络不便，后来沿着东海岸南下，越过海峡远渡南洋。历次移民带来的上古、中古汉语的特征，至今还有明显的留存。有时从几个字的文白异读（如石 sik₂、sia$\textipa{P}$₂、tsio$\textipa{P}$₂）就可以判断出东晋、南朝和唐宋的三个层次。闽语可以说是保守而典型的多层叠置式方言。而珠三角粤语虽有秦代征战史的记载（所谓五十万大军），西汉就设有南海、苍梧、合浦、郁林四郡，唐代还有岭南节度使和广州市舶司,但是并无像闽方言那样保存着大量上古音的痕迹,整个方音面貌是中古音的架构(古音只留有个别痕迹,如"番禺"音"潘","浮"音 pʰou),经过珠玑巷的移民的音系覆盖过的。粤语是覆盖式叠置的典型。

3. 历代通语对方言的垂直影响和融合的类型

汉语的通语由来已久。先秦就有"雅言",汉代扬雄编《方言》时就经常指明某种说法是当时的通语。汉代以后通语的语音发生了重大变化,口语里的双音词也大量增加,但是书面语借助着形音义一体的汉字形成了完整而强力的表达体系。在"独尊儒术"之后,崇尚经典,又使文言带上几分神圣。唐代科举取士,以统一的韵书作为作诗押韵的依据,文言诗文便从读音到用词、章法都凝固下来,结合着官方文书成为生活中占着绝对统治地位的语言规范。虽然当时的方音分歧十分明显,但是读书识字吟诵诗文还得按照这套规范,这就是所谓的"洛生咏"。从《切韵》《广韵》《礼部韵略》到《平水韵》《中原音韵》《洪武正韵》《佩文韵府》都是一脉相承只作若干调整的各个朝代的官韵。

历代通语对方言的垂直影响所带来的变异大体有两种方式,一是双轨制的异读型,一是竞争制的替换型。前者就是许多方言里常见的文白异读。方言口语沿用固有的"白读音",读书识字则是模仿"官音"的"文读音"。若是方言与官音无别,自是不必改口学发音,既有差别便需另学。已经知道的文白异读在闽方言最为普遍,闽南话里有文白异读的字在半数以上(无异读的字中还有不少方音和官音相同的,如衣 i、因 in、安 an)。此外,南方的吴语和北方的晋语也是文白异读较多的。前者如 100 年前的苏州话(丁邦新,2003)有声、韵、调对应的 10 项异读。声母、韵母有异读的各 5 条,包括照三字文 tʂ/ 白 ts,微母字文 v/ 白 m,见系字文 k/ 白 tɕ,梗摄字文 ən、-əʔ/ 白 ã、aʔ 等对应。晋语平遥话(侯精一, 1999)声、韵母有异读的也是 10 项,其中的白读大多是方言固有的,文读则绝大多数是从不同时期的通语移借的。前者如日母字(ȵ—ʐ),微母字(m—v),见系二等字(k—tɕ),梗摄二等字(ã—ɐn);后者如全浊平声字(不送气—送气),宕摄字(uə、yə—aŋ、iaŋ),梗摄字(ei、iɐ—iŋ、əŋ),蟹摄四等字(ei—i)等。

其他文白对应少的方言大体是口语的常用字采用方言固有的白读,书面语的非常用字用文读来替换,没有造成"异读"。例如:

鸡—饥:梅州ᵧkɛ—ᵧki,潮州ᵧkoi—ᵧki;缚—服:梅州pʻiok ₂—fuk ₂,温州ɦo ₂—vu ₂;菜—蔡:温州tsʻe ˀ—tsʻa ˀ,潮州tsʻai ˀ—tsʻua ˀ;镜—敬:广州kɛŋ ˀ—kiŋ ˀ,建瓯kiaŋ ˀ—keiŋ ˀ。

这种替换式的文白读不是异读而是"分读"。从这一点说"文白异读"和其他别义异读、新旧异读有性质上的不同,称为"异读"是不合适的。

然而不论是文白异读和文白分读,都证明了它的基本性质是相同的,都是不同时代的通语对方言的垂直影响造成的。文读是通语的影响,白读是方言固有的音。自然,文白读和字在词里的意义以及词的语体色彩、语用特点也有关系。文读词多是通语来的书面语,白读词则是方言的口语词。这是一体两面的特征重合。

4. 不同方言间的接触和相互影响的不同向、度及类型

东南部的汉语方言大多已经有千年以上的历史。一千年来,中国的经济中心逐渐向东南部转移,政治文化方面也形成了与北中国抗衡的局势。东南部虽然山多平地少,但多为丘陵地带,加以水系发达,不同方言区之间还是有不少交往,因而彼此的接触和影响是不可避免的。当然,方言接触的多少在古代社会里还和地理环境,尤其是交通状况有密切的关系。吴方言的北片是苏南和杭嘉湖平原,历史上曾有东晋迁

都建康、南宋迁都临安的官府移民,因而与江北的中原官话就有密切的接触。北部吴语显然没有浙南吴语保留的古吴语多。湘语北片也是中原移民叠加得多,接触也很频繁,因而旧湘语的特征(如保留浊声母等)就只是保存于南片。在赣语地区,鄱阳湖四周地平人稠,古来征战不断,人口流动多。又有九江官话的楔子,因而深受官话的影响。而武夷山西侧的赣东地区和西北部临湘地带则显然留存着较多老赣语的特征。

方言之间的接触和相互影响一般是双向的,但是也总有强弱不同的"向"。一般说来,地广人稠、经济发达的大方言区对小区方言影响大些;方言的中心地带对方言的边缘地区也会影响较大。例如珠三角的粤语(广府片)对粤北土话和客家话的影响一直较为强烈。赣东临川、南城一带是赣语中心区之一,对闽语西北边缘地区(邵武、光泽一带)的影响也较大。

方言区之间的接触和影响造成方言的变异有不同的"度"。一般说来,开始总只是量变和积累,从借词开始,进而在某些语音特点上受同化。如果有明显的强弱势,经历的时间又长,也可能发生系统的更替,造成质变。例如闽语西北角的邵武、光泽话,如今全浊声母都已清化,不但非组声母读 f、v,晓匣合口字也读为 f、v;还有清从母读 tɕʰ,透定母读 h 等,语法上还兴起了"儿"尾,显然已经蜕变为赣方言。闽北边缘的浦城话由于与吴语处衢方言连界,移民多、接触也多,也已经蜕变为吴方言。

还有一类方言是经历过多边和多次的接触而形成特殊变异的。海南岛上有几个小方言都属于这种类型。儋州村话就是这样的方言。丁邦新做了深入调查和认真研究,于 1986 年出版了《儋州村话》,他认为"儋州村话的白话音代表的是早期赣客语的一种类型","文读音可能是早期从粤语区传到儋州和白话音混合的"。儋州话使用人口只有 20 万,处在海南闽语的包围之中,从音系上看,白话音和海南闽语的整体构架和主要特征是相似的，而这些特点又是和先登上海南的临高人所说的壮侗语的一支相类似，如有 ʔb、ʔd 两个紧喉音，无送气音 tʰ、tsʰ，心母等擦音读为 t 等等，都可以认为是语音系统中的底层现象。这样说来，它的形成包容着临高壮话、海南闽语和客赣语、粤语的四方面接触和影响。从历史层次上看，客赣方言的特点可能是最先有的，后来也许是经过粤地，掺入了粤语成分，闽语和临高壮语则是上岛之后所接受的影响。海南省三亚市郊外还有个万把人说的"迈话"，与儋州话很像。我做过调查，曾就 21 条语音特点与海南闽语文昌话、粤西粤语台山话和赣东赣语临川话做比较，其中的 19 条都可以从三种方言材料处找到旁证，与文昌话相似略多。经过比较，认为是"一种在特定的条件下混合了海南闽语、粤语和客赣方言的一些特点而形成的混合型方言"。（黄谷甘、李如龙，1987）

5. 方言的区外流播及其接触和融合

汉语的不少方言还有形成了完整的合流后由于集体迁徙而流播到区外，甚至境外的。这些大大小小的方言岛由于受到外方言和其他民族语言的包围，在频繁的接触中也会受到程度不同的影响。

汉语方言在国内外流播的方言岛陆续发掘出来的已经不少。这些方言岛地域大小、人口多少不一，保存原有母语的程度也各不相同。从流播的原因说，大致有两种：第一种是经济原因，外出谋生。例如客家人清代中叶后流入湘东、川中，渡过台湾海峡参加垦发台湾，渡过南海到东南亚定居；广府人从港澳出发，经由东南亚或直接越过太平洋到达旧金山，而后更流播欧美各地；闽人因烧瓷和捕鱼自闽东向浙南、苏南也撒下了一串大小方言岛。下南洋在东南亚形成闽南方言岛的更多。第二种是军事原因。明清政府为防御地方"作乱"，在东南沿海设置"卫、所"，派官话区兵员进驻留守，形成了不少官话方言岛。也有农民起义失败后逃散他乡聚居新地的。闽南话在赣东北上饶地区的方言岛大概就是跟随太平军兵士失散后落籍的。分布在中亚吉尔吉斯斯坦和哈萨克斯坦的十几万"东干人",是16世纪60年代西北陕甘回民反清起义失败后逃往定居的。

方言岛能否形成,取决于人数多少和是否聚居,也有内部凝聚力和经济生活方面的因素;能否存活则取决于与当地(包围方言地区)原居民的关系。过于紧张的对立和过于密切的融合都可能使方言岛形成后又消失,只有若即若离、有相对独立性最便于存活。由于社会交往是必不可少的,存活下来的方言岛都要与包围方言接触,受其影响而发生种种变异。变异的大小则取决于经济、政治和文化的综合因素,和地域大小、人口多寡也有关系。境内的方言岛后一个因素更重要。有一些小方言岛由于人少地狭,已经濒于失传。例如福建长乐琴江官话方言岛。在江西的一些小型闽南方言岛也是如此。像川中(成都附近)的客家话有十几万人口,内部又有足够的凝聚力,至今还存活得很好。至于流播境外的汉语方言情况就比较复杂,大概有两种情况。

第一种是活跃型的。保存完好照样流通的如欧美各地中国城里的粤方言,因为有集中的街市作为商业用语,一直经久不衰,同时有些地方由于台湾和大陆商人的入市,已经同时通行着华语。印尼苏门答腊北部的棉兰至今还有几十万人说着闽南话。菲律宾华人社区的闽南话还一直保存着晋江口音,也是因为人口集中,商业繁荣,经济实力强。在马来西亚不论是闽南话(如槟城)、广府话(如吉隆坡)和客家话(如新山)也都存活得良好,主要原因是集中聚居,有浓厚的文化传统,原来的民情风俗也保存得很好。2003年曾有陈晓锦所著《马来西亚的三个汉语方言》出版,做过详细描写。书中所记录的这些方言的2000条常用词中大多各有近百条马来语借词、百余条英语借词,其他常用词仍与大陆方言相同,语音也并无大的变异。

第二种是萎缩型的。正在逐渐收缩通行面，方言语音、词汇、语法也发生了重大变化。在东南亚，新加坡是以英语为官方语言、教学语言，少数华校也只教华语，因而在青少年中，方言已经相当陌生，多数无法交际。印尼由于长时间禁止华校和华文书刊，各种汉语方言也处于严重的萎缩之中。在中亚的东干语，据林涛主编的《中亚东干语研究》（林涛，2003）介绍，在吉尔吉斯斯坦、哈萨克斯坦和乌兹别克斯坦一些地方通行的东干语，目前只通行于本族人聚居的农村，使用对象多为老人和妇女。"随着东干人新老交替，农村人口的不断走向城市，东干语在东干族人群中的使用范围更会逐渐缩小。"目前在老年人中保存的东干语"以中国近代汉语西北方言基本词汇和语法结构为主体，以甘肃话语法为标准"，"融合了中亚地区常用的俄语，突厥语及波斯、阿拉伯语的某些成分，在语言要素上发生了一定变异"。看来，萎缩型的方言岛必定同时存在着掺杂，发生较大的变异。

三　研究汉语方言的接触和融合的意义

汉语方言在形成之后，历史上普遍发生了广泛的接触和多种形式的融合，到了现代社会又出现了明显的萎缩的趋势。面对这样的现实，方言研究有必要加强接触和融合的历史考察和现实研究。这方面研究是有多方面的意义的。

1. 开展对于方言历史上发生过的接触和融合的研究，才能正确地理解方言的来历，为之作科学的定位，从而为研究汉语史和划分方言区域提供有益的参考

方言的研究必须从共时的平面调查入手，但是一定要对各种共时的系统进行全方位的纵横两向的比较，才能对方言的现状做出合理的解释。这种考察至少应该包括如下几方面的内容：方言形成时包含了哪些来源？主要来源是什么？有哪些不同层次的叠加？有无早期民族融合的底层？后来与哪些方言有过接触，接受了哪些影响？和历代通语（上古、中古、近代汉语）的关系如何？如果所在的地区有过与全民族通语不同的区域共同语，它和这种共同语关系如何？在流播的过程中和哪些外方言或外族、外国语有过接触？有了这些考察，便可以为该方言做出历史的定位。如果各种方言都有了这样的定位，不同方言之间的亲疏远近的相互关系就显示出来了，为方言分区也便水到渠成。目前，关于闽语是否从吴语分化出来，客家是否从赣语分化出来，粤语应该如何定位都还有些不同看法，就是因为比较研究还做得不够。

各方言定位了，与几个不同时代的通语的关系也摸清了，汉语的语音史、词汇史和语法史也就明朗化了。

2. 全方位地研究方言的种种接触便可以归纳出方言接触的不同方式和方言融合的不同程度

就已经知道的接触方式说，大体有三种：局部借用式、双语并用式和替换整合式。局部借用是个别词语的借用或字音（音类或音值）的同化。词汇的借用是最常见的，借用的数量有多有少；语法方面的虚词的借用比句型的借用容易发生。语音的同化有浅度和深度之别。像闽南话西沿的龙岩话因受周边客方言影响，一些全浊声母字从不送气变为送气（曹、图、钱、球、强、情）。福建长乐琴江的"旗下话"（官话方言岛）受闽东方言的影响，丢失了 f、zh、ch、sh、r 等声母和 -n 韵尾，应该还算是轻度的同化；海南的各种汉语方言，大体都没有 pʰ、tʰ、kʰ 声母，p、t 变读为 ʔb、ʔd，s 变为 t，牵涉到较大格局的变化，应该算受临高话等影响的深度变化。

双语并用在边界方言和方言岛是十分常见的。它既是方言接触的外部变化（言语应用）的结果，也是内部（语言结构）变化的动力。闽南方言和闽西客话交界处从龙岩、南靖到平和、诏安四县市，有一条双方言长廊，闽语区的人都会"讲客"，客话区的人兼通"福佬"。这种双语状态，在词汇方面很容易造成两种方言词"并用"或"重组合用"。例如"喙须 / 胡须，正手 / 右手，潭 / 塘，瘸骹 / 拐脚，碗 / 瓷"并用，前者是闽南话，后者是客话。闽东、闽南之间的莆田所说的"书册、糜粥、桌床、物毛"则是把闽东闽南各自的同义单音词合成双音词，这就是"重组合用"。

　　替换整合采取的不是双语并用的方式，而是强势方言不断向弱势方言输送语音、词汇、语法特点，在不知不觉中，量变不断积累就会发生质变。质变的结果可以分为两类，质变不彻底的或为混合型方言（mixed dialect），质变彻底的是替换型方言（changement dialect）。

　　混合型方言在闽粤两省不少，不同方言区的交界处经常可以看到。例如浦城县的临江话是吴语和闽北方言混合的，南平市的夏道话则是闽东、闽北混合而成方言的。这些混合型方言因为处于两区之间，是由两种方言混成的。在广东韶关、连州一代所通行的粤北土话（《中国语言地图集》称为"韶州土话"）历来面目不清，性质不明，其归属有不同看法。庄初升就两个片（韶州片和连州片）的 20 个方言点的材料进行了详细比较分析，最后做出了这样的结论："粤北韶州片和连州片土话是两宋以来江西中、北部的方言为主要来源、逐渐融入了明清以来粤北的客家方言、粤方言或西南官话的一些成分和特点而形成的一类混合型方言。"（庄初升，2004）这是处于多方言地区所混成的混合型方言。在双方言地区，由于双语并用也会产生混合型方言。据潘家懿调查，海陆丰闽南话包围中的南塘镇的两姓七村客家人中，最早迁入的改口说闽南话了，新近迁来的仍保留祖籍地的客家话，迁入一二百年的汤湖、沙溪两村钟姓客家则说着"非闽非客、亦闽亦客"的混合型方言。

混合型方言使用久了,强势的一方势必不断挤压弱势方言,最后便发生蜕变,由强势方言替换弱势方言。上文提到的浦城的吴方言和邵武的赣方言原来都是闽方言地区,后来由于吴、赣方言区的人口的大量流入才蜕变的。详细材料可参阅陈章太、李如龙的《闽语研究》的有关篇目。罗杰瑞调查过浙江省江山方言,也认为浙江西南部古代与福建同属一个大方言区,后来浙北和苏南的吴语逐步渗入,吴语的特征渐渐取代了闽语的特征。这种情况和浦城县的吴方言是完全相同的。

3. 就语言接触和融合进行微观的考察,还可以发现语音、词汇、语法在融合过程中所表现的规律性

应该说,我们所调查的方言接触、融合、混合、蜕变的事实已经不少,可惜的是还没有把这些材料放在一起进行比较分析和理论综合。这是今后应该进一步努力去做的。这里只简单介绍李如龙、庄初升、严修鸿合著的《福建双方言研究》(1995)在分析了福建境内种种双方言现象后,就方言融合所做的一些规律性阐述(限于篇幅,只列纲目,不再列举语言事实,详细材料可以参阅该书)。

(1)语音方面的接触、渗透和融合:

①音类因接触而合并的多,分裂的少;

②声韵调中韵母最易受影响,声母和声调较为稳固;

③韵母之中韵尾最易变,韵头韵腹较为稳固;

④因音值受影响而发生的音类归并是用类推法使整类变化,音值未变的字音音类转移则是通过词汇扩散的方式一个个、一批批地变,可以半途而废;

⑤连读音变的规律(如轻声、儿化、变声、变韵、变调)不易受外方言影响。

(2)词汇语法方面的接触、渗透和融合:

①最常用的核心词（如斯瓦迪士的二百词）不容易受影响而发生变化；

②向外方言借用的词什么词类多？依次是名词、形容词、虚词和动词；

③就义类说，日常生活基本词比较稳固，不易借用，风物词、文化词容易借用；

④语法比词汇难以借用，相对而言虚词较易借用，句法上则往往是采取并用的同义句型。

4. 就现代社会里方言的接触和萎缩进行调查研究，既可预测方言未来发展的动向，也可提供制定语言规划和语言政策的参考

如上所述，现代化社会带来了语言生活的许多重大变化：通语的普及，外语的加强，双语现象的普遍化，方言的萎缩，传媒语言、网络语言的时尚化，都是无法回避和难以抗拒的时代潮流。在这种新形势下的语言接触和融合和早期有什么不同的规律？根据目前的特点能否预测未来的动向？面对这种现状和未来的可能趋势，语言规划和语言政策要不要有新的思路和调整的举措？这是有待于结合方言调查进行社会语言学研究的新课题。

参考文献

李如龙　2007　《汉语方言学（第二版）》，北京：高等教育出版社。
游汝杰　2004　《汉语方言学教程》，上海：上海教育出版社。
李如龙　2001　《汉语方言的比较研究》，北京：商务印书馆。
侯精一　1999　《现代晋语的研究》，北京：商务印书馆。
丁邦新　1986　《儋州村话》，台北史语所印行。
丁邦新　2003　《一百年前的苏州话》，上海：上海教育出版社。
陈晓锦　2003　《马来西亚的三个汉语方言》，北京：中国社会科学出版社。

李如龙、庄初升、严修鸿　1995　《福建双方言研究》,香港:汉学出版社。

庄初升　2004　《粤北土话音韵研究》,北京:中国社会科学出版社。

陈章太、李如龙　1991　《闽语研究》,北京:语文出版社。

林涛主编　2003　《中亚东干语研究》,香港:香港教育出版社。

潘家懿　1993　《广东南塘客家话的历史演变》,《方言》第3期。

黄谷甘、李如龙　1987　《海南岛的迈话——一种混合型方言》,《中国语文》第4期。

（本文于2006年在香港城市大学举办的关于语言接触的研讨

会上宣读过,后发表于《汉藏语学报》,2008年第2期）

闽南方言与闽台文化

　　语言是人类社会最重要的交际工具，是人类思维长期发展的成果。它不但是物质文化和精神文化的每一个变化和发展的忠实记录，也是社会文化活动赖以进行的凭借。语言不但是文化的形式，它的发生和发展本身就是一种社会文化现象。

　　方言是全民语言的地域变体。社会的分裂、人民的迁徙、地理的阻隔和民族的融合造成了方言的分化，方言的形成是文化发展中的历史现象。方言之间的差异直接反映着不同地域的社会生活所形成的文化差异。不同的自然环境、不同的经济生活、不同的习俗和观念无一不在方言中留下自己的印记。不同的方言之间所反映的地域文化特征不但有许许多多这类具体概念和语词上的差异，而且有共时的整体的类型特征和历时的多层面的发展特点。

　　闽南方言是汉语闽方言中分布最广，使用人口最多的一支。它形成于闽南地区，播散于东南沿海的五个省和东南亚的许多国家。在闽南方言所分布的广袤地域之中，闽南和台湾的闽南话不论在内部结构上或是外部的文化特征上都最为接近。这是有着深刻的社会历史原因的，也是非常耐人寻味的。本文是就这个问题所作的研究报告，限于篇幅，先写成一个论纲发表出来，希望引起同道的关注并请方家指教。

一 闽台两省的闽南方言

（一）闽南方言的形成

闽南方言是东晋到初唐之间在福建东南部形成的。汉人大批入闽，最早应是东汉末年孙吴经营江东之时，主要途径是自闽北到闽东而后到闽南。西晋太康三年（282年）原管辖着全闽的建安郡分出了闽东的晋安郡，闽南则建有东安、同安两个县。东晋之后，入闽的汉人更有批量的增加。如《晋书·地理志》（卷三一八）所云："闽越遐阻，避在一隅，永嘉之后，帝室东迁，衣冠避难，多所萃止。"最早到达闽南的中原汉人用自己所思念的故国为晋江命名，这种说法应是有历史根据的。南朝的二百年间，福建较之江左江右相对平静，又有不少汉人自闽北经闽东来到闽南。到5世纪初的梁天监中，今闽南地区（晋安郡南境）又分置南安郡。唐初高宗总章二年（669年）闽西、闽南畲民起义，朝廷派中州人陈政统府兵五千多前来平定，不少河南人跟从而来并在闽南落户，这是又一次中原汉人垦发闽南的重要史实。据《元和郡县图志》的统计数字，距总章年间不到百年的开元年间，闽南的泉漳二州所辖的七个县（南安、晋江、南田、仙游和龙溪、漳浦、龙岩）虽然县数只有全省（23县）三分之一强，户数却有55万多户，占全闽5州23县总户数的一半以上。到这个时候，闽南方言应是定型了的。（当时的莆仙方言还没有从闽南方言中分出来。）现今的闽南方言语音还有许多与隋唐的韵书《切韵》《广韵》相符，足可证明这一点。从初唐形成到现在，闽南方言已有近1500年的历史。

（二）闽南方言的流播

中唐之后，土地兼并，赋税繁重，政风腐化，在闽南地区，加上人多地少，发展受限，闽南人口或逃亡迁徙或被贩卖为奴，户口数迅速减少。据《元和郡县图志》和《通典》，自开元到建中间不及百年，泉州的户口从 50,754 户锐减过半，只有 24,586 户。外流的人口哪里去了？看来是向南迁徙了。在上述统计户数中，漳州户数不但未减，反而从 1,690 户增加至 2,633 户。有的可能进一步到了潮汕平原。据《新唐书·地理志》唐代潮州和循州七个县全是中下小县总共只有 13,945 户，到了宋代，据《宋史·地理志》，循州分出惠州，潮州分出梅州，共有 11 个县，其中"紧县 1"，"望县 3"，"中县 2"，共有 195,365 户，总户数较唐代增加了近 15 倍。应该说，潮汕地区和海陆丰一带的闽南话就是中晚唐之后从闽南陆续传去的。至今潮汕平原乃至后来再从那里迁往雷州半岛和海南岛的诸族姓还自称祖上来自"莆田荔枝村"，这种民间的口头传说应该不会是讹传。因为到宋以后莆田方言就逐渐和闽南话分离了。莆田也确是人口密集的 6,000 户以上的"上县"，那里所出产的荔枝也早在唐代就负有盛名。

宋元之后，泉州港兴起，造船、航海和对外贸易兴盛一时，闽南人不但进一步在粤、琼两省的沿海定居，而且广布于东南亚各国。有关海外交通的诸多典籍不乏直接的记载。至今仍通行于那些地方的闽南方言以及马来语所借用的数百条闽南话语词则是现实的明证。

明清之后，泉州港衰歇，倭寇骚扰，益发人多地少的闽南，经济凋零，除了继续南渡菲律宾、新、马、印尼、泰、越等国谋生之外，有的由海路北上或捕鱼或从事手工业，移居闽东（霞浦、福鼎）沿海和浙南（江山、平阳、苍南）沿海。有的因清初沿海"迁界"而被迫移居内地，这些小批量的迁徙留下了现今的闽东、浙南、江西等地的闽南方言岛，而大批量的国内迁徙则是跟随郑成功父子收复台湾和垦殖台湾。

郑成功高举"反清复明"大旗,发起驱除荷兰殖民者的战争,为反抗清廷的"迁界"、封锁,又大力组织军队的屯垦并发展海上贸易。先后渡台依附他的泉漳二州百姓达数万人,康熙年间,清廷据有台湾,本拟虚其地,经晋江人施琅之谏而止,虽仍禁止军政人员携眷入台,入台闽人已近30万。至乾隆年间,禁令渐除,之后,全台人口迅速增加。据《台湾府志》,乾隆年间全台有15,000多户,72万人;到嘉庆十六年(1811年),全台已有24万户,200万人。应该说,以泉州腔为主,掺杂着漳州腔的台湾闽南话两百多年前就大体形成了。

(三)闽台两省闽南方言的分布

就现实的情况说,福建境内的闽南方言主要分布在泉州市所辖的鲤城区、石狮市和南安、晋江、惠安、安溪、德化、金门等七县二市,厦门市及所辖的同安县,漳州市区及所辖的龙海、华安、长泰、南靖、平和、漳浦、云霄、东山、诏安十县市(平和、南靖、诏安三县的西沿还有客家方言),以及龙岩地区的龙岩、漳平二市,三明市的大田县西南部。除了这一连片的"本土"之外,省内还有13个县有闽南方言岛,人口较多的有福鼎县沿海12乡的97村,近20万人;霞浦县沿海33村,4万多人;福清市南部、顺昌县中部、沙县中部各数万人。全省说闽南话总人口约1,500万。福建境内的闽南话大体分为四种口音,北片泉州市属地区和多数省内方言岛是泉州腔,南片漳州市辖区是漳州腔,厦州、金门是杂有泉漳两种口音的厦门腔,西片漳平、龙岩属于龙岩腔。

闽南方言也是台湾省内的主要方言,除中部山地高山族居住区通行高山语和苗栗、新竹两县占多数的客家人说的客家话外,岛四周的沿海平原和丘陵地区大都通行闽南话,自北至南的丘陵地带还分布着一些客家方言岛。事实上许多客家人和高山族同胞也兼通闽南方言。使用闽南话的人口占全省人口的 80%，大约也是 1,500 万人。台湾省内的闽南话也有泉州腔、漳州腔之别，大体上北部和南部多泉州腔，中部多漳州腔，在许多地区两种口音相互穿插也相互影响，多数人所说的闽南话也像厦门话那样综合着泉、漳两种口音并以泉州腔占优势。

（四）海峡两岸的闽南话最为接近

就国内的分布说，闽南方言可分为五大块，即本土闽南话、台湾闽南话、潮汕闽南话、琼雷（海南省和广东省的雷州半岛）闽南话和浙南闽南话。在这五大块之中，闽南本土和台湾省这两大块的闽南话是最为接近的。下文就语音方面的差异举些例子说明。

琼雷闽南话以文昌话为例，声母方面有紧喉音 ʔb、ʔd，分 n-l，tsʰ 读 s（炒菜说"洒赛"），ts、s 读 t（驶船说"歹唇"），kʰ 读 h（开空说"辉夯"）；还有大量的"训读"现象（如思读想，贫读穷，看读望，捆读缚等等）。这些都是其他闽南话所未有或少见的。潮汕闽南话以潮州话为例，声母 m、n、ŋ 和 b、l、g 有别；韵母中没有 -n、-t 尾韵（班＝帮，八＝北），有 ɿ 韵（资此思），u 读 ou（粗布，乌裤），ue 读 oi（洗鞋，买卖）；单字声调平上去入各分阴阳（八调齐全）以及连读变调中有双音词后音节读变调的条例等等，也是颇具特色的。浙南闽南话有 -n、-ŋ 韵尾，没有 -m 韵尾（林＝鳞，心＝新），塞音韵尾只有 -t，没有 -p，-k，变调规律也有许多特殊性。

而台湾闽南话的语音系统和本土闽南话几乎没有差别，声母都是15 个，声调 7 种，连读变调也和厦门极为相近，不论是泉州腔或是漳州腔，所有的韵母都没有超过本土闽南话的范围。无怪乎两个素不识面的台湾人和闽南人在一起可以畅通无阻地交谈。

为什么在五大块闽南方言中竟会是隔着海峡，先后断绝过近百年往来的闽台两地最为相近，其余连片于大陆的反而变异更大？不妨先看看其余三大块变异较大的原因。潮汕闽南话在各大块中从闽南分出最早（中晚唐至两宋），之后又一直为岭南道所管辖，论自然条件还比闽南好，地平、山少、水多，因而得到独立的发展。琼雷二州是宋之后陆续从潮汕、海陆丰转徙而去的，那里本来就有黎、壮、瑶族诸语言和粤方言，历史虽较潮汕地区的闽南话短，却难免受到较大影响，因而发生较大变异。至于闽东和浙南的一块，虽是清初才陆续北移，但因地盘狭小，人口也不多，迁出之后与本土来往稀少，深受闽东方言和浙南吴语的影响是必然的。

传到台湾的闽南方言，从来源成分说，和厦门话一样都是泉州腔和漳州腔的融合，从时间说，只有两百多年，原有的土著高山族人数不多，所操语言属南岛语系，和汉语相去甚远，且文明程度悬殊，自不容易对闽南话施加影响。更重要的是自康熙二十二年（1683年）到光绪十一年（1885年）的二百多年间，台湾隶属福建管辖，官方及民间的往来一直是十分频繁的，即使在清廷残酷迁界期间或是建省之后亦从未间歇过。1895年之后，日本侵略者占据台湾五十年，虽然穷凶极恶地实行殖民统治，千方百计摧毁我民族意识，推行奴化教育，以至禁止使用汉语汉文，其结果只能引起台湾人民更为强烈的反抗。仅开头的二十年间，台湾人民的武装反抗斗争就有一百多起。具有深厚的文化底蕴的闽南方言不但没有被消灭，反而保留得更加完整、更加地道（台湾通行的客家话也一直少有变化，至今与梅县一带的口音毫无二致）。

二　闽南方言的文化类型特征

方言是在一定地域的历史文化背景之中形成和发展的。研究方言和地域文化的关系可做共时的考察，也可做历时的分析，共时的考察可以是微观的，也可以是宏观的。微观的考察主要是透过某些方言词语去追寻命名时所反映的社会生活的史实,例如某些名称(番薯、番姜)说明了经济史上引进外地作物的事实;某些人地名的应用(国姓爷、成功路、晋江、漳江、泉州里、南安村)寄托了人们对故人故土故国的特殊感情;避讳反映了禁忌的习俗;亲属称谓则反映了历史上的家庭婚姻制度。宏观的共时考察可以从诸多方言的比较去探索方言的文化类型。本节就是这种宏观的共时考察。用所概括的五种文化类型特征,来进一步说明闽南本土和台湾省内的闽南方言的文化类型特征是最为接近的。

(一)向心型

每一个方言区都是由一群小方言组成的。有的方言区中的小方言差异大,各自为"正",漫无中心,连方言区和小方言都没有明确稳定的名称。闽方言中的五个方言区,只有闽南话和莆仙话是民间通行的习惯名称,早期闽南话分化出来的这两个区的内部差异都相对比较小,尤其是漳泉厦地区和台湾省的闽南话。差异之所以小是因为有方言代表点作为中心,对各地小方言发生影响。闽南话早期代表方言是泉州话,早年形成的闽南方言艺术都以泉州音为标准音,泉州兴起于唐代,极盛于宋元,经济繁荣,文化发达,这是顺理成章的事。明代之后,漳州月港兴起,大有代替泉州港之势,漳州府人口骤增,形成了自己的中心,这就是和泉州音相去不远但特色鲜明的漳州腔。郑成功建设厦门军事基地之后,厦门日渐聚集了泉漳二府的人,遂改"中左所"为思明州,清末五口通商之后又得到迅速的发展,成为闽南地区出入境的大港,泉州腔和漳州腔在这里融合为新的厦门腔。近百年来厦门话已经上升为闽南方言的新的中心、新的代表。台湾的泉州腔和漳州腔实际上也在不断地交混,向厦门话靠拢。

作为闽南方言的"中心"的标志,闽南地区早有编纂方言韵书的传统。早期的泉州标准音有黄谦所编的《汇音妙悟》,初刻于嘉庆五年

（1800年），距今已过200年。后来的漳州音和厦门音又有《十五音》和《八音定诀》，这些闽南话韵书在民间一直流传到20世纪上半叶，实际上发挥着为闽南方言维持标准音规范的作用。闽南方言韵书之多是其他汉语方言所少见的，这也有力地说明了闽南方言是一种向心型的方言。

闽台的闽南话所以成为向心型方言，是这里的地理环境和文化背景决定的。除了沿海与内河冲积平原之外，这里都是低山丘陵，唐以来人口稠密，交通便利，又由于城市海港的兴起，商品经济相当发达。闯南洋，营外贸，开发台湾，长期以来一直是海峡两岸闽南人社会生活中的共同事业。因为交往日多，新的方言差异就难以发展，而有着先进的城市和海港，则容易形成中心。

（二）稳固型

从古今的流变说，闽台闽南话属于稳固型，即变化较慢，生命力强。就近的说，200年前的《汇音妙悟》和《十五音》与今天的泉州漳州的语音并无显著不同；400年前闽南话戏曲（《荔枝记》等）的刻本现代人还大体可以读懂。拿远的说，闽台闽南话的一些白读音至今还保留着隋唐以前的上古音，例如"轻唇读重唇"：飞、分、放、纺、富、腹、缚、肥、缝，口语都读b或p；"舌上读舌头"：中、追、猪、抽、拆、畅、茶、绸、锤，口语都读d或t；在文读音上不少则保留着唐宋间《广韵》系统的音，如三套鼻音韵尾与塞音韵尾俱全；甘心-m、合集-p、安身-n、扎实-t、农耕-ŋ、目的-k。词汇语法上也有许多和中古诗文完全一致的说法。例如"画眉深浅入时无"，"有诗无"，"今在无"，"寒梅着花无"；"小蛮问我诗成未"，"花开未"。这类词句就与今日闽南话无异。

这种变化缓慢的稳固性和历史上的相对稳定有关，闽南地区垦发之后，偏安一角，未曾有大动乱。还与地处海陬，人口密集有关。本地人尚且要奔走海洋，外地人口更是难以移居进住。在语言内部特点上，闽南方言形成了文白异读的两套系统，也是促成它的稳固性的因素。文读便于读书作文，与外地人交往；白读则便于本地人的日常口语交际。对内对外，口头和书面的沟通均可两便。

生命力之强大在闽台闽南话也是极为显著的。上文所述日本占据台湾五十年，闽南话不但未被磨灭，反倒更少变化，便是突出的事实。闽东、浙南的许多方言岛，有的只有数百人也能存在数百年之久。现今的新加坡百分之八十的华裔中，闽南话势力最大。印尼与马来西亚、菲律宾等地也有许多通行闽南方言的聚落和社区。可以说，从海峡两岸外出的闽南人，不论批量大小，时间长短，路程远近，总要顽强地保留自己的母语。这种力量来自对故土的眷恋，对乡情的珍惜，以及对自己祖先所创造的文化的自豪；同时，也由于出外谋生的艰难奋斗之中，需要有乡亲们的相互提携和协同团结。共同的方言，不正是沟通感情、协同动作的最佳工具吗？

（三）扩散型

正因为闽南方言是稳固的，随着闽南人的海上播迁，闽南方言也在中国沿海乃至整个东南亚海域扩散。单就国内而论，数百年间它就从闽南本土扩散为五个省（闽粤浙台琼），占据着全国海岸线约三分之一以上，向外扩展的地域和人口都早已超过本土。单是国内的四大块的人口就在四千万以上，超过本土人口的两倍。东南亚各国至少还有两千万。像闽南话这样向外扩散的规模是其他方言难以比拟的，客家话在国内外的流播和粤方言在国外的流播，地域可能不比闽南话小，但人口是一定不如闽南话多的。

向外流播是一种扩散，向后到者传播以及为相邻者接受，是另一种扩散的方式。在闽南本土是没有别的方言岛的，陆续到来的人在语言上都被同化了。近百年间，像厦门、台北这样的大城市甚至大批外省人涌入之后，也多数接受了闽南话，尤其是他们的第二代，几乎没有例外。在台湾，虽然有客家方言岛，大多数客家人都兼通闽南话。闽南的方言边界——南靖、平和、诏安的西沿，通行的是客家方言，那里的人大多数也兼通闽南话。相对而言，边界上的闽南人兼通客家话的人数要少得多。在东南亚各国的华裔社会中，往往是闽南籍、客家籍和广东（粤语区）籍的人杂居，也是后者兼通闽南话的人比闽南人兼通客家话或粤语的人多。例如马来西亚和新加坡，闽南话实际上成了东南亚华人社会的共通语，至少，20世纪50年代前就是这种情况。

闽南方言的这种扩散力量显然是它的向心力、稳固性所决定的，同时也和它拥有丰富多样的语言艺术加工形式，和它的多功能性有关。

（四）多能型

闽南方言，尤其是海峡两岸的闽南话，不但有丰富的口语表达手段，而且可以用文读音诵读古诗文，文白相间诵读白话文。不但有日常生活的俚俗语体，而且有文学加工的典雅艺术语体。这说明了闽南方言在社会生活的各个领域都可以充分地发挥其交际作用，它的交际功能是全方位的。这种特点，可以称之为多能型。

中国东南部汉语方言和共同语相差较大的汉语方言中，粤方言也是典型的多能型方言。从人们的日常交际到儿童读书识字，乃至讲解科学知识，编故事、写小说，粤方言都可以应用自如，无需借助共同语。闽方言中的一些小区，甚至像福州话这样的古老方言，年青一代已经难以用方言诵读古今书面语了。

和粤方言相比，闽南方言的应用领域不如它那样广泛，方言书面语也缺乏完整的书写体系，不像粤方言那样，说得出的音都有写得来的字，但是方言文学加工的形式之多样，粤方言则不如闽南话突出。

　　闽南方言的文艺形式，最早有以说为主的木偶戏和以唱为主的南音。南音又称南曲，是从唐代宫廷音乐继承下来的，唱词典雅，曲调悠扬。木偶戏又有提线式和布袋式（掌中班）两种。提线木偶多见于佛事活动，演的以目连故事为主，又称"目连傀儡"；布袋木偶多演历史故事，水浒、三国故事应有尽有。漳州兴起之后，又有漳腔的清唱形式——锦歌，是民间小调加工而成的，内容多反映现代生活，曲调流畅活泼。在宋元南戏的基础上，吸收南音的曲调成了梨园戏，明代中叶就十分兴盛。到了清代中期又出现了兼重武打的高甲戏。民国初年，台湾还创造了以锦歌清唱为基础的歌仔戏。传回大陆之后又称为"芗剧"或"台湾调"。在潮州汕头平原还有潮剧，在雷州半岛有雷剧，在海南岛则有琼剧，像这样同一个方言区并存着如此多种多样的文艺形式，实是其他方言区所未见的。

　　方言文艺的充分发展和闽南地区的商品经济的发展、城市的兴起，有着直接的关系。经过多种形式的文学加工，方言词汇更加丰富，句型更加多样，从而更富于表现力，方言代表点的语音和词汇也能进一步扩大其影响。因此，它又是造成闽南方言的向心性、稳固性的扩散力的重要因素。

（五）双语型

　　这里说的双语型指的是方言与共同语的关系，即在方言地区虽然广泛地通行本地方言，却不排斥民族共同语，而是共同语和方言双语并用，并在方言使用中大量吸收共同语的成分（主要是词汇和语法上的）。

　　在早期的南音唱词和梨园戏戏文之中，我们可以看到许多词句都和当时的书面共同语十分相近。方言口语向前发展，和宋元以来的白话造成越来越大的差异之后，人们对于学习共同语也越来越重视。清雍正五年（1727 年），朝廷曾明令闽粤两省建立"正音书院"，推广当时所流行的官话的读音，看来这在民间还发生了一定的影响。1800年印行的《汇音妙悟》就收了不少"正音"（即按官话读的字音），印制《十五音》的漳州颜锦华木板同时刻印了蔡伯龙所著《官音汇解》一书，将方言词语与官话逐条对照（此书后来被蒋致远收入《中国民俗丛书》）。到了晚清的切音字运动，两位早期发起人——同安人卢戆章和漳州人蔡锡勇都十分重视指导人们学习普通话。在他们的著作《一目了然初阶》和《传音快字》中，都有"京腔"拼音方案。卢戆章在1893年所写的《中国第一快切音新字原序》中说"十九省语言文字既从一律，文话略相通，中国虽大，就如一家，非如向者之各守疆界，各操土音之对面无言也。"民国之后，革除旧学，兴办新学。在闽南地区，自从普及新学之后，儿童读书识字都从学习注音字母、拼读普通话字音入手。台湾光复之后的国民教育也十分注重学习国语，专门聘请北京知名教授前往教习。因此，在闽台两地，通行闽南话的地区，略有文化的人都兼通国语，与本地人说闽南话，与外地人说普通话，普遍成了一种传统习惯。

闽南方言和粤方言都是向心型、稳固型、扩散型、多能型的方言，唯独在双语型这一点上，二者有明显差异。粤方言区的普通话远不如闽南方言区普及。究其原因可能与地理位置及文化传统有关。福建毕竟不像地处岭南的广东那么遥远，沿水路与江浙乃至长江流域的交往略可称便。自唐代以来，闽南士子求学从政代有人出，从朝野文人到平民百姓都未曾忘却自己的祖先是从中原南迁的，宗谱之续，绵延不断。文教略为发达的地方就自称"海滨邹鲁""文物之邦"，以承续华夏正统文化为荣。重视推广共同语和传统文化氛围是一致的。

三　闽台方言与闽台文化历史发展的特点

以上所述，说明了闽南方言区的分布地域中，漳、泉、厦地区和台湾省的闽南方言在文化类型特征上是最为接近的,这两个板块同属一种方言口音。正是因为它们同属于一个文化圈,我们如果进一步对这个文化圈进行一番宏观的纵向考察,就不难看到这个文化圈所具有的历史发展的特征。它将给人们带来许多深刻的启示。

(一)传统文化的继承和新环境下的创新——从中原文化到海洋文化

闽南人世世代代都记住自己是中原地区迁徙而来的炎黄子孙,对于故国寄托着无限崇敬之情,出外华侨称家乡为"唐山",称华裔为"唐人"。既说明华人出洋始于唐代之后,也说明人们对盛唐是引以为荣的。对于在中原地区形成的文化传统,人们也都能恪守不移。从一些常用方言词就可以看出这一点。在闽南话里,做人尚"忠直","奸雄""奸臣头"则为人所不齿,必须提防"大奸似忠",这类俗语连目不识丁的老妇也能说;称厚道、老实为"古道""古意";待客讲究"礼数",办事讲究"理路",办法总要讲究分寸,称为"法度";褒扬的是"能征惯战"的"豪杰兄弟",鞭挞的是"不受教训"的"懦夫""乞食骨"(贱骨头)。无论在社会上或家庭内都必须"照君臣礼",出行要"行路中央",做事要"认头认路",务农要"按照甲子",经商则信崇"有道得财"。凡是"古上书"(上了古书的)都被认为是理所当然的。有许多成语谚语虽是用文读音说的,也早已家喻户晓,童叟皆知(下详)。虽然闽地边远,初来时这里还是一片草莱,士大夫们一直以发扬中原文化为己任,以承续儒家精神为光荣。

然而移居闽南的先民毕竟来到了一个崭新的环境。从华北平原的一派平川到丘陵起伏的沿海,从中州京畿到百越杂处,不论是地理条件或社会环境都有极大差异。在披荆斩棘,筚路蓝缕的时代,看来,他们从古越人那里学来的刀耕火种和近海捕捞还不足以养家糊口,兴家立业。逐渐地"骨力食力"（勤为本）的人民经过长期的摸索，终于懂得了在不多的"洋田"（大片水田）里轮作套种，多种经营，种植水稻、旱稻、花生、黄豆、甘蔗、黄麻，在山地种茶、种果，炼铁、烧瓷，在沿海围垦、捕捞、种蛏、采蛎，进而造船航海，经营进出口贸易。到了宋代，泉州的造船业已经冠于全国，《太平寰宇记》将船舶列为闽南土产。《舆地纪胜》所收《泉州诗》云："州南有海浩无穷，每岁造舟通异域。"有了大量的船舶和熟练的水手，泉州港一跃成了东方大港。20 世纪 70 年代泉州后渚港发掘的宋代货船从规模到工艺都令人叹为观止。宋高宗绍兴年间建立的泉州市舶司成了南宋王朝的摇钱树。宋代泉州商人的足迹北到高丽，东到日本，南到印尼，西达阿拉伯。泉州港的贸易显然大大刺激了闽南地区农业手工业的发展。安溪的茶，晋江、南安、永春、德化的瓷器早就有了大宗的出口贸易。应该说，到了两宋时期，闽南地区已经形成了系统的海洋文化；沿海带动内地，城市带动农村，商业带动手工业，造船航运、贸易、移民都是面向海洋、走向世界的崭新事业。到了外部世界之后，人们学会了同异帮异族的和平相处，眼界开阔了，观念改变了，才干也增长了。正是有了海洋文化的陶冶，到了明清两代，有李贽的反潮流，有洪承畴的识大局，有郑成功的伟大壮举。尤其是郑成功复台，不但能组织和训练每船装有 200 精兵的 400 艘战船队，而且能在严令沿海迁界、对台进行禁运封锁的情况下，独操广得"通洋之利"，方能"以海外弹丸地，养兵十数万，甲胄戈矢，罔不坚利、战舰以数千计……而财用不匮"。（郁永河《裨海纪游·伪郑逸事》）

从今天海峡两岸的闽南方言谚语，还可以找到许多海洋文化凝练出来的哲理。例如"穷无穷种、富无富栽"是对天命的质疑；"天无绝人之路""东洋无洋过西洋"说的是向海洋进发；虽然"行船走马三分命"，但是"无拼无性命""敢死提去食""敢拼则会赢"，只要有"横心做一倒"的拼搏精神；出外冒险需有"同行不如同命"的互助友爱，"相分食有伸（剩），相争食无够"；到了外地又得"人风随俗，人港随弯"；能够"好歹钱相夹用"（交各种各样朋友）；懂得"敬神不如敬人"。这类本地人所熟知的俗谚真是品类齐全，句句在理。

海洋文化曾经给中华文化注入了新的血液，提供了宝贵的对外开放的历史经验，今天我们又处于一个崭新的对外开放的时代，研究闽南方言文化圈的海洋文化就更有现实意义了。

（二）地域文化和民族文化的统一——乡土观念和民族精神的结合

闽南—台湾的方言文化圈是一种地域文化。这种文化有一种特别强烈的乡土观念。这块宝地曾使他们的祖先避过了中原的战乱，得以生息，又得以发展，因而世世代代的闽南人对自己的乡土寄托着无穷的眷念。"乌篮血迹"（出生地、摇篮地）在闽南话里是十分神圣的字眼。出洋的侨胞潦倒病笃也要拖着残躯返回乡梓，将骨头埋在故土。发家兴业的富豪则恪守"番平钱，唐山福"的信条，把钱寄回老家，为家族修祖坟、建新居，为乡里修桥造路，兴办文教卫生事业。再破旧的"祖厝"人们也不愿意拆除，因为是"祖公业"，再贫穷的家乡也要回来探望，为的是"显祖荣宗"。初次出洋的"新客"，语言不通，"头路"（职业）难觅，往往可以"把草寻亲"，在堂亲本家那里"浪帮"（寄食）数月经年亦属寻常。一去不复返，不认祖籍亲邻的"成番"者，人们鄙称为"无良心"的"番猪"。移居台湾的闽南人也往往聚姓而居，聚籍而居，并用自己的故乡之名为新村命名。早年的台湾地图上"泉州里、南安村，安溪里、诏安村"之类地名随处可见。这类村落往往续修族谱，连"镇境"的"佛公"（菩萨）也要从故乡"搬请"而去，供奉如故。今日台湾，林默娘（妈祖）的天妃宫，吴夲（吴真人）的慈济宫，郭忠福（郭圣王）的凤山寺，这些由闽南地区的活人神化而供奉的寺庙，香火之盛比闽南地区有过之而无不及。

　　这种浓郁的乡情又是和爱国主义、民族主义精神紧密结合在一起的。在和平时期，狭隘的宗族观念可能使细小的利害争执酿成乡村之间、族姓之间的械斗，然而在民族大义之上又能精诚团结，一致对外。这样的时刻，必有贤者奋起号召，组织千百万志士作殊死的抗争。抗倭英雄俞大猷，"开辟荆榛逐荷夷"的郑成功，抵抗日寇的丘逢甲、刘永福，之所以能一呼百应，四方慑服，就因为闽台人民素有这种威武不能屈的爱国精神和民族气节。

　　渡海、出洋的闽南人的民族主义还有一条难能可贵的原则，就是扶善抗恶，不怕硬、不欺软。数百年间，倭寇、"红毛"（指荷兰人）、"花旗"（指美国人）这类殖民主义者、帝国主义者对闽台人民的压迫和残害是罄竹难书的，闽台人民对他们的抗争，也是此起彼伏、从未间断过的。而对于所到的"番邦"（侨居国）的"番仔"，闽南人历来是友善地与他们和平相处，取长补短，共同发展生产，建设侨居地。移居东南亚的闽南人大多数兼通当地民族语言，据1972年统计，新加坡华人兼通马来语的达45.8%（郭振羽《新加坡的社会语言》），在新、马以及印尼一带，闽南话和马来语有不少"双向互借"的同义词。即同一概念，马来语有闽南话借词，闽南话也有马来语借词，有些语词竟已分不清谁借谁。例如闽南话的"食"，马来借读为ciak，马来语的makan（吃），闽南人借读为"马干"；闽南话的"情理"马来语借读为cengli，马来语的patut（规矩），闽南人借读为"巴突"：闽南话的"食力"马来语借读为cialat或celaka，意指遭殃，闽南话又将词义加重了的calaka借回（音"之蜡甲"）。这种少见的民族间的深度语言交流不正是闽南人和马来人和平相处，友好沟通的见证吗？在渡海、开发台湾的先民中，有一个精通高山语的吴凤，他为了汉人与高山族同胞的友好相处，苦口婆心说服高山族人革除猎人头的恶俗，最后献出自己的生命，换来了社会的进步。吴凤的动人故事，一直在民间被颂扬着。

（三）士族文化与平民文化的相互渗透——语言艺术上的典雅与俚俗的共存并用

在封建社会里，任何地域文化和民族文化都有士族文化和平民文化两种，二者之间有对立、矛盾、相互排斥的一面，也有相互渗透、相互转化的一面。闽南方言区明显地把这两种文化融为一体了。这充分地表现在方言和文学艺术上。

如上文所述，闽台地区的方言文艺既有典雅的南音清唱、梨园戏，又有民歌基础上加工的歌仔戏、芗剧；既有韵文唱词的提线傀儡，又有口语叙述的掌中木偶。老一辈文人还有一套吟诵古诗的曲调，这是典雅的文言，民国之后又有韵白相间的方言故事"搭嘴古"，最早兴起于台湾，20世纪40年代就有著名艺人蓝波里，近年来厦门地区也有所发展，这是通俗生动的方言口语。正是这样的雅俗共存，使闽台的地方文艺格外丰富多彩，这在其他方言地区也是极为少见的。

在语言方面，众所周知，闽南话的字音有文读音和白读音之别，文读音往往用于文言词、书面语词，白读音则用于日常生活的通俗语词。在常用的口语中，这两种读音又是相互穿插，混合使用的。下面仅以若干谚语为例（＿为文读，＿为白读，＿为训读）：

文读音	白读音
家和万事成	多牛踏无粪
一男一女一枝花	一声雷天下响
早出日，不成天	春寒雨那溅
人无千日好	近溪搭无渡
天无绝人之路	相分食有剩
有功无赏	有船无港路

十赔九不足	十个掌头有长短
清官难断家务事	仙人拍鼓有时错
惯者为师	船过水无痕
害人则害己	百般起头难
来者当受,去者不留	赡用驶船嫌溪弯
上不正则下歪	做贼一更,守贼一暝
眼不见为净	目珠赡贮得沙
人穷志不穷	穷厝莫穷路
先小人后君子	肥水唔流别人田
受死不受辱	好头唔值好尾

自然,在这个文化圈里,也有贫富之间的剥削,也有酷吏与良民的对立,然而两种文化的相互渗透也并不是毫无根据的。可以想象,辗转迁徙而来的闽南先民初到这里披荆斩棘,不论贵贱,困顿是共同的,后来的艰难创业,不论主仆,均须吃苦,这样的时间长了,两种文化的渗透自会更多。

(四)城市文化与乡镇文化的沟通——城市方言与乡村方言的交融

中国早期的城市的兴起,看来和西方的资本主义原始积累有所不同。在中国的封建社会里,只有手工业、航运业和商业贸易,城市的繁荣对农村商品经济的发展有一定刺激,虽然打破了传统的自然经济的格局,却不像西方那样造成农村的严重破产。闽南兴起的城市都是些小城市,一开始就把商品生产辐射到农村(如制茶、烧瓷),内河和外海航运的船工、水手也都来自农村,城乡之间的交往是比较平和的。由于耕地本来就不足,城市资本向外发展的更多,向农村的自耕农兼并土地并不十分剧烈。土地改革时工商业地主数量不多,占地也不广。出洋谋生的华侨更多是乡下人，在许多侨乡，华侨发迹之后，多将资金用于家庭消费和兴建家业，在城市投资的并不多见。城乡的生活水平相去不远。城里人在文化上对乡下人的歧视也相对淡薄。农村的剧团、乐队在城市只要艺术水平较高，一样受到欢迎。带着乡下口音的乡下人在城里受欺凌的现象不像有些大城市那样突出。反映在方言中，城市方言往往接受农村方言的成分。厦门兴起之后形成的厦门腔就是泉州腔和漳州腔的融合，拿语音的韵母系统来说，至今还可以在厦门音里找出泉漳腔的不同来历：

泉州腔	漳州腔
u 须＝输（漳：须 i）	u 资＝朱（泉：资 ɯ）
a 家＝胶（漳：家 ɛ）	o 高＝哥（泉：高 ɔ）
ue 瓜＝鸡（漳：瓜 ua，鸡 ɛ）	ɔ 茂＝暮（泉：茂 io）
ioŋ 良＝龙（漳：良 iaŋ）	iam 针＝尖（泉：针 am）
ŋ 酸＝霜（漳：酸 uĩ）	iap 汁＝接（泉：汁 ap）

如果说语音还有较强的系统性的话，在词汇方面乡村方言汇集于城市方言的现象就更加突出了。由于闽南的城市历来规模不大，与乡间距离不远，城乡联系十分紧密，因此，许多乡下语词也传入城内，形成大量的同义词。以泉州话的几个常用单音动词为例：

表示"给予"的动词，早期泉州多说"乞[k^hit^5]"（见于明末的《荔枝记》），这种说法最普遍，后来泉州话多说"度[$t^hɔ^{31}$]"或"传[$tŋ^{24}$]"。而流行于晋江的"涂[$t^hɔ^{24}$]"，流行于惠安的"糊[$k^hɔ^{24}$]""裤[$k^hɔ^{31}$]"也已传入泉州，城内人也认可了。

表示"相遇"的动词，泉州原说"撞着[$tŋ^{22}tio^1$]"，南安说"拄着[$tu^{55}tio^1$]"，晋江、惠安说"遇着[$bu^{31}tio^1$]"，今泉州城内亦三种说法皆通。

表示"放置"的动词，泉州多说"下咧[$k^he^{31}le^1$]"（厦门音[he²²le¹]），南安、晋江说"在咧[sai³¹le¹]"，惠安说"跨咧[kʰua³¹le¹]"，各种说法在现今泉州城内亦均可接受。

表示"在"的动词，泉州说"在咧[tɯ³³le¹]"，惠安说"着咧[tioʔ²⁴lei¹]"，城内今亦可通。

表示"住在"的动词，南安说"按咧[an³¹le¹]""那咧[na³¹le¹]"。泉州说"带咧[tua³¹le¹]"，同安说"垫咧[tiam²¹le¹]"，今泉州话也均可通行。

以上是对闽台的闽南方言文化在已有的发展过程中表现出来的特点的粗略概括。方言是不断变化的，文化也是不断发展的。近数年来，闽台的隔绝终结了，大量的台胞返回内地探亲访友、寻根谒祖，不少台胞来闽南经商办厂，畅通无阻的闽南方言正在为海峡两岸的同胞续写文化史的新篇章发挥着重要的作用。研究昨天是为了把握今天，安排明天。从这个文化圈的历史特点中，我们是可以获得许多宝贵的启示的，让我们为这条文化演进的长河推波助澜吧！

（本文提交 1992 年 2 月，在厦门举行的闽台文化学术讨论会。

后收入该会论文集《同源同根，源远流长》，海峡文艺出版社，

1993 年）

方言与文化的宏观研究

一 语言与文化

1.1 语言是最重要的文化现象

人类在群体生活中最初最伟大创造便是语言。语言和思维的产生使人类最后脱离了动物界，开始了人类文明史。有了语言，人们之间的思想得以沟通，行动得以协调，人类认识自然、改造世界的经验才能得以传承。于是，人类文化得到了不断地发展。

1.2 语言是文化的载体

人类认识各种物质和现象，创造各种工具和产品，都必须用名称来表达。人类思维的每一个成果，不论是正确的还是错误的，包括对客观世界的分类，形成的概念，想象的形象，判断的命题，推理的结论，无一不是用语言肯定下来的。语言是人类文化最重要的载体。

语言不但反映着文化的创造，记录着文化的变迁，许多文化概念还成为人们思维的出发点和固有的定式，经常在影响着人们的行动。正如L.R.帕默尔说的："语言忠实反映了一个民族的全部历史文化，忠实反映了它的各种游戏和娱乐，各种信仰和偏见……语言不仅是思想和感情的反映,它实在还对思想的感情产生种种影响。"①

1.3　语言和文化是不同的客体

作为两个不同的客体,语言和文化各有不同的结构,不同的习性和不同的发展规律。它们之间可以相映照、相联系,也可以相背弃、相分离。说着同一语言的群体可以在短时期里发生重大的文化变革,有的群体改换了语言,文化传统并未发生根本的变化;同一个民族在不同的地方可以使用不同的语言,不同的民族也可以使用相同的语言。可见语言和文化并非形影相随、互为表里的必然联系,也不是水乳交融、无法分解的浑然一体,而是历史约定的相关联的两种事物,它们之间有性质的不同,各自的发展也未必是同步的。

研究语言不能不顾及文化,研究文化也不能无视语言,但语言和文化的研究又是不能互相替代的。

二　方言与地域文化

2.1　方言与民族语言

方言和语言并没有本质的区别,不过是方言通行在同一种语言中的较小的地域。多数的方言是从早期的共同语言中分化出来,由于地区的隔离逐渐发生变异而形成的。如果分化之后和祖语不再有文化联系,它便会发展成独立的语言;如果继续保持文化上的联系,并且在更大地域同时通行着共通语,它便是方言。通行于一定地域的话是独立的语言或不独立的方言,这与语言本身的特点无关,而是社会文化的历

---

① L.R. 帕默尔《语言学概论》第 139 页,商务印书馆,1983 年。

史所决定的。

一般说来，在方言地区的社会生活中，共同语的通行较之方言总是占优先的，共同语的语言特点也经常对方言施加着影响，在特定情况下，方言也可能与共同语形成竞争，对共同语施加反影响。方言势力的强弱以及和共同语的关系如何，也取决于时代的和地域的文化。

2.2　方言分化的文化原因

人口增长、资源不足，向新区殖民，有时会造成方言的分化。战争、割据所引起的社会分裂、动乱和灾荒所带来的人民的迁徙，也是常见的形成方言的原因。两个民族共处于一个地域并且相互融合，两种语言便会相互影响，各自发生变异，甚至形成新的方言，有时还会发生语言的同化。两种方言的接触也会造成语言的渗透，形成方言差异。不论是纵向的分化或横向的渗透，方言差异的产生，方言区域的形成都有历史的原因和文化的背景。

2.3　方言与地域文化的共同特征

地域方言对于前代的祖语总是有所继承、也有所创新，它和民族共同语之间总是同中有异，异中有同。不同的方言，有的继承的多、创新的少，有的继承的少、创新的多；于是它们同共同语之间就同多异少或者异多同少。这其中的差别也不是取决于方言本身而是取决于文化。一般说来，分手的时间长、迁徙的路程远，来往的机会少，和其他民族相融合的规模大，方言的变异就大，继承的共性就少。地域文化从民族文化中分化出来也与此同理，与此相应。这是地域方言与地域文化的共同特征。

2.4　汉语方言与中国文化

汉民族有悠久的历史，众多的人口，分布在广阔的地域，过着不同的社会生活，因而汉语在历史上形成了多样、复杂的方言。与此相应的，汉民族文化也包含着许多各具特色的地域文化。中国是多民族的国家，汉语和汉民族文化的发展过程又和众多的兄弟民族的语言和文化有过接触。因此，汉语方言和中国的地域文化不论在形成过程方面，在类型特征方面，都显得特别的复杂多样。全面地研究汉语方言和中国的地域文化一定可以使我们对于方言与文化的关系得到深刻的了解。

研究方言与文化的关系可以作微观的研究，即透过具体的方言事实去追寻文化演变的踪迹；也可以作宏观的研究，即研究各方言在整体上的特征，归纳其类型，考察这些特点、类型和文化背景的关系。

本文就是关于汉语方言和中国文化的宏观研究。从整合、差异、分布、接触、运用和演变六个方面考察不同方言的表现及其与历史文化的关系。

三　方言的整合

3.1　方言是一种历史现象

任何方言都不可能在三年五载之间形成，总要经过相当的历史时期才得以定型。定型之后，在不同的年代还会受到共同语的制约性的影响和邻近方言的渗透性的影响，因此，现今的方言系统总是历史积累的结果，都可以看到不同历史层次的语言特点的叠置。但是，所谓叠置，并不是杂乱无章的堆砌，而是经过了一定的整合，不经整合就不能形成共时的结构系统。不同的方言在叠置这些不同历史层面的成分时，表现了不同的整合力。整合力强的方言往往以某一时代的材料为主体形成一定的系统，结构比较单纯，历史层次比较少，而且通常有一些独特的结构规律的创新,其结构系统比较严整。整合力弱的方言则常常经过多次调整,兼容了多种历史层次的成分,结构系统比较驳杂,缺乏独特的结构规律的创新。

例如,中古各类阳声韵的字的读音,梅州的客方言大体保留了《广韵》时代的韵类和韵值;广州话保留当年的韵尾,全面地变换其韵腹;厦门话的文读系统与《广韵》的音值也较为接近,在白读音则有不少韵类(主要是低元音韵腹的)变为鼻化韵;上海话整合法是鼻音脱落和合并:原-m、-n尾逢低元音变阴声韵,逢高元音并为-ŋ尾,原-ŋ尾逢低元音变鼻化韵,逢高元音不变;福州话是合并而不脱落,-m、-n拼为-ŋ尾,还用双韵尾(εiŋ ouŋ øyŋ 等)来区别不同的韵类。这些整合法都表现了明显的规律性,大多层次比较单纯。湘语和南部赣语有-n、-ŋ尾和鼻化韵,闽西赣南的客方言还有些点把部分阳声韵读为阴声韵(如连城、安远)就含有较多层次而显得对应繁复,系统驳杂。[①]

3.2　语言系统的发展是不平衡的

方言在声韵调三方面的整合力往往有不同的表现。上述广州话和梅州话在阳声韵上的对应比较整齐,层次少,但是广州话的声母对应就比较繁复,叠置的层次多,例如古溪母字就有k、kw'、h、f等读法,今音的零声母则包含着古声母的影、云、以、疑、日、晓、匣、溪等声母;梅州话则声调的层次多,古浊上字有归阴平的、归上声的,也有归去声的。但是,在总体上还是可以看出,有的方言整合得比较单纯、严密,有的方言则层次多、结构驳杂。例如在闽方言里,福州话、厦门话属于前者,建瓯话、永安话则属于后者。厦门话虽然历史层次多,但是其文白对应、变调和轻声等规律比较严整,福州话虽然

---

① 本文列举的方言材料中,凡是众所周知、较为常见的均未一一注明出处。

声类和韵类合并得多,但是其韵头韵尾的多样结构以及多音连读时的变声、变韵、变调的规律也表现了整合的严密性。建瓯话不但声调的分化十分杂乱,①声韵母的整合也包含着繁复的对应,永安话单举一例即可见其一斑,其-m 尾韵的字竟包含着古音的咸、山、臻、宕、梗、通六个摄的字。②

3.3　方言中那些覆盖面很广、规律严谨的又是很具特色的创新是方言整合力的重要表现

除上文所举厦门话的文白异读、福州话的声母类化之外,像北京话的儿化轻声,吴方言的连音变调和小称变调,粤方言的区分长短元音和介音的转化、赣方言的送气不送气区别声调等,都属于此类现象。这些现象都是我们认识各方言的特征时所必须特别注意考察研究的。

3.4　什么样的方言整合力比较强？影响方言整合力的文化因素是什么？

田野工作经验告诉我们,凡是古老文化城市,大方言区的中心点,其整合力都比较强,其方言结构系统比较严整;偏远农村的小方言区、方言区的边缘地带、移民史比较复杂的地方,方言的整合力都比较差,结构系统比较繁杂。至于影响整合力的文化因素,从纵向方面看,多次大规模的人口变动势必带来方言层次的多次叠加和重整;从横向方面看,受到共同语和其他方言或其他语言的多方影响,则会使整合遇到阻碍。这便是决定整合力强弱的两个基本的因素。

---

① 参见李如龙《建瓯话的声调》,《中国语文》,1990 年第 2 期。
② 参见李如龙《闽语研究·闽中方言》,语文出版社,1991 年。

四　方言的差异

4.1　任何方言区都是由许多地点方言组成的

既是同一方言区,各方言点之间就总有共同的特点,也有一定的差异。不同的方言区里,这种方言点之间的差异,有的很大,有的很小。有的方言区有明确的富有权威性的代表点,有的方言代表点缺乏权威性,有的甚至没有明确的代表点。各方言的这两方面特点又是相互联系的。代表点方言权威性越高,方言区的内部差异就越小,这种方言区可以称为向心型方言;反之,代表点缺乏权威性,方言区的内部差异就越大,这种方言区是为离心型方言。

4.2　方言区是向心的或是离心的,与方言区的地理环境和历史文化因素有关

方言区是向心的或是离心的,和方言区的地理环境有关,例如分布地域大小、人口密度高低、水陆交通的状态。一般说来,分布地域集中、人口密集、交通便易的方言区常常是向心的。但是更重要的是历史文化的因素。例如,历史上的行政区划是否稳定并和方言区域一致?方言形成之后有没有经历过大规模的人口变动?商品经济的发展程度如何?有没有形成特点鲜明的地域文化?作为一个民系或社区,多数人之间凝聚力是强是弱?这都是比较重要的因素。

4.3　最典型的向心型方言是粤方言

一般认为粤方言是汉唐两代的数百年间,吸收古楚语和古南越语

的成分,在中原古汉语的基础上经过一定变异整合而成的。[①]它的分布地域不算太大,大部分人口集中在珠江三角洲。那里地势平坦、河汊交错、气温适度、雨量充足,不但宜于农耕,发展商品经济亦有极好条件。珠江出海口早就辟为商港,其对外贸易已有久远历史。广州又一直是广东省的政治文化中心,尽管粤方言内部也有一些差异,广州音作为标准音向来具有极高威信。海内外四五千万说粤语的人之间,通话并无困难。尤其是流播海外的粤语,其口音之一致恐怕与几大洲的英语的一致性不相上下。

4.4　典型的离心型方言是徽州方言

徽州方言的分布地域不大,人口也比较密集,但是地处皖南山区,是富春江、鄱阳湖和长江三个水系的分水岭,整个社会生活是对外封闭,对内隔离,除了少数商人和文士出外谋生,大多数人长期过着自给自足的小农生活,商品经济很不发达,没有大城市,没有政治文化中心,也没有明显的代表点方言。十几个县范围内,有些县城之间不能通话,甚至一县之内有几种难以沟通的方言。

4.5　一个方言区之内,未必都是向心的或离心的

客家方言的南片(粤北粤东及闽西赣南的边界)是向心的。那里虽然也是交通阻塞的山区,商品经济也很不发达,但是却有公认的梅州文化中心,更重要的是建立在许多族姓的血缘和中原故土的地缘的基础上的客家民系,以中华正统的观念为核心,形成了极强的凝聚力。他们把祖上传下来的语言视如神圣。到处都有"宁卖祖宗田、不卖祖宗言"之类的俗谚。因此,这一带,包括从这里迁出的湘、赣、川、桂、台、

---

①　参见李新魁《论广州方言形成的历史过程》,《李新魁自选集》,河南教育出版社,1993 年。

琼等省乃至海外各国的客家方言岛,虽然星散国内多省和海外多国,各小区域之内的人口不多,口音还是相当一致,通话并不困难。梅州话则有代表方言的绝对威信。北片的闽西赣南各地,实际上只是客家民系的摇篮地,当年并未形成浓烈的客家意识。既然没有这条纽带,便只能适应于贫穷山区的自然经济,缺乏城市文化中心,因而只能形成一群离心型的方言。有的县内竟有几种互不相通的土语(如福建的连城县),也没有一种话具有代表性。

在吴方言区,北片的苏沪杭一带是向心的,南片的温处衢一带是离心的;在闽方言区,沿海的闽东闽南是向心的,沿山的闽北闽中是离心的。

五　方言的分布

5.1　方言的分布可以作静态的考察

人类的生活离不开高山平原、江河湖海,方言的分布总与地理环境有关。但是地理的因素是受历史所制约的。有的地方,山脉是方言的分界,太行山之东是华北官话,西边是晋方言;武夷山东侧是闽方言,西面是赣方言。有的方言却是沿山分布的,例如徽州方言和客家方言。更多的方言是沿江河分布的,这是因为人类历来多沿水聚落。例如,赣江有赣语,湘江有湘语,珠江(又称"粤江")有粤语。然而,有时江河却是方言的分界,例如长江口的南北岸是吴方言和江淮方言。一般说来,沿山分布的方言歧异多,沿江分布的方言较为一致。但也有相反的情形:云贵高原和横断山脉高峰林立,"猿猱欲度愁攀缘",但西南官话却十分一致;瓯江流域是个低山丘陵地带,那里的南片吴语却十分歧异。可见,静态的考察也必须联系方言的历史背景才能得到解释。

5.2　客家方言和闽南方言为什么沿山沿海分布?

客家先民是在几次战乱中逐步南迁的,唐宋之交,他们为了逃避战祸又从立足未久的江南赣北来到比较平静的闽西赣南,初来时,唯恐藏之不密,只往僻静的山里跑。况且他们是最迟南下的中原人,好地方也已经住满了先到者了。到了宋元之交和明清之交,那里也成了战场,他们以汉人正宗自居,以天下为己任,参加了抗金、抗清的勤王部队,继续南下来到粤东粤北。他们何尝不想下山到珠江两岸谋生活,但立即就发生了尖锐的“主客之争”。于是成了“凡客皆住山,无山不住客”的局面。只是到了清初“复界”,他们才有机会来到经历过坚壁清野的荒凉的沿海。

闽南方言是沿海分布的。唐宋间的数百年,闽南的先民在漳、泉二州垦发蕃息,很快就人满为患。唐代天宝初那里还不满 3 万户,到北宋崇宁初达 36 万户,户数翻了十几倍,占福建总户数近半。闽南的原住民闽越人据说是习水善舟的,《汉书·严助传》说他们“习于水斗,便于用舟”。《越绝书》则把他们描写为“水行而山处,以船为车,以楫为马,往若飘风,去则难从”。看来,闽南人把这一手学得很成功,他们架起木船一路南行,两宋之间从漳州到潮州,又到了雷州、琼州,沿着海岸线定居。潮、雷二州唐初才有八千多户,一片蛮荒,连海南岛计算在内,到了宋初也才有 10 万户(其中还包含不少少数民族),到了元代则增至 73 万户,增长 7 倍多(同期闽南本土人口才增一倍多)。可见闽南话是两宋时代迁往粤琼沿海的。当时闽人所造海舶是国中上品,闽南船队远航南海、印度洋,泉州港跃为世界大港。到了明末清初,闽南人又沿海北上,移居闽东、浙南;还跟着郑成功东渡海峡收复台湾开发宝岛,闽南话又遍布全台。至此,闽南话占据了东南五省(闽、粤、琼、台、浙)的海岸线,约占全国海岸线的三分之一。有清 300 年间,说闽南话的闽南人、潮州人、海南人又陆续出洋"过番",足迹遍布东南亚各国。闽南方言的沿海分布体现了顾炎武所说的"闽人以海为田"的传统,记录了他们浪迹天涯的辛酸,也展现了他们征服海洋、开拓世界的业绩。

5.3　方言的分布还可以作动态的考察

有的方言形成之后又不断扩展地域,这种方言可以称为扩散型方言。

上述的闽南话是扩散型的,粤方言也是扩散型的。如果说闽南话是近海流播的话,粤方言则是远洋散布。闽粤两种方言的这种同中有异的分布,也可以从文化史上找到解释。闽人营海是以海为田,捕鱼、航运,继而沿海定居,在新地谋生,不敢走得太远,因为老想着养家糊口,果若发迹便会返回故土,修桥造路,光宗耀祖,最后落叶归根。粤人营海则是以舟为桥,为了养家致富,不畏劳苦艰险,一程走过一程,唯恐走得不远,到了异邦,一旦站稳脚跟,就忙着建街为市,想着落地生根。这就是非洲、美洲的许多唐人街至今仍通行着地道的"白话"的原因。广州港比泉州港兴起早,商业经济也发育得早,这就是闽粤海洋文化的同中之异。

5.4　有的方言形成之后便逐渐收缩

湘方言就是收缩型的方言。大小城市不断放弃方言成分,由老湘语变为新湘语,逐渐向普通话靠拢。待到新湘语蜕变为普通话之后,湘方言就退缩到农村去了,这是一种收缩。

闽北方言另是一种收缩。从魏晋的建安郡到唐宋的建州,闽北是福建最发达的地区。在北宋的鼎盛时代,"建瓷""建茶"都是上缴宫廷的贡品和出洋的名牌货。朱熹建立的理学中心所培养的人才在全国范围内发生过长时期的影响,后来还传扬于朝鲜半岛。闽北人出将入相，叱咤风云，文人学士，接踵而出。宋元之后，闽南沿海兴起，闽北山区却因几次农民战争而迅速衰落。闽北方言的范围不断收缩：浦城县中北部由于浙人涌入，蜕变为吴方言，邵武、建宁一带由于赣人的移居，蜕变为赣方言，闽东方言沿闽江上溯占据了南平市郊的一些乡镇，南平市区则因北兵屯驻而成为官话方言岛，南部的沙溪流域也产生变异，成了另一个新的方言区。闽北方言区几百年间收缩了一半。

六　方言的接触

6.1　方言接触中的强弱势

既是同一语言中的方言，又是统一国家中的行政区划，方言区之间就必有往来，邻近方言必有接触，共同语也总是与方言并行共用的。在这两方面横向接触中，不同方言有很不同的表现。强势方言在方言接触中具有同化力，使别人接受它的影响，对于共同语的推行则具有抗拒力，企图保持自己的独立性。弱势方言与此相反，接触中容易受通语影响，受强势方言的排挤和蚕食。

凡是整合力强的、向心型的方言，总是强势方言。反之，整合力弱的、离心型方言必定是弱势方言。扩散和收缩则是强弱势的作用的不同结果。

方言在横向作用中的强弱势也是地域文化特点所决定的。

6.2　粤方言是强势方言的典型

早在唐宋时期，粤方言一经形成就有自我整合、摆脱共同语影响的趋向。中古之后塞擦音声母的分化，鼻音韵尾的合并，塞音韵尾的弱化和脱落、浊上归去、入派三声这些在许多方言普遍发生的变化都被粤方言拒绝了。粤方言的语音结构和大多数方言成了有趣的对立，你有韵腹我挖掉，你没韵腹我加上，如：iau→iu ian→in uan→un yan→yn；iu→iəu ui→uai in→iən un→uən。在岭南文化中，我们也可以看到和这种现象十分协调的性格特征。粤人走向海洋、接触外面的世界后，终于发现了祖宗之法不足守，逐渐养成了反传统的性格。从安土重迁变成四海为家，从恪守道统变成经世济用。从康南海的"公车上书"到省港大罢工，从金田村暴动到黄花岗起义，不都是发生在这里的事吗？

广东境内的闽方言和客方言原本并非弱势方言，但是与粤方言是无法抗衡的，由于政治、经济、文化的优势，粤方言成了省内通用语，闽、客两方言深受其挤压和渗透，共同语也遭到强硬的抵制。在东南亚的华人社区，广府帮总是占少数，但白话的普及率仅次于闽南话，而在港澳地区，粤方言是当然的主人，连新界农村的客家原住民、北角聚居的数十万闽南人也都放弃母语改用白话。

6.3　闽北方言可以作为弱势方言的典型

近几百年间闽北方言退缩一半已如上述，关于共同语的普及，那里还呈现了奇妙的景象。从武夷山到戴云山，论经济文化原是全省最落后的地方，方言也数它最复杂，可是这一带却是全省普通话推广最好、普及最早的地方。连穷乡僻壤的集市上，目不识丁的老妇也可以使用普通话做买卖。说是物极必反，方言太复杂，非推广普通话不可，然而为什么有的方言复杂地区并非如此？关键在于那里的话是弱势方言。人们普遍的心态是，本地话土，不够用，不如普通话好听。因而，说普通话成了文明的标志。连有些本地人组成的有文化之家都用普通话作为家庭语言，孩子在学校里说惯了普通话，方言并没有学多少，大人则说，同他们说普通话和书上写的相同，有利于孩子学习。

6.4　在方言交界地带，强势方言和弱势方言也有不同的表现

强势方言的边界常常有双方言带，使两种方言之间"交叉"地过渡。例如广东省境内的闽—粤、粤—客、闽—客等方言交界处就普遍存在着双方言带，[①] 在闽西客话和闽南话交界处，也有一条狭长的双方言带。由于方言的强弱势的差异，双方言带都有一方向另一方倾斜的现象。广东境内的双方言带都是向粤方言倾斜的，即说闽南话、客家话的人兼通粤方言；福建境内的双方言带则向闽南话倾斜，说客家话的人兼通闽南话。可见，闽粤方言都是强势方言，而粤方言的强势尤在闽方言之上。

6.5　弱势方言的交界处，有时会形成一串混合型的小方言，使两种方言之间"渐变"地过渡

这种现象可在福建找到典型的例子。在闽方言与赣方言的交界处，顺昌、将乐两县的方言越往东闽方言成分越多。越往西则赣方言的成分越多。在闽中山区的大田县和尤溪县，地处闽东、闽南、闽中三区方言的接合部，那里有一群小区方言，靠西的后路话、新桥话近于闽中方言，靠东的汤川话、洋中话近于闽东方言，靠南的前路话、街面话则近于闽南方言，中部的尤溪城关话则谁都像，也谁都不像。[②] 这些方言位于方言区边缘，边缘方言通常是弱势的，在互相交往中就容易发生彼此的影响，久而久之就混合而相近了。在长期的小农生活中，这种几个乡、几个墟场的小区，大体上就是大多数当地人一生的活动空间，他们懂一种小区方言也就够用了，学习远处方言既无必要也无可能。半个世纪以来，社会生活发生急剧变化，这些地区正是推广普通话最快最好的地

---

① 参见叶国泉、罗康宁《广东双方言区的分布及其成因》，载《双语双方言》，香港彩虹出版社，1992 年。

② 参见李如龙《尤溪县内的方言》和《闽中方言》，载《闽语研究》，语文出版社，1991 年。2015 年海峡书局又出版了《尤溪方言志》（李如龙、张其兴主编。）

方。将乐、大田、尤溪就是多次受到表彰的全国和全省的先进典型。

也有一些弱势方言的交界处是多语交叉的。例如徽州方言的一些土语交界处，许多普通百姓可以同时说着几种话。在闽浙沿海交界处的福鼎、苍南、平阳等县，温州吴语、闽东和闽南方言的变种杂然聚合，兼通几种话也是家常便饭。这种地区往往是人口密集、地盘不大，共处的小方言又多，频繁的交往把许多人都培养成天才的语言家。

6.6　方言有时也接触外族语言、外国语言

强势方言在与外国语接触之中会产生有限的借词，例如大家所熟知的粤港的英语借词。有时还会造成双向的交流，例如闽南话和印尼—马来语相互间都有不少借词。[①] 像上海产生的洋泾浜英语（用吴语语音折合英语词汇的读音，再按吴语语法缀合成句）应该是方言弱势的一种表现。上海是近代以来才兴起的城市，对于共通语，它有一定强势，但在十里洋场中还有许多租界，在半殖民地时代，方言在另一方面又显得处于弱势。

七　方言的运用

7.1　方言使用的面和度

语言本来是人们须臾不能离开的，听、说、读、写、想、唱都要用到它。然而在现代社会里，由于共同语的普及，方言的使用范围（面）和使用的频度（度）都受到了限制。由于方言对于共同语的抗拒力的大小以及其他地域文化传统的不同，方言间使用的面和度有很大差异。

---

① 参见李如龙《闽南方言和印尼语的相互借词》，《中国语文研究》，香港中文大学，1992 年第 5 期。

活跃型方言使用得广泛而频繁,萎缩型方言使用得狭窄而稀少。

一般来说,通行地域广、人口多的大区方言比较活跃,人口少的小区方言则容易萎缩;和普通话差异小的方言比较活跃,差异大的方言容易萎缩。上海话很活跃,徽州方言迅速萎缩,官话之中华北、东北、西南等官话是活跃的,西北官话较为萎缩,上述的闽中闽北过渡地带的方言既小又怪,是萎缩的典型。

也有和普通话相去甚远的方言至今还十分活跃,其中有大区的方言也有小区的方言。例如闽方言中的海南闽语和莆田市的莆仙方言至今还在当地人中流通,这些方言的活力来自何方,很值得深究。

7.2 大区方言中,最具活力的是粤方言

粤方言的使用范围广,使用频度也高。本地人之间,总觉得使用方言更能表情达意,改说普通话反而别扭,广播电视兴起之后,为适应这种需求,只得安排许多方言节目。外地人在这里因为有充分的听说的机会,多能逐渐适应。住久了大多也能听懂,许多人还能说。学校里读书用粤音,至今依然盛行,这种老传统是许多方言都无法保持的了。在文艺生活中,不但粤剧及其清唱还拥有广大的听众,用粤方言编唱的现代歌曲、电影插曲层出不穷,大有跨五岭、越长江、渡黄河之势。在自由化的香港,报刊还辟有用粤语写作的专栏,出版社印有用粤语写作的小说,每一个粤语的音都有字可写,这也是汉语方言中仅见的奇特现象。

闽方言中的莆仙话只通行两个县,300万人口,但是当地人方言意识十分强烈,使用得很充分。只要没有外地人参加,开大会也用方言做报告,在外地听到乡音,生人立刻成了故友。莆仙戏确实有很高的艺术水平,至今还十分盛行。他们的优点是不强加于人,和外地人交往,大多数人还是能够使用普通话的。

在粤语区和莆仙话区,当然还有另一面。外地人大量涌入的新城

市（如深圳、珠海）已经普及了普通话，数十万的外地涌入的劳工正在使普通话不断扩大使用面。在学校里，辛勤的园丁为了未来和大局正在努力教下一代掌握普通话。看来，方言的长期存在和普通话的不断普及并不是不可并存的。

7.3　方言地区有没有方言艺术形式，其艺术水平如何，对于方言的活力也有相当的影响

相声对于北京话的传播，评弹对于苏州话的保存，越剧对于绍兴话的影响，都是具有重要意义的。泉州话的艺术形式有梨园戏、高甲戏、打城戏、傀儡戏（提线木偶）、布袋戏（掌中木偶），还有伴奏的清唱"南曲"。不伴奏的歌谣则有"歌仔"、山歌、童谣乃至随口编唱的哭嫁、哭丧等。真是雅俗兼有、声情并茂、风格多样，琳琅满目。方言艺术不但扩大了方言的艺术鉴赏，而且不断为方言加工提炼，使它更具表现力。这对增强方言的活力是大有作用的。说闽南话的龙岩一带流行汉剧，新创的山歌戏用的是普通话，这种情况则只能促使方言的萎缩。

7.4　方言使用范围的缩小，有大体一致的规律

近几十年来，由于地方戏曲的滑坡，影视事业的发展，教育的普及和语文规范化的贯彻，方言最先退出的是文化生活。随着市场经济的发展，不同方言区的人交往愈来愈多。加上政治宣传和行政管理的需要，方言正逐渐退出经济生活和政治生活。家庭生活成了方言最后的存活空间，但是现代社会中不同方言组合的家庭越来越多，待到青少年掌握不好方言，普通话也带进了家庭，方言就带有残存性质了。目前的汉语方言在使用范围和频度上还有很大的差别。针对这种情况，我们在制定和贯彻语言政策时，应该区别对待，工作应该多一些弹性。

八　方言的演变

8.1　随着社会生活的变革，方言总要发生变化。但是不同的方言变化的速度很不相同

同一个区的方言，中心区变得慢，边缘地带变得快，外地的方言岛变得更快，例如闽南方言，在闽台两省变得慢，到了雷州半岛、海南岛、浙南等地就变得快，江西境内的一些小方言岛已变得面目全非。城市和农村相比，城市变得快，乡间变得慢。湘方言城区都浊音清化了，这是最典型的例证。

就不同的方言区说，大区方言变得慢，小方言变得快，向心型的方言比离心型的方言变得慢。闽东方言的福州话从明朝末年到现在基本未变。当年编的《戚林八音》至今还是闽剧艺人合辙押韵的依据。闽北方言就变得快。就声母说，有的还有全套浊音声母（b、g、d、dz、ɦ），有的已全部清化，声调从 4 个到 8 个不等。可见，共时的歧异正是历时多变的记录。①

8.2　决定方言演变快慢的直接原因主要是方言势力的强弱

强势方言在语言接触中影响别区方言而不是受外区方言影响，对共同语是抵制和抗拒的，因而保留前代语言特点多，创新成分少，老中青之间差异不大。弱势方言则是相反的情形。南方诸方言中粤语、客家、闽语是强势方言，比较稳定少变，湘赣语是弱势方言，变异较快。

社会生活是封闭型或开放型，也是影响方言变化快慢的文化因素。

---

① 参见李如龙《闽北方言》，《闽语研究》，语文出版社，1991 年。

封闭的社会少受外界影响,社会生活节奏慢,方言必然保守少变;开放型的现代化社会接触外界多,受到多方面影响,生活节奏快,方言因而多变异。南片吴语是封闭的,属稳固型方言,北片吴语是开放的,属变异型方言。上海市区老派口音有韵母 51 个,声调 6 个;新派口音只有韵母 32 个,声调 5 个。[①]

　　然而广州、香港不也是开放型的现代化社会吗?为什么粤语又是稳固型方言呢?这就必须比较上海和广州的不同文化内涵。上海的开放既对外又对内,它与江北及长江中游的交往十分密切,苏北的农民前来打工,宁汉商人来找出海港口。由于和下江官话接触多,上海话是在向官话靠拢。广州的开放主要面对香港,香港则是直接与大量外国人打交道,省港两地的粤语本来就没有多少差别,因此只会加固粤语的稳定。

8.3　考察方言现象的文化原因,既要看到一般性趋向,也要注意特殊因素,贵在具体分析

　　有些城市的方言数十年间发生了重大变化,往往有很具体、很特殊的原因。例如南京话,直到 20 世纪中叶还是江淮官话,这主要是太平军大起大落之后,皖、鄂及苏北人大量迁入的结果。但是日寇的"南京大屠杀"使全市人口减少三分之一,随后数年作为首都,又有许多北方人充入而增至百万。如今的南京话已经从江淮官话转变为普通话。[②]这是人口的大规模变动影响方言急剧变化的例子。

　　厦门在明末还是一个小渔村,同安县在那里设防称为"中左所"。五口通商后人口剧增,泉州和漳州人来此共处,语言上也如合伙投资各自贡献了一些对方能够接受的特点,组成新的系统。因为这个新系统

---

①　参见许宝华、汤珍珠等《上海市区方言志》,上海教育出版社,1988 年。

②　参见鲍明炜《南京方言历史演变初探》,《语言研究集刊》,江苏教育出版社,1986 年。

中和了漳泉音,成了漳泉两边的人都便于接受的中介,加上厦门经济地位的提高,数十年间厦门话成了闽台两省闽南话的新的代表。这是新的港口城市的兴起引起方言变化的例子。

（本文曾发表于《黔南学报》1994 年第 4 期）

从客家方言的比较看客家的历史

60年前，客家研究的先驱罗香林教授在他的名著《客家研究导论》里设计了庞大的客家研究计划，把客家方言的研究列为重要的一项。他主张全面调查客方言，"将其词汇，音读以及语句构造用语言学方法记录出来，再用中国音韵学固有法例，分析它的声纽、韵部、呼等以及四声等等，以与中土各期各地诸音韵参合比较，推求其间递演嬗变的痕迹所在，一以表白客语实际与本体，一以推证客家与其他族系的交互关系"。（罗香林，1933）也正如罗先生所说，"这种工作繁重至极"，至今半个多世纪过去了，关于客方言的研究虽然发表了不少新材料，综合比较和历史研究却不太多，以上目标还不能说是达到了的。

语言是一种文化现象，它记录着人类思维的成果，是传承文化的最重要工具。语言又是一种历史现象，它总是随着社会的分化和统一，民族的迁徙和融合以及物质文明的演变而不断发展着。英国语言学家帕默尔（L.R.Palmer）说过："语言忠实反映了一个民族的全部历史、文化，忠实反映了它的各种游戏和娱乐，各种信仰和偏见。"（1983：139）语言的历史和文化的历史是可以互相论证、互相发明的，半个多世纪以来，语言人类学、社会语言学、文化语言学的研究不断证实着这一原理。今天，当我们把客家方言和客家历史联系起来研究的时候，我们不仅赞叹罗香林先生的远见卓识，而且应该有更加广阔的视野和更加深层的思考。

透过客家方言研究客家文化可以有多种视角。例如，从风俗词可以了解民间习俗，从谚语可以考察社会的心理和观念，从"底层"现象可以寻求民族融合的痕迹。考虑到南来的客家最早定居在闽西赣南和粤东粤北，湘桂川台和香港地区的客家都是从这个中心区迁去的，所谓"纯客县"主要分布在这一带，这里的客方言应是最有代表性的，因此，本文拟从粤赣闽的客方言的比较入手，对其共同的语音、词汇特点进行历史的分析，从而说明客家方言和客家民系形成的历史。对其内部的方言差异进行历史和共时的分析，从而说明客方言的南北分片及其社会原因。

本文所比较的材料取自最近出版的《客赣方言调查报告》（李如龙、张双庆主编，1992）。限于篇幅只取其中的 10 个点：广东省的梅州、翁源、连南、河源、揭西，福建省的长汀、宁化，江西省的宁都、赣县、大余（除赣县取蟠龙镇音外，其余各点均为市区、县城音），包括字音 70条，词汇 100 条，列为两个附表（详见文后表一、表二）。

一　客家方言的主要共同点及其历史分析

在语音方面，粤赣闽客家方言的主要共同点是：（括号内的数字是附表的表一、表二中的序号）

1. 古全浊声母今读为相应的送气清音，例见表一：白豆坐贼丈重极近；表二：坪（71）鼻（94）弟（100）婆（102）徛（107）。

2. 古轻唇音非组字中多数字的文读音读为 f，少数常用字读为重唇音 p、p^h、m，例见表一：分粪斧肥妇；表二：痱（99）尾（137）。

3. 古晓匣母合口字多数点混于非组读 f，例见表一：花红欢火。

4. 大多数点有 v 声母，含古影、微、云、匣等母字，例见表一：王围；表二：禾（76）黄（85）屋（88）。

5. 见系二等字大多未腭化，读为 k、k^h、h，例见表一：家界街江角闲；

表二：虾（87）间（89）交（124）。

6. 古精庄组不分，均读ts、ts^h、s，例见表二：私师栽债粗初。

7. 古歌／麻韵的读音多为o、ɔ与a、ia之别，例见表一：哥多／社马野，又上述例字坐、火／花、家。

8. 遇摄的鱼／虞韵还存在着某些区别，与模韵则有分有合。例见表一：粗初柱／去区鱼；表二：渠（127）。

9. 蟹摄开口一二等字多读为ɔi（oi）/ai之别，例见表一：栽债盖该／界街。

10. 蟹摄开口四等齐韵常用字有读为洪音ɛi、ai而与支韵有别的，例见表一：洗齐；表二：第（100）系（123）。

11. 山摄开口一二等字多为ɔn（on）/an之别，例见表一：旱肝／闲；表二：秆（77）/间（89）。

12. 江／唐二韵字（含入声）多混读为ɔŋ/ɔk，例见表一：江角／钢各。

13. 梗摄文读与曾摄混同，常用字多有白读音aŋ、iaŋ/ak、iak。例见表一：白极明清惜／等；表二：坪（71）紫（92）脏（96）僻（113）。

14. 古全浊上声常用字多数点白读混为阴平调，例见表一：坐丈重近妇社舅；表二：弟（100）徛（107）挍挑，本字为"荷"（108）。

15. 古次浊上声常用字不少点白读亦为阴平，例见表一：马野有两里买；表二：尾（137）。

16. 某些口语常用字读音一致而特别，如：五、吴读m（或n、ŋ），无读毛音，毛读阴平，知读ti，唔读m，我（偃）你他（渠）读为同调。详见表一：五吴无毛知；表二：123、125—127。

从汉语语音发展的历史过程看，客方言的这些特点属于四个不同的历史层次。

第一类反映的是中唐以前的语音特点，包括上述第2、8、10、16各条。轻唇从重唇分化出来是中晚唐北方音发生的变化，客方言非组字多读 f 是参与中晚唐变化的结果,少数常用字读 p、pʰ、m 是中唐以前旧音的残余。中唐以前鱼虞分韵,晚唐五代间中原汉语混押,反切混用,客方言某些鱼虞不同读法也是中唐前旧音的保留。唐诗中四等齐韵字独用,不与三等祭废韵字通押,据魏建功、李荣研究,《广韵》的齐韵应读洪音 ε 或 e。至晚唐五代朱翱反切齐与祭两韵合流,入宋之后蟹摄三四等和止摄相混,可见齐韵读为洪音也是中唐之前的旧音。第 16 条的特字读音中,"知"读 ti 是"舌上读舌头","我"读 ŋai(倕)保留了歌韵韵腹为 a 的特点,都是唐以前的古音遗存。这类语音特点虽然古老,但从牵涉到的字说只是少量特例,从分布地域说也往往限于局部地区,因而只是前代旧音的残留,并非客家方言的主流特征。

第二类反映的是晚唐五代间的语音特点,包括上述第 4、9、11、13 各条。云匣母合流发生在晚唐五代间,朱翱反切匣、云、以不分可以为证,客方言进一步和影、微合并当然是宋以后的事。山蟹两摄一二等字据王力考证,在晚唐五代依然有别,宋代才合流,客方言虽不是完全分读,ɔi—ai/ɔn—an 的对立却是明显存在的。曾梗两摄唐诗分押不混,至五代的朱翱反切依然有别,宋以后混同,客方言白读音分曾梗也是晚唐五代语音特点的保存。某些特字中"无"读毛(或冒),"吴、五、鱼"读为鼻音韵和湘赣吴等方言有些类似,也应是客家先民移居赣北时发生的变异,时代也大体在晚唐五代。这一类语音特点虽然也带有残余性质,但所管的字和分布的地域都明显比第一类更为广泛。

第三类是反映两宋语音特点的,包括上述第 1、4、5、6、7、12 各条。全浊声母的清化一般认为完成于宋代,但是,据王力研究,在北方是逢平声送气、逢仄声不送气,和今天官话方言相仿。客方言则是不论平仄一概读送气清音,这种同流异向的变化正说明了同时异地的方言差异。客家人唐宋间就离开中原南下,在浊音清化的大潮之下,客家话和北方话各奔前程，造成了这种同中有异。影、微、云的大合并也是宋代完成的汉语声母的一大变化，在北方清化为零声母（微云并入影），在客方言是影云并入微，读为v，在这一点上也同样表现为同流异向。至于见系二等未发生腭化仍然读为k、kʰ、h，则是客方言与北方话同流同向的延续。在宋代，照二的庄组普遍分化了，在北方部分混入精组，部分混入知章组；客方言里精庄总是合流的，与知章是否有别在各地表现不一，就其共性说，庄混入精是宋代的变化是无疑的。关于歌/麻韵值的变化，据王力考证，宋代就是ɔ—a的对立了，在这一点上，客方言和北方话毫无二致。关于宕江二摄的合流，王力的《汉语语音史》据朱翱反切认为是宋代才完成的变化，周祖谟的《宋代汴洛方言考》则据唐诗的通押认为"自唐代而然"，也是"欲广文路，自可清浊皆通，若赏知音，即须轻重有别"吧！不妨理解为中晚唐的时候宕、江两摄语音相近，用韵多有通押，而完全混同则见于宋代。综观以上各条，属于两宋这一历史层次的语言特点不但条目多，各条所管的字也多，和前代的变异又大，在客方言内部也比较一致，这些特点对客方言来说是带有全局性的，可以说是客方言的共同基础。隋唐到宋元，在汉语语音史上是中古和近代两个历史时期，除了这些条目，当然还有许多其他的变化，例如东冬韵合并，豪肴韵不分，咸摄一二等的相混，都发生在宋代，也是客方言与许多其他方言同步发生的变化，限于篇幅，本文未加罗列和说明。

第四类是宋代之后客方言特有的创新。上文所述第1条全浊声母清化、第4条影微云匣的合流不但有前代的变化基因，也有宋以后的后续变异。纯然是宋以后的变异就是第3条和14、15等条。晓匣合口字与非组字在北方和许多南方方言至今不混，而客方言大部分相混，显然是宋以后f-、v-声母强化之后的新地变异。关于部分全浊和次浊上声字变读为阴平调，可以说是客方言最显著的特点了。有些赣方言也有些全浊上声字读归阴平,但次浊上声字未见,这可以看作客赣方言有深刻的历史联系的一斑。许多学者论证过,全浊上声混入浊去发生于唐代,完成于两宋,后来成为汉语各方言常见的流向。客方言中也有些常用字读归浊去,例如"后、静、是、笨"(客方言口语不说"是、笨"),但更多的常用字读为阴平,例如"舵苎坐社柱弟被抱厚妇舅淡旱伴上动重近",非常用字是绝不读阴平而归浊去的,例如"市件道造部待善尽荡蟹"。可见在中原汉语浊上归去刚露头时,客家人就南下了,走的是浊上归阴平的特殊道路。在唐末五代时期,赣方言与此应是同步的,今南城、都昌、吉水、弋阳等地还保留浊上归阴平的格局。后来客赣方言的全浊上声(非常用字)归入去声则应是受共同语或邻近方言的影响,而次浊上混入阴平则是客家定居之后,即宋代以后的特殊变异,所以赣方言无此反映。

根据以上的历史分析,从客方言共有的语音历史层次看,应该说它是晚唐五代之间与中原汉语分手,南下之后经过湘、赣、吴一带的动荡,宋代时在闽西、赣南定型的,后来又在自己分布地域内发生了一些很具特色的变异。

在词汇方面,各地客家方言的一致性也十分明显,这就是八个省区的客方言之间较易通话的重要原因。附表所列只是客方言内部统一而又同其他方言有别的常用词(见表二71—127)。

这些方言词中,不少是唐宋字书或诗文中有过说解和用例的,今音与反切合乎对应,词义也十分贴近。单是其中口语常用的单音基本词就有以下二十多条:

圳 《集韵》朱闰切:"沟也",今通称水渠,俗写圳。

禾 汉以前泛指谷类,唐以后多指水稻,唐诗里就有大家所熟知的名句"锄禾日当午"。

秆 《广韵》古旱切:"禾茎",即稻草,音义俱合。

櫼 《集韵》将廉切：“《说文》楔也”，音义俱合。

钁 《广韵》居缚切：“《说文》大鉏”，鉏即锄，音义合。

㔟 《广韵》林直切：“赵魏间呼棘”，棘即刺，音义合。

镬 《广韵》胡郭切：“鼎镬”，即铁锅，音义合。

萦 《广韵》于营切：“绕也”，音义俱合。

嫽 《集韵》朗鸟切；又力吊切：“一曰戏也”，音义合。

徛 《广韵》渠绮切：“立也”，音义俱合。

挨 《集韵》下改切：“《博雅》，一曰担也”，音义合。一说为“荷”，胡可切。

偋 《广韵》防正切：“～隐，僻也”，今义藏匿，音义合。

屙 始见于《玉篇》，宋以后口语常用。《景德传灯录》：“喫沩山饭，屙沩山屎……”

倮 《集韵》求于切：“吴人呼彼称，通作渠”，音义合。

有些方言词读音亦与唐宋字书相应，唯字义有所变化，或扩大或缩小或引申。例如：

坪 《广韵》符兵切：“地平”，今用作名词，指山间平地，并常用作地名的通名。

黸 《广韵》落胡切：“黑甚”，今指铁锈，因呈黑色。

豚 《广韵》丁谷切：“尾下窍也”，原指肛门，今引申为器皿的底部，取其放置时如臀部坐地。

䏲 《集韵》甾茎切：“足筋”，今指脚后跟并引申说手肘为手～。

浼 《集韵》母伴切：“污也”，今专指身上污垢。

揨 《集韵》哺横切：“相牵也”，今指拉、引、拔。

趯 《广韵》甫遥切：“轻行”，今指跳跃。

搲 《集韵》乌瓦切：“吴俗谓手爬物曰～”，今谓手抓。

斗 《广韵》都豆切：“相易物俱等”，今指零件、木榫的组装，预制时必"物相对等"。

砑　《广韵》陟格切:"磓也",今指压住,音合义相关。

蛥　《集韵》昨结切:"虫名,《尔雅》似蝉而小,青色。"今称蟑螂为黄～或蜞～。

其他一些条目也是由于字义特殊引申而与共同语及其他方言造成差异,例如,称"修理"为"整",吃饭、喝水、吸烟都称为"食",衣破曰"烂",落下谓"跌",烤火说"炙火"等。

还有一些方言词是运用共同语的常用语素构成的,这类词语显然是后起的创新。例如,家里说"屋下",玉米说"包粟",苍蝇说"乌蝇",痱子说"热痱",婆婆说"家婆",鸟原指"男阴",今作动词"交合",鸟的本意变读阴平是为避讳,称坟为"地"亦应属避讳。动物雌雄性称"鸡公""牛牯"等可能是南下后受百越语影响而新生的构词法。"公、嫲"一类词尾的扩大用法(虾公、鼻公、虱嫲),以及称人的词头"老"(老公、老婆、老弟、老妹),称物的词尾"头"(镬头、钁头)等也是客方言的特有变异。

客家方言保留唐宋古语多,单音词多(如房子称屋,屋子称间),这说明客方言自中原汉语分化出来后更保守固有的说法,然而许多固有的语素在使用过程中也发生了意义的转移,新的社会生活也必定要求词汇的创新。从词汇演变看,说客方言分化于唐末,定型于宋代也是合适的。

二　客家方言的南北差异及其特点分析

粤赣闽连片的客方言之间也有不少语言差异,这些差异明显地把客方言的这个中心区分为南北两片。南片是粤东粤北,北片是闽西赣南。

在语音方面,南北两片的主要差异如下:

1. 北片不少点把来母细音字读为t声母,南片较少这种反映。例见表一:两里六粒;表二:联(120)笠(139)。

2. 见系声母南片多保存k、kʰ、h的读法,北片逢今细音多腭化为塞擦音tɕ或tʃ、ts,例见表一:极近去区舅结丘晓;表二:钁(79)倚(107)几(122)渠(127)。

3. 南片多按古音读法分尖团,见系为k,精组为ts,北片多数点不分尖团,见精声母混同,例见表一:结丘晓/节秋小。

4. 蟹摄字南片多读为带-i韵尾的复合元音韵,北片不少点无-i韵尾,读为开尾韵,例见表一:界街栽债盖洗齐买;表二:核(108)系(123)。

5. 效摄字南片都有-u韵尾,北片不少点-u尾脱落或变为弱化的-ɯ,例见表一:毛晓小;表二:老(100)嫽(105)趋(109)交(134)。

6. 流摄字南片都有-u或-i韵尾,其中侯韵主要元音多为ɛ或e,北片或韵尾脱落或为弱化的-ɯ。侯韵韵腹也较复杂。例见表一:豆舅有;表二:头(79)鞣(117)牛(133)斗宿(136)。

7. 阳声韵字南片多数点有-m、-n、-ŋ三种韵尾,至少有-n、-ŋ两种,没有鼻化韵的读法,北片除个别点均无-m、-n韵尾,并有多点多摄字读为鼻化韵,例见表一:丈重分粪红欢王江闲肝钢明清等两。

8. 入声字南片多数点有-p、-t、-k三种韵尾,至少有-t、-k两种,没有-ʔ韵尾,北片除个别点外均无-p、-t、-k韵尾,有的点合并为-ʔ韵尾,有的点概无塞音韵尾。例见表一:白贼极角各惜六粒结节。

9. 南片调类都是6种,入声各分阴阳,北片情况复杂,少的只有5调(无入声调),多的有7调(有阴入和阳入)。现将各点调类调值及其与古四声清浊主要对应列表对照如下:

古音调类\今调值	平		上			去		入			调类数
	清	浊	清	次浊	全浊	清	浊	清	次浊	全浊	
梅县	1[44]	2[11]	3[31]	3/1	56/1	56[52]		7[1]	7/8	8[5]	6
翁源	1[22]	2[51]	36[21]	36/1		5[55]	36	7[2]	7/8	8[5]	6
连南	1[44]	2[24]	3[22]	3/1	56/1	56[51]		7[2]	7/8	8[5]	6
河源	1[33]	2[31]	3[24]	3/5	6/5	5[12]	6[55]	7[5]	7/8	8[2]	6
揭西	1[53]	2[24]	36[21]	36/1		5[42]	36	7[2]	7/8	8[5]	6
长汀	1[33]	27[42]	3[24]	3/1	68/1	5[54]	68[21]	27	27/68	68	5
宁化	1[33]	2[35]	3[31]	3	68/1	5[112]	68[21]	7[5]	7/68	68	6
宁都	1[43]	2[24]	3[213]	3/1	6/1	5[31]	6[55]	7[2]	7/8	8[5]	7
赣县	1[33]	2[211]	3[31]	3/1	56/1	56[53]		78[5]			5
大余	1[33]	2[11]	3[42]	3	5/1	5[24]/1		1/78[5]			5

　　以上南北片的各条差异都是南片接近于唐宋古音而北片则是宋以后的变异,概无例外。唐宋古音来母读 l,见系声母读 k、kʰ、h,分尖团,蟹摄字读 -i 尾,效流摄字读 -u 尾,阳声韵收 -m、-n、-ŋ,入声韵收 -p、-t、-k,这都是音韵学的基本常识,无需论证的。

　　在词汇方面,南北两片的差异可从表二 128—170 见其一斑。这些不多的例词至少可以说明南北词汇差异的三个特点。

　　1. 南片各点之间用词比较一致,北片则有较多差异。例如南片说今日(今天)、靓(漂亮)、淋(浇)、挖(抠)、睡目(睡觉)、支(一支烟)、跁(累)、番(一床被)、人客(客人),北片都有两种说法;南片说笠嫲(斗笠)、兜尿(把尿)、头拿(拿袋)、撩(惹)、下背(下面)、么个(什么)、分(给,被)、同(和),北片都有三种以上说法。

　　2. 南片所保存的古词语比北片更多。表二词例中南片说法见诸唐宋韵书的就有:

　　嗌 《集韵》蒲奔切:"吐也。"今谓吹气为～,音义合。

　　斫 《广韵》之若切:"刀斫。"今谓刀剁为斫,音义合。

　　㝬 《广韵》乌八切:"手～为穴。"今谓抠,音义合。

佮　《集韵》葛合切："《说文》合也。"今指合伙,音义合。

跶　《集韵》逵秒切："小弱也。"今指疲累,音义合。

㩳　已见上文所引。今引申指动词挤,音义合。

此外,南片方言词中见诸《广韵》《集韵》的本字尚多,可参阅《客赣方言调查报告》(李如龙、张双庆,1992)。

3. 南片保留富于方言特色的词语较多,北片则显然受共同语或其他方言的影响而改变这些说法。表二所举词语中就不乏此类例证:下例中/前是南片说法,北片是受普通话影响的说法。落水/落雨,担竿/扁担,头牲/牲畜,鸡春/鸡蛋,尾/尾巴,遮/伞,笠嫲/斗篷、斗笠,斫/剁,嗑/吹,挖/抠,㩳/挤,佮/合,撩/惹,知得/晓得,惊/怕,跶/累,番(一番被)/床,支(一支烟)/行,张(一张刀)/把,下背/下面、下头,爱/要。

三　客家方言的形成和分片可与客家的历史相印证

根据上文分析,粤赣闽的客家方言所共有的语音和词汇特点大量反映了宋代汉语的特点,有些则是来到客地后的变异,可见客方言是宋代定型的。这和罗香林先生所说的客家民系的形成"以赵宋一代为起点"是相符合的。两宋时期形成的客方言主要分布在赣南闽西,这对客家民系的形成确实只是起点,真正形成客家民系应是在明清时期的粤东和粤北。换言之,客家方言的形成和民系的形成并不是同步的。以下试用一些史料和社会分析来说明这一点。

客家是一个移民群体,对客家的历史来说最重要的莫过于移民史。下面是据梁方仲教授(1980)所编的《中国历代户口、田地、田赋统计》的资料整理的现今粤赣闽客家地区历代人口数变动的简表:

地域	闽西		赣南		粤北、粤东		全国
年代（资料出处）	建制	户口	建制	户口	建制	户口	
唐天宝元年（新唐书）	汀州	4680户 13702人	虔州	37647户 275410人	韶循连州潮州程乡县	79135户 323996人	8525763户 48909800人
宋崇宁元年（宋史）	汀州	81454户	虔州兴国军、南安军	187789户	韶循连梅南雄五州	174333户	14041980户
元至正十五年（新元史）	汀州路	41423户 238127人	赣州路南安路南康路	121898户 588814人	韶循连梅南雄惠六路	48794户 359627人	13867219户 59519727人
明隆庆年间（读史方舆纪要）	汀州府	35220户	赣州府南安府	46695户	韶州府南雄府惠州府潮州府（半）	59290户	7582245户
清嘉庆年间（嘉庆会典）	汀州府	1485903人	赣州府南安府宁都直隶州	3858039人	韶惠潮府南雄连州连山州	4927944人	353377694人

从上表可以看到，自盛唐到北宋初的三百年间，闽西的汀州户数增长达17.4倍，赣南的虔州增长4.98倍，而地域最大的广东有五个州仅增长2.2倍，全国平均增长数是1.64倍，可见安史之乱及五代十国之后，北人南移是总趋势，但南下的客家先民主要集中在闽西赣南，入粤的不多。闽西赣南原是畲族的住地，少部分是先期到来的南下流民，客家南来之后，户数翻了四五倍，十数倍，他们的文明程度又显然比原住民高，实际上是"反客为主"了，他们所带来的中原汉语一定很快就占了优势。到了元初，又经过了二百年的经营，和唐代中叶相比，人口数增长最多的还是闽西，为1737%，其次是赣南213%，广袤的粤东、粤北仅为110%，比全国增长数的121%还低。而元代之后的五百年间（至清嘉庆）闽西赣南的人口增长数只比全国人口增长数略

高（闽西 623%，赣南 655%，全国 593%），而广东境内的客家地区则猛增 1398%。可见客家的大本营自闽西赣南移向粤北粤东是明清两代的事。倘若没有向闽西、赣南回流，以及向湘桂乃至四川、港台和海外的播迁，粤地客家增长数和闽赣客家增长数还要悬殊。

元代之后客家人入粤，当地的原住民已不是文化低下的少数民族，也不是立足未稳的早期流民，而是汉代以来就在那里生息开垦的汉人了，因而入粤客家的"反客为主"就艰难得多，他们只能在人口稀少的贫瘠山地垦殖，一旦到了平原地带，江滨海口，主客之间争夺生存空间的矛盾便随之而来。然而人口的迅速增长又使他们不得不向外图谋扩展，一是面对主客之争推向粤中粤西，一是再作长途迁移。客家民系的真正形成正是明清两代在粤东粤北实现的。

说客家方言的形成与客家民系形成不同步，方言定型于 11—12 世纪的闽赣，民系形成于 16—17 世纪的粤省，不但有语言特征和史料为据，现实的客家地区的客家意识的差异也可资证明。在闽西赣南的偏北县份，即使是唐末以后作为大量客家族姓"转运站"的宁化县历来也没有明显的客家意识，数年前甚至多数人还不知道"客家"这个名词。只有和广东接壤的县份（福建的永定、上杭、武平；江西的"三南"、安远、大余等），因为那一带有许多居民是从广东回流的，也因为与广东交往多才有明显的客家意识，但也不如粤境客家地区强烈。

让我们再从客方言南北两片的不同特点来进一步说明闽赣和粤地客家的不同历史文化背景。

如上文所述，后来转徙入粤的南片客方言比先期到达闽赣的北片客方言更为一致，更为古老，也更具方言特色，这一奇特的语言现象是两个地区的历史文化背景的差异所决定的，其中最重要的事实便是主客之间的争斗。

粤北和粤东地处五岭的南坡及其所延伸的低山丘陵，气候和土壤条件比闽赣地区优越,入粤客家生产发展更快,人口也随着高速增长,很快就显得人多地少,而一旦开始向外扩展,主客之争便尖锐起来。早期定居在三角洲的粤人称他们为"客家",非我族类;客家人则强调自己才是中原汉族的真传。清代中叶之后甚至发展成大规模的械斗,有的延续数十年,双方死伤数十万人。在这种情况下,客家要立足要发展,没有强大的内聚力和坚定的精神支柱是不可能的。而语言正是共同文化的最重要载体,为了维护固有的文化传统——客家人世世代代引以为荣的中原文化的传统,在客家意识浓烈的地区,"宁卖祖宗田,不卖祖宗言""宁卖身,不卖音"成了客家社会共同遵奉的信条,家庭民系之内的互相团结和协调行动又促成了各地方言之间保持着高度的一致性。因此,南片客家话成了向心型、稳固型的方言。所谓向心型就是内部差异小,形成标准音并对各次方言辐射着强烈的影响。在南片客家方言所分布的地区,以及从那里再度迁出的闽赣南沿、湘桂、川中乃至港台和海外侨居地,客家之间都可通话无阻,嘉应州所在地的口音成了标准音(在台湾称为四县音)。所谓稳固型就是语音和词汇系统保持稳定,有明显的存古和求异的倾向,不易接受外来的影响。

与此相反,北片客方言更多地具有离心型、变异型的特征。那里的客家先民入居时代早,在艰难的环境中长期移垦、积聚,缓慢地发展,和原住民相处较为平和,实际上发生了民族和族群的融合,历史上畲客并称,以及许多"蓝雷"二姓的居民自认为客家便是客畲融合的明证。客家住地至今并未绝迹的"刀耕火种",显然是中原南来的先民向畲民学来的,客家山歌和畲歌在歌唱方式以及内容和曲调上都有类似之处。在赣南,明清自广东倒流的"棚民"和原住民的关系也比较协调,先是季节性的耕作,逐渐成了定居户。在行政建制上,闽西赣南作为闽赣两省的一个州和本省邻州各有不同的往来。可见,在长期发展过程中,闽赣两地接受不同语言、共同语和兄弟方言的影响更多。这就决定了北片客方言是无中心的，没有一种地点方言具有权威性，可以作为标准语，内部差异大，众多小方言各自为政。像连城县山高水冷，交通阻绝，人口稀少，除了客家还有闽人先后前往定居。县境之内互不通话的小方言多达十余种，这就是它的离心型特征。所谓变异型就是演变速度快，固有成分和特点未能长期保持，容易吸收其他方言的影响。上文所述中古阳声韵在闽西赣南读成鼻化韵或脱落鼻音成为阴声韵便是极端的典型。

四　客家方言语料附表

关于两个附表（表一、表二）的说明：

① 词汇只取最常用的一种说法。

② 字音有文白异读的均取，上文下白，中间用"/"隔开。

③ 声调按原书标法，1、2、3、5、6、7、8 表示阴平、阳平、阴上、阴去、阳去、阴入、阳入，56 表示不分阴阳的去声，78 表示不分阴阳的入声，36 表示阴上、阳去合流，68 表示阳入混入阳去，27 表示阴入混入阳平。"—"表示与前格同音，承前省略。词表中加（ ）的音表示另有别种说法。

表一　客家方言字音对照表

序号	例字	梅县	翁源	连南	河源	揭西
1	白	p^hak^8	—	—	—	—
2	豆	$t^hεu^{56}$	$t^hεu^{36}$	$t^hæi^{56}$	t^huai^6	$t^hεu^{36}$
3	坐	$ts^hɔ^{56}$/$ts^hɔ^1$	ts^hou^1	$ts^həu^1$	$ts^huɔ^5$	$ts^hɔu^1$
4	贼	$ts^hεt^8$	—	—	ts^hat^8	$ts^hεt^8$
5	丈	$ts^hɔŋ^5$/$ts^hɔŋ^1$	$ts^həŋ^{36}$/$ts^hɔŋ^1$	$tʃ^hɔŋ^{56}$	$ts^hɒŋ^6$	$tʃ^hɔŋ^{36}$/$tʃ^hɔŋ^1$
6	重轻~	$ts^huŋ^1$	$ts^hiuŋ^1$	$tʃ^hɔŋ^{56}$	$ts^hoŋ^5$	$tʃ^huŋ^1$
7	极	k^hit^8	—	—	—	—

续表一

序号	例字	梅县	翁源	连南	河源	揭西
8	近	k^hiun^{56}/k^hiun^1	k^hin^{36}/k^hin^1	$k^hɔn^1$	k^hin^5	k^hun^{36}
9	分	fun^1/pun^1	—	$fɔn^1$/$pɔn^1$	hun^1	fun^1/pun^1
10	粪	pun^{56}	pun^5	$pɔn^{56}$	hun^5	pun^5
11	斧	p^hu^3	pu^{36}	fu^3	p^hu^3	fu^{36}/pu^{36}
12	肥	p^hi^2	fui^2	$fɔi^2$	fi^2	p^hui^2
13	妇	fu^{56}	fu^{36}/pu^1	fu^{56}/pu^1	hu^6/pu^5	fu^{36}/$p^hɛi^1$
14	花	fa^1	—	—	—	—
15	红	$fuŋ^2$	—	$hoŋ^2$	—	
16	欢	$fɔn^1$	fan^1	$fɔn^1$	$fuan^1$	fan^1
17	火	$fɔ^3$	fou^{36}	$fəu^3$	$fuɔ^3$	fou^{36}
18	王	$voŋ^2$	—	—	$vɒŋ^2$	$voŋ^2$
19	围	vi^2	vui^2	$vɔi^2$	vui^2	—
20	家	ka^1	—	—	—	—
21	界	$kiai^{56}$	$kiai^5$	kai^{56}	kai^5	
22	街	$kiɛ^1$	kai^1	—	—	—
23	江	$kɔŋ^1$	—	—	$kɒŋ^1$	$kɔŋ^1$
24	角	$kɔk^7$	—	—	$kɒk^7$	$kɔk^7$
25	闲	han^2	—	—	—	
26	私	$sɿ^1$	—	si^1/$sɿ^1$	$sɿ^1$/$siɛ^1$	—
27	师					
28	栽	$tsai^1$	—	$tsuɔi^1$	$tsai^1$	—
29	债	$tsai^{56}$	$tsai^5$	$tsai^{56}$	$tsai^5$	—
30	粗	$ts^hɿ^1$	ts^hy^1	ts^hu^1/$ts^həu^1$	ts^hu^1/$ts^huɔ^1$	ts^hu^1/$ts^hɿ^1$
31	初					
32	哥	$kɔ^1$	kou^1	$kəu^1$	$kuɔ^1$	kou^1
33	多	$tɔ^1$	tou^1	$təu^1$	$tuɔ^1$	$tɔu^1$
34	社	sa^1	—	$ʃa^{56}$	sa^5	$ʃa^1$

续表一

序号	例字	梅县	翁源	连南	河源	揭西
35	马	ma¹	—	—	ma⁵	ma¹
36	野	ia¹	ia³⁶	ia¹	ia⁵	ʒa³⁶
37	鱼	n²	ŋy²	ny²	ŋy²	ŋ²
38	柱	tsʰu¹	tsʰy¹	tʃʰy¹	tsʰy⁵	tʃʰu¹
39	去	kʰi⁵⁶/hi⁵⁶	kʰi⁵	hi⁵⁶	hy⁵	kʰi⁵
40	区	kʰi¹	kʰy¹	—	—	kʰi¹
41	盖	kɔi⁵⁶	koi⁵	kuɔi⁵⁶	kuai⁵	kɔi⁵
42	该	kɔi¹	koi¹	kuɔi¹	kuai¹	kai¹
43	洗	sɛi³	sɛi³⁶	sɛi³	siɛ³	sɛi³⁶
44	齐	tsʰi² /tsʰɛi²	tsʰɛi²	—	tsʰiɛ²	tsʰɛi²
45	旱	hɔn¹	hon¹	huɔn¹	huan¹	hɔn¹
46	肝	kɔn¹	kon¹	kuɔn¹	kuan¹	kɔn¹
47	钢	kɔŋ⁵⁶	kɔŋ⁵	kɔŋ⁵⁶	kɔŋ¹	kɔŋ⁵
48	各	kɒk⁷	—	—	kɒk⁷	kɔk⁷
49	明	min²/miaŋ²	—	—	—	—
50	清	tsʰin¹/tsʰiaŋ¹	tsʰin¹/tsʰaŋ¹	tsʰin¹/tsʰiaŋ¹	tsʰin¹	tsʰin¹/tsʰiaŋ¹
51	惜	sit⁷/siak⁷	—	—	—	siak⁷
52	等	tɛn³	tɛn³⁶	tɛn³	tan³	tɛn³⁶
53	舅	kʰiu¹	—	—	kʰiu⁵	kʰiu¹
54	有	iu¹	—	—	jiu⁵	ʒiu¹
55	两斤～	liɔŋ¹	—	—	lyɒŋ⁵	liɔŋ¹
56	里～面	li¹/ti¹	—	—	li³	li¹/ti¹
57	买	mai¹	—	—	mai⁵	mai¹
58	五	n³	m³⁶	m³	—	ŋ³⁶
59	吴	n²	m²	m²	ŋu²	ŋ²

续表一

序号	例字	梅县	翁源	连南	河源	揭西
60	无	mɔ²	mou²	mau²	mɔ²	mɔu²
61	毛松~	mau¹	mou¹	mau¹	mau²	mɔu¹
62	知	tsɿ¹/ti¹	—	—	ti¹	tʃi¹/ti¹
63	六	liuk⁷	luk⁷	lok⁷	lok⁸	liuk⁷
64	粒	lɛp⁷	lit⁷	—	lip⁷	—
65	结	kiat⁷	kiet⁷	kiɛt⁷	kiat⁷	kiɛt⁷
66	丘	hiu¹	kʰiu¹	—	hiu¹	kʰiu¹
67	晓	hiau³	sau³⁶	hiau³	—	hiau³⁶
68	节	tsiat⁷	tsiet⁷	tsiɛt⁷	tsiat⁷	tsiɛt⁷
69	秋	tsʰiu¹	—	—	—	—
70	小	siau³	siau³⁶	siau³	—	siau³⁶

续表一

序号	例字	长汀	宁化	宁都	赣县	大余
1	白	pʰa⁶⁸	pʰɤ⁶⁸/pʰa⁶⁸	pʰak⁸	pʰaʔ⁷⁸	pʰa¹
2	豆	tʰəɯ⁶⁸	tʰiəɯ⁶⁸	tʰiu⁶	tʰio⁵⁶	tʰæ¹
3	坐	tsʰo¹	—	—	—	tsʰo⁵
4	贼	tsʰe⁶⁸	tsʰɤ⁶⁸	tsʰək⁸	tsʰɛʔ⁷⁸	tsʰe¹
5	丈	tʃʰɔŋ⁶⁸/tʃʰɔŋ¹	tsʰɔŋ⁶⁸	tsʰɔŋ¹	tsʰõ⁵⁶	tsʰɔ̃¹
6	重轻~	tʃʰoŋ¹	tsʰɤŋ¹	tsʰuŋ⁶	tsʰəŋ⁵⁶	tsʰəŋ⁵
7	极	tʃʰi⁶⁸	kʰi⁶⁸	tsʰək⁸	tɕʰiɛʔ⁷⁸	tɕʰie¹
8	近	kʰeŋ¹	kʰiŋ⁶⁸/kʰɛi¹	tsʰən⁶	tɕʰiŋ¹	tɕʰiəŋ¹
9	分	feŋ¹/peŋ¹	fɛ̃i¹/pʰɛ̃i¹	fən¹	fəŋ¹	fɛ¹
10	粪	—	fɛ̃i⁵/pɛ̃i⁵	fən⁵/pən⁵	fəŋ⁵⁶	fɛ⁵
11	斧	fu³/pu³	—	pu¹	fu³	

续表一

序号	例字	长汀	宁化	宁都	赣县	大余
12	肥	p^he^{27}	fi^2/$p^h\varepsilon i^2$	$f\varepsilon i^2$/$p^h\varepsilon i^2$	fi^2	—
13	妇	fu^{68}/pe^1	fu^{68}/$p^h\gamma^{68}$	fu^6/p^hu^1	fu^{56}	fu^1
14	花	—	$f\alpha^1$	fa^1	hua^1	—
15	红	$fo\eta^{27}$	$f\gamma\eta^1$	$fu\eta^2$	$h\partial\eta^2$	—
16	欢	$h\tilde{u}^1$	$fa\eta^1$	$fuan^1$	$h\tilde{o}^1$	$hu\tilde{a}^1$
17	火	fo^3	—	—	ho^3	
18	王	$v\mathfrak{o}\eta^{27}$	$v\mathfrak{o}\eta^2$	—	$v\tilde{o}^2$	$\tilde{\mathfrak{o}}^2$
19	围	vi^{27}	vi^2	$v\varepsilon i^2$	ve^2	$v\o^2$/$y\o^2$
20	家	ka^1	$k\alpha^1$	ka^1	—	—
21	界	kai^5	ka^5	kai^5	$k\ae^{56}$	$k\ae^5$
22	街	$t\int e^1$	ka^1	kai^1	$k\ae^1$	$ki\ae^1$
23	江	$k\mathfrak{o}\eta^1$	—	—	$k\tilde{o}^1$	$k\tilde{\mathfrak{o}}^1$
24	角	ko^{27}	ko^7	$k\mathfrak{o}k^7$	$ko\textipa{P}^{78}$	ko^3
25	闲	$ha\eta^{27}$	$ha\eta^2$	han^2	$h\tilde{a}^2$	
26 27	私 师	$s\textrm{\textbaru}^1$	$s\gamma^1$	$s\partial^1$	$s\textrm{\textbaru}^1$	
28	栽	$tsai^1$/tse^1	$ts\varepsilon i^1$	$tsuai^1$	$ts\ae^1$	$ts\o^1$
29	债	$tsai^5$	tsa^5	$tsai^5$	$ts\ae^{56}$	$ts\ae^5$
30 31	粗 初	ts^hu^1	—	—	—	—
32	哥	ko^1	—	—	—	—
33	多	to^1	—	—	—	—
34	社	sa^1	$s\alpha^{68}$/$s\alpha^1$	sa^{56}	sa^3	sa^5
35	马	ma^1	ma^3	ma^1	ma^3	
36	野	ia^3	—	—	—	ia^3/ia^5

续表一

序号	例字	长汀	宁化	宁都	赣县	大余
37	鱼	ŋe²⁷	ŋɤ²	ŋie²	ŋe²	m²
38	柱	tʃʰʉ¹	tsʰu¹	—	—	tɕʰy³
39	去	tʃʰi⁵/he⁵	kʰiəɯ⁵/kʰɤ⁵	sie⁵	tɕʰ·i⁵⁶	ɕi⁵
40	区	tʃʰi¹	kʰiəɯ¹	tsʰu¹	tɕʰ·i¹	tɕʰy¹
41	盖	kue⁵	kua⁵	kuai⁵	kæ⁵	kuø³
42	该	kue¹	kua¹	kuai¹	kæ¹	kuø¹
43	洗	se³	sie³	siai³	se³	si³
44	齐	tsʰ·i²⁷/tsʰe²⁷	tsʰ·i²/tsʰie²	tsʰ·i²	tɕʰ·i²	—
45	旱	hũ¹	huan¹	huan¹	hã⁵⁶	hɔ̃⁵
46	肝	kũ¹	kuan¹	kuan¹	kã¹	kɔ̃¹
47	钢	kɔŋ¹	—	kɔŋ¹	kõ⁵⁶	kɔ̃¹
48	各	ko²⁷	ko⁷	kɔk⁷	koʔ⁷⁸	ko¹
49	明	maŋ²⁷/miaŋ²⁷	min²/miɑŋ²	miŋ²/miaŋ²	miŋ²	miəŋ²/miã²
50	清	tsʰeŋ¹/tsʰiaŋ¹	tsʰiŋ¹/tsʰiɑŋ¹	tsʰin¹/tsʰiaŋ¹	tsʰiŋ¹	tɕʰiəŋ¹/tɕʰiã¹
51	惜	sia²⁷	si²/siɑ²	sik⁷	ɕieʔ⁷⁸	ɕie⁷⁸
52	等	teŋ³	tiŋ³/tɛ̃i³	təŋ³	—	tɛ̃³
53	舅	tʃʰiəɯ¹	kʰəɯ¹	tsʰəu¹	tɕʰiu¹	tɕʰiu⁵/tɕʰiu¹
54	有	iəɯ¹	iəɯ³/iəɯ¹	iəu³	iu¹	iu⁵
55	两斤~	tioŋ¹	lioŋ¹	lioŋ³	niõ³	tiõ⁵
56	里~面	li³/ti³	li³	li¹	li³	ti⁵
57	买	me¹	ma³	mai³	mæ¹	—
58	五	ŋ³	—	—	vu³/ŋ³	m³

续表一

序号	例字	长汀	宁化	宁都	赣县	大余
59	吴	ŋ²⁷	vu²	ŋ²	vu²	m²
60	无	mɔ²⁷	mau²	mɔ²	mɔ²	—
61	毛松~	mɔ¹	mau²	mau¹	mɔ¹	mɔ²
62	知	tʃʅ¹/ti¹	tsʅ¹	—	—	—
63	六	təɯ²⁷	liəɯ⁶⁸	liuk⁷	tiuʔ⁷⁸	ty¹
64	粒	ti²⁷	lie⁷	lip⁷	tiuʔ⁷⁸	tie¹
65	结	tʃe²⁷	kie⁷/ki⁷	tsat⁷	tɕiɛt⁷⁸	tɕie⁷⁸
66	丘	tʃʰiəɯ¹	kʰəɯ¹	səu¹	tɕʰiu¹	—
67	晓	ʃiɔ³	hiau³	sau³	ɕiɔ³	
68	节	tse²⁷	tsie⁷	tsiat⁷	tɕiɛʔ⁷⁸	tɕiɛ⁷⁸
69	秋	tsʰiəɯ¹	—	tsʰiu¹	tɕʰiu¹	
70	小	siɔ³	siau³	—	ɕiɔ³	—

表二　客家方言词语对照表

序号	普通话	方言	梅县	翁源	连南	河源	揭西
71	平地	坪	pʰiaŋ²	—			
72	水渠	圳（沟）	tsun⁵⁶nɛi	tsiun⁵	tʃɔn⁵⁶	tsun¹	tʃun⁵kiɛu¹
73	家里	屋下	vuk⁷ kʰua¹	vuk⁷ kʰa¹	ok⁷ kʰai¹	—	vuk⁷ ka¹
74	坟	地（坟）	tʰⁱi⁵⁶	tʰⁱi³⁶fun²	fɔn²	tʰⁱi⁶	tʰⁱi³⁶
75	铁锈	鑪（哥）	lu¹kɔ¹	lu¹	—	—	—
76	稻子	禾	vɔ²	vou²	vəu²	vuɔ²	vɔu²
77	稻草	秆	kɔn³	kon³⁶	kuɔn³	kuan³	kɔn³⁶
78	楔子	橄	tsiam¹	tsiaŋ¹	tsiɛn¹	—	
79	锄头	钁头	kiɔk⁷ tʰɛu²	—	kiɔk⁷ tʰæi²	kiɔk⁷ tʰuai²	kiɔk⁷ tʰɛu²
80	玉米	包粟	pau¹ siuk⁷	—	pau¹ sok⁷	—	pau¹ siuk⁷
81	草刺	劈（头）	nɛt⁷tʰɛu²	lɛt⁷	nɛt⁷	nat⁷	lɛt⁷

续表二

序号	普通话	方言	梅县	翁源	连南	河源	揭西
82	公牛	牛牯（公）	ɲiu^2 ku^3	ŋɐu^2 ku^{36}	ŋæi^2 ku^3	ŋyai^2 ku^3	ŋɐu^2 ku^3
83	母牛	牛嫲	ɲiu^2 ma^2	ŋɐu^2 ma^2	ŋæi^2 ma^2	ŋyai^2 na^5	ŋɐu^2 ma^2
84	苍蝇	乌蝇	vu^{1}in^2	—	—	—	vu^{1}ʒin^2
85	蟑螂	黄蚻	vɔŋ^2 tsʰat^8	vɔŋ^2 tsʰat^7	vɔŋ^2 tsʰat^8	kʰi^2 tsʰat^8	kʰi^2 tsʰat^7
86	虱子	虱嫲	sɛt^7 ma^2	—	—	siat^7 ma^2	sɛt^7 ma^2
87	虾	虾公（伯）	ha^2 kuŋ^1	ha^2 pak^8	ha^1 koŋ^1	—	ha^2 kuŋ^1
88	房子	屋	vuk^7	—	ok^7	—	vok^7
89	房间	间	kian^1	kan	—	—	kian^1
90	铁锅	镬头	vɔk^8 tʰɛu^2	—	vɔk^8 tʰæi^2	vɔk^8 tʰuai^2	vɔk^8 tʰɛu^2
91	（缸）底	豚	tuk^7	—	tok^7	—	tut^7
92	绕（线）	萦	iaŋ^1	—	—	jiaŋ^1	ʒaŋ^1
93	吃、喝	食	sɛt^8	sit^8	—	—	ʃit^8
94	鼻子	鼻公	pʰi^{56} kuŋ^1	pʰi^{36} kuŋ^1	pʰi^{56} koŋ^1	pʰi^6 koŋ^1	pʰi^{36} kuŋ^1
95	交合	鸟	tiau^3	tiau^{36}	tiau^{56}	tiau^3	tiau^{36}
96	手肘	手睁	su^3 tsaŋ^1	siu^3 tsaŋ^1	ʃiu^3 tsaŋ^1	siu^3 tsaŋ^1	ʃiu^3 tsaŋ^1
97	脚跟	脚睁	kiok^7 tsaŋ^1	—	—	kyak^7 tsaŋ^1	kiɔk^7 tsəŋ^1
98	污垢	浣	man^{56}	man^{36}	man^{56}	muan^6	man^{36}
99	痱子	热痱	ɲiat^8 pi^{56}	ŋiet^8 pui^5	niɛt^8 puɔi^{56}	ɲiat^8 mui^5	ŋiɛt^8 mui^5
100	弟弟	老弟	lau^3 tʰai^1	lou^{36} tʰɛi^1	lau^3 tʰiɛ^1	lau^3 tʰiɛ^1	lɔu^{36} tʰɛi^1
101	丈夫	老公	lau^3 kuŋ^1	lou^{36} kuŋ^1	lau^3 koŋ^1	—	lɔu^{36} kuŋ^1

续表二

序号	普通话	方言	梅县	翁源	连南	河源	揭西
102	妻子	老婆	lau³ pʰɔ²	lou³⁶ pʰou²	lau³ pʰəu²	—	lɔu³⁶ pʰɔu²
103	婆婆	家婆（娘）	ka¹ ȵiɔŋ²	ka¹ pʰou²	ka¹ pʰəu²	ka¹ pʰuɔ²	ka¹ pʰɔ²
104	儿媳	新妇	sim¹ kʰiu¹	sin¹ pu¹	—	sin¹ pu⁵	sɛn¹ pʰɛi¹
105	玩儿	嫽	liau⁵⁶	liau³⁶	liau⁵⁶	liau⁶	liau³⁶
106	拔（毛）	扐	paŋ¹	—	maŋ¹	—	paŋ¹
107	站立	徛	kʰi¹	—	—	kʰi⁵	kʰi¹
108	挑	核	kʰai¹	—	（tan¹）	kʰai¹	
109	跳	趒	piau¹	—	—	—	（tʰiau⁵）
110	压（着）	砑	tsak⁷	—	—	—	tʃak⁷
111	（手）抓	搲	ia³	ia³⁶	（tsa¹）	ia³	ʒa³⁶
112	修理	整	tsaŋ³	tsaŋ³⁶	tʃaŋ³	tsaŋ³	tʃaŋ³⁶
113	藏（着）	偋	piaŋ⁵⁶	piaŋ⁵	piaŋ⁵⁶	piaŋ⁵	（kʰɔŋ⁵）
114	（衣）破	烂	lan⁵⁶	lan³⁶	lan⁵⁶	lan⁶	lan³⁶
115	掉（下）	跌	tiat⁷	tiet⁷	tiɛt⁷	tiat⁷	tiɛt⁷
116	烫（伤）	爁	luk⁸	—	lok⁸	（nat⁷）	luk⁸
117	安装	斟	tɛu⁵⁶	tɛu⁵	tæi⁵⁶	tuai⁵	tɛu⁵
118	烤火	炙火	tsak⁷ fɔ³	tsak⁷ fou³	tʃak⁷ fəu³	tsak⁷ fuɔ³	tsak⁷ fɔu³⁶
119	拉（屎）	屙	ɔ¹	ou¹	əu¹	ɔ¹	ou¹
120	缝（衣）	联	lian²	lien²	liɛn²	lian²	liɛn²
121	（我）的	个	kɛi⁵⁶	kɛi⁵	ɛ	kɛi	kai⁵
122	多少	几多	ki³tɔ¹	ti³⁶tou¹	ki³təu¹	ki³tuɛ¹	kit⁷tɛu¹
123	不是	唔系	m² mɛi⁵⁶	m¹ mɛi⁵	m² hɛi⁵⁶	m² hai⁵	m² hɛi⁵
124	找遍（了）	寻交	tsʰim² kau¹	tʰɛn² kou¹	tʰin² kau¹	tsʰim² pau	tʰin² kai¹
125	我	偃	ŋai²	—	—	ŋuai²	ŋai²
126	你	你	n²	—	ni²	ŋi⁵	ŋi²

序号	普通话	方言	梅县	翁源	连南	河源	揭西
127	他	渠	ki^2	—	—	ki^2	—
128	下雨	落水（雨）	$lɔk^8$ i^3	$lɔk^8$ $siui^{36}$	$lɔk^8$ $sɔi^3$	$lɔk^8$ sui^3	$lɔk^8$ sui^{36}
129	冰	（凌）冰	$pɛn^1$	—	pin^1	—	$pɛn^1$
130	今天	今日	kin^1 $ȵit^7$	kin^1 $ŋit^7$	kin^1 nit^7	kin^1 $ŋit^7$	—
131	种田	耕田	$kaŋ^1$ $tʰian^2$	$kaŋ^1$ $tʰiɛn^2$	$kaŋ^1$ $tʰiɛn^2$	$kaŋ^1$ $tʰian^2$	$kaŋ^1$ $tʰiɛn^2$
132	扁担	担竿	tam^5 $kɔn^1$	tan^1 kon^1	tan^1 $kuɔn^1$	tam^1 $kuan^1$	tam^1 $kɔn^1$
133	放牛	掌牛	$tsɔŋ^3$ $ȵiu^2$	$tsɔŋ^{36}$ $ŋɛu^2$	$tsɔŋ^3$ $ŋæi^2$	$tsɒŋ^3$ $ŋuai^2$	$tsɔŋ^{36}$ $ŋiɛu^2$
134	牲畜	头牲	$tʰɛu^2$ $saŋ^1$	—	$tʰæi^2$ $saŋ^1$	$tʰuai^2$ $saŋ^1$	$tʰɛu^2$ $saŋ^1$
135	鸡蛋	鸡春（卵）	ke^1 $lɔn^3$	$kɛi^1$ $tsʰiun^1$	$kɛi^1$ $tʃʰɔn^1$	kie^1 $tsʰun^1$	$kiɛi^1$ $lɔn^3$
136	（鸟）窝	窦,宿	$tɛu^{56}$	$tɛu^5$	$tæi^5$	$tuai^5$	$tɛu^5$
137	尾巴	尾	mi^1	mui^1	$mɔi^1$	mi^1	mui^1
138	雨伞	遮,伞	$tsa^1vɛi$	san^{36}	tsa^1	—	$tʃa^1$
139	斗笠	笠嘛等	$lɛt^7$ ma^2	tit^7 ma^2	lit^7 ma^2	（$tsok^7$ mau^6）	lip^7 ma^2
140	把尿	兜尿	$tɛu^1$ $ȵiau^{56}$	$tɛu^1$ $ŋiau^5$	$tæi^1$ $niau^{56}$	$tuai^1$ $ŋiau^6$	$tɛu^1$ $ŋiau^{36}$
141	脑袋	头拿	$tʰɛu^2na^2$	—	$tʰæi^2$	$tʰuai^2na^2$	$tʰɛu^2na^2$
142	客人	人客	$ȵin^2$ hak^7	$ŋin^2$ $kʰak^7$	（$kʰak^7$ nin^2）	$ŋin^2$ hak^7	$ŋin^2$ $kʰak^7$
143	漂亮	靓	$liaŋ^{56}$	$liaŋ^5$	$liaŋ^{56}$	$liaŋ^5$	$lɛn^5$
144	妹夫	老妹婿	lau^3 $mɔi^{56}$ $sɛi^{56}$	lou^{36} moi^5 $sɛi^5$	lau^3 $mɔi^{56}$ $sɛi^{56}$	（$muai^6$ hu^1）	$lɔ^{36}$ $mɔi^5$ $sɛi^5$
145	吹(气)	歕	$pʰun^2$	$pʰun^2$	—	$pʰun^2$	—
146	剁	斫	$tɔk^8$	—	—	$tyɛ^5$	$tɔk^7$

续表二

序号	普通话	方言	梅县	翁源	连南	河源	揭西
147	浇（菜）	淋	lim²	lin²	—	lim²	—
148	（平）抠	乞	iat⁷	vat⁷	vɛt⁷	vat⁷	kʰaŋ⁵
149	挤	檬	tsiam¹	tsiaŋ¹	tsi¹	tsiam⁵	—
150	睡	睡目	sɔi⁵⁶ muk⁷	soi³⁶ muk⁷	ʃuoi⁵⁶ mok⁷	sui⁵ mok⁷	ʃɔi³⁶ muk⁷
151	斟（酒）	斟、酾	tsəm¹	tsin¹	tʃin¹	sai¹	tsim¹
152	给（他）	分	pun¹	—	pɔn¹	（pa³）	pun¹
153	说话	讲话	kɔŋ³ fa⁵⁶	kɔŋ³ va³⁶	kɔŋ³ va⁵⁶	kɔŋ³ va⁶	kɔŋ³⁶ vɔi⁵
154	合作	佮	kap⁷	kak⁷	kat⁷	kɔp⁷	kap⁷
155	惹	撩	liau²	—	—	—	—
156	知道	知得	ti¹tɛk⁷	ti¹tɛt⁷	—	ti¹tat⁷	ti¹
157	害怕	惊	kiaŋ¹				
158	吵架	吵交	tsʰau³ kau¹	kɔŋ³ hɛu³⁶	tsʰau³ kau¹	—	（siɔŋ¹ au⁵）
159	累	踎	kʰɔi⁵⁶	kʰɛi³⁶	kʰɛi³	kʰuai⁶	hɔt⁷
160	一尾鱼	条，只	tʰiau²	—	—	—	—
161	一床被	番，床	fən¹	—	（tʃʰɔŋ¹）	fan¹	—
162	一支烟	支	ki¹	tsɿ¹	tʃɿ¹	ki¹	—
163	一把刀	张，把	tsɔŋ¹	pa³⁶	pa³	tsɔŋ¹	（ki¹）
164	一片叶子	皮，块	pʰi²	—	kʰuai⁵⁶	lok⁷	pʰi²
165	下面	下背	ha¹ pɔi⁵⁶	ha¹ poi⁵	hai¹ puɔi⁵⁶	ha¹ pui⁵	ha¹ pɔi⁵
166	什么	么个	mak⁷ kɛi⁵⁶	mak⁷ kai⁵	mak⁷ kai²	（it⁷ ŋia⁵）	mak⁷ kai⁵
167	借给我	分，把	pun¹	—	pɔn¹	（pa³）	pun¹
168	我和你	同	tʰuŋ²	—	tʰoŋ²	—	tʰuŋ²
169	得去了	爱，要	ɔi⁵⁶	oi⁵	ɔi⁵⁶	uai⁵	ɔi⁵
170	被打	分，把	pun¹	—	pɔn¹	（pa³）	pun¹

序号	普通话	方言	长汀	宁化	宁都	赣县	大余
71	平地	坪	pʰiaŋ²⁷	pʰiaŋ²	—	pʰiã²	—
72	水渠	圳（沟）	tʃɛŋ⁵kəɯ¹	tsuŋ⁵	tsun⁵tsə³	tsəŋ⁵⁶	tɕiəŋ⁵
73	家里	屋下（里）	vu²⁷ha¹	vu⁷ha¹	vuk⁷kʰa¹	vuʔ⁷⁸kua¹	vu¹li³
74	坟	地	tʰi⁶⁸	—	（mu⁶nau²）	tʰi³⁶	
75	铁锈	鑪	lu¹	—	—	—	lu⁵
76	稻子	禾	vo²⁷	vo²	—	ø²	o²
77	稻草	秆	kũ³	kuaŋ³	kuan³	（o²tʰo³）	kɔ̃³
78	楔子	欃	tsiẽ¹	tsiaŋ¹	tsiɛn¹	tɕiẽ¹	tɕiẽ¹
79	锄头	钁头	ŋio²⁷tʰəu²⁷	（via⁷li¹）	tsok⁷tʰiu²	tɕioʔ⁷⁸tʰia²	tɕio²tʰæ²
80	玉米	包粟	pɔ¹siəɯ²⁷	pau¹siuk⁷	pau¹siuk⁷	pɔ¹ɕiuʔ⁷⁸	po¹ɕy²
81	草刺	勞	le²⁷	li⁶⁸	lit⁷	leʔ⁷⁸	le¹
82	公牛	牛牯	ŋəɯ²⁷ku³	ŋəɯ²ku³	nəu²ku³	niu²ku³	liu²ku³
83	母牛	牛嫲（婆）	ŋəɯ²⁷ma²⁷	ŋəɯ²ma²	nəu²pʰo²	niu²pʰo²	liu²pʰo²
84	苍蝇	乌蝇	vu¹iŋ²⁷	vu¹iŋ²	—	—	vu¹liəŋ²
85	蟑螂	黄蚻	vɔŋ²⁷tsʰat⁶⁸	vɔŋ²tsʰa⁶⁸	vɔŋ²tsʰat¹	õ²tsʰaʔ²⁸	kʰə̃⁷⁸tsʰa¹
86	虱子	虱嫲（婆）	ʃe²⁷ma²⁷	sɤ⁷mɑ²	səp⁷pʰo²	səʔ⁷⁸pʰo²	sə⁷⁸pʰo²
87	虾	虾公	ha²⁷kuŋ¹	ha²⁷koŋ¹	ha¹kuŋ¹	ha²kuŋ¹	
88	房子	屋	vu²⁷	vu⁷	vuk⁷	vuʔ⁷⁸	vu¹
89	房间	间	tʃiẽ¹	kaŋ¹	kan¹	kã¹	
90	铁锅	镬头（锅头）	（ko¹tʰɐu²）	（ko¹tʰiəɯ²）	vok⁸	voʔ⁷⁸tʰiu²	o¹
91	（缸）底	屧	tu²⁷	tu⁷	tuk⁷	tuʔ⁷⁸	tu¹

续表二

序号	普通话	方言	长汀	宁化	宁都	赣县	大余
92	绕（线）	萦	iaŋ¹	—	—	iã¹	—
93	吃、喝	食	ʃʅ⁶⁸	sʅ⁶⁸	sək⁸	seʔ⁷⁸	se¹
94	鼻子	鼻（公）	pʰˑi⁶⁸ koŋ¹	pʰˑi⁶⁸ kɤŋ¹	pʰˑi⁶	pʰˑi⁵⁶ kəŋ¹	pʰˑi¹ kəŋ¹
95	交合	鸟	tiɔ³	tiau³	—	tiɔ³	—
96	手肘	手睁	ʃəɯ³ tsaŋ¹	səɯ³ tsoŋ¹	səu³ tsaŋ¹	ɕiɔ³ tsã¹	sæ³ tsã¹
97	脚跟	脚睁	kiɔk⁷ tsaŋ¹	tʃiɔ²⁷ tsaŋ¹	kio⁷ tsaŋ¹	tsok⁷ tsã¹	tɕio¹ tsã¹
98	污垢	涴	maŋ³	maŋ⁶⁸	man⁶	mã⁵⁶	mã¹
99	痱子	热痱	ne⁶⁸pe⁵	ŋie⁶⁸pɛi¹	nat⁸pi⁵	nieʔ⁷⁸pi⁵⁶	lie¹fi³
100	弟弟	老弟（弟佬）	lɔ³ tʰe¹	lau³ tʰie¹	lau³ tʰiai¹	lɔ³ tʰi¹	(tʰi¹) lɔ³
101	丈夫	老公	lɔ³ koŋ¹	lau³ kɤŋ¹	lau³ kuŋ¹	lɔ³ kəŋ¹	—
102	妻子	老婆	lɔ³ pʰo²⁷	lau³ pʰo²	—	—	lɔ³ pʰo²
103	婆婆	家婆（娘）	ka¹ niɔŋ²	kɑ¹ pʰo²	ka¹ pʰo²	—	—
104	儿媳	新妇	seŋ¹ pe¹	siŋ¹ pʰɤ⁶⁸	sin¹ pʰu⁶	ɕin⁶ fu⁵⁶	ɕiəŋ¹ fu¹
105	玩儿	嬲（嬉）	liɔ⁶⁸	(hɛi¹)	(huai¹)	liɔ⁵⁶	le⁵
106	拔（毛）	拤	—	paŋ¹	paŋ¹	pã¹	—
107	站立	徛	tʃʰi¹	kʰi¹	tsʰi¹	tɕʰi¹	—
108	挑	挨（荷）	—	(taŋ¹)	kʰa¹	kʰæ¹	—
109	跳	趯	piɔ¹	piau¹	—	piɔ¹	—
110	压（着）	砓	tʃa²⁷	tsaɑ⁷	tsak⁷	(tsəŋ³)	tsa³
111	（手）抓	摣	ia³	via³	—	ia³	—
112	修理	整（修）	tʃaŋ³	(siəɯ¹)	tsaŋ³	tsã³	—
113	藏（着）	偋	piaŋ⁵	piɑŋ⁵	piaŋ⁵	piã⁵⁶	piã²
114	（衣）破	烂	laŋ⁶⁸	—	lan⁶	lã⁵⁶	lã¹

序号	普通话	方言	长汀	宁化	宁都	赣县	大余
115	掉（下）	跌	te^{27}	tie^7	tiat^7	tie?^{78}	tie^1
116	烫（伤）	燂	lu^{68}	—	lut^8	læ^{56}	lu^{78}
117	安装	斟（装）	təɯ^5	tiəɯ^5	təɯ^5	（tsõ^1）	tæ^5
118	烤火	炙火	tʃa^{27}fo^3	tsɑ^{7}fo^3	tsak^{7}fo^3	tsa?^{78}ho^3	tsa^{78}fu^3
119	拉（屎）	屙	o^1	ŋɤ^1	vo^1	o^1	—
120	缝（衣）	联	tiẽ^{27}	lieŋ^2	lian^2	liẽ^2	tiã^2
121	（我）的	个	ke	kɑ^5	ke	ke?^{78}	kiæ
122	多少	几多	tʃi^{3}to^1	ki^{3}to^1	tsi^{3}to^1	tɕi^{3}to^1	—
123	不是	唔系（不是）	ŋ^{27} he^{68}	（pɤ^7 sɿ^{68}）	maŋ^2 hɛi^6	ŋ^2 he^{56}	m^2 me^1
124	找遍（了）	寻交	tʃʰeŋ^{27} kɔ^1	tsʰiŋ^2 kau^2	—	tɕʰiŋ^2 kɔ^1	—
125	我	偓	ŋai^1	ŋa^3	ŋai^1	ŋæ^3	ŋa^3
126	你	你	ni^1	li^3	nie^1	ni^3	ne^3
127	他	渠	ke^1	kɤ^3	tɕie^1	tɕi^3	—
128	下雨	落雨	lo^{68} i^3	lo^7 iəɯ^3	lɔk^8 vu^3	lo?^{78} i^3	lɔ^1 y^3
129	冰	（凌）冰	ləŋ^{27} peŋ^1	lieŋ^2 piŋ^1	liŋ^2 piŋ^1	—	piəŋ^1
130	今天	今日（朝，晡）	（tʃeŋ^1 pu^1）	kiŋ^1 tsau^1	tsəm^1 tsau^1	tɕiŋ^1 nie?^{78}	（tɕiəŋ^1 pu^1）
131	种田	作田	tso^{27} tʰiẽ^{27}	tsɔ^7 tʰieŋ^2	tsɔk^7 tʰian^2	tso?^{78} tʰiẽ^2	tso^{78} tʰiẽ^2
132	扁担	担竿 扁担	taŋ^1 kũ^1	pieŋ^3 taŋ^1	pian^3 tan^1	piẽ^3 tã^1	—
133	放牛	眽牛	niaŋ^5 ŋɔɯ^{27}	iaŋ^5 ŋɔɯ^2	naŋ^5 nɔɯ^2	niã^2 niu^2	liã^5 liu^2
134	牲畜	头牲 畜牲	tʰəɯ^{27} saŋ^1	tsʰu^7 saŋ^1	tsʰuk^7 saŋ^1	tsʰu?^{78} sã^1	tɕʰy sɛ̃^{1}
135	鸡蛋	鸡蛋	tʃe^1 tʰaŋ^{68}	kie^1 tʰaŋ^{68}	ka^1 ka^1	tɕi^1 tʰã^{56}	tɕi^1 tʰã^1

续表二

序号	普通话	方言	长汀	宁化	宁都	赣县	大余
136	(鸟)窝	窦,宿	siəɯ³	səɯ³	sau²	tio⁵⁶	se³
137	尾巴	尾(巴)	me¹pa¹	mɛi³pa¹	mɛi³pa¹	mi¹pa³	mi³pa³
138	雨伞	伞	saŋ³		san³	sã³	
139	斗笠	笠嫲(斗笠)	təɯ³ti²⁷	lie⁷ma²	lit⁷pʰo²	tio³pʰəŋ²	tæ³ti¹
140	把尿	兜尿	təɯ¹ niɔ⁶⁸	tsʰa⁶⁸ ŋiau⁶⁸	tiak⁷ nau⁶	tiẽ¹ niɔ⁵⁶	tiẽ¹ liɔ²
141	脑袋	头拿 脑壳	tʰəɯ²⁷ na²⁷	lau³ kʰo⁷	nau³ kuai⁶	nɔ³ kuei⁵⁶	lɔ³ kuø³kʰo²
142	客人	(人)客	neŋ²⁷kʰa²⁷	ŋiŋ²kʰa⁷	kʰak⁷	kʰaʔ⁷⁸	kʰa¹
143	漂亮	精(标致)	tsiaŋ¹	sɔŋ³	piau¹tsi⁵	piɔ¹tsɿ⁵⁶	piɔ¹tsɿ⁵
144	妹夫	妹郎	mue⁵ lɔŋ²⁷	mɛi⁶⁸ lɔŋ²	muai⁵ lɔŋ²	mei⁵⁶ lõ²	mø⁵ lɔ²
145	吹(气)	吹	tʃʰue⁵	tsʰɤ¹	tsʰui¹	tsʰe¹	tɕʰyø¹
146	剁	斫,剁	to⁵	to⁷	to⁵	to⁵⁶	to⁵
147	浇(菜)	淋,沃	(pʰa²⁷)	vu⁷	lim¹	(tɕiɔ¹)	tiəŋ¹
148	(平)抠	乞,抠	via¹	kʰəɯ¹	kʰəu¹	kʰio¹	kʰie¹
149	挤	欐,挤	tsi³	tsiaŋ¹	(ŋat⁷)	tɕi³	
150	睡	睡目	ʃue⁶⁸mu²⁷	hie⁷	—	ɕie⁷⁸ŋã³	ɕie³kɔ¹
151	斟(酒)	釃	sai¹	sa¹	sai¹	sæ¹	—
152	给(他)	分,搦	(te²⁷)	pɛ̃i¹	nak⁷	na³	na¹
153	说话	话事	va⁶⁸ sɿ⁶⁸	va⁶⁸ sɛi⁶⁸	va⁶ sə⁶	va⁵⁶ sɿ⁵⁶	va¹ sɿ⁵
154	合作	佮,合	ho⁶⁸	ko⁷	hap⁸	kaʔ⁷⁸	hua²
155	惹	撩,惹	liɔ²⁷	ŋia³	liau²	nio³⁶	(ti³)
156	知道	晓得	ʃiɔ³ te²⁷	hiau³ tɤ⁷	sau³ tək⁷	ɕiɔ³ teʔ⁷⁸	ɕiɔ³ te⁷⁸
157	害怕	怕	pʰa⁵	—	—	pʰa⁵⁶	pʰa⁵
158	吵架	讲口	kɔŋ³ həɯ³	kɔŋ³ kʰəɯ³	kɔŋ³ həu³	kõ³ hio³	kɔ̃³ hæ³
159	累	累,跁	le⁵	lua⁶⁸	lui⁶	læ²	tsʰɤ⁸
160	一尾鱼	只,尾	tʃa²⁷	mɛi²	tsak⁷	tsaʔ⁷⁸	tsa¹

续表二

序号	普通话	方言	长汀	宁化	宁都	赣县	大余
161	一床被	番,床	faŋ^1	soŋ^2	tsʰɔŋ^2	tsʰõ^2	tsʰɔ^2
162	一支烟	行,杆	haŋ^2	kaŋ^3	haŋ^2	kiŋ^1	kiɛ^1
163	一把刀	把	pa^3	—	—	—	—
164	一片叶子	皮	pʰi^{27}	pʰi^1	pʰi^2	—	—
165	下面	下头	ha^1 tʰəu^{27}	ha^{68} mien^{68}	ha^6 kau^1	ha^1 tõ^{56}	ha^5 læ
166	什么	什么	soŋ^{27}si^1 mɤ^7	suɯ^1 sət^8	sə^3 sət^8	səŋ^{56} moʔ^{78}	sə^3 mo^1
167	借给我	得,分	te^{27}	pɛ̃i^1	kən^1	te^{78}	la^{78}
168	我和你	跟,同	ta^{27}	tsʰi^2	kən^1	taʔ^{78}	tʰəŋ^2
169	得去了	要	iɔ^5	(ha^{68})	iau^5	iɔ^{56}	iɔ^5
170	被打	得,分	te^{27}	pɛ̃i^1	pʰi^6	na^3	laʔ^{78}

参考文献

李如龙、张双庆主编　1992　《客赣方言调查报告》,厦门:厦门大学出版社。

福建省方言调查指导组　1963　《福建省汉语方言·闽西客话概况》(讨论稿)。

罗香林　1933　《客家研究导论》,台北:古亭书屋。

梁方仲　1980　《中国历代户口、田地、田赋统计》,上海:上海人民出版社。

邓迅之　1982　《客家源流研究》,台北:天明出版社。

L.R. 帕默尔　1983　《语言学概论》,李荣等译,北京:商务印书馆。

周振鹤、游汝杰　1986　《方言与中国文化》,上海:上海人民出版社。

王　力　1985　《汉语语音史》,北京:中国社会科学出版社。

周祖谟　1966　《问学集·宋代汴洛方言考》,北京:中华书局。

周祖谟　1988　《唐五代的北方语音》,《语言学论丛》第15辑,北京:商务印书馆。

李新魁　1988　《宋代汉语的韵母系统研究》,《语言研究》第1期。

黄雪贞　1987　《客家话的分布与内部异同》,《方言》第2期。

邓晓华　1988　《闽西客话韵母的音韵特点及其演变》,《语言研究》第1期。

（本文于1992年9月在香港中文大学的国际客家
学研讨会上宣读过,后收入该研讨会论文集,
香港中文大学出版,1995年）

闽粤方言的不同文化特征

　　作为文化的载体,语言总是忠实地反映着使用该语言的社会的历史和文化,通行在一定地域的方言则是各种地域文化的最直接的体现。研究方言既应该研究它的内部结构,展示该方言的语音、词汇和语法的特征,也应该联系该地的历史文化研究其文化特征。

　　什么是方言的文化特征?经过多年的思考,我认为这就是方言在内外关系和古今流变中所表现出来的特点。例如,在一个方言区里的各种小方言之间是差异很大或相当一致?有没有权威性方言起规范作用;方言与共同语之间关系如何?共同语是否普及,方言是否受到共同语的重大影响?在与周边方言相处中谁是强势的谁是弱势的,强者对弱者如何扩展其地盘,施加其影响?在方言定型和演变的过程中,不同的方言显然有不同的变化速度,有不同的演变模式。所有的这些都不是方言的内部结构所决定的,而是它的历史文化背景所决定的,因此,它不是方言内部的结构特征,而是方言外部的文化特征。

　　不同的方言之间,既有明显的方言差异(结构特征),也一定有不同的文化差异(外部特征)。比较研究方言的文化特征,不但有助于我们理解现存的方言共时系统的形成的历史背景,而且对我们了解地域文化的特点有很大的启发。

　　本文从四个方面就闽粤两大方言的文化特征的异同做一番比较,借国际粤方言研讨会之机,就正于诸位方家。

一　关于方言的内部差异和代表点方言

同一区内的小方言之间，有的差异甚大，甚至没有明显的有代表性的中心方言；有的差异甚小，有高威信代表点方言，并对各地方言施加很大的影响。前者是离心型方言，后者是向心型方言。在这一点上，闽粤方言就有明显的差异。粤方言内部差异不太大，即使在有明显方言差异的地区（如粤西的高雷地区和桂南的钦廉地区），代表点方言广州话大体也可以通行。不仅如此，在香港，虽然百余年间沦为殖民地；在吉隆坡和旧金山，虽然远隔重洋，那里所通行的粤语竟与广州话相差不大，一般的别方言区的人是难以辨别的。像这样高度集中的向心型方言在汉语方言中是任何方言所无法比拟的。在闽方言之中虽然有些二级方言区也可称为向心型方言，福州话在闽东可通行十几个县，厦门话通行于闽南 20 多个县和台湾省全岛，汕头话在粤东十几个县市，海口（文昌）话在海南全省，海康话在雷州各县市也都通行无阻。而在闽北和闽中，建瓯话和永安话的通行就有些勉强了。至于各小区之间，不但没有形成共通的代表性方言，各方言之间还相差甚大，大多并不能通话。在闽语可以说是二级区向心，一级区离心。

闽粤方言在这方面的差异是有深刻的历史原因的。从地理环境说，粤方言分布的中心地带珠江三角洲是平坦的河网地带，在省外和国外的分布也大多集中于市镇（如南宁、北海、香港、澳门、吉隆坡、旧金山），历来彼此交往频繁。更重要的是南粤地区的商品经济历来就十分发达，商业流通正是方言沟通和混合的润滑剂。广州是两千年的古城，也是中国对外贸易的南大门，广州话在粤语区内的权威地位是自然形成的。而在闽语所分布的地区，虽然也有平坦的闽江、晋江、九龙江、韩江等三角洲和福州、泉州、厦门、漳州、汕头、湛江、海口等出海港口，但彼此相距遥远，历来分属不同的行政区划（3个省5个州），其余各区多半是崎岖的丘陵地，历史上交通并不方便。泉州、漳州、厦门和汕头也曾有过贸易港口，但是经过兴衰历变，并未形成稳定的大型的商业中心。省城福州虽然历史悠久，但是政治、经济的力量都有限，显得鞭长莫及，未能成为全区的中心方言。

二　关于与古今共同语的关系

在闽语区，方言和共同语素有双语并用的传统。各地闽语多数的字都有文白异读。白读是方言固有的读音（说话音），文读则是早期共同语的读音（读书音，即模仿得不准的国音）。从以下例字福州话和厦门话的文白读就不难看出，文读音接近于《广韵》系统的中古音。

	福州	厦门			福州	厦门
初文	tsʻu	tsʻɔ	闲文		hang	han
白	tsʻœ	tsʻue	白		ɛing	ing
梯文	tʻɛ	tʻe	前文		tsieng	tsian
白	tʻai	tʻui	白		sɛing	tsing
沙文	sa	sa	秧文		yung	iɔng
白	sai	sua	白		oung	ng
拖文	tʻo	tʻo	双文		sung	sɔng
白	tʻua	tʻua	白		sœng	siang
皮文	pʻi	pʻi	生文		sɛing	sing
白	pʻui	pʻe	白		sang	sĩ
驶文	sy	su	声文		sing	sing
白	sai	sai	白		siang	siã

教文	kao	kau	青文	ts'ing	ts'ing
白	ka	ka	白	ts'ang	ts'ĩ
头文	t'ɐu	t'ɔ	东文	tung	tɔng
白	t'au	t'au	白	tøyng	tang
流文	liu	liu	毒文	tuʔ	tɔk
白	lau	lau	白	tøyʔ	tak
林文	ling	lim	滑文	huaʔ	huat
白	lang	nã	白	kouʔ	kut

近代社会以来，闽语区逐渐出现了普通话和方言的双语制。雍正年间，鉴于闽粤官员说话别人听不懂，曾有诏令要求闽粤两省设立正音书院教习正音，后来在福建就陆续出版了一些推广官话的读本，例如蔡伯龙的《官音汇解》、张锡捷的《官音便览》、黄绍武的《闽音正读表》，连一些地方韵书如《汇音妙悟》和《十五音》也收入了一些"正音"。辛亥革命以后，福建所办的新学堂，至少在闽南地区识字教育都是用注音符号拼注"国音"，然后用方音"解说"的，因而脱盲后的青少年大体上都能勉强听懂官话。在西部山区，由于外地人口的不断涌入，本地方言又格外分歧，有时一个县内就有几种不能通话的小方言，为了交际的需要，最近的半个世纪以来，都先后推广了共同语。

在粤语地区，方言和共同语的关系可以说是方言为体，共同语为用。在口语方面，真正在普通百姓之中推广普通话还是改革开放之后、近二十年间的事。由于识字教学用的是方音，连知书识礼的文化人都只能用方音读书而不能说普通话。在书面语方面，不论是纯粹的方言口语或是掺杂着文言成分和书面语的混合文体，都可以书写成文。早先的木鱼书、通俗小说和现代香港报章的副刊、广告都是这类方言书面语，俗称港式中文。而用共同语书写的书面语，由于识字是经过方音，用方音去阅读也便可以理解。这就是粤式的方音为本，言文脱节，文白夹用，雅俗共赏。改革开放以来，学校的普通话教育有明显的进步，社会上则因大量外省打工者的涌入，促使了普通话的逐渐普及。

由此可见，共同语对方言的制约作用，尤其是在书面语方面的标准、规范的地位是普遍存在的，但是在不同的方言区，作用力大小很不相同，作用方式也有差异。

闽粤方言的这方面差异也可以从两种方言形成的历史和两地不同的文化心态的差异找到解释。

闽语的形成主要是汉人四次移民潮叠加的结果，第一次是汉末东吴人移居闽北闽东；第二次是东晋南迁的北人辗转入闽；第三次是初唐陈政、陈元光的平定闽西、闽南；第四次是唐末王审知的据闽、治闽。头两次时代久远，批量较小，在闽地分布面也较窄；后两次批量大、分布广、影响更大。这两次移民的主体虽然也是避乱南下的农民，但是多为加入行伍的兵卒，后来在闽中掌权落籍了（陈元光是漳州刺史，王审知是闽国之王，其所部均在闽落户），因此形成了浓重的正统思想。虽然远处东南海陬，关山阻隔，无复北顾，总是以"中原贵胄""华夏传人"而引为自豪，不论传到多少代还是忘不了中原老家的郡望，盖起房子便在大门口写明"某某衍派"的堂号。宋以后，闽中文教渐兴，士子应举十分热衷，取得功名者也不在少数，于是一些文化汇萃的古城往往自称"海滨邹鲁"。这种注重故土的血缘、地缘的"根"的意识传袭千年，至今不衰。许多后来移居台湾乃至东南亚的闽裔，至今还记得自己是"陇西李""颍川陈"或"燕山黄"。这种"根"的意识对于注重学习主流的"官话"和"正音"，显然是十分重要的。闽语区所以素有方言与共同语双语并用的传统，乃根植于这种崇正意识之中。

粤语的形成一般是追溯到秦始皇的 50 万戍卒南下。这个数字显然是为了壮大声势而夸大了的。即使发兵时不下十万，分兵数路渡长江、过湘桂而入粤，北人不适南方水土，又要历经征战，能够到达南粤的为数一定不会太多。一番征战之后，留下来的汉人还是要与南越人和平相处。因而赵佗上书中央时自称"蛮夷大长老夫臣佗"。汉唐之后直至五代十国的南汉，中原汉人也陆续有入住粤中的。唐开元间张九龄开凿梅岭新路时粤北韶州人口只有6000多户，到了天宝年间增至3万多户。和粤方言形成关系最大的最近一次大批量的汉人移民该是两宋之交经由南雄珠玑巷入住珠江三角洲。这些人应有北宋之前先后从江西、湖南前来粤北定居的老移民，也有因宋室南迁而流离南下的新移民，不论是新的老的其口音都不会去《广韵》系统太远，所以那时确定下来的粤语的音系才那么接近《广韵》音系。时至今日，定居在珠江三角洲的各个大姓的族谱，几乎没有例外地追述了南宋初年迁自珠玑巷的历史。从珠江三角洲出发远涉重洋发迹之后的"广府人"也没有忘记珠玑巷。近些年来，到那里寻根访祖，扶助故地经济建设之举越加频繁和盛大。在这一点上，正史、谱牒的记载，口碑、民心的记忆和语言的印记，完全是可以相互论证的。这样的移民史造成的文化传统是随遇而安、讲求实际。在珠江三角洲立足之后，粤人利用大好的气候和水文条件发展农业，经营商业，逐渐地又走出伶仃洋，四海为家，把生意做到五大洲。到了一个地方就建街设市，就旺聚居，把自己的语言和文字也带去用开了。新的天地如此富饶，外面的世界如此生动，他们自然是无复返顾了。用祖传的方言说话，用同一套现成的读音读书识字，比起学习另一套共同语，显然要简便些，这是符合"讲求实际"的要求的。

三　关于方言的运用和方言间的接触

闽粤两种方言在社会生活中的应用及方言的接触中的表现有不少

共同的特点，也有一些不同之处。

　　闽粤方言的应用，不但有口语的交际，而且有艺术的加工。粤语向心，粤曲和粤剧在粤语区各地都很受欢迎。闽语各小区之间差异较大，几乎所有沿海各小区都有自己的地方文艺。闽东方言有闽剧、评话、伬唱，莆仙话区有莆仙戏，闽南话区清唱有泉州的南曲和漳州的锦歌，戏曲有泉州的梨园、高甲，漳州的芗剧（在台湾称为歌仔戏），潮州的潮剧等戏曲，还有雷州的雷剧，海南的琼剧。这些地方戏曲、清唱、说书等大体上是明清以来随着近代城市的兴起而发展起来的。大量的地方文艺形式从说到唱都在为方言口语进行艺术加工，深为本地人所喜闻乐见。应该说，这些艺术语言对方言口语发生着相当大的影响。

　　和闽语区相比，粤语的书面语加工更为广泛，这主要是粤语区形成了完整的书写体系。只要是粤语的音，或本字或俗字，或者用同音字、借用字，都可以找到方块字来写。不少常用的俗字，书写定型，在社会上已被普遍接受。因此，用粤语写的读物便可以在社会上通行。从30年代以来，所谓的"木鱼书"，韵文有说唱文学，散文则有历史故事、时事评论，都曾经在穗港两个都市盛行过。此外，在民间也常可见到粤语书写的告示、便条和广告。在香港，至今各大报刊都还有用粤语写作的副刊杂文。普通话、粤语和文言乃至英语杂而用之的市井小说还在大规模地出版发行。闽语区的书面语在明末清初曾有地方戏的脚本（如《荔镜记》等），民初有过针砭时弊的杂文（如《畅所欲言》），三四十年代有不少家庭妇女中流行的小唱本（如《英台山伯》《雪梅思君》等），后来就销声匿迹了。在这一点上，吴语和闽语情况相近。明清以来，吴语区也曾有过《山歌》《九尾龟》《海上花》等方面的读物，后来由于共同语的普及也衰歇下来了。

　　方言间的接触是历来就有的，近代以来社会生活复杂化了，人们交往多了，方言之间的较量也就更加剧烈。在与外方言接触时的表现，闽粤方言也是有同有异的。

　　闽语也算是强势方言了。明清以来闽南话散播到浙南沿海的苍南、玉环、洞头乃至苏南的宜兴，赣东的上饶，赣南的蟠龙，粤北的韶关、曲江，珠江三角洲的中山，以及广西玉林、平南等地，多则数十万人，少则数千人、几百人，在其他方言的包围之中，他们还能保留自己的母语成为方言岛。在东南亚的菲律宾、泰国、新加坡、马来西亚、印尼各国，"福建话"（实则闽南话）一直是当地华裔之间的共通语。这是由于到东南亚定居的华人年代最早、人数最多的正是闽南人。

　　相对而言，粤语是比闽语更为强势的方言。这主要表现在以下三个方面：

　　① 在广东全省乃至广西的部分地区，粤语成了区域共通语。广东的闽语区，客语区和北部土语区，近数十年来，人们竞相学习粤语，至少在县、市、镇的商业服务行业，粤语大体上都能通行无阻。

　　② 在某些城市，粤语甚至有取代原有方言的趋势，例如韶关城区原是韶州土话的地盘，如今市面上主要通行粤语，能说土话的人只是为数不多的老人了；在湛江市区，原有的雷州话也不那么时髦了，"白话"则有喧宾夺主之势。

　　③ 在华裔比较集中的新加坡和马来西亚，近几十年间，闽南话的共通语地位正在悄悄地让给粤语。许多以闽语、客话为母语的人，都已经学会"白话"，而以白话为母语的人则不再学习闽语了。50年代以来，香港出版的粤语书报和粤语电影在新马一带影响很大，它们为推广粤语立下了汗马功劳。

　　粤语在方言接触中的这种强势，主要来自粤人的商业运作。从唐宋的市舶司到明清的"十三行"，广州历来就有对外贸易的传统和经验，近代以来通过港澳更是进一步和五大洲建立了庞大的商业网络。在内地，"广货""广州店"成了百货或百货店的代名词。改革开放后，珠江三角洲的经济突飞猛进，并与港澳的经营网络相连接，自然影响更大了。应该说，粤语在诸多周边方言中的强势地位，今后还会持续下去。不过也应该指出，这种强势，出了广东省，便只是在广西有一定的表现，在湘、赣、闽、琼的周边省区就已经不大起作用了，至于在官话区，除了酒吧歌厅里的几句粤语歌曲，相声小品里几句模仿得并不太像的"白话"，其他方面并没有多少影响（有些新创语词的影响另当别论）。在同一个省里，有相同的经济政策，共同的新闻传播媒介，彼此的交往也多，这就提供了形成区域共通语的可能性，离开了省城，情况就大不相同了。看来在共同语日渐普及的情况下，对于粤语的"扩张"是不能估计过高的，所谓的"粤语北上"自不能与"普通话南下"相提并论。

四　关于方言演变的类型和整合的模式

从历时演变的速度分，方言有稳固型和变异型之别。稳固型方言的结构系统不容易受共同语或强势方言的影响而发生变化；变异型方言则容易发生变化。但是任何方言都不可能一成不变，都有不同历史层次的成分的叠置。而如何把几个不同时代的语言成分和语言特点整合成一个共时的结构体系，不同的方言则有不同的模式。稳固型的方言不容易接受外来影响，因而结构体系就比较单纯，拿语音说，和古音类的对应比较整齐，反之，容易接受外来影响的变异型方言，就往往呈现驳杂的系统，和古音的对应不甚整齐。

闽粤方言都是稳固型的方言。从一些零星的记录可以看出，"歌豪不分"从宋代到现在，在闽语已有近千年历史。像"父亲"称"郎罢"、"呼儿曰囝"，这是唐代就有的方言词。晚唐泉州和尚所编的《祖堂集》的不少句子至今还同现代泉州话十分相近。如果说粤语的语音是两宋间定型的话,这一千年间的变异也是很少的,难怪有人戏说"广韵"者,广州音之韵也。从"五口通商"之后,教会所编的广州话、厦门话、福州话、潮州话的各种词典看,不论字音或词汇都还是大体上没有大的变化。然而闽粤语都有的稳固性又是各自有着不同的表现。粤语是内部相当一致的大面积稳固,闽语则是多数小区较为稳固,某些小区则还有较多的变异。例如闽东、闽南是稳固的,闽中、闽北是变异的。在闽北方言,入声字的塞音韵尾已经全部脱落了。而同是声韵调都相当稳固的方言,闽南出现了轻声和普遍的变调,闽东则变声变韵变调兼而有之,在多音连读系统上完全是变异型的了。

就整合的方式说,闽粤方言则有较大的差别。

粤方言的语音显然是单纯型的,与《广韵》系统的对应相当整齐,字音的异读和多音词的连音变读也很少;而词汇系统则比较复杂,既有不少古代南越语的底层,又有一定数量的近代英语借词。闽方言的语音系统多包含着几个不同的历史层次,既有上古音的留存,也有近代以来的变异,不同历史层次的语音往往用文白异读、别义异读的方式来整合,使之共居在同一系统中。至于近代以来多音词大量增加后带来的连音变读,在闽语中则既有最保守的,如闽北方言没有任何音变;也有最多变的,如闽东方言的变声、变韵、变调。

闽粤方言之所以是稳固型的,看来主要是因为它们远离官话区,定型后的内部结构又与官话有较大差别,所以不容易接受官话的影响。至于周边方言,相对都是弱势的,也缺乏对它们的影响力。在整合的模式方面,闽粤语之间的差异则是两个方言区的历史文化背景所决定的。论历史,粤语比闽语更长,为什么上古音的留存反倒比闽语少?正如上文所述,可能因为两宋时期入粤的人数批量大,时间集中,正如大浪淘沙,这个时期的语音系统把前代旧音都覆盖了。又由于向心型方言,代表点方言影响巨大,内部的不同整合方式就比较少。而词汇之所以驳杂,则与上文所述的"随遇而安、讲求实际"的文化传统紧密相关。在闽语区,既是大区离心、小区向心,在演变的速度和整合的方式上就出现了比较复杂的情形,而正如上文所述由于重视正统,尊重共同语,普遍存在更多的文白读,这便成了闽语的一大特色。

（本文 1999 年 6 月在香港的第 7 届国际粤方言研讨会
上宣读,后刊登于《暨南学报》2000 年第 1 期）

附录 我与汉语方言

一 关于我的母语

我的母语是福建东南部的泉州片闽南方言。我的出生地是南安县梅山乡芙蓉村,前几年县改市,乡改镇。从历史上的行政区划说,先有南安(隋设南安郡),后有泉州(唐设泉州),福建东南部的莆田、漳州、厦门等地闽语都是从泉州分出来的,福建之外的闽南方言则都是从莆田、泉州、漳州分出去的。应该说,南安—泉州的闽南话是最古老的闽南话。

福建省东南部的沿海首先兴盛起来的是泉州,宋元之间那里是海上丝绸之路的起点。据马可波罗记载,当时是"东方第一大港"。明清之间漳州的月港取代了泉州港的地位。1840年以后厦门兴起,成为闽南侨乡对外联络的港口。厦门话是从泉州和漳州来定居的人所带来的家乡话混合而成的,大体上声母近泉州,声调近漳州,韵母两边各取一些合成。总的说起来,我的感觉是六成泉州腔,四成漳州腔。

泉州片方言又分为两种口音。东北片是沿海的晋江、惠安二县市,其余的泉州、永春、安溪、德化、同安是另一种口音。南安大部分属后者,小部分地区属于前者。我的家乡正在这两种口音的交界处,所以我都能听到并加以分辨。其区别主要是一些鱼韵字和止摄字,泉州等地读[ɯ]和[i],而惠安、晋江则混为[i](如去—气);又,戈韵字(过、火、坐)和蟹摄一等(袋、灾、配、退、灰)和三等的少数字(脆、税)以及部分止摄字(如髓、吹、垂、飞、尾)读为[ə],和麻韵、齐祭韵的[e]有别,惠安、晋江和厦门混为[e],漳州混为[ue](如吹—差,尾—马,退—蜇,过—嫁,袋—帝,螺—黎)。我母亲原是洪濑人,是有央元音的,因为16岁就嫁到梅山来,这里[i、e]占优势,不久就受同化了。

　　我到泉州念高中时,不留心把"书家"(卫生)说成"之家","大尾"(大只)说成"大马",就会被城里人取笑,并且夸张地说我们是"戏袭戏基洗袭西"(四十四只死石狮)的口音。我当时还真努力学习泉州音,总以为城里的话不至于像乡下音那么土。可是后来到了厦门念大学,很奇怪,这个大码头的口音有的反倒和南安音近而和泉州音不同。例如"去—气"不分,"果—假"无别。但在词汇上还是南安、泉州比较接近而和厦门不同。例如"厮共—斗骹手(帮忙),鲑菜—物配(下饭菜),呣做得—呣使得(不行),无用去—太去(别去)"。这些方言差异引起我很大兴趣,我总想去解释它。有时小时候留下的一个问题几十年后找到了答案便会一阵惊喜。例如我老姑妈把"街、鸡"说成[ue]的音,我原先以为她没有文化,说话走音,上大学后见到《汇音妙悟》有鸡韵,当时想,可能是[ue]的读法,但在实际口语没找到证据。1982年我在福鼎沙埕调查闽南方言岛时听到了[ue]的读法,才放心地把鸡韵定为[ue]音。1992年到了台湾听洪惟仁先生说台南也有[ue]的说法。还有一个例子,小时候跟母亲去拜菩萨、供祖宗时,母亲最后总叫我[ts'iũ⁵ hia⁴](合掌作揖)音同"唱蚁",我也以为母亲说的是土语,无字可写。后来学了音韵学,又读了《水浒》,才知道这个音就是"唱喏",日母白读为[h](如燃、耳、肉)又多得了一个例证。南安人肯定的应答时说[hiauʔ⁸](厦门说[hẽ⁶]),我原也以为南安话"土得无字可写",不敢再说,后来才发现这个音正是《世说新语》常见的"诺"(在漳州说成[hiə⁸]),原来却如此古雅。

从南安到泉州到厦门后,30 岁以前我一直生活在闽南。到了一处就学当地的闽南话,和不同地方的熟人在一起也用他们的口音同他们交谈,后来走到哪里就说哪里的话,经过不断地听和说,在闽南地区我大体可以辨别不同县的口音。

二 关于我的学习方言和语言

首先我应该提到的是学习普通话。福建省历来有推广普通话的习惯,大概有以下几个原因:1.省内方言复杂,全省没有一种共同语,除了福州话和厦门话各自在周围 10 多个县大体可以通行之外,其他方言区也没有共通语。2.八闽文化崇尚正统,爱以"海滨邹鲁"自居,旧时读书识字也重视正音。雍正五年(1727),鉴于闽粤方言复杂,官员上朝不能通话,皇帝曾敕令两省设立正音书院教学正音。此后福建果然推行得不错,也编了一些《闽音正读表》(黄绍武)、《官音汇解》(蔡伯龙)、《官音便览》之类的读物。到了清末,在维新运动中福建人卢戆章、力捷三、蔡锡勇等率先提倡文字改革,同时也主张推广官话。赵元任组织数人会推动国语运动,福建人中有林语堂、周辩明参与。和福建相比,广东省这两条都显然有异,至今广东未能普及普通话,是有深刻原因的。在东南亚闽南人成堆的地区,和国内故乡一样,自辛亥革命以来,儿童入学识字先教国音,后用方言"解说",华侨中也有"推普"的传统。而在广东华侨成堆的地方,推行的却是粤语(如旧金山和吉隆坡)。闽粤两大方言是南方的古老而殊异的方言,但"推普"的不同状况形成了鲜明的对比。

在福建省,小学启蒙教育先要教注音符号及其所注的国音。当然老师和学生读的都很不准,但却觉得那是很有意义也是理所当然的事。学国语、正国音当然是城里好过乡下,因为老师的水平不同。城里的老师见识广，接触普通话也多。我初中以前在老家学的普通话既没有唇齿音［f］，塞擦音也只有舌面的一套，也没有撮口呼韵母。到了泉州开始有了舌尖前音；上了大学才知道还有那么多毛病。1954年我到北京俄专学了两个月俄语，开始时送衣服到胡同里请老大娘洗，听不懂她们满口的儿化韵和翘舌音，不久，自己的舌头也软化了，开始有了翘舌音。两个月后回来，有人表扬我学到了北京音，有人说我装腔作势，到过北京，就想表现一番。我往后就采取一种对策，到了北京或是和外省人交谈就留意一些，在课堂上也尽量说得准些；和老乡交谈就随便一点。为了教别人学准普通话，我自己还下了功夫背过不少绕口令，朗读文言和白话的诗文也成了我的一种爱好。我的体会是学好普通话不但是教学的需要，也是研究方言的需要。普通话学不好（包括语音、词汇和语法），研究方言就不能进行有效的比较，是一定研究不深的。

　　从中学开始，语文课也学了一些文言文。我小时候，村里还有私塾，有些比我年长的乡亲上私塾背千家诗，顺"上大人"的帖子还叫我帮忙，我从小也便背了一些古诗文。到了大学，古汉语和古典文学的课程不少，我学起来还蛮带劲的。不久我就体会到了说闽南话的人学文言文占了一些便宜。比方，《孔雀东南飞》里的"新妇初来时，小姑始扶床"，唐诗的"妆罢低眉问夫婿，画眉深浅入时无，"用闽南话一读就很容易理解。至于押韵和对节律的理解，就更不用说了。全国统一高考以后，南方的学生古文题都答得比北方学生好，但是作文的分数却不高，因为他们用方言思维，普通话说不好。但是论研究方言与古汉语的关系，却是南方学生要便当得多。后来，为了学好音韵学，我有时还写点旧诗词，尤其是去游山玩水的时候，和朋友唱和的时候，可以增加许多情趣，所做的研究工作也不至于太枯燥无味。

　　除了学古今汉语，我还学了几种方言，这主要是在大学里完成的。

厦门大学是全国招生的重点学校,我们班的二十多位同学,除了本省各地的人外还有江浙、安徽来的。我首先学的是福建的莆田话和福州话,莆田从宋代才从泉州分出,离泉州只有100公里,说的话却是泉州人听不懂的,我要知道个究竟。后来学了点福州话,才知道莆田话就是泉州话和福州话联办的“股份公司”,两种话同时学才能学好。泉州话是我的母语,事实上只要学好福州话,莆田话便容易对付了。所以我重点学的是福州话。后来,我又向上海的同学学上海话,其中一位同学很以说上海话为自豪,很愿意跟我说(班上还有两个上海人就不太爱说),并且不要我教他闽南话,所以我的长进很快。还没毕业时,我参加过一段时间工作,出差去苏州,上海话竟然用上了。不但住宿、上饭店、问路没问题,连作调查时的对话也可以勉强对付。这个经历对我学习外地方言鼓舞很大。另外一位绩溪来的同学,我一次偶然问了他几句话,觉得他的话怪得很难捉摸。从那么怪的方言区出来,竟然有胡适之这样的大学者,我也便很想探探绩溪话的奥秘。可惜这位同学很不愿意说家乡话,总是坚持说着徽州腔很重的普通话。我心里想,与其说很不准确的普通话,不如干脆说方言,还更不至于难为情。但是对此他一直不认同,我也无可奈何,终于留下了永久的遗憾。

我学习方言的时候,语音方面是利用对应规律去推的,词汇上则是联系古今汉语多作语素的分析,常常想想本字是什么,不满足于语音的模仿。所谓对应规律,同是闽语就用我的母语泉州话去推,例如福州话的[ku(<ɔu)˩˩ l(<t)ɛˉ]、[tiaŋ˩ n(<t)uoʔ˥]就是泉州话的[ku˩ tueˉ](旧底:以前)、[tiã˩ tioʔ˥](定着:一定)。其他方言就用普通话的音类去推。当然模仿也是少不了的,而且很重要。上海话的变调,福州话的变声、变韵,我便是通过语词的模仿去掌握的。当时,并未去归纳音变的规律,只是自觉的模仿、自发的类推。要学好一种活的语言,我想单靠理性的了解进行类推,按规律去套是一定学不好的。如果以

模仿为基础,加上规律的类推,学习的速度和效果一定都会更加理想。这其中我尤其要鼓吹考本字。学习方言词的时候,想想本字是什么,对理解和记忆都很有好处。若是进入研究阶段,考本字就是更加重要的锻炼了。我学福州话时就是靠考本字来了解它与古汉语的关系及其与闽南话的不同的。有时还靠考本字来发现它和吴方言的历史联系。这些经历给我留下了学术研究的极好素材,印象特别深。例如"殆",意思是"糟糕",原来就是《论语》里的"思而不学则殆"。"加",副词,更,同《孟子》说的"寡国之民不加多"用法相同。"复",副词,又,见于《木兰辞》"唧唧复唧唧,木兰当户织"。"墿"(路,徒故切)与闽南异,而于古有征;弄(小巷)、驮(拿)、澄(落下)、转去(回去)、矮(低)则是同吴方言并见诸古籍的。

后来,我又因为调查方言和改变居住地学了一些方言。离开闽南后在福州住了20年,福州话自有不少长进。最后两年,借编福州话词典的机会又作了加深和充实,可以算是我的第二母语了。有一次,去拜望一位阔别多年的80多岁的福州籍老师,整整两个钟头全用福州话交谈,听和说竟没有遇到障碍,当时还真有点得意,因为福州话确实是最不好学的汉语方言之一。

1959年我参加全国方言普查,负责调查闽西的客家话,头一个点是闽西的汀州府所在地的长汀话。那里的音系是客家话中最简单的,只有30个韵母、21个声母、5个声调,而且古今音类对应整齐。我当时年轻,大学刚毕业,工作劲头很大,学起来很用心。发音人是长汀师范的老师厦门大学的学长周晖先生。他发音稳定而明确,工作十分认真。一个星期之后,我便可以用本地话向发音人询问,上街也可以用本地话同人交谈。后来又调查了上杭话。1964年厦门大学一批师生到上杭参加"社教",我用两天时间编了一本袖珍本《上杭话学习手册》,用汉语拼音为方言注音,收了数百个常用方言词和几段短文。几天之中全校师生都在用这本小册子学上杭话，有的竟然下乡时便可凑合着用本地话和农民交谈。

（20世纪）70年代以后，我在福建师大教书，多次到建瓯调查方言，有一次在那里举办全国性方言研究班，住了两个月。1993年前后，又参加全国的"八五规划"（汉语方言大词典），同潘渭水合编《建瓯方言词典》，经过多次长时间的调查和为注释推敲、考本字，后来到建瓯时也勉强可以通话。

最近的五年在广州生活，加上两次访问香港中文大学，共有6年时间生活在粤语区。起先，对粤语区不热心"推普"，很有些反感，没下功夫学。后来体会到粤语区不推普是有历史文化原因的，作为一种重要方言，研究方言的人不掌握它很可惜。一开始学就体会到：果然"广韵，广韵，莫非广州之韵"！用《广韵》的音韵地位去推，我开始壮着胆子说。热情的香港人很喜欢外地人跟他们说"白话"，不相熟的人听到我的发音还蛮准确的，便正儿八经地跟我说上一大串的话。有时连听带猜我还能懂几成，有时对方用的方言词一多，我便会摸不着头脑。有一次我问罗杰瑞，你的福州话怎样？他说：能说不能听。当时我很纳闷，以为学话总是先学听再学说，哪有能说不能听的？现在我理解了，先选好词造好句，再用语音对应推字音，这就能说，说是主动的。听就被动了，方言词掌握得不够就硬是听不来。为了减少能说不能听的尴尬，我又通读了粤语词典，慢慢地就能说能听了。最后感到困难的是语助词，因为书上说的往往很简单，非长期捉摸积累不可。现在，一般的交际是可以对付了，只是方言词语还掌握得不够多，表达水平不高。考考本字，做一点小题目的研究还是可以的。

至于学习外国语，说来十分遗憾，先后学过英语、俄语和日语，但都没有学好，不太能用。究其原因是没有用心学，没坚持不懈，没有把它和我的工作、生活联系起来。

三 关于我的研究方言

我是在大学二年级选定了研究方言和语言学的路子的。这一方面跟我从小所接触的方言多,并且养成了深究其中关系的爱好有关;另一方面跟当时国家提倡推广普通话和汉语拼音、文字改革有关。我感到研究方言与共同语(古代和现代的)的关系,为"推普"和文字改革服务,既是科学性很强的工作,又是实用性很强的事业,在学术上和事业上都大有可为。和研究文学相比,一不依赖灵感,二不受政治的干扰。和农村里种地一样,花多少劳动,其成果是可以预期的。当然,其中也有老师的影响。给我们上语言学课的黄典诚教授,精通音韵学和古代汉语,对方言也有很多很深入的了解,文字改革方面也很热心。后来我走的研究语言学的路子和他的路子大体上是一致的。

大学一毕业,我就参加了全国方言普查,做的是闽南方言和闽西客话的调查。当时缺专业教师,一毕业我就上了几个年级的课,组织高年级学生学习国际音标和调查方言的方法。我自己先做自己的母语的调查,把课堂上学来的和自己做过的说清楚了,再组织低班的同学调查自己的母语或与母语相近的方言还是容易上手的。1959年,厦大中文系搬到福建省新建的钢铁基地三明工地办学,"语言专业队"的同学,除了调查方言还编扫盲课本,在工地上教民工学普通话、识字、学拼音,叫作"三结合"扫盲。因为是教老乡学话、识字,用上了方言调查成果,效果还很不错哩。有一次,文改会主任胡愈之先生来福建省检查工作,我去福州向他汇报,得到了他的赞扬。

从1960年到1963年,我一面教书,一面整理方言普查材料,负责组织编写《福建省汉语方言概况》(以下简称《概况》)。当时这项工作是在语言研究所的指导下进行的。李荣先生曾两次来闽考察指导过我们的工作,并派了几位研究人员(包括陈章太和张盛裕)来协助我们。实际工作则由我和潘茂鼎先生组织,黄典诚先生是业务指导。在这几年中,我分工调查了闽西客话的几个点,包括长汀、上杭、连城,后来还到过尤溪、将乐、邵武作些初步的调查。编写《概况》时我负责写闽西客话概况和总论的一部分,并为总论其他部分修改定稿。该书在厦门大学铅印内部发行,全书是我负责校订的。到1963年暑假,《概况》讨论稿印好后,我们邀请了全国重点大学开设汉语方言学课程的老师来讨论这部稿子。大家对福建方言普查多所肯定,这就给了我们很大鼓舞。参加这次讨论的先生有黄家教、詹伯慧、陈章太、施文涛、许宝华、张盛裕、王福堂等老师,后来大家都成了好朋友。会后,我们几个《概况》主要执笔人合写了《关于福建方言的分区》一文在《中国语文》发表。我还把《概况》中最有特色的两段抽出重新搜集补充材料写成《厦门话的文白异读》和《厦门话的变调和轻声》两篇长文,刊登于《厦门大学学报》。这两篇文章曾得到袁家骅先生的热情肯定。研究文白读和方言变调这在当时是具有领先的水平的。1964年,我和潘茂鼎先生专程到北京,住在语言所一个月,在丁声树先生和李荣先生指导下制定《概况》的修订方案。可惜,后来没有继续这项工作,因为不久"四清"和"文革"等政治运动相继而来,业务工作陷于停顿。

　　1973年底,我到了福建师大,便抓紧调查闽北和闽东的方言。在闽北,我是一个县一个县跑,每个点调查7—10天,不少点去过两次以上,有些县(如尤溪、建阳、南平、浦城和建瓯)不止调查一个点。闽东则抓住有特色的点作调查(如福鼎、宁德、周宁)。有了对闽北闽东的了解,我便进一步做了对闽语的综合比较研究,后来和陈章太合作写成了《论闽方言的一致性》和《论闽方言内部的主要差异》两篇大论文,先后刊登在头两期的《中国语言学报》。这两篇文章中关于闽语的分区意见很快就被学术界普遍接受,写入各种教科书和百科全书。后来几年,应地方上编修县志、市志的需要,我先后为10多个县市写了方言志(包括建阳、崇安、浦城、沙县、将乐、建宁、泰宁、明溪、三明、南安、晋江、仙游)。从50年代到80年代的30年间,在福建境内我调查过的方言点大概不下百个。

1981年和1987年,我两次主办全国性方言调查研究班,第一次是受中国语言学会的委托,办在建瓯,第二次是受国家语委委托,办于泰宁和厦门。我负责讲课并辅导各省来的学员记自己母语的音,借这个机会我又接触了许多福建以外的各种方言。

1987年起我招收方言学硕士生。在训练他们调查过自己的母语之后,我每年都带他们下乡做调查,让他们参加我的研究计划。在福州期间先带着两届三名学生(万波、邵宜、练春招)调查了36点客赣方言,后来又取得与香港中文大学张双庆先生的合作,编成了《客赣方言调查报告》;以后又组织另一届两名学生(庄初升、严修鸿)调查了福建境内的各种"双方言"现象,写成了《福建双方言研究》一书。

1993年我转到暨南大学,不久招收了博士生,前后十几名博士生先后参加过我组织的几个课题:东南亚华人社区的语言研究、粤西客家方言研究和广东省方言地图集。前两项编成的专著都已经出版——《东南亚华人语言研究》和《粤西客家方言调查研究》。后者正在开展调查。和学生合作做研究确是好办法,既可出成果,也能出人才,并且有可能图谋较大规模的研究项目,因为这样的项目不是一个人力量所能胜任的。但是如果要保证成果的质量,指导教师需要付出大量的劳动。

在七八十年代,除了方言本身的调查研究,我还结合一些相关学科开展综合研究和应用研究,如方言学与音韵学相结合的研究,1996年编成《方言与音韵论集》(后来多次获奖);方言学与地名学的相关研究,先后也出版了两本专著《地名与语言学论集》和《汉语地名学论稿》。还有从文化的视角研究我所熟悉的方言,写成《福建文化丛书·福建方言》一书，与方言学相关的应用研究则编成《方言学应用研究文集》一书。

在经过几个区域方言的比较研究和学科的应用研究之后，我深感汉语方言乃至整个汉语的研究十分缺乏理论方面的探讨。而如果理论认识跟不上，方言的深入研究也必将寸步难行。因此，近十年间，除了继续发掘新鲜的方言材料外，我个人的思考和研究转入了理论的探讨，正好博士生们入学了，这些思考的结果就可以充入教学内容并且和青年学者们讨论。在许多问题上已经有些年轻人可以运用我的理论观点延展有关的研究了。

关于汉语方言的研究，我的另一点不满足是缺乏机会开展一些较大型的课题的合作研究。"独学而无友，则孤陋而寡闻"，这是真理。近十年间，境内外同行的交往越来越密切了，相互间的了解也越来越多。经过商议我参加了两个国际合作的课题组，一是关于东南方言的语法比较研究，一是吴语和闽语的关系的研究。由于平田昌司和丁邦新两位教授的热心支持和参与研究的朋友们的同心协力，这两个课题的研究都获得了可喜的成果，并且表现了很好的发展势头。

四　几点体会

回顾40年间的方言研究，我有若干体会。

第一，研究方言从母语入手，从自己住地方言入手。这是李荣先生反复说过的，很有道理，因为这样做可以由易而难，少走弯路。但是，母语也好，所在地方言也好，并不是你会听会说、很熟悉，便一定了解很透彻。从感性到理性，不经过研究是不可能达到"飞跃"的。我在福州住了20年，许多福州话常用词习以为常，并未加以深究，到了编词典时，只好重新做调查，例如称青年人"好囝"究竟肯定的是什么品质？

说一个人"清楚"或"不清楚"又是指他的何种状态？如何理解并做好注释，还确实费过一番心思。然而对于母语或住地方言要研究得透彻，一定要多了解其他方言，拿它们做比较分析。你知道的语言事实越多，研究就越能够深入。研究方言要有成就，归纳起来就是两句话：腿要勤，多跑几个点；脑要勤，多思考一些问题。

　　第二，研究方言一定要作比较。在同一个方言区由点及面，由面再回到点，这是一种横向比较；拿方言与普通话比较、与其他方言比较，考察它们之间的同异以及相互影响，这是另一种横向的比较；拿方言与古汉语作比较，这是纵向的比较。经过比较，既可以了解方言及古今汉语间的源流关系，也可以了解方言间的渗透关系，还可以区分不同的类型。只有这样，我们才能在罗列事实的基础上去说明事实。考本字、音韵比较、底层现象的研究，这是源流的考察；文白异读，方言间的借词、借音，这是渗透的研究。这都比较容易理解。我举几个关于类型研究的例子：像邵武话是闽语赣化，浦城话是闽语吴化，应属于蜕变型方言；像福建中部的尤溪话、大田后路话，海南岛的迈话，应属于混合型方言（归入什么区都不合适）。关于方言区之间的界线，我发现有断然界线、模糊界线、双语交叉和渐变过渡四种类型。多数方言岛与包围方言之间有明显的界线，而多数方言区的同言线并不集中，分界处呈模糊界线，渐变过渡则是很难划清的分界，双语交叉的过渡意义自明。关于两种方言间是否可以通话，也有两种类型：一是因语音结构类同、词汇接近而有助理解；一是因接触频繁而得以沟通。有时结构相近而缺乏联系，并不易通话；有时差异很大但来往频繁，却大体可以相互了解。这些不同的类型在我所调查过的方言中有不少具体例证。

　　第三，研究方言还必须兼通相关学科，做到相互为用，才能进行全方位、多视觉的系统的综合的研究。所谓系统的综合研究有三个层次，一是内部语言学的，二是外部语言学的，三是与其他学科交叉的。由于任何方言都具有完整的结构都是自足的系统,研究方言就不能像以往有些人做法那样,只注意方言差异,或者只研究语音,而必须如实地把它作为一个整体的系统去研究。近些年来,不少学者发现了方言语音与词汇、语法之间有复杂的制约关系,这说明了语音学、音韵学、词汇学、语法学、汉语史等都是汉语方言研究者必须全面掌握的。吴方言"炒饭"变调不同表示着不同的意义:炒的饭和正在炒饭。福州话"有味"声母类化与否也能区别意义(类化表示"有趣",不类化表示"有了异味"),都是典型的例子。语言的演变,尤其是移民带来的分化,共同语与方言的关系,不同民族语言的融合,方言强弱势的差异及其不同发展状况等等,都必须从社会、历史、文化方面去寻求解释,这便是外部语言学的研究。近些年来,人们对于社会语言学、文化语言学、应用语言学发生了很大的兴趣,这些学科的发展可以帮助我们理解许多方言的现象,反过来,就方言进行"外部"的研究,也一定可为这些学科的建设提供大量可贵的材料。关于客、赣、闽、粤诸方言的关系,我最近形成了一条新的思路,今后希望能从内部比较寻求答案,从外部比较找到论证。至于其他学科的相互为用,怎么说也不为过。地名学、人名学与方言学有密切关系。历史学、民族学(还有民族语言的比较)、考古学、文献学对于了解方言史是十分重要的。民俗学、社会学、人类学的许多材料和观点都很值得借鉴。假如动植物的分类弄不清楚,方言词汇的调查都难以进行。总之,方言的研究,特别是汉语方言的研究,真是个无底洞,任你有多少学识、多少才华,都是不够用的;方言研究又是开采蕴藏着多种天然物质的富矿,它的材料和观点足以用来为构筑许多学科的大厦添砖加瓦。尤其是建立汉语语言学、东方语言学更是离不开汉语方言的研究。

(本文为 1998 年 11 月在日本京都大学的一次演讲稿,
后发表于该校所办的《中国文学报》,2000 年)

后　记

　　一年前，我应日本学术振兴会之邀在京都大学讲学时，平田昌司教授要我以语言自传为题做一次演讲，我以不敢续貂为由，把题目改为"我与汉语方言"，借这个机会倒是把自己半个多世纪之中的学习方言、调查方言、研究方言做了一番认真的回顾。我把80年代以前的经历概括为学习方言、调查方言，从80年代开始才算是研究方言。这当然是从个人的情况出发所做的划分。回国之后，看到王福堂教授所写的《二十世纪的汉语方言学》一文（载《二十世纪的中国语言学》，北京大学出版社，1998年），他把70年代以前的汉语方言学视为"草创时期"，80年代之后作为"提高时期"，这是从整体来看的。确实，20世纪的最后20年汉语方言学有长足的进步。从古典语文学到现代语言学，没有一个筚路蓝缕的过程，没有调查材料的积累和研究方法的探索，崭新的现代科学的汉语方言学是建立不起来的。然而进入80年代之后，汉语方言学确是走上了新的高程：调查、描写从侧重于语音而扩展到词汇、语法；从孤立地研究语音、词汇、语法的"分体"进而考察各分体之间的联系，探讨整体结构特征；从单点的描写延伸为区域的比较；从共时平面的描写发展到历时流变的考察；从寻求方言与共同语的对应进行横向比较到与历代汉语的纵向比较；从方言事实的描写到解释事实、寻求规律；从语言本体的研究进而联系历史文化来开展研究。总之，不论在广度和深度上都有许多新的突破。应该说，20世纪汉语方言研究在汉语研究中是最有成绩的分科之一，它创造了许多经验。诸如重视实际口语的调查而不是局限于书面文献的研究；注重整体的系统研究而不是满足于分体的描写；进行纵横两面的比较即"方言—共同语—古汉语"的比较；联系语言外部环境来研究方言等，许多方面已经引起其他分支学科的注意并为它们所借鉴。

近些年来，我一直在思考一个问题：方言的调查和研究究竟是什么样的关系？研究语言确实首先必须了解语言事实。丰富多样的汉语方言历来少有书面的记录，即使有汉字的记录也不能准确地标音，因而调查汉语方言，首先要为方言记音、整理音系和词汇表以及语法语料。然而语言的事实不论是语音、词汇或语法关系，都是成系统的，大系统中套着小系统，各个小系统之间则存在着复杂的关联；今天的语言事实是从昨天演变而来的，在演变过程中，有各个大小系统之间的相互作用，也有社会历史条件的制约。不同的方言之间，方言和通语之间，方言与民族语言之间，都还必定有接触，接触之中也会发生种种变异。因此，在调查方言、描写方言，罗列方言事实的过程中，我们如果不去考察方言事实之中的结构系统及其相互关联，考察方言的历史演变过程和共时的接触，探索隐含其中的规律，我们对于方言事实就不能获得如实且深刻的理解。在这种情况下，恐怕连事实也罗列不好。打个比方，街头画家为陌生人素描，充其量只能"形似"，只有为熟悉的朋友画像，才能准确地展示其特点，达到"神似"。摄影是一种艺术，但是永远代替不了美术的创作。如果只要罗列事实，只要"形似"，把方言录下音来，再把每个音用音标如实地标出来就好了，方言还需要研究什么？40多年的实践告诉我：调查是了解事实，描写是罗列事实，研究是理解事实并说明事实之间的内在关系。只有深刻地理解事实，才能准确地罗列事实。只有把方言的调查和研究结合起来，才能使方言学得到蓬勃的发展。

那么，什么是研究呢？我想只有进行比较，才是研究的开端。不论是单点的方言或是成片的方言区乃至现代汉语方言的整体，各种研究都必须贯穿比较的方法。80年代之后，我就把主要精力放在方言间的比较，先从闽语之间的比较开始，接着做客赣方言之间的比较，近几年来又做了吴闽方言、东南方言乃至各种方言间的比较。有了这些比较研究，回过头来看先前调查过的方言，就能理解得比较深刻。收在这个集子里的文章大多是这些比较研究的成果。

1992年我到新加坡参加国际中国语言学会（ICCL）成立大会，听到了王士元先生的报告（石锋、刘娟把它翻译成中文以《语言的变异和语言的关系》为题，收入《汉语研究在国外》，北京语言学院出版社，1995年），他在这个报告里说："数十年来进行实际调查研究的成果，使我们拥有了非常丰富的材料。这些材料收集在方言调查报告、专著和学术刊物中……令人不解的是，对于这些丰富的资料该做些什么？怎么解释它们，以及怎样从这些资料中提炼出最重要的内部联系，在这方面做的工作还很少。在中国语言学的这个范围内，有一种严重的不平衡现象，这就是资料丰富而理论贫乏……我们必须超越仅仅作为语言学理论的消极的吸收者的角色，而应该成为主动的贡献者。中国的语言学资料如此丰富多彩，既有广泛的类型，又有久远的历史。要做出这样的贡献，我们具有一种特别的优势。"

这个精辟的见解对于我十多年间的方言比较研究是个莫大的鼓舞，使我对于已经调查过的方言事实小心翼翼的解说和探索增强了信心。收在这个集子里的文章大多是那以后写出来的。

《论汉语方言的比较研究》是近年写的一篇总的心得。关于汉语方音的区域特征、异读和历史演变三篇是就汉语方音所做的若干侧面的整体的概括。《论汉语方言的词汇差异》《论汉语方言特征词》和《东南方言人称代词比较研究》三篇是关于方言词汇的比较研究。《论闽语与吴语、客赣语的关系》《闽粤方言的不同文化特征》两篇是关于几种重要方言之间的关系的共时和历时的比较。关于闽西客话、福州话和广州话的三篇是用比较方法研究区域方言或单点方言的某一特征。

这些文章都在各种学术会议上宣读过，有的也曾在刊物上发表过。许多同行师友都给了我热心的鼓励，有的还建议我结集重印，在商务印书馆的大力支持下，这个集子很快出版了。应该深深感谢他们。我自知这些文章都是自己在方言研究上艰难行进的一些足迹，大体保留原样，未做重大修改。由于自己的眼界还不够开阔，理论修养不高，这些研究成果一定还有不足之处，希望能得到方家同行的指正。

李如龙

2000 年正月识于厦门大学

修订本后记

　　一个月前，爱珍同志相告，商务要给我的《汉语方言的比较研究》一书重版出精装本。我刚读完《商务印书馆一百二十五年》馆庆论文集，正为这个出版机构的丰功伟绩而感动，马上又很高兴地看到了他们很有远见的新招。我想，这是为了给历史留一批精品的重要举措。拨乱反正、改革开放到现在，已经过去半个世纪了，我国的社会主义建设步入了新时代，各方面都创造了前所未有的光辉成就。就商务印书馆所关注的学术研究来说，近50年的成绩是以往任何时代所不能比拟的。经过半个世纪的检验，是非优劣应该是有了定评，选取一些可以传世的精品留给后人，是学术界有识之士的历史责任。我敬佩商务印书馆的这一举措。

　　我的小书只有十几篇文章，算不上精品，但确是我在汉语方言研究的道路上艰苦摸索五六十年所留下的脚印，或许可以给走上这条路的年轻人提供一些有益的参考。这些文章大都是20世纪90年代末及21世纪初的成果，是我经过对闽方言和客赣方言的全面调查、比较之后悟出的道理——调查只是研究方言的前奏，只有进行纵横两向的比较，才是研究的开始。从我而学的年轻朋友曾把我的这个说法称为"十字架理论"。调查是获得新鲜语言事实的必不可少的基本训练，但是，任何方言都是从前代语言演变来的，跟共同语及其他方言也是相互关联的。如果没有比较研究的观念，对于方言结构的理解就可能走样，对方言事实的描写也不可能到位。只有经过比较研究，才能真切地了解方言的特征及其与古今通语和方言的各种关系,那才算是对汉语方言的研究。

　　为了更好地表达我的如书名所示的意念,我把原书中9篇通过比较研究能够说明某个问题的文章留下来,删去不甚切合这个主题的5篇。这5篇大都是单点方言的具体描述,或只是语料比较的罗列,或为一般的理论探讨。另外,从同样在商务印书馆出版的《汉语方言研究文集》(2009年)选出11篇比较有分量的文章,凑齐20篇编成这个集子。这些文章大体可以归为4类:语音的比较,词汇的比较,关系的比较和文化的比较。编好之后,通读一遍,改正了原作中的一些错误和疏漏。因为篇幅扩大了,书名改为《汉语方言的比较研究》(修订本)。把这些算不上精品的成果集中起来,还真是为了抛砖引玉,希望今后有更多的学者共同来做好汉语方言的比较研究,为我国的汉语方言学在国际上多争取一些应有的发言权。

　　经过同道们半个世纪的共同努力,我们已经知道,汉语方言的语法并非没有多少差别,也是应该进行深入比较研究的。本人虽然也做过一些探讨,由于训练不足、水平不够,所写论文质量不高,因此不敢滥竽充数,贻笑大方。本集子只好阙如,留待后来的高手去做。

　　承商务印书馆的美意,本人历来关于闽方言的比较研究的成果已经编成《闽方言文存》,大概也可以在近期付诸出版。除了个别篇目,本书的篇目和文存没有重复。

　　感谢商务印书馆再次为我出版本书,书中如有错误和不足,恳请读者批评指正。

李如龙

2023年7月于厦门